O CONTEÚDO JURÍDICO DA EFICIÊNCIA ADMINISTRATIVA

FLÁVIO GARCIA CABRAL

Prefácios
Cristiana Fortini
Emerson Gabardo

Apresentação
Ricardo Marcondes Martins

O CONTEÚDO JURÍDICO DA EFICIÊNCIA ADMINISTRATIVA

2ª edição revista, ampliada e atualizada

Belo Horizonte

2024

© 2024 Editora Fórum Ltda.

É proibida a reprodução total ou parcial desta obra, por qualquer meio eletrônico, inclusive por processos xerográficos, sem autorização expressa do Editor.

Conselho Editorial

Adilson Abreu Dallari
Alécia Paolucci Nogueira Bicalho
Alexandre Coutinho Pagliarini
André Ramos Tavares
Carlos Ayres Britto
Carlos Mário da Silva Velloso
Cármen Lúcia Antunes Rocha
Cesar Augusto Guimarães Pereira
Clovis Beznos
Cristiana Fortini
Dinorá Adelaide Musetti Grotti
Diogo de Figueiredo Moreira Neto (in memoriam)
Egon Bockmann Moreira
Emerson Gabardo
Fabrício Motta
Fernando Rossi
Flávio Henrique Unes Pereira

Floriano de Azevedo Marques Neto
Gustavo Justino de Oliveira
Inês Virgínia Prado Soares
Jorge Ulisses Jacoby Fernandes
Juarez Freitas
Luciano Ferraz
Lúcio Delfino
Marcia Carla Pereira Ribeiro
Márcio Cammarosano
Marcos Ehrhardt Jr.
Maria Sylvia Zanella Di Pietro
Ney José de Freitas
Oswaldo Othon de Pontes Saraiva Filho
Paulo Modesto
Romeu Felipe Bacellar Filho
Sérgio Guerra
Walber de Moura Agra

CONHECIMENTO JURÍDICO

Luís Cláudio Rodrigues Ferreira
Presidente e Editor

Coordenação editorial: Leonardo Eustáquio Siqueira Araújo / Aline Sobreira de Oliveira
Revisão: Patrícia Falcão
Capa e projeto gráfico: Walter Santos
Diagramação: Formato Editoração

Rua Paulo Ribeiro Bastos, 211 – Jardim Atlântico – CEP 31710-430
Belo Horizonte – Minas Gerais – Tel.: (31) 99412.0131
www.editoraforum.com.br – editoraforum@editoraforum.com.br

Técnica. Empenho. Zelo. Esses foram alguns dos cuidados aplicados na edição desta obra. No entanto, podem ocorrer erros de impressão, digitação ou mesmo restar alguma dúvida conceitual. Caso se constate algo assim, solicitamos a gentileza de nos comunicar através do *e-mail* editorial@editoraforum.com.br para que possamos esclarecer, no que couber. A sua contribuição é muito importante para mantermos a excelência editorial. A Editora Fórum agradece a sua contribuição.

Dados Internacionais de Catalogação na Publicação (CIP) de acordo com ISBD

C117c	Cabral, Flávio Garcia O conteúdo jurídico da eficiência administrativa -- 2. ed. -- / Flávio Garcia Cabral. Belo Horizonte: Fórum, 2024. 321p. 14,5x21,5cm ISBN impresso 978-65-5518-774-8 ISBN digital 978-65-5518-773-1 1. Eficiência. 2. Administração pública. 3. Princípio da administração. I. Título. CDD: 350 CDU: 35

Ficha catalográfica elaborada por Lissandra Ruas Lima – CRB/6 – 2851

Informação bibliográfica deste livro, conforme a NBR 6023:2018 da Associação Brasileira de Normas Técnicas (ABNT):

CABRAL, Flávio Garcia. *O conteúdo jurídico da eficiência administrativa*. 2. ed. Belo Horizonte: Fórum, 2024. 321p. ISBN 978-65-5518-774-8.

Às minhas filhas, Flávia Reichel Cabral e Milena Reichel Cabral. À minha esposa, Dafne Reichel Cabral.

AGRADECIMENTOS

Ao final de um longo trabalho como o presente, a escrita de alguns breves agradecimentos se mostra, além de protocolar, como uma necessidade de qualquer sujeito que, salvo exceções raras, tenha a consciência de que o trabalho constitui um somatório das mais variadas contribuições que lhe foram conferidas ao longo da pesquisa – e muito antes disso.

Inicio agradecendo ao meu orientador no doutorado, Prof. Dr. Clovis Beznos, referência de conhecimento e seriedade, que, mesmo com a distância geográfica, soube conduzir a orientação com a maestria que lhe é peculiar, sendo que seus comentários sobre o primeiro projeto de pesquisa apresentado foram fundamentais para que se alterassem por completo a perspectiva e forma com que este trabalho foi conduzido.

A ela, Dafne Reichel Cabral, que consta de meus agradecimentos desde minha graduação, só posso reiterar, ainda que não seja o suficiente, a gratidão por, ao longo desses anos, ter se proposto a debater as questões sensíveis desta tese, sempre apresentando uma visão de mundo que até então eu desconhecia, o que me fez rever minhas premissas, tanto para confirmá-las quanto infirmá-las. Porém, muito mais que isso, agradeço por ser minha companheira irretocável e incansável na vida, além de ter me proporcionado a graça de uma filha.

Aos meus bens mais preciosos, minhas filhas Flávia Reichel Cabral e Milena Reichel Cabral, por simplesmente existirem e serem a razão de tudo.

Aos meus pais, por terem me oferecido a oportunidade de seguir uma vida acadêmica, passando pela especialização, mestrados e doutorado, e por sempre acreditarem nos meus objetivos, além de serem minhas referências.

Não posso olvidar também dos advogados e amigos de longa data, Eduardo Vavas e João Bosco Wanderley, que se dispuseram a me ceder materiais bibliográficos próprios, bem como trilharam bibliotecas a fim de me auxiliar.

De igual maneira, ao amigo e colega da Procuradoria da Fazenda, Dr. Mauro Brandão Elkhoury, que muito gentilmente se voluntariou a realizar a revisão de toda a obra, melhorando-a sobremaneira.

Outrossim, devo lembrar com gratidão do amigo Eduardo Barbosa, que foi quem ofereceu sua casa para minha estada durante anos, para que pudesse realizar uma pesquisa adequada, sem cobrar absolutamente nada em troca, a não ser minha amizade.

Agradeço também aos Profs. Drs. Ricardo Marcondes Martins, Dinorá Grotti e Silvio Luis Ferreira da Rocha, pelas oportunas e bem colocadas considerações realizadas durante a banca de qualificação, que permitiram considerável avanço e melhoria neste trabalho.

Não posso deixar de fora os agradecimentos aos Profs. Drs. Paulo de Barros Carvalho e Robson Maia Lins, que, durante suas aulas, apresentaram as premissas basilares da filosofia da linguagem e do construtivismo lógico-semântico, bases metodológicas da presente pesquisa.

Merecem destaque elogioso os componentes da minha banca de doutorado, cujo trabalho é a base desta obra, pelos pertinentes e fundamentados comentários: Profs. Drs. Maria Sylvia Zanella Di Pietro, Regis Fernandes de Oliveira, Luis Manuel Fonseca Pires e Ricardo Marcondes Martins (além, é claro, do meu orientador, Prof. Clovis Beznos). Desse mais que seleto grupo de juristas de renome e notório conhecimento, peço vênia para destacar o papel desempenhado pelo Prof. Ricardo Marcondes Martins, pois, além da sua vasta construção jurídica ter papel primordial neste trabalho, devido, em especial, à afinidade de posições, ele também ajudou de maneira decisiva a escolher certos caminhos na escrita deste livro, com suas brilhantes observações na ocasião da qualificação e da banca de doutorado, ademais de ter graciosamente se disposto a escrever a apresentação dessa obra.

À Editora Fórum, na pessoa do gentil e dinâmico amigo Luís Cláudio, por abraçar e propiciar essa publicação e sua atualização.

Na mesma toada, minha sincera gratidão e admiração aos amigos João Paulo Lacerda, presidente do IDAMS, Fábio Goldfinger, parceiro na EDAMP, e Daniel Castro, advogado e amigo de longa data, por todo o auxílio e incentivo na publicação desta obra.

Ao Professor Emerson Gabardo, meu orientador ao longo do estágio pós-doutoral, por ser o precursor dos estudos sobre a eficiência administrativa no Brasil. Além disso, com uma generosidade que lhe é peculiar, aceitou realizar o prefácio da primeira edição dessa obra.

À Professora Cristiana Fortini, presidente do IBDA, uma referência pessoal, profissional e do Direito Administrativo, que gentilmente concordou em realizar o prefácio da segunda edição do livro, enriquecendo ainda mais seu conteúdo.

Obrigado a todos os nominalmente citados e a todos os demais que de alguma forma contribuíram para que esse livro fosse concluído, atualizado e publicado!

Os juristas são, sem o saber, os semânticos da linguagem jurídica.

(Alfredo Augusto Becker em carta escrita a Paulo de Barros Carvalho, constante na obra *Vilém Flusser e juristas*, p. XXVI)

SUMÁRIO

PREFÁCIO DA 2ª EDIÇÃO
Cristiana Fortini 17

PREFÁCIO DA 1ª EDIÇÃO
Emerson Gabardo 19

APRESENTAÇÃO
Ricardo Marcondes Martins 25

NOTA DA 2ª EDIÇÃO 27

NOTA DA 1ª EDIÇÃO 29

INTRODUÇÃO 31

CAPÍTULO 1
LINGUAGEM COMO OBJETO DE INVESTIGAÇÃO CIENTÍFICA 35
1.1 Movimento do giro linguístico 37
1.2 Semiótica 41
1.2.1 Plano sintático 43
1.2.2 Plano semântico 44
1.2.3 Plano pragmático 46
1.3 Construtivismo Lógico-Semântico e Teoria Comunicacional do Direito 47
1.4 Escolha metodológica 49
1.5 Planos de construção normativa 52
1.6 Polissemia do vocábulo "norma" 57

CAPÍTULO 2
PLANO SINTÁTICO DA EFICIÊNCIA ADMINISTRATIVA 61
2.1 Introdução da eficiência administrativa no ordenamento jurídico 63

2.1.1	Sistemas econômico e de administração	64
2.1.2	Linguagem jurídica própria	67
2.2	Eficiência administrativa na Constituição brasileira de 1988	71
2.2.1	Enunciados constitucionais e infraconstitucionais	72
2.2.2	Vontade legislativa e validade normativa da eficiência administrativa	82
2.3	Estrutura normativa da eficiência administrativa: antecedentes e consequentes	90

CAPÍTULO 3
PLANO SEMÂNTICO DA EFICIÊNCIA ADMINISTRATIVA 95

3.1	Aspecto subjetivo da eficiência administrativa	96
3.1.1	Poderes republicanos e demais entes no exercício da função administrativa	96
3.1.2	Pessoas de Direito Privado	106
3.1.3	Agentes públicos	107
3.1.4	Administrados	109
3.2	Aspecto objetivo da eficiência administrativa	114
3.2.1	Limitação aos serviços públicos	120
3.2.2	Diferentes abordagens semânticas	122
3.2.3	Finalidades perseguidas pelo Estado	125
3.2.3.1	Adequação entre os meios e os fins	131
3.2.3.1.1	Eficácia como elemento integrante	139
3.2.4	Comparação entre os meios: a solução ótima	144
3.2.4.1	Aspectos subjetivos	148
3.2.4.2	Cotejo entre as onerosidades	152
3.2.4.3	Economicidade como elemento integrante	162
3.2.5	Custos e benefícios	164
3.2.6	Construindo a proporcionalidade qualificada	167
3.2.6.1	Resposta às diferenciações	177
3.2.7	Discricionariedade e vinculação administrativa	181
3.2.8	Retomando a estrutura normativa: hipótese e consequente no plano semântico	191
3.2.9	Retomando aspectos sintáticos e semânticos: a função administrativa	195
3.2.10	Natureza da eficiência administrativa: seu papel principiológico	199
3.2.11	Relevância dogmática da constatação	207

CAPÍTULO 4
PLANO PRAGMÁTICO DA EFICIÊNCIA ADMINISTRATIVA 213
4.1   Função pragmática e caráter simbólico da eficiência trazida pela EC nº 19/1998 214
4.2   Controle da eficiência administrativa 223
4.3   Oportunidade da aferição da eficiência administrativa 232
4.4   Questão probatória 239
4.4.1   Motivação da eficiência administrativa 244
4.5   Eficiência administrativa e a legalidade 248
4.6   Correção dos vícios por violação à eficiência administrativa 257
4.7   Análise do conteúdo da eficiência pelos Tribunais 266
4.7.1   Análise da jurisprudência do Tribunal de Contas da União 267
4.7.2   Análise da jurisprudência do Superior Tribunal de Justiça 272
4.7.3   Análise da jurisprudência do Supremo Tribunal Federal 274
4.7.4   Conclusões parciais 277

CONCLUSÃO 281

REFERÊNCIAS 303

PREFÁCIO DA 2ª EDIÇÃO

Certa vez li do respeito às águas salgadas: mar, lágrimas e suor. Se água é fonte da vida, não há percurso imune a lágrimas e suor. Elas acompanham nossas dores, nossas alegrias e nos remetem às tribulações e desafios que a vida nos propõe. Águas salgadas testemunham o surgimento de uma nova vida e o silêncio de outra. Encharcam nossas mazelas e surgem, mesmo que esquivamente, quando nossa alma suspira diante da beleza do momento. Lado outro são sentinelas que silenciosamente contemplam o esforço do lavrador, artista ou escritor, no percurso de seus afazeres.

Escrever é banhar-se sempre. Suor e mar. Na solitária tarefa de traduzir-se no papel e no necessário ato do mergulho estará o escritor submerso. A natureza técnica da escrita não resseca ou produz aridez. Não bastasse a entrega de si, do seu tempo e suor, quem se dedica tecnicamente a escrever possui o compromisso do olhar contemplativo, desprovido de prévias e inarredáveis verdades e disposto a reconfigurar-se.

Escrever, ainda que abordando tecnicamente o princípio da eficiência, é um ato de desvelar-se. Expor a terceiros sua compreensão, em especial sobre tópico que simbolizou relevante vértice da discussão ideológica desencadeada pelos ideais da Reforma Administrativa, é navegar turbulentas águas salgadas.

A introdução expressa do referido princípio no texto constitucional como pilar da Reforma Administrativa atraiu todos os olhares e inflamou as discussões. Ao longo dos anos, muito se escreveu a seu respeito, em especial visando extrair a sua síntese a partir do conjunto que forma a Constituição de 1988, a prescrever um modelo de República que não tolera análises meramente econômicas sobre o agir administrativo.

O Professor Flávio Garcia Cabral nos ofereceu valiosa visão sobre o princípio da eficiência, desde a primeira edição, cujo prefácio coube ao Professor Emerson Gabardo, autoridade no tema. Em seu primeiro nascimento, o livro endereça os planos sintáticos, semânticos e pragmáticos da eficiência administrativa, costurando um mosaico de abordagens. Sua contribuição, pelo recorte proposto, já se fazia notar. E seus leitores reagiram positivamente.

Flávio Garcia Cabral e seu livro chegam à sua nova edição. Serenadas as discussões mais inflamadas (será?), o renascimento do livro ocorre após a edição da nova Lei de Licitações e contratos, que estabelece o princípio da eficiência como vetor do percurso do planejamento à execução contratual. Paralelamente, uma nova reforma administrativa se discute e novos arranjos e alterações constitucionais e legislativas são propostos. Movimentos que em curso ou já encerrados justificam nova investida sobre o princípio da eficiência. E o Professor Flávio Garcia Cabral a isso se dedica na segunda edição.

Assim, fruto de novos mergulhos e suores, o livro oferece densidade, característica de sua primeira edição, sem descurar de que ao administrativista compete contribuir com o cotidiano da Administração Pública. Afinal, o conteúdo e os reflexos do princípio da eficiência importam academicamente porque importam para a totalidade de agentes públicos e para o dia a dia do exercício cidadão.

Uma honra amadrinhar este momento. Viva!!!

Janeiro de 2024.

Cristiana Fortini
Presidente do Instituto Brasileiro de Direito Administrativo. Professora da Universidade Federal de Minas Gerais – UFMG. Doutora pela Universidade Federal de Minas Gerais – UFMG. Advogada

PREFÁCIO DA 1ª EDIÇÃO

Lembro-me como se fosse hoje do período agitado do final dos anos 1990. Foi naquela década que o Direito Administrativo finalmente adquiriu um lugar ao sol em nosso país, como integrante das áreas mais valorizadas do Direito. O tema das reformas era onipresente não somente nos debates da mídia, como era objeto fundamental de estudo na academia. Após esse período, capitaneado pelo então Ministério da Administração Federal e Reforma do Estado, não tivemos mais oportunidades como aquela de planejar o Estado e procurar meios de seu aprimoramento. Isso não quer dizer que tais planos fossem consensuais, nem realmente interessantes para um país como o Brasil. Na época, quase todos os professores integrantes do Instituto Brasileiro de Direito Administrativo adotavam uma postura crítica e muito cética face à propalada Administração gerencial.

Em uma nota do livro ora prefaciado, é citado um administrativista brasileiro que afirma ser tal postura refratária às reformas algo oriundo do "conservadorismo" ou de algum interesse pessoal por conta de certa "perda de *status*" de juristas que ocupavam cargos públicos. Fiquei pensando com meus botões... "*não é verdade...*". Entretanto, se fosse verdade, faltaria a esse administrativista mencionar que o contrário também poderia ser verdadeiro: talvez vários juristas que abraçaram com vigor as reformas, o tenham feito pelas vantagens, notadamente econômicas, que obtiveram ao assessorar o Governo em suas reformas. Afinal, invariavelmente, são mais favorecidos os juristas que se mantêm consonantes com os Poderes estabelecidos e, para além disso, com o mercado pagador de honorários.

Ao final, vinte anos depois, restou comprovado que a maior parte das proposições não passava de uma grande retórica, por um lado, e de projetos inadequados, por outro. De bom mesmo, restou a análise descritiva dos problemas estruturais brasileiros, feita pela escola de Luiz Carlos Bresser Pereira. Também foi muito oportuna a sua crítica ao estamento burocrático – para além de modificações pontuais, que corrigiram de leve algumas distorções. Imaginar, todavia, que o gerencialismo possuía bases sólidas o suficiente para suplantar o modelo burocrático foi um erro grosseiro. Estado social e burocracia foram duas das maiores e melhores invenções da modernidade – ainda que suas promessas muito dificilmente sejam cumpridas, sua proposição em nível de "dever ser" já é um avanço civilizatório sem precedentes em termos de organização do setor público.

Considerando o ambiente neoliberal típico do processo de globalização do final do século XX, a eficiência era o tema da moda entre os especialistas, embora jamais tenha conseguido a popularidade que a temática da moralidade viria a conquistar nesta segunda década do século XXI. Eu, que acabara de ingressar no programa de mestrado, vi naquele ambiente uma oportunidade. E resolvi escrever a minha dissertação sobre o princípio da eficiência, que havia sido incorporado à Constituição alguns meses antes pela Emenda Constitucional nº 19/1998. Não recebi muitos incentivos, seja por parcela dos colegas e professores que se opunha ideologicamente ao "mantra da eficiência" (com toda razão), seja por conta da absoluta falta de fontes bibliográficas nacionais sobre o assunto. Mas meu orientador, Prof. Romeu Felipe Bacellar Filho, achou ótima a ideia – aliás, sempre foi uma característica muito sua apostar em ideias novas, em propostas originais ou em perspectivas contra-hegemônicas. Ao final, como resultado de minhas pesquisas, publiquei dois livros: *Princípio constitucional da eficiência administrativa* (o primeiro sobre o assunto publicado no país) e *Eficiência e legitimidade do Estado*, tratando mais de aspectos relativos à Teoria do Estado e sociologia política.

Todos os meus estudos, nestes últimos vinte anos de pesquisa na área do Direito, confirmam a hipótese de que o maior problema brasileiro é a ineficiência e não a imoralidade. Mas falar isso é algo que vai contra o senso comum que predomina na mentalidade contemporânea. As pessoas, e a academia se inclui perfeitamente nesta perspectiva, estão sufocadas pela lavagem cerebral midiática – que se apropria do tema para vender notícias e condicionar a opinião popular. O resultado é que toda a energia do país acaba sendo consumida pela fobia implantada, deixando-se de lado um conjunto significativo de temas que são muito mais importantes e que foram aqueles que garantiram o desenvolvimento da estrutura social das nações nos últimos três séculos; temas estes que poderiam ser reunidos a partir justamente de duas palavras-chave inerentes ao Estado de Direito: "eficiência" e "legitimidade". Rumo à terceira década do século XXI, dissemina-se em Estados ocidentais a perspectiva de que ambos os conceitos podem ser permeados ou preenchidos por conteúdos morais subjetivos e boas intenções pessoais. Uma autêntica e absurda subversão conceitual que segue com naturalidade e fomenta, por razões óbvias, o avanço de mentalidades sectárias que, para além de irracionais, culminam na disseminação de valores fascistas, racistas, nacionalistas ou simplesmente estamentais.

Em resumo, precisamos falar mais de eficiência. Até porque, mesmo vinte anos depois de sua inclusão formal no sistema constitucional brasileiro, ainda há muita divergência conceitual e imprecisão hermenêutica sobre este princípio constitucional da Administração Pública. O livro intitulado *O conteúdo jurídico da eficiência administrativa*, escrito por Flávio Garcia Cabral, vem em boa hora para retomarmos o assunto a partir de bases intelectuais mais sólidas.

Li a obra com muita satisfação. Apesar do marco teórico escolhido ser a complexa filosofia da linguagem (que nem sempre é permeável para os não iniciados), o texto possui redação didática e clara, sem perder a densidade teórica – este, sem dúvida, é um dos maiores méritos do autor.

A pesquisa bibliográfica realizada para servir de fonte ao texto foi muito extensa. Sem dúvida, todos os textos doutrinários importantes e referenciais sobre a temática foram lidos e comentados. E o autor foi além, ao analisar também a tratativa jurisprudencial concernente. Em que pese algumas obras monumentais já escritas sobre o tema, entre as quais se destaca o livro de Onofre Alves Batista Júnior (*Princípio constitucional da eficiência administrativa*), temos agora um trabalho definitivo sobre o assunto.

Em geral, concordo com as conclusões do autor, ainda que possa discordar de algumas de suas premissas ou de alguns de seus caminhos lógicos. Não poderia ser diferente, considerando que eu, no tocante à dogmática jurídica, nunca utilizei a filosofia da linguagem. De todo modo, em sua digressão também são referidos autores de outras escolas e que são mais populares entre nós. Particularmente Ronald Dworkin e Robert Alexy. Não pude, todavia, deixar de antecipar mentalmente as críticas que virão a respeito desta parte da obra. Escrever sobre tais autores hoje em dia é complicado, ainda mais abordando-os em conjunto, salvo se você for um *"expert"* legitimado".

Uma das minhas discordâncias, algo sem importância, é bom que se diga, diz respeito à afirmação, contida já na Introdução, de que a academia trata com desprestígio a eficiência, considerando-a como "princípio menor". Não penso que seja este o problema. A eficiência é um princípio positivado muito tardiamente, e sem doutrina predecessora. Ademais, é uma palavra (ou um conceito) realmente dotada de grande ambiguidade. Há natural desconfiança a seu respeito, principalmente por autores mais antigos e experientes. E, ademais, realmente foi um princípio que surgiu em um ambiente ideológico controvertido, mas cujas divergências da época eram sérias e debatidas racionalmente, o que se denota muito diferente do observável nos tempos atuais. Na década de 1990, discutiam-se as ideologias contrapostas de forma tranquila, como algo inerente à condição política. Hoje, os incautos defendem que podem expurgar a ideologia – fico em dúvida se fazem isso por ignorância ou má-fé. Não é o caso do autor, que de forma muito esclarecida trata deste tema com precisão.

O rigor metodológico da obra merece destaque. Dentro da filosofia da linguagem, o autor enquadra-se como um dos seguidores do método "construtivista lógico-semântico", e a partir daí tira suas conclusões de forma coerente e com argumentação impecável. Não que tais conclusões ou os temas estejam ausentes das mais diferentes correntes metodológicas, que também oferecem suas peculiares respostas. Exemplo disso são os "planos de construção normativa". No que trata deste assunto, o texto destaca parcial divergência com o pensamento de Ricardo Marcondes Martins, que não aceita, com razão, o caráter prescritivo do intérprete. Mas, ao mesmo tempo que Flávio Cabral discorda, também concorda, destacando a existência de diferentes perspectivas para a análise do problema. É verdade. Porém não deixa de ser curiosa, e controvertida, a abordagem realizada sobre os limites da inovação atribuída ao intérprete. O autor defende que o cerne da eficiência está na imposição do dever do agente público de encontrar o ótimo. De acordo. Aliás, eu fui o primeiro a chegar a essa conclusão, originalmente, em meu livro de 2002, tomando como base a teoria de Celso Antônio Bandeira de Mello. Todavia, ao tempo em que a dissertação defende esta posição, aproximando-se de Dworkin, deveria haver um afastamento claro de Alexy – o que não ocorre (vale destacar que a busca do ato ótimo implica o reconhecimento da solução única e não se confunde com a aceitação do princípio como mandado de otimizacão). E, mais que isso, o ecletismo das proposições confirma-se ao ser defendido que "feitas as comparações permitidas e possíveis, se ainda não houver um resultado evidente, a complexidade permitirá, no que toca à eficiência, uma escolha subjetivamente válida do agente público entre os meios restantes" – ou seja, ao fim e ao cabo, abraça-se Hans Kelsen com vigor, embora inadvertidamente.

A visão eclética do autor, para quem, aparentemente, a solução ótima não é a solução única, entretanto, não o permite chegar ao ponto de aceitar a possibilidade de conflito entre os princípios da legalidade e da eficiência. Deveria ter-se permitido, pois se eficiência é princípio e se os princípios não possuem hierarquia entre si, é difícil chegar a conclusão diversa. Isso ocorre, principalmente, se a doutrina de Bandeira de Mello for a escolhida para o tema da discricionariedade administrativa – e parece ser este o caso. Já militei em ação judicial cuja controvérsia situou-se exatamente neste ponto. Pode ser ótima uma atuação administrativa *contra legem*? Não vejo por que não. Mas o autor não admite, e nisso acaba por defender posição consonante com o pensamento de Maria Sylvia Zanella Di Pietro.

Enfim, eu poderia escrever um conjunto muito mais numeroso de páginas falando de todos os pontos altos do texto, que traz a público fundamentos sólidos na defesa de hipóteses que até então somente haviam sido elencadas pela doutrina e pela jurisprudência com superficialidade e até certo descompromisso. O autor não deixou pedra sobre pedra. Sem medo de se posicionar, abordou com maestria as várias controvérsias relativas ao objeto de sua pesquisa: *O conteúdo jurídico da eficiência administrativa* – nem princípio, nem postulado, nem regra.

Parabéns, ao autor e à Editora Fórum, pela oportunidade de publicação de uma obra jurídica que certamente impactará positivamente no plano empírico das atividades da Administração Pública brasileira, bem como será um instrumento de elevada importância para os órgãos de controle – estes, tão carentes de racionalidade, equilíbrio e legitimidade no Brasil do século XXI.

Em Curitiba, 2 de fevereiro de 2019.

Emerson Gabardo
Professor Titular de Direito Administrativo da Pontifícia Universidade Católica do Paraná. Professor Adjunto de Direito Administrativo da Universidade Federal do Paraná. Pós-Doutor pela Fordham University School of Law. Vice-presidente do Instituto Brasileiro de Direito Administrativo

APRESENTAÇÃO

A eficiência administrativa talvez seja o tema que mais simboliza a divergência no Direito Administrativo. No ordenamento brasileiro, ela já estava expressamente prevista no inciso II do artigo 74 do texto originário da CF/88. Em pleno efervescer do neoliberalismo entre nós, foi introduzida no *caput* do artigo 37 pela Emenda Constitucional nº 19/1998, consagrando-se como "princípio geral da administração direta e indireta". Daí para frente o debate se acirrou: para os partidários do modelo gerencial, é a ideia-chave da Administração Pública contemporânea; para os partidários do modelo burocrático, as novas leituras sobre o tema são não apenas equivocadas, mas facilitadoras da corrupção. O primeiro grupo tornou-se predominante na doutrina brasileira, mas ainda há quem defenda convictamente as ideias do segundo. Falar sobre o princípio da eficiência tornou-se algo similar a falar de esquerda ou de direita, do partido "A" ou do partido "B", ou de temas polêmicos como aborto, eutanásia, existência de Deus. São discussões envoltas em paixão, em que a assunção de uma posição desperta simpatia de um grupo e antipatia de outro.

Eficiência é, pois, um tema profundamente marcado pela ideologia. Para uns significa fim da morosidade, do desperdício de tempo e recursos, de tudo que há de ruim no dia a dia da máquina pública; para outros, expediente de juristas sem ética, de defensores de corruptos que dela se utilizam para afastar ou flexibilizar as restrições impostas pelo regime de direito administrativo.

É, por tudo isso, bastante refratária à análise científica. Por outro lado, já foi objeto de produções teóricas respeitáveis. Destaco, dentre outros, a dissertação de mestrado de Emerson Gabardo (dividida posteriormente em duas partes, *Princípio constitucional da eficiência administrativa*, publicada pela Dialética; *Eficiência e legitimidade do Estado*, publicada pela Manole), e a de Onofre Alves Batista Júnior (*Princípio constitucional da eficiência administrativa*, publicada pela Fórum). É o suficiente para afirmar: além de alvo de um intenso embate ideológico, o tema já foi bastante explorado na doutrina brasileira. Escolhê-lo para uma tese de doutorado era bastante arriscado.

Flávio Garcia Cabral conseguiu, porém, o que parecia quase impossível: por um lado, não se perdeu em disputas ideológicas; por outro, conseguiu inovar, submetendo a eficiência a uma perspectiva metodológica não utilizada nos trabalhos anteriores. De fato: estudou-a sob a perspectiva teórica do construtivismo lógico-semântico e da teoria comunicacional do direito. Analisou-a na tríplice perspectiva semiótica: sintática, semântica e pragmática.

O construtivismo lógico-semântico costuma não dar a devida atenção ao plano pragmático. Estudar o tema apenas sob a perspectiva sintática e semântica geraria um resultado frustrante, pois o embate ideológico dá-se precipuamente no plano pragmático. Daí a riqueza da tese de Flávio Garcia Cabral: o exame foi completo. Com efeito: apesar de ter dedicado mais atenção ao aspecto semântico, não desprezou o sintático e o pragmático. O resultado foi uma tese de altíssimo nível.

Tive a honra de participar da banca de doutoramento. A qualidade do trabalho foi reconhecida por todos os membros da banca. Terminada a inquirição, incentivei o autor a continuar escrevendo, de modo a não desperdiçar o seu inequívoco talento para a Ciência do Direito. O trabalho revela esse talento: pode-se concordar ou discordar de muitas das assertivas apresentadas ao longo da tese, mas não se pode negar o rigor científico da análise. Quem ler esta obra obterá um relevante aprofundamento teórico, seja um convicto defensor do modelo gerencial ou do modelo burocrático.

Num momento de acirrados debates político-ideológicos, o autor mostrou, com bastante proficiência, que é possível fazer Ciência com seriedade. Com isso ganhou o Direito Administrativo brasileiro e, agora, com a publicação, ganha também o leitor.

Ricardo Marcondes Martins
Doutor em Direito Administrativo pela Pontifícia Universidade Católica de São Paulo. Professor da Pontifícia Universidade Católica de São Paulo

NOTA DA 2ª EDIÇÃO

Escrever a segunda edição de um livro demanda reflexão. Exige que se pondere sobre a utilidade dessa empreitada. Pressupõe um olhar crítico sobre sua própria atividade de pesquisa e escrita.

Foi justamente fazendo essas ponderações que julgamos oportuno o lançamento da segunda edição do nosso *O conteúdo jurídico da eficiência administrativa*. De início, a continuidade desta publicação se justifica pelo absoluto sucesso da primeira edição, que há tempos encontra-se esgotada na editora.

Além disso, a preocupação existente quando da escrita da primeira edição, qual seja, que o princípio da eficiência era ainda desconhecido e "mal tratado", continua sendo uma realidade – que, por evidente, precisa ser mudada.

Soma-se ainda a existência de atualizações normativas que afetam certas construções sobre a eficiência, a exemplo da Lei nº 14.133, de 2021, a conhecida nova Lei de Licitações.

Destarte, nesta segunda edição, realizamos toda uma revisão do texto; a inclusão e reflexão sobre os conceitos de eficiência trazidos na atividade de controle externo da Administração; a adição de mudanças legislativas, a exemplo da nova Lei de Licitações; a inserção de novas posições doutrinárias sobre o conteúdo da eficiência e sobre seu impacto pela reforma administrativa; a atualização de algumas posições jurisprudenciais; e a realização de análise crítica sobre a proposta de nova reforma administrativa.

Desejamos uma excelente leitura e reflexão!

NOTA DA 1ª EDIÇÃO

Esta obra, iniciada como fruto de minha tese de doutorado junto à PUC-SP, mas aprimorada e revista até alcançar o presente formato, versa sobre o conteúdo jurídico do princípio da eficiência administrativa perante o ordenamento jurídico brasileiro.

Embora se trate de uma norma jurídica produzida pela interpretação do texto constitucional, a Ciência do Direito tem conferido pouca relevância a essa figura administrativa, o que torna a sua significação, pelo menos da forma como vem sendo construída majoritariamente, ambígua, fluida, vaga e de difícil aplicação pragmática. É precisamente pelo menosprezo muitas vezes conferido à eficiência administrativa no campo doutrinário, bem como pela dificuldade de sua aplicação, decorrente da ausência de uma conceituação adequada, que se pretende, neste trabalho, construir uma significação à eficiência administrativa que seja constitucionalmente adequada e que possua uma coerência formal hábil a trazer um mínimo de objetividade para a interpretação/aplicação do princípio.

Para pesquisar qual é o seu conteúdo jurídico, adota-se a perspectiva da filosofia da linguagem e do movimento do giro linguístico, mais precisamente do construtivismo lógico-semântico, investigando-se a eficiência administrativa pelos planos sintático, semântico e pragmático.

Este livro se volta tanto aos alunos de graduação, que se aventuram nos princípios aplicados à Administração Pública, como a estudos mais avançados de alunos de pós-graduação, que pretendem se aprofundar no conteúdo da eficiência, e, em especial, aos profissionais do Direito (magistrados, procuradores, advogados, promotores, defensores) que almejam conferir uma maior aplicabilidade à eficiência administrativa.

INTRODUÇÃO

É de longa data, ao menos desde o desenvolvimento do Estado Social de Direito, que os administrados depositam, em maior ou menor medida, uma série de expectativas em relação à atuação do Estado, essa figura moral e abstrata que emerge justamente pela existência de um corpo social com uma mínima coesão.

Com recursos financeiros reduzidos, ademais de uma série de outros problemas estruturais decorrentes de razões históricas variadas, a Administração Pública, em todos os Estados, convive cotidianamente com escolhas a serem tomadas na busca do alcance dos interesses da sociedade que ela representa, consciente (ao menos assim se espera) de que o cumprimento de todos os anseios se mostra tarefa utópica e de impossível concretização material.

Ainda que haja margem de discricionariedade política nas escolhas a serem feitas, elas não se encontram desvinculadas por completo do ordenamento jurídico que rege aquela estrutura estatal específica. Há inúmeras balizas normativas, especialmente as oriundas dos textos constitucionais, que conformam tanto as escolhas das políticas públicas a serem adotadas pela Administração Pública, quanto a sua efetivação por meio de atos administrativos, concretos ou regulamentares.

Nos meandros desse rol normativo, uma das principais demarcações existentes na tomada de decisões estatais repousa numa figura ainda recente em vários sistemas jurídicos, em particular no brasileiro, qual seja, o princípio da eficiência administrativa.

Este trabalho cuidará, portanto, da construção do conteúdo jurídico do princípio da eficiência administrativa no ordenamento jurídico brasileiro, tendo como análise uma perspectiva lógico-semântica e pragmática.

Estudar um único princípio jurídico pode soar, aos mais desavisados e não familiarizados com a Ciência Jurídica, como labor desprovido de complicações. Enganam-se os que apresentam tão estrita visão. A compreensão de estruturas principiológicas tende a ser mais trabalhosa e complexa justamente pela vagueza e indefinição que muitas vezes pairam sobre o objeto de estudo, o qual é normalmente referido por singelas palavras que, entretanto, têm uma elevada densidade semântica.

Se a aludida dificuldade ao escrutinar um princípio já é algo comum a qualquer figura dessa espécie normativa, quando se refere à eficiência administrativa, tem-se uma potencialização dos problemas, já que, embora possa apresentar a mesma fluidez e indeterminação de outros princípios, como o da moralidade administrativa, vem acompanhada de um embate ideológico que prejudica, por vezes, o seu estudo técnico-jurídico.

A escolha de tão caro tema repousa, primeiramente, no desprestígio em muitas ocasiões conferido pela academia à eficiência administrativa, tratando-a como um princípio menor frente aos demais. Não raro, encontram-se em manuais e cursos de Direito Administrativo reduzidas páginas discorrendo sobre a figura, em descompasso com inúmeras outras que versam sobre os demais princípios.

Soma-se a isso a circunstância de que, mesmo quando se busca fazer uma abordagem com um maior grau de detalhamento no que concerne à eficiência, salvo exceções louváveis, localizam-se diversas passagens doutrinárias que soam vagas, confusas, sem rigor científico, superficiais ou até mesmo incompletas.

Além disso, não só no campo da Ciência do Direito se vislumbra o menosprezo pela eficiência administrativa, como também, inclusive, entre os intérpretes/aplicadores do Direito positivo, em especial destaque aos Tribunais, em cujas decisões optam, normalmente, por duas saídas: ora desconsideram a existência e normatividade da eficiência administrativa, ora a invocam de maneira lacônica e como um elemento oco, que permite a inserção de qualquer conteúdo, sem que isso desvirtue o teor da decisão.

O problema que se busca aqui resolver é justamente suprir essa lacuna/deficiência conceitual e de aplicação, relacionada ao princípio da eficiência administrativa no Brasil.

Para tanto, tem-se como meta construir um conteúdo à eficiência administrativa que se mostre constitucionalmente adequado (respeitando o texto constitucional e dele decorrente), possuidor de uma objetivação mínima e que permita ao aplicador identificar as hipóteses necessárias a sua invocação, bem como transmita os instrumentos mínimos para sua aplicação.

Sabe-se, como há tempos já afirma Genaro Carrió, que não há que se falar em conceitos falsos ou verdadeiros, mas sim úteis ou inúteis. Assim, é justamente em busca da utilidade conceitual que, ao longo desta monografia, desvelar-se-á o conteúdo jurídico da eficiência administrativa, sempre alinhado ao texto constitucional vigente.

A obra será orientada pela perspectiva do construtivismo lógico-semântico, que assimila a premissa de que Direito é linguagem e, como tal, merece ser estudado sempre com essa qualidade em consideração, valendo-se de instrumentos linguísticos para tanto.

Essa forma de estudo, aliada ao próprio aspecto material (conteúdo), confere um caráter inovador ao livro, porquanto ainda se mostram incipientes os trabalhos científicos pertinentes ao Direito Administrativo que se valem da filosofia da linguagem como método de investigação.

Justamente para não incitar nenhuma falsa expectativa sobre o que será aventado nesta obra, algumas observações delimitadoras fazem-se imperiosas: a) esta monografia versará sobre a eficiência no ordenamento jurídico brasileiro de 1988. Não se busca construir um conceito universal de eficiência administrativa, nem realizar estudos comparados, tampouco realizar qualquer investigação sob a ótica da história do Direito; b) o estudo realizado será de cunho jurídico, sem a pretensão de uma compreensão aprofundada e comparativa da eficiência em outros campos do saber (salvo informações mínimas que serão úteis ao conhecimento jurídico). De igual forma, não se almeja perfazer estudos interdisciplinares, a não ser a instrumentalização conferida pela Linguística ao Direito; c) a pesquisa se voltará essencialmente aos aspectos dogmáticos da eficiência administrativa, não desviando seu foco para questões afetas à sociologia jurídica, política ou história do Direito; d) não é toda e qualquer eficiência jurídica que será objeto de atenção nesta tese, mas somente a que recebe o predicado de administrativa; e) ainda que se tenha a metodologia oriunda das correntes filosóficas da linguagem como auxílio para a pesquisa, não se trata de um trabalho de Linguística, tampouco a forma assumirá mais relevo que o conteúdo nesta monografia.

A estruturação desta pesquisa se inicia com a apresentação, no primeiro capítulo, do papel da linguagem na investigação científica, palco no qual será apresentada a concepção do movimento filosófico do giro linguístico, bem como os elementos da semiótica. De igual sorte, demonstrar-se-á a inter-relação entre Direito e linguagem, justificando a utilização da metodologia para os fins almejados neste trabalho.

Ato contínuo, o livro passará à análise propriamente dita da eficiência administrativa, valendo-se precisamente das reflexões semióticas apresentadas no capítulo antecedente, dividindo-se a monografia pelas abordagens sintática, semântica e pragmática.

Desse modo, o segundo capítulo apresenta os aspectos sintáticos (ou lógicos) da eficiência administrativa.

Nesse segundo capítulo, apresentar-se-á de que forma pode-se considerar a eficiência administrativa como parte de um ordenamento jurídico, bem como de que forma se deu sua inserção na Constituição brasileira de 1988, com as indicações de sua previsão pelo próprio texto constitucional e infraconstitucional.

O terceiro capítulo será reservado ao plano semântico da eficiência administrativa, no qual se investigarão seus aspectos subjetivos e objetivos, constituindo o âmago deste trabalho. Nessa parte, serão apresentados os elementos componentes da eficiência administrativa, bem como a quem a determinação normativa é dirigida.

Será nessa terceira parte que se aclarará, de maneira aprofundada, o conteúdo jurídico da eficiência administrativa, apresentando-se a sua regra matriz, composta de todos os seus elementos constitutivos.

Por derradeiro, o quarto capítulo trata do plano pragmático, abordando questões de aplicação da eficiência administrativa. Primeiramente, desvelar-se-á o papel simbólico desempenhado pela eficiência administrativa, para depois discorrer sobre questões atinentes à aplicação, ao controle e à invalidação envolvendo a eficiência administrativa. Também serão retratadas as formas por meio das quais o Tribunal de Contas da União, o Superior Tribunal de Justiça e o Supremo Tribunal Federal têm aplicado o princípio em voga, evidenciando-se, assim, o aspecto pragmático da norma.

Esta singela obra almeja, pois, apresentar ao leitor um conteúdo à eficiência administrativa, compatível com a Constituição brasileira de 1988, que seja capaz de ser utilizado pelos operadores do Direito com um mínimo de objetividade e segurança, conferindo aplicabilidade a essa tão importante – e, paradoxalmente, tão menosprezada – norma jurídica.

CAPÍTULO 1

LINGUAGEM COMO OBJETO DE INVESTIGAÇÃO CIENTÍFICA

Até tempos mais recentes, a linguagem[1] jamais havia ocupado o ponto central do pensamento filosófico ocidental. Em que pese a força religiosa que parecia encaminhar para esse desfecho, ao narrar pelas escrituras que Deus ordenou ao primeiro homem que nomeasse as coisas do mundo ou o relato da fundamentalidade da linguagem com a Torre de Babel, houve uma paralisação na consideração da linguagem pelo menos até o Iluminismo, momento no qual se retomou a busca pela sua origem.[2]

É justamente no aflorar do Renascimento, com a difusão da escrita, que a linguagem volta a assumir certo grau de destaque. A imprensa, a chegada à Europa dos manuscritos orientais, o aparecimento de uma literatura que não era mais feita pela voz ou pela representação nem

---

[1] Ferdinand de Saussure diferencia linguagem e língua explicando que a primeira é um fenômeno, o exercício de uma faculdade no homem. Língua é um conjunto de formas que toma esse fenômeno (linguagem) em uma coletividade de indivíduos e em uma época determinada (*Escritos sobre linguística general*. Tradução de Clara Ubaldina Lorda Mur. Barcelona: Gedisa, 2004, p. 119). Aurora Tomazini de Carvalho (*Curso de teoria geral do Direito*: o construtivismo lógico-semântico. 3. ed. São Paulo: Noeses, 2013, p. 162-163) traz uma terceira figura próxima: a fala. Para a autora, "enquanto a língua caracteriza-se como uma instituição social, depositada no nosso inconsciente dentro de um processo histórico-evolutivo, a fala tem caráter pessoal, ela traz consigo a 'individualidade' manifesta nas escolhas daquele que se utiliza da língua. A língua é algo estático que se movimenta (transforma) por meio da fala. Já a fala é algo dinâmico, ela é a língua em movimento". Em tom de síntese: "Neste sentido, língua, fala e linguagem são conceitos conexos, tão interligados que por vezes utilizamos o termo 'linguagem' para referirmo-nos tanto à língua, quanto à fala. Mas, por apreço à diferenciação, em termos mais simples, sintetiza-se que a língua é a linguagem sem a fala e a fala é a linguagem sem a língua".

[2] GADAMER, Hans-Georg. *Verdad y metodo II*. Tradução de Manuel Olasagasti. Salamanca: Sígueme, 1998, p. 146.

comandada por elas, "a primazia dada à interpretação dos textos religiosos sobre a tradição e o magistério da igreja – tudo isso testemunha, sem que se possam apartar os efeitos e as causas, o lugar fundamental assumido, no Ocidente, pela Escrita".[3]

A linguagem e sua relação com o mundo vão cambiando ao longo dos séculos. Como nos serve Michel Foucault, na Antiguidade se perguntava como reconhecer que um signo designasse realmente aquilo que ele significava. Posteriormente, a partir do século XVII, perguntar-se-á como um signo pode estar ligado àquilo que ele significa. Para dito questionamento, a idade Clássica responderá pela análise da representação; por sua vez, o pensamento moderno contestará pela análise do sentido e da significação.[4]

A maior cientificação da linguagem, tornando-a não só instrumento, mas sim o próprio objeto do conhecimento, toma lugar na transição do século XIX[5] para o século XX, com pesquisas atinentes à agora chamada filosofia da linguagem,[6] destacando-se trabalhos de Frege, Russell, Sausurre, Peirce, Wittgenstein, Bakhtin, dentre outros filósofos da modernidade.

Nessa história surgem dois momentos diversos, como narra Luis Alberto Warat: o primeiro, intencionado a superar essa instância pré-científica das reflexões sobre a linguagem, e o segundo, que busca projetar o conhecimento científico dos signos sobre as ciências sociais, permitindo que a abordagem linguística fosse o marco teórico das ciências humanas.[7]

---

[3] FOUCAULT, Michel. *As palavras e as coisas*: uma arqueologia das ciências humanas. 8. ed. Tradução de Salma Tannus Muchail. São Paulo: Martins Fontes, 1999, p. 52.

[4] FOUCAULT, Michel. *As palavras e as coisas*: uma arqueologia das ciências humanas. 8. ed. Tradução de Salma Tannus Muchail. São Paulo: Martins Fontes, 1999, p. 58.

[5] "O conhecimento clássico era profundamente nominalista. A partir do século XIX, a linguagem se dobra sobre si mesma, adquire sua espessura própria, desenvolve uma história, leis e uma objetividade que só a ela pertencem" (FOUCAULT, Michel. *As palavras e as coisas*: uma arqueologia das ciências humanas. 8. ed. Tradução de Salma Tannus Muchail. São Paulo: Martins Fontes, 1999, p. 408).

[6] Didaticamente, Cláudio Costa (*Filosofia da linguagem*. 3. ed. Rio de Janeiro: Zahar, 2007, p. 7-8) expõe duas significações para filosofia da linguagem: a primeira, de cunho mais estrito, seria o resultado de uma investigação filosófica acerca da natureza e do funcionamento da linguagem, também chamada de "análise da linguagem"; a segunda, mais ampla, diz respeito a qualquer abordagem crítica de problemas filosóficos, metodologicamente orientada por uma investigação da linguagem ("crítica da linguagem").

[7] WARAT, Luis Alberto. *O direito e sua linguagem*. 2. ed. Porto Alegre: Sergio Antonio Fabris, 1995, p. 11.

Assim, "com a literatura, com o retorno da exegese e a preocupação da formalização, com a constituição de uma filologia, em suma, com o reaparecimento da linguagem num pulular múltiplo, a ordem do pensamento clássico pode doravante apagar-se".[8] Vivencia-se, pois, um novo marco filosófico que permeia as mais diversas ciências na modernidade, tendo como pilar fundante a própria linguagem.

1.1 Movimento do giro linguístico

Como adiantado, o papel desempenhado pela linguagem na construção do conhecimento figurou durante a história da filosofia ocidental essencialmente em termos instrumentais e acessórios.

A ciência do conhecimento foi marcada, entre suas várias fases, na sua busca por intermédio da percepção de que conhecer se referia a uma relação entre sujeito e objeto,[9] com a ideia de objetificação, isto é, reproduzia-se intelectualmente o real.

Essa concepção, expõe Aurora Tomazini de Carvalho, tanto partia das perspectivas do sujeito (gnosiologia), como do objeto (ontologia) ou da relação entre ambos (fenomenologia),[10] assumindo a linguagem um mero papel coadjuvante.

Tinha-se assim um paradigma epistemológico da filosofia da consciência, fundada na premissa dos sujeitos cognoscentes, na qual as formas de vida e relacionamentos são reificadas, limitando-se às relações sujeito-objeto.[11]

É, inclusive, como nos dá conta Robson Maia Lins, explicando que com a filosofia da consciência, afirmava-se que as coisas tinham existência empírica. Desse modo, partindo-se de considerações kantianas, o limite do conhecimento era imposto tanto pelo pensamento como pela experiência, sendo que a linguagem, que aparecia em ambos

---

[8] FOUCAULT, Michel. *As palavras e as coisas*: uma arqueologia das ciências humanas. 8. ed. Tradução de Salma Tannus Muchail. São Paulo: Martins Fontes, 1999, p. 417.

[9] "É possível dizer que, para a metafísica clássica, os sentidos estavam nas coisas (as coisas têm sentido porque há nelas uma essência). Essa é a dicotomia objetivismo-subjetivismo, presente e influente nas teorias que buscam explicar o modo como conhecemos e compreendemos o mundo" (STRECK, Lenio Luiz. *Dicionário de hermenêutica*: quarenta temas fundamentais da teoria do direito à luz da crítica hermenêutica do Direito. Belo Horizonte: Casa do Direito, 2017, p. 85).

[10] CARVALHO, Aurora Tomazini de. *Curso de teoria geral do Direito*: o construtivismo lógico-semântico. 3. ed. São Paulo: Noeses, 2013, p. 14.

[11] STRECK, Lenio Luiz. *Hermenêutica jurídica e(m) crise*. Porto Alegre: Livraria do Advogado, 1999, p. 44.

os momentos, era meramente instrumental, ligando o sujeito ao objeto do conhecimento.[12]

Como visto, é somente no final do século XIX[13] e início do século XX, contudo, com o desenvolvimento de sistemas lógicos e por meio do papel pioneiro desempenhado pelos filósofos anglo-saxões e os positivistas austro-alemães (Círculo de Viena),[14] que a linguagem se torna um dos elementos essenciais das reflexões filosóficas.[15]

Justamente nessa novel vertente filosófica, em especial com Ludwig Wittgenstein e sua obra *Tractatus Logico-Philosophicus*, é que emerge uma nova corrente filosófica que põe em xeque certas premissas pensadas anteriormente.

É na supracitada obra que Ludwig Wittgenstein[16] molda a celebre frase "os limites de minha linguagem denotam os limites de meu

---

[12] LINS, Robson Maia. Considerações sobre o conceito de norma jurídica e pragmática da comunicação na decisão judicial na jurisprudência do Supremo Tribunal Federal. In: CARVALHO, Aurora Tomazini de (Org.). *Construtivismo Lógico-Semântico*. São Paulo: Noeses, 2014. v. I, p. 176.

[13] "Although philosophers have long speculated about language, it wasn't until the late nineteenth century that the philosophy of language emerged as a self-conscious and systematic area of study" (SOAMES, Scott. *Philosophy of language*. New Jersey: Princeton University Press, 2010, p. 7).

[14] Sobre a formação do Círculo de Viena, confira-se breve narrativa de Paulo de Barros Carvalho: "Desde os idos de 1907, Hans Hahn, Phillipp Frank e Otto Neurath encontravam-se, constantemente, num determinado café vienense, com o objetivo de trocar ideias a respeito de temas ligados à Filosofia da Ciência. Entretanto, foi com a vinda de Moritz Schlick para a capital austríaca, transferindo-se de Kiel, nomeado para ocupar a cátedra de Filosofia das Ciências Indutivas, que se pôde reconhecer, efetivamente, a gênese do chamado 'Círculo de Viena'. Schlick obtivera o doutoramento em Berlim, com tese sobre a Óptica teórica, orientado por Max Planck. Iniciou seu magistério em Viena em 1922, mas logo no ano seguinte coordenava um seminário, no seio do qual surgiu o famoso grupo de debates, integrado por filósofos e cientistas dos mais variados campos e dotados, todos eles, de inusitado interesse por temas epistemológicos, passando a reunir-se, com habitualidade, às senoites das quintas-feiras" (*Direito Tributário, Linguagem e Método*. São Paulo: Noeses, 2013, p. 22).

[15] AUROUX, Sylvain. *A filosofia da linguagem*. Tradução de José Horta Nunes. Campinas: Ed. Unicamp, 1998, p. 431.

[16] Para quem estuda e acompanha os estudos de Ludwig Wittgenstein, costuma-se dividir seus escritos em duas fases, sendo o *Tractatus Logico-Philosophicus* considerado o primeiro Wittgenstein, e suas obras futuras, em especial o seu *Investigações Filosóficas*, o segundo Wittgenstein. Embora tenha havido uma profunda mudança na visão da linguagem do autor do primeiro para o segundo Wittgenstein, isso não retira a importância das primeiras conclusões, em especial pelo fato do próprio autor não ter considerado errôneas suas primeiras reflexões, mas simplesmente incapazes de solucionar todos os dilemas trazidos pela linguagem. Nesse segundo momento, não se deve mais indagar sobre o significado das palavras de forma absoluta, mas sim sobre seus usos, ao que denomina de "jogos de linguagem". Para o autor, todo o processo da utilização das palavras na *práxis* do uso da linguagem é um "daqueles jogos por meio dos quais as crianças aprendem sua língua materna". Apresenta mais à frente que "a significação de uma palavra é seu uso na linguagem"

mundo" e volta a insisti-la nos trechos em que diz "que o mundo é o meu mundo, isto se mostra porque os limites da linguagem (da linguagem que só eu compreendo) denotam os limites do meu mundo" e "o sujeito não pertence ao mundo mas é o limite do mundo".[17] A grande marca dessa nova teoria do conhecimento é a mudança de paradigma no que se refere à linguagem. O conhecimento agora não mais representa uma relação entre sujeito e objeto, mas sim entre linguagens, entre significações.[18] Para Jürgen Habermas "o que está esgotado é o paradigma da filosofia da consciência". Continua o autor dizendo que "se procedermos assim, certamente devem se dissolver os sintomas de esgotamento na passagem para o paradigma do sentimento recíproco".[19]

Justamente por se trabalhar o conhecimento em bases sustentadas pela relação sujeito e objeto, em uma perspectiva essencialmente empírica e com verificações de cunho quase que exclusivamente apofântico, as ciências lidavam com verdades tidas como absolutas, nas quais a comprovação das asserções correspondia à verificação entre a afirmação (linguagem) e a constatação ontológica.

Com essa virada filosófica, conhecida como giro linguístico,[20] virada linguística, *linguistic turn*, dentre outras denominações, não se mostra mais possível lidar com uma verdade absoluta,[21] tampouco há

(*Investigações filosóficas*. Tradução de José Carlos Bruni. São Paulo: Nova Cultural, 1999, p. 30; 43).

[17] WITTGENSTEIN, Ludwig. *Tractatus logico-philosophicus*. Tradução de José Arthur Giannotti. São Paulo: Edusp, 1968, p. 111.

[18] LINS, Robson Maia. Considerações sobre o conceito de norma jurídica e pragmática da comunicação na decisão judicial na jurisprudência do Supremo Tribunal Federal. *In*: CARVALHO, Aurora Tomazini de (Org.). *Construtivismo Lógico-Semântico*. São Paulo: Noeses, 2014. v. I, p. 177.

[19] HABERMAS, Jürgen. *O discurso filosófico da modernidade*: doze lições. Tradução de Luiz Sérgio Repa; Rodnei Nascimento. São Paulo: Martins Fontes, 2000, p. 414.

[20] Não se desconhece que o giro linguístico não constitui uma pá de cal sobre os debates filosóficos, havendo variações (ou novos "giros") a partir dele, a exemplo do giro hermenêutico de Gadamer ou o giro pragmático de Habermas, bem como reações contrárias, propugnando por um certo retorno ao ontologismo, como o giro ontológico de Maturana ou o da escola de Prigogine (GAMBOA, Silvio Sanchez. *Reações ao Giro Linguístico*: o resgate da ontologia ou do real, independente da consciência ou da linguagem. Salvador-BA, 2009. Disponível em: http://www.cbce.org.br/upload/file/gttepistemologia/REAÇÕES%20AO%20GIRO %20 LINGUÍSTICO%20Silvio%20Sánchez%20Gamboa.pdf. Acesso em: 20 nov. 2016).

[21] "A verdade absoluta, essa correspondência entre a língua e o 'algo' que ela significa, é tão inarticulável quanto esse 'algo'" (FLUSSER, Vilém. *Língua e realidade*. São Paulo: Annablume, 2004, p. 46).

que se falar em verdade no singular, havendo uma multiplicidade de verdades.

Deveras, o conhecimento de cada sujeito se molda em consonância com um sistema de referências condicionado por seus horizontes culturais. Destarte, não faz mais sentido discursar acerca de verdades absolutas, próprias de um objeto, já que o mesmo dado experimental comporta inúmeras interpretações. A verdade é, portanto, uma característica da linguagem, determinada em concordância com o modelo adotado, pelas condições de espaço-tempo, além da vivência sociocultural de uma língua. Conclui-se, pois, que é sempre relativa.[22]

Conforme essa nova percepção,[23] descarta-se aquele paradigma ontológico, no qual as palavras correspondiam a dados existentes na realidade, para se afirmar que são elas que cunham a própria realidade. Vilém Flusser, expoente da Filosofia da Linguagem, dispõe que "a matéria-prima do intelecto, a realidade, portanto, consiste de palavras e de dados brutos a serem transformados em palavras a serem apreendidos e compreendidos".[24]

A linguagem como mera correspondência entre palavras e objetos, algo até então intuitivo em uma filosofia de cunho ontológico, não mais satisfaz as pretensões desse novo conhecimento, tampouco reflete uma desinteressada percepção da consciência, como propunha a própria filosofia do sujeito ou da consciência. Linguagem reflete linguagem, cunhando o que temos por realidade.

Não obstante a percepção da importância fundante da linguagem nos termos trazidos pelo giro linguístico, sentida por diversas áreas do conhecimento, há que se trazer à colação a visão de Lenio Streck, segundo a qual a virada linguística não obteve a devida recepção filosófica e hermenêutica no campo jurídico em solo brasileiro. Para o autor, os juristas brasileiros ainda não se deram conta de que Direito

---

[22] CARVALHO, Aurora Tomazini de. *Curso de teoria geral do Direito*: o construtivismo lógico-semântico. 3. ed. São Paulo: Noeses, 2013, p. 26.

[23] "*Crecemos, vamos conociendo el mundo, vamos conociendo a las personas y en definitiva a nosotros mismos a medida que aprendemos a hablar. Aprender a hablar no significa utilizar un instrumento ya existente para clasificar ese mundo familiar y conocido, sino que significa la adquisición de la familiaridad y conocimiento del mundo mismo tal como nos sale al encuentro*" (GADAMER, Hans-Georg. *Verdad y metodo II*. Tradução de Manuel Olasagasti. Salamanca: Sígueme, 1998, p. 148).

[24] FLUSSER, Vilém. *Língua e realidade*. São Paulo: Annablume, 2004, p. 46.

é linguagem e como tal deverá ser considerado em tudo e por tudo como linguagem.[25] Evidentemente que a consideração supra possui suas exceções, tendo a linha filosófica que encara o Direito como linguagem ganhado adeptos em alguns setores dos estudos jurídicos[26] no Brasil. Os estudos pertinentes ao ramo do Direito Administrativo,[27] contudo, parecem não se enquadrar nessa exceção, sendo praticamente inexistentes monografias jurídicas dessa seara que foquem suas reflexões levando em conta a linguagem do Direito como elemento imprescindível – pelo menos não de maneira expressa.

É visando não se enquadrar na situação descrita que se pretende ao longo desta tese laborar dentro dos domínios do Direito Administrativo, mas sempre tendo em foco que se trata de estruturas linguísticas merecedoras de uma metodologia de análise particularizada.

1.2 Semiótica

Justamente por se verificar a linguagem como constitutiva da realidade e, em específica aproximação com o Direito, que este se forma por um conjunto de símbolos artificiais, permitiu-se que o estudo jurídico passasse a ser efetuado por diferentes abordagens metodológicas que levassem essas circunstâncias em consideração.

Aqui, nada mais coerente que, ao partir da premissa do Direito positivo como um conjunto de signos, tal objeto seja passível de ser

---

[25] STRECK, Lenio Luiz. *Hermenêutica jurídica e(m) crise*. Porto Alegre: Livraria do Advogado, 1999, p. 48.

[26] Talvez o ramo que melhor tenha conseguido se estruturar com essa abordagem tenha sido o Direito Tributário, por intermédio das lições de Paulo de Barros Carvalho, com o chamado Construtivismo Lógico-Semântico.

[27] Uma das maneiras de se encarar o estudo do Direito Administrativo é focando nas relações travadas entre Estado e cidadão. A esse respeito, calha trazer curiosa passagem histórica indicativa dos limites da linguagem ao Governante. Relata-se que no Concílio de Constança, celebrado na cidade alemã de mesmo nome, entre os anos 1414 e 1418, o Sacro Imperador Romano-Germânico Sigismundo I, em seu discurso inaugural dirigido aos eclesiásticos, utilizou como feminino o substantivo neutro "*schisma*". Dentre os presentes, o Cardeal Placentio, ao notar o equívoco do Imperador, pontuou que a expressão estava gramaticalmente incorreta, pois *schisma* é de gênero neutro (*Domine, ista locutio tua est parum grammatica, cum schisma sit generis neutrius*). Irritado com a correção, Sigismundo I vociferou que ele era o Imperador e que, por ser o senhor das terras, dos homens e das leis, de igual maneira poderia utilizar as palavras como bem lhe aprouvesse. Em resposta, Placentio simplesmente apontou que "O Imperador não está acima dos gramáticos!" (*Caesar non est supra grammaticos*) (FUMAGALLI, Giuseppe. *Chi l'ha detto?* 8. ed. Milano: Ulrico Hoepli, 1934, p. 503-504).

investigado por meio de instrumentos advindos dos estudos linguísticos. Afinal de contas, tanto se fala do Direito por meio de linguagem (Ciência do Direito), como o próprio Direito positivo é por ela formado.[28] Nos dizeres de Clarice Von Oertzen de Araujo, o Direito visto em sua interdisciplinaridade com o verbal facilita seus estudos iniciais "porque empresta da língua conceitos correntes que se encontram também na organização das normas". Ainda, "introduz o pensamento jurídico, enfatiza o domínio verbal e exercita a interface nas áreas de afinidade entre os sistemas".[29]

A proposta sugerida não implica o abandono da Ciência do Direito, mas sim a promoção de um autêntica intertextualidade externa, que não debilita as margens do Direito ou compromete sua interioridade.[30]

Com esse espírito, a semiótica, que tem grandes expoentes como Peirce, Saussure, Morris, Carnap, entre outros, representa interessante instrumento a ser invocado para a compreensão dos signos.

As exposições usuais dessa disciplina se fundam em especial nas lições de Ferdinand de Saussure, com o desenvolvimento de uma Semiologia (hoje chamada de semiótica) e do filósofo pragmatista Charles S. Peirce, que pesquisou a semiótica buscando as condições que uma asserção deve possuir para que corresponda à realidade.[31]

Em amplos termos, propõe a semiótica o estudo de todos os processos culturais como sendo processos de comunicação.[32]

Outra forma de se compreender a semiótica, mais especifica, é a trazida por Charles W. Morris, o qual explana que ela é a ciência que estuda a semiose, que representa o processo no qual algo funciona como um sinal. Esse processo, que remonta aos gregos, comumente sempre foi trabalhado com o envolvimento de três ou quatro fatores: a) *sign vehicle* (aquilo que age como um sinal); b) *designatum* (aquilo a que o sinal se

---

[28] Tem-se aqui a metalinguagem, havendo dois substratos linguísticos diversos, um de caráter prescritivo (Direito positivo) e outro de caráter descritivo em relação ao direito posto (Ciência do Direito).
[29] ARAUJO, Clarice Von Oertzen de. *Semiótica do Direito*. São Paulo: Quartier Latin, 2005, p. 15.
[30] IVO, Gabriel. *Norma jurídica*: produção e controle. São Paulo: Noeses, 2006, p. XLIV.
[31] AFTALIÓN, Enrique R.; VILANOVA, José; RAFFO, Julio. *Introducción al derecho*. 4. ed. Buenos Aires: Abeledo-Perrot, 2004, p. 79.
[32] ECO, Umberto. *A theory of semiotics*. Bloomington: Indiana University Press, 1979, p. 8.

refere); c) *interpretant* (aquele efeito gerado no intérprete em virtude do sinal que lhe é apresentado); d) *interpreter* (o próprio intérprete).[33]

Justamente buscando lidar nos arredores dos aludidos fatores semióticos, uma divisão valiosa trazida a essa área do conhecimento, de cunho didático, pode ser atribuída a Charles W. Morris,[34] que repartiu o estudo semiótico nas análises do campo da sintática, semântica e pragmática.[35]

Sem embargo de possíveis críticas a essa forma de explorar os substratos linguísticos,[36] é com essa divisão, que nos confere um guia prático e minimamente seguro de análise,[37] que se pretende trilhar esta pesquisa.

1.2.1 Plano sintático

A sintática representa o estudo das relações formais dos signos uns com os outros.[38] Também chamada de plano lógico, retira como estrutura a relação signo-signo, tomando a proposição, bem como as relações intra e interproposicionais retrovertidas sobre si mesmas.[39]

---

[33] MORRIS, Charles W. Foundations of the Theory of Signs. *International Encyclopedia of Unified Sciences*. Chicago, v. 1, n. 2, 1938, p. 3.

[34] Clarice Von Oertzen de Araujo expõe o contexto em que se deu a publicação do trabalho seminal de Charles William Morris: "A segmentação dos processos semióticos ou da semiose (ação ou efeito gerado pelos signos) em três aspectos ou dimensões que podem ser abstraídos para o propósito de serem estudos isoladamente, e a denominação dos planos de investigação em 'sintático', 'semântico' e 'pragmático' foi inicialmente proposta em 1938, por Charles William Morris (1901-1979), ao elaborar uma monografia (*Fundations of the Theory of Signs*) que deveria compor a *International Encyclopedia of United Science*, publicação integrante de um extenso projeto de unificação das ciências, o que era um ideal fundamental do positivismo lógico" (Semiótica e investigação do direito. *In*: CARVALHO, Aurora Tomazini de (Org.). *Construtivismo Lógico-Semântico*. São Paulo: Noeses, 2014. v. I, p. 128).

[35] MORRIS, Charles W. Foundations of the Theory of Signs. *International Encyclopedia of Unified Sciences*. Chicago, v. 1, n. 2, 1938, p. 6-9.

[36] FERRAZ JÚNIOR, Tercio Sampaio. *Teoria da norma jurídica*: ensaio de pragmática da comunicação normativa. 4. ed. Rio de Janeiro: Forense, 2006, p. 2-4.

[37] "Como texto, o direito é suscetível das análises típicas de qualquer outro texto. Por essa razão, a teoria do direito pode ser caracterizada como uma teoria hermenêutica-analítica, ou, para empregar palavra mais simples, comunicacional. Pragmática, semântica e sintática são as três operações possíveis do texto jurídico" (ROBLES, Gregorio. *O direito como texto*: quatro estudos de teoria comunicacional do direito. Tradução de Roberto Barbosa Alves. Barueri: Manole, 2005, p. 3).

[38] MORRIS, Charles W. Foundations of the Theory of Signs. *International Encyclopedia of Unified Sciences*. Chicago, v. 1, n. 2, 1938, p. 6.

[39] MOUSSALLEM, Tárek Moysés. A lógica como técnica de análise do direito. *In*: CARVALHO, Aurora Tomazini de (Org.). *Construtivismo Lógico-Semântico*. São Paulo: Noeses, 2014. v. I, p. 158.

É esse campo semiótico que se debruça sobre o material bruto de trabalho de qualquer intérprete, escrutinando os signos e suas inter-relações, permitindo que o encadeamento de símbolos, decorrentes de relações lógicas, encaminhem o intérprete, com a compreensão adequada, a uma corrente de ideias.

O primeiro e inevitável passo a todo sujeito cognoscente é justamente se aventurar, consciente ou não, nos aspectos sintáticos da linguagem. É o estudo das letras, que, organizadas nas formas devidas, constituem palavras, as quais têm funções variadas, ora servindo como qualificadoras de outras palavras, ora indicando o sentido de ação, e tantas outras existentes na complexa e vasta estruturação linguística, que conformam o texto bruto a ser comunicado e interpretado pelo sujeito receptor, gerando assim uma comunicação intersubjetiva.

A sintaxe se compõe tanto de a) um conjunto de signos, como de b) um conjunto de regras. As regras, por sua vez, subdividem-se em regras de formação, que indicam como combinar signos elementares, e regras de derivação,[40] que permitem gerar novas expressões a partir de outras já construídas.[41]

Trazendo a sintática, que possui a lógica como forte instrumento, para o campo jurídico, temos a análise das relações estruturais do sistema e da norma jurídica.[42]

1.2.2 Plano semântico

Com a semântica, o segundo plano semiótico, tem-se a busca pela significação dos signos visitados e escrutinados na sua dimensão sintática (semântica pressupõe a sintaxe).

Segundo Charles W. Morris,[43] a dimensão semântica de um signo somente existe caso se verifiquem regras semânticas ("*semantical rules*"), pré-formuladas ou não, que determinem sua aplicabilidade para certas situações e sobre específicas condições.

---

[40] Como aponta Maria Helena Diniz, um enunciado que não segue tais regras (formação e derivação) não teria sentido sob o ponto de vista sintático (*Compêndio de introdução à ciência do direito*. 20. ed. São Paulo: Saraiva, 2009, p. 167).

[41] WARAT, Luis Alberto. *O direito e sua linguagem*. 2. ed. Porto Alegre: Sergio Antonio Fabris, 1995, p. 40.

[42] CARVALHO, Aurora Tomazini de. *Curso de teoria geral do Direito*: o construtivismo lógico-semântico. 3. ed. São Paulo: Noeses, 2013, p. 169.

[43] MORRIS, Charles W. Foundations of the Theory of Signs. *International Encyclopedia of Unified Sciences*. Chicago, v. 1, n. 2, 1938, p. 24.

A análise da dimensão semântica reside justamente em obter a compreensão das situações de aplicabilidade dos signos e das condições nas quais se determina essa aplicabilidade. A significação buscada não é, pois, desprovida de limites.

Dizer que se busca uma significação por meio da semântica, inicialmente indicava a busca pela correspondência fática, isto é, o significado das palavras remeteria aos objetos, ações humanas, acontecimentos naturais etc., enfim, objetos de comprovação empírica. No entanto, a experiência não necessariamente garantirá a ocorrência do fato nem assegurará a verdade sobre a asserção.

Melhor, pois, a conclusão de que o significado se reporta a um ente ideal, ou seja, a palavra remete ao conceito[44] e não a fatos/objetos tidos como reais. Com as considerações da girada linguística, não há correspondência entre palavras e objetos. O significado é nada mais que outro significante, já que as significações do vocábulo dependem do vínculo com outras palavras.[45]

Ao se arriscar no plano semântico na dimensão jurídica é que se possibilita o estudo dos conteúdos significativos atribuídos aos símbolos positivados, lidando com problemas de vaguidade, ambiguidade e carga valorativa das palavras, estabelecendo-se a ponte que conecta a linguagem normativa à conduta intersubjetiva que ela regula.[46]

É no campo semântico, da construção das significações, que se procura restringir o campo de atuação do intérprete "para impedir eventuais construções desarrazoadas, baseadas em suposições abstratas, ou até com o intuito de induzir o destinatário do argumento em erro".[47] É então que emergem significações próprias a determinados institutos jurídicos, partindo-se de uma linguagem artificial que delimite e mitigue entendimentos díspares, facilitando a compreensão jurídica.[48]

Ainda sobre a questão, interessantes as lucubrações de Riccardo Guastini, que dispõe sobre dois modos diferentes de representar a semântica em um enunciado. O primeiro seria para fazer entender que

---

[44] AFTALIÓN, Enrique R.; VILANOVA, José; RAFFO, Julio. *Introducción al derecho*. 4. ed. Buenos Aires: Abeledo-Perrot, 2004, p. 86.
[45] TOMÉ, Fabiana Del Padre. *A prova no Direito Tributário*. São Paulo: Noeses, 2005, p. 3-4.
[46] CARVALHO, Aurora Tomazini de. *Curso de teoria geral do Direito*: o construtivismo lógico-semântico. 3. ed. São Paulo: Noeses, 2013, p. 169.
[47] VIANNA, José Ricardo Alvarez. Considerações iniciais sobre semiótica jurídica. *Revista CEJ*, Brasília, a. XIV, n. 51, out./dez. 2010, p. 121.
[48] VIANNA, José Ricardo Alvarez. Considerações iniciais sobre semiótica jurídica. *Revista CEJ*, Brasília, a. XIV, n. 51, out./dez. 2010, p. 121.

para esse enunciado convergem ou não os valores de verdade (verdadeiro ou falso); o segundo, referir-se-ia ao entendimento de que esse enunciado é provido ou não de referência.[49] Em relação ao primeiro entendimento, o autor indica que há uma diferença semântica irredutível entre o discurso descritivo e o prescritivo, pois, enquanto aos enunciados descritivos convergem os valores de verdade, aos prescritivos – típicos da linguagem do direito positivado – isso não ocorre absolutamente.[50] Logo, nesse sentido, para o autor genovês, poder-se-ia falar que o enunciado prescritivo não possui semântica alguma.

Não obstante a classificação feita, não se utilizará nesta monografia esse primeiro entendimento, já que não se enxerga possível a existência de um discurso sem qualquer semântica (conteúdo).

Já no que concerne ao segundo ponto de vista, não parece haver uma diferença tão gritante, uma vez que o discurso prescritivo, tal qual o descritivo, também possui uma referência, devendo se relatar a sujeitos e comportamentos.[51]

1.2.3 Plano pragmático

No derradeiro plano semiótico, a pragmática repousa na ciência da relação entre os signos e os intérpretes,[52] versando, portanto, sobre os fenômenos psicológicos, biológicos e sociológicos que ocorrem no funcionamento dos signos.[53]

É nessa interação entre signos e interlocutores, de que cuida a pragmática, que reside sua problemática central, que gira em torno dos modos de significar, usos e/ou funções da linguagem. A semiótica trabalha, então, com a ideia de fatores intencionais dos interlocutores

---

[49] GUASTINI, Riccardo. *Das fontes às normas*. Tradução de Edson Bini. São Paulo: Quartier Latin, 2005, p. 51.
[50] GUASTINI, Riccardo. *Das fontes às normas*. Tradução de Edson Bini. São Paulo: Quartier Latin, 2005, p. 51.
[51] GUASTINI, Riccardo. *Das fontes às normas*. Tradução de Edson Bini. São Paulo: Quartier Latin, 2005, p. 52.
[52] Tratando de questão próxima, Charles S. Peirce escreve que a doutrina a qual chama de pragmatismo indica a teoria que propugna que o teor racional de uma palavra ou outra expressão linguística reside em sua concebível influência sobre a conduta da vida (*Semiótica*. Tradução de José Teixeira Coelho Neto. São Paulo: Perspectiva, 2005, p. 284).
[53] MORRIS, Charles W. Foundations of the Theory of Signs. *International Encyclopedia of Unified Sciences*. Chicago, v. 1, n. 2, 1938, p. 30.

que provocam alterações nas relações designativa-denotativa dos significados dos signos.[54] Especialmente na pragmática – mas não só – emerge a máxima relevância do contexto, já que é o *habitat* do intérprete e dos signos que será capaz de remodelar prévias construções semânticas, bem como permitirá que elaborações iniciais sejam realizadas.

Tem-se como adequado compreender contexto na sua dimensão mais ampla, tratada por diversos linguistas, com forte influência de Eugenio Coseriu. Assim, contexto poderia ser dividido em verbal, que se refere às relações do signo com os demais signos da língua, e extraverbal, como sendo o conjunto de circunstâncias não linguísticas que se percebem diretamente ou são conhecidas pelo emissor da mensagem, havendo aqui, então, contextos físico (as coisas que estão à vista ou às quais um signo se adere), histórico (a situação histórica conhecida pelos interlocutores), cultural (a tradição cultural de uma comunidade), prático ou ocasional (a particular conjuntura objetiva ou subjetiva que ocorre no discurso), empírico (objetos e estados de coisas de conhecimentos dos interlocutores) e natural (todos os conceitos empíricos possíveis).[55]

É por meio dessas interações internas e externas oriundas do contexto, que moldam as significações, que a pragmática se desenvolve, mostrando que a interpretação não é algo estanque e definitivo.

A técnica semiótica aplicada ao Direito positivo, por meio do plano pragmático, permite que se observe o modo como os sujeitos se utilizam da linguagem jurídica para implantar os valores desejados socialmente, investigando-se o manuseio dos textos jurídicos pelos tribunais, ademais de questões acerca da criação e aplicação de normas jurídicas.[56]

1.3 Construtivismo Lógico-Semântico e Teoria Comunicacional do Direito

A tomada da semiótica por método de aproximação ao objeto de estudo, como aponta Tárek Moysés Moussallem, levou a construção de

---

[54] WARAT, Luis Alberto. *O direito e sua linguagem*. 2. ed. Porto Alegre: Sergio Antonio Fabris, 1995, p. 46.
[55] VIDAL, M. Victoria Escandell. *Introducción a la pragmática*. Madrid: Universidad Nacional de Educación a Distancia, 1993, p. 35-36.
[56] CARVALHO, Aurora Tomazini de. *Curso de teoria geral do Direito*: o construtivismo lógico-semântico. 3. ed. São Paulo: Noeses, 2013, p. 169-170.

pensamentos confluentes em relação ao Direito, surgindo a escola do Construtivismo Lógico-Semântico no Brasil e a Teoria Comunicacional do Direito na Espanha.[57] No que tange à primeira, podemos atribuí-la aos trabalhos realizados por Lourival Villanova e Paulo de Barros Carvalho.[58] O segundo narra a origem do termo descrevendo pergunta que realizara ao primeiro e cuja resposta é digna de reprodução:

> Certo dia, perguntando como conviria definir sua atitude jurídico-filosófica e o tipo de trabalho que vinha desenvolvendo, respondeu-me que poderíamos perfeitamente chamá-lo de "construtivismo". Não segundo o modelo do "construtivismo ético", todavia, agregando ao nome o adjetivo composto "lógico-semântico", pois, afinal de contas, todo o empenho estaria voltado a cercar os termos do discurso, para outorga-lhes a firmeza necessária (e possível, naturalmente), tendo em vista a coerência e o rigor da mensagem comunicativa. Isso não significa, porém, relegar o quadro das investigações pragmáticas a nível secundário. Expressa tão somente uma opção metodológica. Melhor seria até dizer que a proposta lógico-semântica aparece como contribuição para um estudo semiótico do discurso.[59]

O construtivismo lógico-semântico pode ser compreendido tanto como a Escola Epistemológica do Direito, como também o método que é por ela empregado. Uma de suas mais fiéis adeptas, Aurora Tomazini de Carvalho, esclarece que a proposta desse construtivismo é estudar o Direito dentro da concepção da Filosofia da Linguagem e, partindo desse referencial, amarra lógica e semanticamente suas proposições, de modo a construir seu objeto.[60]

---

[57] MOUSSALLEM, Tárek Moysés. A enunciação e os enunciados: a performatividade do direito. *In*: ROBLES, Gregorio; CARVALHO, Paulo de Barros (Coord.). *Teoria comunicacional do direito*: Diálogo entre Brasil e Espanha. São Paulo: Noeses, 2011, p. 244.

[58] Em que pese a relevância da construção, nota-se que sua aplicação acabou angariando sucesso dentro da disciplina do Direito Tributário, com pouco reflexos diretos em outros campos do conhecimento. Acerca da aplicação da teoria da linguagem e do construtivismo lógico-semântico no Direito Administrativo, confira-se CABRAL, Flávio Garcia; SARAI, Leandro. *Manual de Direito Administrativo*. 2. ed. Leme: Mizuno, 2023, p. 969-978.

[59] CARVALHO, Paulo de Barros. Algo sobre o construtivismo lógico-semântico. *In*: CARVALHO, Aurora Tomazini de (Org.). *Construtivismo Lógico-Semântico*. São Paulo: Noeses, 2014. v. I, p. 6.

[60] CARVALHO, Aurora Tomazini de. Construtivismo lógico-semântico como método de trabalho na elaboração jurídica. *In*: CARVALHO, Aurora Tomazini de (Org.). *Construtivismo Lógico-Semântico*. São Paulo: Noeses, 2014. v. I, p. 15.

De sorte equivalente, erigiu-se na Espanha o desenvolvimento realizado por Gregorio Robles da chamada Teoria Comunicacional do Direito. Essa se apoia no evidente fato de que o Direito só é possível mediante palavras e se manifesta por meio da linguagem.[61] Segundo nos informa Gregorio Robles, "a teoria comunicacional do direito, como qualquer outra concepção, é assim mesmo perspectiva. Contempla sua matéria – o fenômeno jurídico – desde uma perspectiva determinada: a comunicação humana".[62]

Como esclarecido por uma de suas maiores referências, Paulo de Barros Carvalho, o construtivismo possui uma relação muito íntima com a Teoria Comunicacional do Direito, muito embora esta tenha uma abrangência maior e uma concepção mais filosófica, ao passo que o primeiro constitui muito mais um método de trabalho. Entretanto, ambos têm como premissa fundante que a linguagem é constitutiva da realidade.[63]

1.4 Escolha metodológica

Uma determinação prévia de uma linha metodológica[64] a ser seguida ao longo de uma tese, em busca da construção do conhecimento, é tarefa primeira a qualquer pesquisador, sendo de relevância

---

[61] LLANO, Fernando H. Experiencialismo jurídico y teoría comunicacional del derecho: dos concepciones globales del derecho. In: ROBLES, Gregorio; CARVALHO, Paulo de Barros (Coord.). *Teoria comunicacional do direito*: Diálogo entre Brasil e Espanha. São Paulo: Noeses, 2011, p. 83.

[62] Tradução de: "[...] la teoria comunicacional del derecho, como cualquier otra concepción, es asimismo perspectiva. Contempla su materia – el fenómeno jurídico – desde una perspectiva determinada: la comunicación humana" (ROBLES, Gregorio. Perspectivismo textual y principio de relatividad sistémica en la teoria comunicacional del derecho. In: ROBLES, Gregorio; CARVALHO, Paulo de Barros (Coord.). *Teoria comunicacional do direito*: Diálogo entre Brasil e Espanha. São Paulo: Noeses, 2011, p. 7).

[63] CARVALHO, Paulo de Barros. Algo sobre o construtivismo lógico-semântico. In: CARVALHO, Aurora Tomazini de (Org.). *Construtivismo Lógico-Semântico*. São Paulo: Noeses, 2014. v. I, p. 6.

[64] "Se quisermos conhecer cientificamente o direito (ou qualquer outra realidade), temos primeiro que compreender como se dá o conhecimento e como atribuímos a característica de cientificidade a este conhecimento. Respostas que só encontramos na Filosofia. Por isso, a importância de se trabalhar com um referencial filosófico determinado, pautado em postulados da Epistemologia (Filosofia de Conhecimento Científico) e mais ainda, de saber identificar tal referencial e suas consequências para o conhecimento do objeto" (CARVALHO, Aurora Tomazini de. Construtivismo lógico-semântico como método de trabalho na elaboração jurídica. In: CARVALHO, Aurora Tomazini de (Org.). *Construtivismo Lógico-Semântico*. São Paulo: Noeses, 2014. v. I, p. 17).

inestimável para que sejam alcançados resultados com um mínimo de seriedade científica.

Como se pode sentir das linhas construídas nos itens anteriores, enxerga-se que o movimento denominado giro linguístico trouxe considerações de grande valia para o pensamento filosófico contemporâneo, acolhendo-se neste trabalho suas premissas essenciais, em especial as observações da linguagem como constitutiva da realidade e a inoponível apuração de que tanto a Ciência do Direito como o direito posto se formam por meio de um conjunto de signos devidamente dispostos (linguagem).

Nossa proposta, pois, é estudar as figuras jurídicas que despertam nossa atenção por intermédio de instrumentais metodológicos que levem em consideração a inerente e inseparável inter-relação entre o jurídico e o linguístico.

Com isso não se quer abandonar o Direito, tampouco nos aprofundaremos além do essencial em questões de cunho essencialmente linguístico. Cremos que nossa singela aspiração se amolda ao que se propôs a fazer Tercio Sampaio Ferraz Júnior – com sucesso, segundo nossa percepção –, pretensão essa explicitada no trecho a seguir, que se adequa à perfeição com nosso delineamento metodológico preestabelecido:

[...] pretendemos estudar a linguagem do direito ou da sua manifestação normativa, mas investigar o próprio direito, enquanto necessita, para a sua existência, da linguagem. Ou seja, o direito é levado ao nível linguístico, mas o estudo a realizar não é de linguística, mas jurídico, pois não dispensamos, ao investigar a norma, as características operacionais da teorização jurídica, como a referência à práxis decisória, a possibilidade de solução de conflitos, a regulamentação de comportamentos, etc.[65]

É certo que a aspiração deste trabalho possui limites epistemológicos mais restritos do que os do autor citado, uma vez que ele buscava uma teoria da norma jurídica, o que não constitui o intento deste trabalho.

Como se infere do título conferido à tese proposta e das anotações introdutórias já despendidas, deter-se-á em uma figura jurídica mais

---

[65] FERRAZ JÚNIOR, Tercio Sampaio. *Teoria da norma jurídica*: ensaio de pragmática da comunicação normativa. 4. ed. Rio de Janeiro: Forense, 2006, p. 7-8.

delimitada – mas não por isso menos complexa e intrigante –, qual seja, a norma constitucional da eficiência administrativa.

A eficiência administrativa poderia ser vislumbrada por inúmeros ângulos, dentro e fora do jurídico. Contudo, conforme afirmado, buscar-se-á escrutinar dito instituto jurídico sob um prisma primeiramente considerado no interior do próprio Direito. Isto é, almeja-se compreender e obter as conclusões necessárias da eficiência tendo como premissa, a ser seguida durante todo o discorrer do trabalho, de que sua concepção é jurídica, logo deve ser apreendida pelo intérprete nos termos e limites conferidos pelo Direito positivo, com as constatações e verificações obtidas na Ciência do Direito.

Uma mixórdia sistêmica,[66] que se valha ora de elementos da Economia, ora do Direito, com doses de ponderações da Ciência da Administração, para citar apenas estes, não nos apraz, pois consideramos que teremos pairado por um pouco de tudo em cada sistema diferenciado, sem, contudo, termos sido capazes de extrair algo de substancial e proveitoso. Afinal, como demonstraremos a seguir, por se tratar de sistemas próprios, cada área é possuidora igualmente de linguagens próprias, que não se comunicam de maneira automática.

De resto, a presente investigação circunscrita ao Direito toma como método de trabalho o Construtivismo Lógico-Semântico, tendo por instrumental de trabalho os elementos da semiótica, por ser aquele, o Direito, insista-se, formado por linguagem.

É dessa maneira que examinaremos o conteúdo jurídico da eficiência administrativa, por meio da divisão didática aferida na semiótica dos planos da sintática, semântica e pragmática.

A divisão da estrutura da pesquisa por intermédio dos três planos semióticos nos aparenta adequada pelo didatismo que promove, que expõe uma segmentação bem delineada, evitando-se ao máximo

---

[66] Sobre a ideia da interdisciplinaridade, embora reconheçamos que ela possa eventualmente trazer bons resultados, já ressalvamos no passado que ela deve ser feita com cautela, isso porque a "transposição quase que automática de determinados elementos de uma para a outra, sem que haja sua inserção nesse novo sistema por meio da linguagem e dos instrumentos adequados, pode acabar por desvirtuá-los, não tendo, assim, a utilidade inicialmente pretendida". E destacamos que ela somente possa ocorrer "quando as bases de cada uma das disciplinas a serem cotejadas estiverem devidamente consolidadas, e com o cuidado de efetuar seu inter-relacionamento de maneira consciente, em especial aos obstáculos existentes em cada sistema, sob pena de simplificar sobremaneira determinadas questões" (CABRAL, Flávio Garcia; REICHEL, Dafne. Breves considerações sobre a Fórmula de Hand e sua aplicação à responsabilidade dos agentes públicos. *Revista da PGBC*, Brasília, v. 11, n. 1, jun. 2017, p. 54).

confusões metodológicas, além de oferecer, de maneira evidente, a linhagem seguida no texto, que lida com o Direito e, consequentemente, com a eficiência administrativa, como produtos da linguagem.

Não se desconhece que uma compartimentação hermética dos planos semióticos é tarefa praticamente impossível, pois inevitavelmente haverá considerações de ordem semântica em análises sintáticas ou vice-versa, ademais dos apontamentos pragmáticos se socorrerem constantemente das figuras lógico-semânticas irmãs. Nem por isso a forma de trabalho perde seu valor ou utilidade, haja vista que se mostra firme o suficiente para manter uma clareza didática e consegue transitar de sorte satisfatória pelos planos nos quais os signos representativos da eficiência percorrem no curso da atividade comunicacional.

1.5 Planos de construção normativa

A construção das normas jurídicas, labor atribuído ao intérprete, é atividade da mais alta fundamentalidade para o estudo jurídico, por constituir o Direito justamente um sistema[67] normativo.

Muito embora na prática a interpretação, entendida como construção das normas jurídicas por meio de uma base textual, ocorra como atividade mecânica e monolítica, é possível, em especial (mas não só) para fins didáticos, isolar os planos de elaboração normativa.

Antes de se adentrar a divisão metodológica acima sugerida, interessante repisar algumas considerações sobre o termo "construção normativa", usado inicialmente.

Tradicionalmente sempre permeou o pensamento jurídico de que se deveria "descobrir" o sentido do texto, como se ele fosse algo inerente e que as palavras simplesmente estivessem indicando/ocultando qual seria a única significação correta. É como aponta criticamente Lenio Luiz Streck:

> Parece que a linguagem, é dizer, o discurso jurídico interpretante, serve apenas como instrumento (terceira coisa) para "buscar-encontrar" "o" sentido que "flutua" sobre o texto "originário" [...] Graças a isto, no

---

[67] Não se enxerga diferenciação substancialmente relevante entre sistema normativo e ordenamento jurídico, razão pela qual se utilizarão ambas as expressões de modo intercambiável.

âmbito do imaginário dos juristas (sentido comum teórico), há sempre "o sentido" e não apenas sentidos possíveis!⁶⁸

Essa forma de pensamento, vinculada à leitura do mundo sob a perspectiva sujeito-objeto, passa por uma reformulação, em especial com o movimento filosófico do giro linguístico, compreendendo-se, agora, que a significação demanda criação.

Não se pode mais conceber, pelo menos não na compreensão adotada de que Direito é linguagem, que o trabalho hermenêutico consista em descobrir⁶⁹ significações que estariam contidas ou ocultas no interior das palavras. A interpretação pressupõe entendimento dos textos, mas cuja significação é criada, construída⁷⁰ pelo intérprete.

Humberto Ávila, na mesma toada, mas com um toque peculiar, explica que a interpretação configura uma reconstrução de sentido, haja vista a existência de significados incorporados ao uso linguístico e construídos na comunidade do discurso. Interpretar significa construir a partir de algo, portanto, reconstruir.⁷¹

---

⁶⁸ STRECK, Lenio Luiz. *Hermenêutica jurídica e(m) crise*. Porto Alegre: Livraria do Advogado, 1999, p. 201.

⁶⁹ Esse é um dos aspectos marcantes da escola Genovesa da Teoria do Direito, a qual sustenta que a interpretação é uma atividade de caráter prescritivo, não cognitivo (CHIASSONI, Pierluigi. L'ineluttabile scetticismo della "scuola genovese". *In:* COMANDUCCI, Paolo; GUASTINI, Riccardo (Org.). *Analisi e diritto 1998. Ricerche di giurisprudenza analitica*. Torino: Giappichelli, 1999, p. 22). Ricardo Marcondes Martins discorda frontalmente dessa assertiva, escrevendo que embora norma e texto não se confundam, a atividade interpretativa não é volitiva, mas sim cognitiva. Para ele, quem edita a norma é o agente normativo, cabendo aos intérpretes descobrir o sentido dos textos normativos (Paradoxo da interpretação literal. *Direito do Estado*, n. 102, 2016. Disponível em: http://www.direitodoestado.com.br/colunistas/ricardo-marcondes-martins/paradoxo-da-interpretacao-literal. Acesso em: 05 jul. 2017). Como visto no corpo desta obra, não se acolhe plenamente essa última posição. Sem embargo, com os limites das pré-compreensões do intérprete e dos conteúdos semânticos mínimos, questões que serão apresentadas logo mais, não se enxerga maiores divergências, ao menos de ordem pragmática, entre a adoção da sustentação realizada pelo administrativista paulista e a seguida aqui. A criação normativa pela interpretação não implica o surgimento de algo novo, oriundo do nada e pautado exclusivamente na vontade do agente. Pressupõe, pelo contrário, limites culturais e históricos do agente e do próprio texto. Nesse ponto e com essas ressalvas, pode-se concordar que a atividade interpretativa não é essencialmente volitiva.

⁷⁰ O intérprete, sujeito cognoscente, não se limita a descrever aquilo de que se fala; ele constrói o fato. Por isso a ideia de uma corrente construtivista, ou seja, parte-se da concepção de que há sempre uma intervenção do sujeito na formação do objeto (TOMÉ, Fabiana del Padre. Teoria do fato jurídico e a importância das provas. *In:* CARVALHO, Aurora Tomazini de (Org.). *Construtivismo Lógico-Semântico*. São Paulo: Noeses, 2014. v. I, p. 338).

⁷¹ ÁVILA, Humberto. *Teoria dos princípios*: da definição à aplicação dos princípios jurídicos. 14. ed. São Paulo: Malheiros, 2013, p. 36.

É correto – e importante sublinhar – que a (re)construção normativa não significa ausência de limites na interpretação, na medida em que ela tem por base o enunciado. Esse texto jurídico-positivo demanda que seu conteúdo seja explorado tendo em conta as diretrizes do sistema, encontrando barreiras nos três planos semióticos (sintático, semântico e pragmático).

Logo, o que se pretende aqui é demonstrar como essa construção da significação pode ser efetuada, tratando-se especificamente da construção de normas jurídicas.

Dentre as diversas metodologias e formas de se trabalhar a construção normativa, existentes ao sabor e rigor do jurista, a que nos interessa, seja pela linha adotada neste trabalho, seja pela relevância e clareza das conclusões apresentadas, é a trazida por Paulo de Barros Carvalho, que distingue o labor jurídico-hermenêutico em quatro planos (ou fases) distintos, os quais ele rotula como sendo S1, S2, S3 e S4.[72]

O primeiro deles diz respeito ao plano da literalidade textual (S1) ou plano dos significantes, referindo-se ao texto jurídico prescritivo, sendo este entendido como "espaço que limita o âmbito dos suportes materiais utilizados na mensagem comunicacional".[73]

A importância deste primeiro plano de expressão é altíssima, tendo em vista que o texto, como suporte físico de significações, segundo Paulo de Barros Carvalho, é o único e exclusivo dado objetivo entregue aos integrantes da comunidade comunicacional.[74]

É, pois, neste plano da literalidade que o intérprete terá o primeiro contato com o material físico a ser trabalhado, isto é, o texto. É aqui que serão analisados os artigos de lei, incisos, alíneas, parágrafos, bem como todas as palavras, expressões, conectivos, adjetivos e formações sintáticas e morfológicas que compõem o texto jurídico.

No segundo plano de expressão, tem-se o conjunto dos conteúdos de significação dos enunciados prescritivos (S2). É esse o primeiro

---

[72] Gabriel Ivo (*Norma jurídica*: produção e controle. São Paulo: Noeses, 2006, p. XXXVI) sintetiza esses quatro sistemas ou planos da seguinte feita: "a) o sistema da literalidade dos textos – plano da expressão; b) o conjunto dos conteúdos de significações dos enunciados prescritos – plano das significações; c) o conjunto articulado das significações normativas – plano das normas jurídicas; e, d) a organização das normas construídas no terceiro nível, ou seja, os vínculos de coordenação e de subordinação que se estabelecem entre as regras jurídicas".

[73] CARVALHO, Paulo de Barros. *Direito Tributário*: fundamentos jurídicos de incidência. 9. ed. São Paulo: Saraiva, 2012, p. 110.

[74] CARVALHO, Paulo de Barros. *Direito Tributário*: fundamentos jurídicos de incidência. 9. ed. São Paulo: Saraiva, 2012, p. 111.

ingresso do intérprete no plano do conteúdo, no qual, após ter isolado a base física (o texto jurídico) que se pretende compreender, passa-se a "atribuir valores unitários aos vários signos que encontrou justapostos, selecionando significações e compondo segmentos portadores de sentido".[75]

Ao jurista compete agora construir significações por meio dos textos jurídicos, sendo o resultado deste primeiro trabalho hermenêutico denominado proposição. Insta apontar que ainda não se está diante de normas jurídicas propriamente ditas, como ressalva Paulo de Barros de Carvalho, na medida em que as proposições carecem da formulação deôntica (hipótese e consequente, formulados por meio de modais deônticos), limitando-se neste segundo plano a laborar com significações erguidas a partir de enunciados prescritivos.[76]

Chegando-se ao terceiro plano, que se refere ao conjunto articulado das significações normativas (S3), é quando o intérprete agrupa as significações no esquema de juízos implicacionais (normas jurídicas).[77] O tributarista de São Paulo agrega coesamente os passos desse terceiro momento interpretativo, merecendo transcrição integral:

> Agora, num patamar mais elevado de elaborações juntaremos significações, algumas no tópico de antecedente, outras no lugar sintático de consequente, tudo para construir as entidades mínimas e irredutíveis (com o perdão do pleonasmo) de manifestação do deôntico, com sentido completo, uma vez que as frases prescritivas, insularmente tomadas, são também portadoras de sentido. Formaremos, desse modo, as unidades normativas, regras e normas jurídicas que, articuladas em relação de coordenação e se subordinação, acabarão compondo a forma superior de sistema normativo.[78]

Por derradeiro, desembarca-se no quarto plano (S4) hermenêutico, em que a elaboração é de estrato mais elevado, organizando as normas numa estrutura escalonada, com laços de coordenação e subordinação

---

[75] CARVALHO, Paulo de Barros. *Direito Tributário*: fundamentos jurídicos de incidência. 9. ed. São Paulo: Saraiva, 2012, p. 114.
[76] CARVALHO, Paulo de Barros. *Direito Tributário*: fundamentos jurídicos de incidência. 9. ed. São Paulo: Saraiva, 2012, p. 115.
[77] CARVALHO, Paulo de Barros. *Direito Tributário*: fundamentos jurídicos de incidência. 9. ed. São Paulo: Saraiva, 2012, p. 121.
[78] CARVALHO, Paulo de Barros. *Direito Tributário, Linguagem e Método*. São Paulo: Noeses, 2013, p. 185.

em relação às estruturas formadas, de modo que não permaneçam soltas, como se não pertencessem à totalidade sistêmica."[79]

É nessa última passagem que se estabelecem as relações com as demais normas jurídicas do sistema construídas no plano S3, em relações horizontais (coordenação) e verticais (subordinação). Trata-se da fase de sistematização e organização normativa.

Essa última etapa decorre justamente da avaliação que a interpretação, ainda que feita sobre elementos específicos, pressupõe o todo jurídico ou, como diz Juarez Freitas, "qualquer exegeta comete, direta ou indiretamente, uma aplicação de princípios, regras e valores componentes da totalidade do Direito", afinal "todo preceito deve ser visto como parte viva do todo".[80]

Essa relação dialógica do momento S4 é fundamental para o Direito positivo, já que os textos legais e as significações construídas não se encontram estruturados de maneira isolada, mas sim fazem parte de um todo, sendo que a interpretação de um texto depende necessariamente da interpretação de outros textos, formando um conjunto. A linguagem prescritiva do Direito positivo não pode ser considerada de maneira ilhada em um determinado texto, devendo haver uma análise inter-relacionada com os demais textos, seja de forma direta, quando por vezes o próprio texto legal assim determina, seja de maneira indireta.

Não obstante a divisão metodológica apresentada figurar como relevante instrumento para a realização do trabalho hermenêutico, não se desconhece que a chegada em cada um dos quatro planos por vezes ocorre quase simultaneamente, além de que a revisitação aos planos anteriormente já analisados é circunstância inevitável a qualquer jurista.

Sem embargo, é com enfoque nessas premissas de construção normativa que se buscará edificar o conteúdo jurídico da eficiência administrativa no Brasil, questão primordial desta tese, ainda que, por vezes, não haja ao longo do texto uma divisão absolutamente estanque – dada a impossibilidade lógica – entre os planos de interpretação.

---

[79] CARVALHO, Paulo de Barros. *Direito Tributário*: fundamentos jurídicos de incidência. 9. ed. São Paulo: Saraiva, 2012, p. 121.
[80] FREITAS, Juarez. *A interpretação sistemática do Direito*. 4. ed. São Paulo: Malheiros, 2004a, p. 70.

1.6 Polissemia do vocábulo "norma"

Tem-se falado até aqui sobre o propósito de se trabalhar nesta tese com a norma[81] pertinente à eficiência administrativa. Ocorre que, caso não se prestem os devidos esclarecimentos, ainda que breves, tal asserção invariavelmente deixará o leitor preso no campo da ambiguidade.

De fato, o termo "norma jurídica" se apresenta como sendo polissêmico, remetendo a mais de um sentido.

Por vezes, invoca-se a palavra "norma" para indicar os enunciados ou disposições prescritivas positivadas em determinados ordenamentos. Fala-se que o conjunto de leis seria um conjunto de normas. O Direito positivo seria, nessa perspectiva, um conjunto de normas jurídicas.

Por outro lado, o mesmo vocábulo também é usado quando se quer denotar a construção obtida por meio da interpretação do texto positivado, isto é, o conteúdo prescritivo obtido por meio do trabalho hermenêutico.

Nessa ambiguidade, Riccardo Guastini[82] lembra que comumente os juristas se utilizam da palavra "norma" tanto para indicar o resultado da interpretação, como para se referir ao enunciado (o objeto da interpretação).[83]

Tratando sobre essa celeuma terminológica, há quem[84] proponha a classificação[85] em normas jurídicas em sentido amplo, referentes aos planos S1 (enunciados normativos) e S2 (proposições jurídicas), e normas jurídicas em sentido estrito, condizentes com os planos S3 (construção que denota uma mensagem deonticamente completa) e S4 (a articulação do conjunto de normas de S3).

---

[81] Fica claro que não se está a trabalhar com qualquer espécie de norma, mas sim com a norma jurídica. De fato, não custa destacar que as normas jurídicas são somente parte da experiência normativa, pois, ademais delas, há também regras morais, religiosas, sociais, de etiqueta, de boa educação etc., todas com caráter normativo (BOBBIO, Norberto. *Teoria da norma jurídica*. Tradução de Fernando Pavan Batista; Ariani Bueno Sudatti. Bauru: Edipro, 2001, p. 26). Dessas outras, por certo, não se cuidarão nesta tese.
[82] O próprio autor, em sua obra, por vezes se vale do termo "norma" ora no sentido de disposição normativa, ora como estrutura hipotético-condicional objeto da interpretação.
[83] GUASTINI, Riccardo. *Das fontes às normas*. Tradução de Edson Bini. São Paulo: Quartier Latin, 2005, p. 28.
[84] CARVALHO, Aurora Tomazini de. *Curso de teoria geral do Direito*: o construtivismo lógico-semântico. 3. ed. São Paulo: Noeses, 2013, p. 284.
[85] Em realidade, como a atividade classificatória é inerente ao homem, sendo um produto cultural, não decorrente da natureza, encontra-se facilmente uma série de classificações envolvendo as normas jurídicas, tais como as que as rotulam como sendo materiais ou processuais, primárias ou secundárias ou de conduta ou de estrutura.

De mais a mais, o mesmo autor italiano acima invocado traz outras duas questões duvidosas no que diz respeito às normas. Seriam elas somente indicativas de prescrições gerais e abstratas ou também poderiam se reportar a preceitos singulares e concretos?[86] O termo só deve ser usado para prescrições em sentido estrito (mandados) ou para qualquer enunciado do discurso legislativo?[87]

Quanto ao questionamento primeiro, dá conta o jurista que normalmente se usa o termo "norma" como sinônimo de regra de conduta, isto é, denota somente as prescrições gerais (impessoais) e abstratas. Sem embargo, em especial no campo da Teoria do Direito, também se invoca o termo para aludir a prescrições singulares e concretas, contidas nos dispositivos das sentenças, atos administrativos ou em cláusulas contratuais. Para essa formulação, os atos jurídicos se constituem tanto como criação como também aplicação do Direito, o que permite a convivência entre normas que são gerais e abstratas e individuais e concretas.[88]

Cumpre apontar que há entre as normas gerais e abstratas e as individuais e concretas uma relação de subordinação, sendo que na hierarquia do direito posto, como diz Paulo de Barros Carvalho, "há forte tendência de que as normas gerais e abstratas se concentrem nos escalões mais altos".[89]

No que corresponde ao outro ponto, tem-se como ordinário se falar em norma para indicar qualquer produção legislativa, ainda que ela não contenha a indicação de uma regra de conduta. Ocorre que o discurso legislativo também é repleto de enunciados que não seriam

---

[86] Não obstante seja mais comum lidar com a dicotomia de normas jurídicas gerais e abstratas ou individuais e concretas, é possível outras combinações normativas. Pode-se ter, então: i) normas gerais e abstratas (têm na hipótese um evento futuro e incerto e no consequente uma relação entre sujeitos não determinados); ii) normas gerais e concretas (apresentam uma descrição de um acontecimento passado no antecedente e uma relação de caráter geral, com sujeitos não determinados, no consequente); iii) normas individuais e abstratas (na hipótese descrevem eventos futuros e incertos, mas estabelecem no consequente relações entre pessoas determinadas); iv) normas individuais e concretas (descrevem no antecedente um fato já consumado e estabelecem no consequente uma relação jurídica entre sujeitos determinados) (BOBBIO, Norberto. *Teoria da norma jurídica*. Tradução de Fernando Pavan Batista; Ariani Bueno Sudatti. Bauru: Edipro, 2001, p. 180-183).

[87] GUASTINI, Riccardo. *Distinguiendo*: estudios de teoría y metateoría del derecho. Tradução de Jordi Ferrer i Beltrán. Barcelona: Gedisa, 1999, p. 94.

[88] GUASTINI, Riccardo. *Distinguiendo*: estudios de teoría y metateoría del derecho. Tradução de Jordi Ferrer i Beltrán. Barcelona: Gedisa, 1999, p. 95.

[89] CARVALHO, Paulo de Barros. *Direito Tributário*: fundamentos jurídicos de incidência. 9. ed. São Paulo: Saraiva, 2012, p. 59.

prescrições em absoluto, podendo-se mencionar o caso das autorizações (normas em sentido amplo) e todos os enunciados que não figuram nem como mandados (obrigações e proibições), nem como autorizações, sendo chamadas de normas em sentido amplíssimo.[90] Essa última figura, em realidade, consistiria em fragmentos de normas, que não versam sobre condutas, mas sim sobre outras normas, sendo também rotuladas de metanormas, normas de segundo grau ou normas sobre normas.[91]

O debate aqui se reporta justamente ao primeiro item falado no que toca à ambiguidade do termo "norma jurídica". Tendo-se como premissa que enunciado e norma são figuras diferentes, podemos construir normas pela interpretação de textos. Não obstante, não há uma absoluta relação biunívoca de cada texto para cada norma. É dizer, uma norma pode ser produzida por intermédio de um único enunciado ou da conjunção de inúmeros enunciados. Ou, ainda, um mesmo enunciado pode ser capaz de gerar uma ou várias normas.

Riccardo Guastini percorre semelhante caminho epistemológico, atestando que há casos de disposições complexas, que são aquelas que apresentam não uma única norma, mas sim diversas normas conjuntivas; igualmente, existem as disposições ambíguas, nas quais um singular enunciado corresponde a uma multiplicidade de normas disjuntivas; menciona-se também as hipóteses de disposições redundantes, que seriam o caso de enunciados sinônimos, nos quais duas ou mais disposições formariam uma única norma.[92]

Fala-se também na existência de normas sem disposição. Elas poderiam ser de duas formas: em um sentido fraco, são aquelas oriundas de uma pluralidade de enunciados combinados entre si; em um sentido forte, implicar-se-iam aquelas normas implícitas, que não seriam obtidas de nenhum enunciado específico ou da combinação de nenhum deles.[93]

No que concerne a essa última hipótese, com ela não se concorda, haja vista que, na maneira com que se trabalha nesta tese, toda norma necessita ser produzida por intermédio de um material bruto expresso

---

[90] GUASTINI, Riccardo. *Distinguiendo*: estudios de teoría y metateoría del derecho. Tradução de Jordi Ferrer i Beltrán. Barcelona: Gedisa, 1999, p. 96-97.
[91] GUASTINI, Riccardo. *Distinguiendo*: estudios de teoría y metateoría del derecho. Tradução de Jordi Ferrer i Beltrán. Barcelona: Gedisa, 1999, p. 98.
[92] GUASTINI, Riccardo. *Distinguiendo*: estudios de teoría y metateoría del derecho. Tradução de Jordi Ferrer i Beltrán. Barcelona: Gedisa, 1999, p. 101-102.
[93] GUASTINI, Riccardo. *Distinguiendo*: estudios de teoría y metateoría del derecho. Tradução de Jordi Ferrer i Beltrán. Barcelona: Gedisa, 1999, p. 103-104.

em um ou diversos enunciados normativos. Não se cria ou produz algo a partir do nada.

Também Paulo de Barros Carvalho afirma que o processo interpretativo não pode abrir mão das unidades enunciativas presentes no sistema positivo, já que as construções de sentido têm que partir da instância dos enunciados linguísticos, independente da quantidade de formulações expressas que venham a servir-lhe de fundamento.[94]

Como talvez já tenha sido possível notar de trechos anteriores, nesta monografia se adotará a concepção da escola Genovesa,[95] de norma como sendo elemento diferente do enunciado ou texto.[96] Desta feita, enquanto o enunciado se refere ao ponto de partida da interpretação, a norma jurídica indica o produto dessa mesma atividade interpretativa. Além disso, também se enxerga como compatível a existência de normas tidas como gerais e abstratas e as individuais e concretas, com o entendimento de que as segundas se subordinam às primeiras.

---

[94] CARVALHO, Paulo de Barros. *Direito Tributário, Linguagem e Método*. São Paulo: Noeses, 2013, p. 130-131.

[95] A escola Genovesa da Teoria do Direito, que possui dentre seus expoentes Riccardo Guastini, Pierluigi Chiassoni, Giovanni Tarello, Paolo Comanducci, para citar apenas estes, destacou-se por desenvolver uma teoria cética da interpretação normativa clássica, deferindo suas críticas às principais premissas daquele modelo de interpretação jurídica, que consistia essencialmente em uma atividade mecânica de subsunção. Confira-se: CHIASSONI, Pierluigi. L'ineluttabile scetticismo della "scuola genovese". In: COMANDUCCI, Paolo; GUASTINI, Riccardo (Org.). *Analisi e diritto 1998. Ricerche di giurisprudenza analitica*. Torino: Giappichelli, 1999. p. 21-76.

[96] É como também enxerga Eros Roberto Grau: "O que em verdade se interpreta são os textos normativos; da interpretação dos textos resultam as normas. Texto e norma não se identificam. A norma é a interpretação do texto normativo" (*Ensaio e discurso sobre a interpretação/aplicação do direito*. 5. ed. São Paulo: Malheiros, 2009, p. 27).

CAPÍTULO 2

PLANO SINTÁTICO DA EFICIÊNCIA ADMINISTRATIVA

A pesquisa ora desenvolvida é singela, mas nem por isso menos densa e relevante, no sentido de que se quer escrutinar a eficiência administrativa sob uma perspectiva exclusivamente jurídica. Com isso, para uma análise a ser realizada no campo da Ciência do Direito, tem-se como objeto primordial – para não dizer único – o conjunto de enunciados normativos representativo do Direito positivo. Fazer um estudo com um mínimo de rigor metodológico, de modo a apresentar resultados que possam ser didaticamente expostos, bem como possua coerência entre as premissas adotadas, requer que se tenha muito bem delimitado e claro o que se está a pesquisar, ou seja, qual seu "objeto de estudo".[97]

No caso sobre o qual se debruça, é dizer, o conteúdo da eficiência administrativa no ordenamento jurídico brasileiro, em um estudo jurídico, nos limites e desdobramentos da Ciência do Direito, tem-se como condição *sine qua non* um primeiro e fundamental contato com o texto prescritivo que compõe o Direito positivo.

É justamente o texto[98] ou suporte físico tudo a que se tem acesso no trato com o Direito, sendo aquele entendido como o "conjunto de

---

[97] Partindo da perspectiva de que o Direito é um sistema constituído por meio de linguagem, Lenio Luiz Streck defende que, após o giro linguístico, o intérprete faz parte da própria linguagem, logo, "o intérprete do Direito não contempla o objeto (o Direito, os textos jurídicos, o fenômeno social, etc.), para, assim, (re)construí-lo. [...] o intérprete é alguém já inserido – desde sempre – na linguagem, da qual o objeto inexoravelmente faz parte" (*Hermenêutica jurídica e(m) crise*. Porto Alegre: Livraria do Advogado, 1999, p. 230).

[98] Tradicionalmente se considera que, além dos textos positivados, o Direito também lida com os costumes, entendidos como práticas sociais reiteradas de natureza iminentemente factual. Porém, deve ficar claro que os costumes só geram efeitos jurídicos quando integrantes de

palavras devidamente estruturadas com o objetivo de incitar na mente de quem interpreta a construção de uma mensagem prescritiva".[99] Com pena de ouro, Umberto Eco sublinhou que textos geram ou podem gerar variadas leituras e interpretações, mas a significação passa só através dos textos, sendo estes o lugar onde o sentido se produz, na medida em que é nesse tecido textual que se pode deixar aflorar os signos dos dicionários.[100]

Na mesma toada, conferindo papel essencial ao texto bruto, Alaôr Caffé Alves nos serve com a consideração de que "a norma jurídica [...] é um produto da interpretação e não seu início. Não é que a norma se ponha primeiro como norma para depois ter consequências de sentido. Existe primeiro um texto normativo para depois, após o processo hermenêutico, chegarmos à norma jurídica".[101]

Destarte, o texto constitui o primeiro degrau inafastável de qualquer trabalho hermenêutico, sendo o ponto de partida para toda compreensão comunicacional. Sem o texto, o intérprete não possui material para o qual deve dedicar seu esmero. No entanto, o texto, por si só, sem ser devidamente trabalhado por meio da interpretação, nada nos diz, sendo um conjunto de signos e construções sintáticas que carecem de preenchimento de significações.

Salutares e elucidativas são as argumentações delineadas acerca do texto jurídico por Fabiana del Padre Tomé, dignas da completa reprodução:

> Quando falamos em texto do Direito positivo, ou da Ciência do Direito é decisivo que elucidemos o que ele representa e qual a concepção do Construtivismo Lógico-Semântico a esse respeito. Texto em sentido

---

hipóteses normativas, é dizer, "nenhuma prática reiterada de atos torna-se jurídica sem a existência de uma atividade enunciativa que a constitua como enunciado prescritivo. Quando isto acontece, o costume deixa de ser uma prática social, ou seja, deixa de ser costume e passa a integrar o direito positivo" (CARVALHO, Aurora Tomazini de. *Curso de teoria geral do Direito*: o construtivismo lógico-semântico. 3. ed. São Paulo: Noeses, 2013, p. 675).

[99] CARVALHO, Aurora Tomazini de. A ideia de texto e sua potencialidade analítica para a teoria comunicacional do direito. In: ROBLES, Gregorio; CARVALHO, Paulo de Barros (Coord.). *Teoria comunicacional do direito*: diálogo entre Brasil e Espanha. São Paulo: Noeses, 2011, p. 193-194.

[100] ECO, Umberto. *Semiótica e filosofia da linguagem*. Tradução de Maria Rosaria Fabris; José Luíz Fiorin. São Paulo: Ática, 1991, p. 31.

[101] ALVES, Alaôr Caffé. Fundamentos dos atos de vontade e práxis linguístico-social no direito. Kelsen e Wittgenstein II. In: HARET, Florence; CARNEIRO, Jerson (Coord.). *Vilém Flusser e juristas*: comemoração dos 25 anos do grupo de estudos de Paulo de Barros Carvalho. São Paulo: Noeses, 2009, p. 87.

estrito, ou suporte físico é a base material, a expressão literal, o dado objetivo que se encontra a nosso alcance. No direito posto seriam as páginas da Constituição Federal, dos Códigos, dos processos e do Diário Oficial, por exemplo. Ao travarmos contato com esse suporte físico atribuímos significação às palavras, que são entidades físicas, marcas de tinta sobre o papel, que em si, não podem trazer significação. Esse é um engano que os cientistas que estudam a Teoria da Interpretação vêm cometendo de longa data.[102]

Eis que surge, pois, a primeira indagação: como a eficiência administrativa passa a integrar esse conjunto normativo prescritivo (direito positivado), expresso por meio de texto próprio?

2.1 Introdução da eficiência administrativa no ordenamento jurídico

A eficiência para o sistema jurídico não existe antes de sua inserção por meio da linguagem própria. É dizer, a eficiência em termos jurídicos é criada pela linguagem jurídica e não existe antes disso. Não se concebe, fora talvez em uma perspectiva jusnaturalista, a qual aqui se descarta, que determinadas normas preexistam ao próprio Direito positivo, em uma existência extrassistêmica.

O Direito, por ser um conjunto artificial de signos que exprimem mensagens de caráter prescritivo, constituindo-se, assim, em uma forma de linguagem, regulamenta a maneira com que novas figuras possam fazer parte desse sistema.

Analisar, pois, como determinado princípio ou qualquer outra espécie normativa passa a integrar o Direito positivo é pesquisar primeiramente os momentos pré-legislativos, mas, para a Ciência do Direito, somente aqueles que são regulamentos pelo próprio direito posto, aventurando-se no estudo dos processos de positivação (fase pré-legislativa regulamentada) presentes em cada ordenamento jurídico particularizado, para, ainda após, efetuar um trabalho hermenêutico em cima do texto prescritivo já positivado, de modo a construir as normas jurídicas.

Em relação à fase pré-legislativa, como observa Gabriel Ivo, encontram-se diversos momentos da enunciação normativa, sendo

---

[102] TOMÉ, Fabiana del Padre. Teoria do fato jurídico e a importância das provas. *In:* CARVALHO, Aurora Tomazini de (Org.). *Construtivismo Lógico-Semântico*. São Paulo: Noeses, 2014. v. I, p. 305-306.

alguns deles não regulados pelo Direito, que se consomem no tempo e espaço, quedando sem assentamento, e outros tratados pelo Direito, deixando registro.[103]

É dizer, para a Ciência do Direito, a eficiência administrativa passa a ser objeto de estudo a partir do momento em que ela se tornou positivada no ordenamento jurídico pertinente ou, ainda, depois de positivada, na análise prévia do processo legislativo que lhe introduziu, tendo deixado registros, justamente para fins de análise quanto a sua validade.

2.1.1 Sistemas econômico e de administração

Não raro nos deparamos com escritos acerca da eficiência administrativa nos quais a introdução, ou mesmo seu âmago, foca na transição da chamada administração burocrática para a administração gerencial,[104][105] sendo o princípio da eficiência, dizem, uma ideia surgida essencialmente entre os muros das Ciências da Administração e Economia, tendo assim seu núcleo e forma uma predeterminação oriunda daqueles setores do conhecimento.

Em outras palavras, ao seguir essa linha, teria a Ciência do Direito se socorrido de um instituto previamente existente em outras áreas do conhecimento e somente o teria automaticamente transportado para seu campo de aplicação.

É possível constatar que de fato ambos os campos científicos destacados possuem em seus sistemas uma noção de eficiência. Idalberto Chiavenato indica que a eficiência no campo da Ciência da Administração representaria a "correta utilização dos recursos (meios de produção) disponíveis". Prossegue grifando que a "eficiência está voltada para a melhor maneira pela qual as coisas devem ser feitas ou executadas (métodos de trabalho), a fim de que os recursos (pessoas,

---

[103] IVO, Gabriel. *Norma jurídica*: produção e controle. São Paulo: Noeses, 2006, p. 11.
[104] "O princípio da eficiência foi inserido na Constituição da República pela Emenda Constitucional nº 19, de 1.998, cujo objetivo fora a substituição do antigo modelo burocrático estatal, caracterizado pela ênfase nos procedimentos (meios), pelo modelo administrativo gerencial, cuja preocupação gira em torno dos resultados (fins)" (MELLO, Shirlei Silmara de Freitas. *Tutela cautelar no processo administrativo*. Belo Horizonte: Mandamentos, 2003, p. 115).
[105] Sobre essa transição, confira-se: BRESSER-PEREIRA, Luiz Carlos. *Construindo o Estado Republicano*: democracia e reforma da gestão pública. Rio de Janeiro: FGV, 2009.

máquinas, matérias-primas etc.) sejam aplicados da forma mais racional possível".[106] Em um ideal de Administração Científica, Friederick W. Taylor traz a eficiência dos trabalhadores como algo essencial para a obtenção da máxima prosperidade de patrões e empregados. Propõe ele, então, uma organização racional do trabalho, que estabeleceria formas de execução do labor que fossem mais rápidas e alcançassem melhor o resultado (fossem mais eficientes).[107]

Por outro lado, tem-se no campo econômico a chamada "eficiência econômica", "eficiência de Pareto"[108] ou ainda "eficiência alocativa",[109] a qual, em considerações gerais, pode ser tida "se não existir nenhuma forma de melhorar a situação de uma pessoa sem piorar a de outra".[110]

Fala-se ainda na eficiência de Kaldor-Hicks,[111] a qual existiria quando o produto da vitória excedesse os prejuízos da derrota, aumentando, portanto, o excedente total. Neste caso, haverá sempre que se falar em escolhas e no produto do resultado dessas escolhas, o qual irá se desdobrar em consequências positivas e negativas. Em sendo o produto da vitória maior que o prejuízo da derrota, haverá um resultado líquido positivo e, nessa perspectiva, eficiente.[112]

---

[106] CHIAVENATO, Idalberto. *Introdução à teoria geral da administração.* 7. ed. Rio de Janeiro: Elsevier, 2003, p. 58.

[107] TAYLOR, Friederick W. *Princípios de Administração Científica.* 8. ed. Tradução de Arlindo Vieira Ramos. São Paulo: Atlas, 1990, p. 23.

[108] Hal R. Varian esclarece que a expressão remete ao economista e sociólogo italiano Vilfrido Pareto (1848-1923), que foi um dos primeiros a aprofundar os estudos das implicações da eficiência (*Microeconomia*: conceitos básicos. Tradução de Maria José Cyhlar Monteiro; Ricardo Doninelli. Rio de Janeiro: Elsevier, 2006, p. 16).

[109] Como pontua Mario Luiz Possas, existem outras formas de eficiência no campo econômico, a exemplo da eficiência produtiva ou ainda a eficiência distributiva, mas a chamada eficiência de Pareto é de longe a mais utilizada na Economia (Eficiência seletiva: uma perspectiva neo-schumpeteriana evolucionária sobre questões econômicas normativas. *Revista de Economia Política*, a. 24, v. 1, n. 93, 2004, p. 74).

[110] VARIAN, Hal R. *Microeconomia*: conceitos básicos. Tradução de Maria José Cyhlar Monteiro; Ricardo Doninelli. Rio de Janeiro: Elsevier, 2006, p. 329.

[111] "Nos anos finais da década de 1930, Nicholas Kaldor e John R. Hicks revigoraram a proposta de Pareto à manutenção – sofisticação – de sua cientificidade e aplicabilidade, tendo em vista as inúmeras críticas recebidas, sobretudo em relação à possibilidade de comparação interpessoal da utilidade" (COPETTI NETO, Alfredo; MORAIS, José Luis Bolzan. O segundo movimento Law and Economics, a eficiência e o consenso do modelo neoclássico ordenalista subjetivista a partir de Richard Posner: ruptura ou (re)aproximação ao Estado de) Direito contemporâneo. *Constituição, Economia e Desenvolvimento – Revista da Academia Brasileira de Direito Constitucional*, Curitiba, n. 4, jan./jun. 2011, p. 69).

[112] GOMES, José Maria Machado; OLIVEIRA, Marcio Caldas de. Eficiência jurídica e econômica de Estado: uma perspectiva sistêmica social. *Legis Augustus*, Rio de Janeiro, v. 3, n. 1, jan./jun. 2012, p. 62.

Deste modo, há quem enxergue que a eficiência para o Direito continua a manter seu caráter oriundo da Economia,[113] a exemplo da exposição de José Afonso da Silva, ao propugnar que "eficiência não é um conceito jurídico, mas econômico".[114]

Com similar passagem, Maria Sylvia Zanella Di Pietro descreve o embate muitas vezes existente entre o princípio da eficiência e o da legalidade como sendo um conflito entre princípios de ciências diversas. Diz a autora, "o que se verifica é uma acentuada oposição entre os tecnocratas e os burocratas, entre o princípio da eficiência, pregado pela Ciência da Administração e o princípio da legalidade imposto pela Constituição e inerente ao Estado de Direito".[115]

Soma-se ainda a descrição do cenário jurídico brasileiro realizada por Luciano Benetti Timm e Giuliano Toniolo, que analisam que "a literatura jurídica especializada defende a clara influência da racionalidade econômico-gerencial à máquina governamental, portanto, ao Direito Público, abrindo espaço para o diálogo entre o Direito e a Economia [...]". E prosseguem, mais precisamente acerca da eficiência administrativa, apontando que, na visão da maior parte dos juristas,[116] a figura em voga determina à "Administração Pública e aos particulares que prestam serviços públicos concedidos fazer o melhor possível na equação custo-benefício, para cumprir com a sua atribuição de acordo com os critérios dados pela Ciência Econômica".[117]

Para os fins desta obra, contudo, não se perfilha da referida compreensão.

---

[113] Pelas breves considerações feitas, já se nota a fragilidade dessa concepção de que a eficiência jurídica manteria automaticamente o seu aspecto de eficiência econômica, porquanto mesmo no campo da Economia a compreensão sobre eficiência possui inúmeras vertentes. Assim, qual das eficiências econômicas teria o Direito pegado "emprestado"?

[114] SILVA, José Afonso da. *Curso de Direito Constitucional positivo*. 33. ed. São Paulo: Malheiros, 2010, p. 671.

[115] DI PIETRO, Maria Sylvia Zanella. *Parcerias na Administração Pública*: concessão, permissão, franquia, terceirização, parceria público-privada e outras formas. 10. ed. São Paulo: Atlas, 2015, p. 329.

[116] "O princípio da eficiência demonstra a íntima relação entre o Direito e a Economia (*Law & Economics*). De acordo com a Análise Econômica do Direito (AED), a economia, especialmente a microeconomia, deve ser utilizada para resolver problemas legais, e, por outro lado, o Direito acaba por influenciar a Economia" (OLIVEIRA, Rafael Carvalho Rezende. *Curso de Direito Administrativo*. São Paulo: Método, 2013, p. 82).

[117] TIMM, Luciano Benetti; TONIOLO, Giuliano. A aplicação do princípio da eficiência à Administração Pública: levantamento bibliográfico e estudo da jurisprudência do TJRS. *Prismas – Dir., Pol. Publ. e Mundial*, Brasília, v. 4, n. 2, jul./dez. 2007, p. 47; 49.

2.1.2 Linguagem jurídica própria

Sem embargo da existência de um princípio da eficiência em outros sistemas, questão que se mostra impassível de contenda, não há, na linha adotada nesta monografia, como aceitar sua transposição automática para o sistema jurídico, já que se está diante de ordens diferentes e com linguagens próprias.

Nessa mesma toada, abordando-se a relação entre o mundo da linguagem jurídica e do social, tem-se que o plano do Direito positivo é sintaticamente fechado, constituindo-se de uma linguagem própria, a qual não se confunde com a linguagem social, e só permite o ingresso de elementos externos quando relatados no seu próprio código jurídico. É necessária a transformação daquela linguagem social em jurídica, para que o evento possa ingressar no sistema.[118]

Correndo-se o risco de parecer repetitivo, mas assim o fazendo de modo a firmar a imprescindibilidade das asserções que são feitas, a relevância da eficiência administrativa somente passa a existir para o Direito a partir do momento em que ela foi jurisdicizada, ou seja, introduzida em linguagem jurídica própria ao ordenamento jurídico brasileiro. E mais: desde sua inserção por meio da linguagem jurídica, seus atributos e características existentes na ordem social ou em outros sistemas (Economia ou Administração) podem desaparecer ou não, tudo dependendo do que o ordenamento jurídico lhe impõe, podendo o Direito lhe conferir qualquer conteúdo que lhe aprouver e seja com ele compatível.

José Roldán Xopa compartilha de maneira clara essa mesma posição em relação à eficiência jurídica:

> Para entrar na análise anterior deve se aclarar o seguinte: primeiro, que deixaríamos de nos referir à eficiência como um conceito que é matéria de tratamento e de opinião de diversas teorias, para nos ocuparmos dele como parte de um ordenamento jurídico, isto é, como parte do Direito positivo e que, por isto, não é posto pelos "científicos", mas sim pelo "legislador".[119]

---

[118] CARVALHO, Aurora Tomazini de. *Curso de teoria geral do Direito*: o construtivismo lógico-semântico. 3. ed. São Paulo: Noeses, 2013, p. 146.

[119] Tradução de: *"Para entrar al análisis de lo anterior debe aclararse lo siguiente: primero, que dejaríamos de referirnos a la eficiencia como un concepto que es materia de tratamiento y de opinión de diversas teorías, para ocuparnos del mismo como parte de un ordenamiento jurídico, esto es como parte del derecho positivo y que, por ende, no es puesto por los 'científicos', sino por el 'legislador'"*

Uma das peculiaridades do Direito, e talvez a que acabe gerando esse imbróglio e questionamento sobre a significação dos termos, é que ele é constituído por linguagem corriqueira, sem um código rígido, tendo-se que utilizar de diversos meios para que a comunicação jurídica seja realizada com o mínimo de ruídos.[120] Deveras, "o revestimento verbal das normas jurídicas positivas não obedece a uma forma padrão. Vertem-se nas peculiaridades de cada idioma e em estruturas gramaticais variadas".[121]

É com essa intelecção que Paulo de Barros Carvalho escreve que toda construção de linguagem pode ser observada como jurídica, econômica, contábil, política etc., tudo dependendo do corte metodológico empreendido. Assim, o Direito não pede emprestado[122] conceitos de fatos para outras disciplinas.[123]

Claro que o dito acima não exclui a possibilidade da Ciência do Direito se valer dos aspectos semânticos atribuídos em outros campos do saber, mas, repita-se, isso só ocorre se a própria linguagem jurídica assim determinar/permitir,[124] não havendo um pressuposto lógico e inafastável que force a essa conclusão.

(ROLDÁN XOPA, José. Eficiencia y derecho administrativo. *In:* CABALLERO JUÁREZ, José Antonio et al. (Coord.). *Sociología del derecho.* Culturas y sistemas jurídicos comparados: Regulación, cultura jurídica, multiculturalismo, pluralismo jurídico y derechos humanos. México: UNAM, 2010. 2 v, p. 54).

[120] MENDES, Sônia. Interpretação jurídica: um diálogo entre diferentes contextos. *In:* HARET, Florence; CARNEIRO, Jerson (Coord.). *Vilém Flusser e juristas:* comemoração dos 25 anos do grupo de estudos de Paulo de Barros Carvalho. São Paulo: Noeses, 2009, p. 169.

[121] VILANOVA, Lourival. *As estruturas lógicas e o sistema de Direito positivo.* 4. ed. São Paulo: Noeses, 2010, p. 57.

[122] Essa consideração é valiosa, em especial, porque há quem vislumbre a questão de sorte explicitamente diferente, conforme destacado no bojo do texto e rechaçado até então. *Vide,* exemplificativamente, as conclusões de Thais Savedra de Andrade: "A eficiência é conceito interdisciplinar emprestado para o direito e acaba sendo um elemento a colorizar e adjetivar a atuação estatal" (O princípio da eficiência constitucional: uma releitura a partir da interdisciplinaridade. *Argumenta (FUNDINOPI),* Jacarezinho, v. 18, 2013, p. 87).

[123] CARVALHO, Paulo de Barros. *Direito Tributário, Linguagem e Método.* São Paulo: Noeses, 2013, p. 219.

[124] É por isso que se enxergam com reserva as afirmações trazidas por Antônio Carlos Cintra do Amaral (O princípio da eficiência no Direito Administrativo. *Revista Diálogo Jurídico,* Salvador, CAJ – Centro de Atualização Jurídica, n. 14, jun./ago. 2002. Disponível em: http://www.direitopublico.com.br. Acesso em: 10 dez. 2015, p. 3), nas quais expressa que não haveria "empecilho a que o cientista do Direito busque em outras ciências noções que lhe permitam aclarar determinados conceitos jurídicos". Diz ele que seria "preconceituosa a idéia de que o positivista jurídico, que vê o objeto da ciência do Direito como sendo as normas (postas) que compõem o ordenamento jurídico vigente em um determinado país, oponha-se necessariamente ao estudo interdisciplinar" e logo em seguida passa a buscar o conteúdo da eficiência nos campos da Ciência da Administração. Afinal, a despeito de ser verdadeiro que conceitos advindos de outros setores possam, eventualmente, servir

Enfim, como disserta Aurora Tomazini de Carvalho, a Ciência do Direito, embora seja um sistema, sob a perspectiva semiótica, sintaticamente fechado, ele é semântica e pragmaticamente aberto, porquanto recolhe informações de outros sistemas (mas só em relação ao Direito positivo) e sua linguagem informa diversos outros sistemas sociais quando da produção de seus elementos.[125] Com entendimento próximo, Paulo Modesto sintetiza a questão com a seguinte passagem:

> O termo eficiência não é privativo de nenhuma ciência; é um termo da língua natural, apropriado pelo legislador em sua acepção comum ou com sentido técnico próprio. São os juristas, como agentes ativos no processo de construção do sentido dos signos jurídicos, os responsáveis diretos pela exploração do conteúdo jurídico desse princípio no contexto do ordenamento normativo nacional.[126]

A despeito do escrutínio semântico do princípio da eficiência estar reservado para capítulo posterior, aqui, no plano sintático, é de suma importância a compreensão de que o mesmo termo no vernáculo pode adquirir conteúdos variados, a depender justamente do sistema sob análise e de qual signo linguístico foi nele introduzido.

Ademais, imperioso captar que a interpretação do texto ainda variará de acordo com o contexto[127] no qual ele se insere (o que só robustece mais a defesa aqui feita de que as significações do termo "eficiência" para a Ciência do Direito não necessariamente correspondem às mesmas pertinentes às Ciências da Administração e/ou Economia,[128]

---

como base para a interpretação jurídica, valendo-se de uma intertextualidade externa, não menos certo é o entendimento, como exposto até aqui, de que não existe essa transposição automática, ainda que se trate do mesmo vernáculo, não necessitando o Direito buscar seus conceitos em outras áreas.

[125] CARVALHO, Aurora Tomazini de. *Curso de teoria geral do Direito*: o construtivismo lógico-semântico. 3. ed. São Paulo: Noeses, 2013, p. 147.

[126] MODESTO, Paulo. Notas para um debate sobre o princípio da eficiência. *Revista do Serviço Público*, Brasília, a. 51, n. 2, abr./jun. 2000, p. 107.

[127] "É tolice afirmar categoricamente que conhecemos o sentido de uma palavra antes de a termos utilizado em alguma elocução. O que podemos conhecer com antecedência é apenas aproximadamente o que ela significa. Depois de empregarmos, e interpretarmos o que foi dito à luz do contexto físico e verbal, agiremos de acordo com a interpretação. [...] Fica bem claro, então, que ignorar contextos, em qualquer caso de interpretação, é um procedimento bastante insensato" (HAYAKAWA, S. I. *A linguagem no pensamento e na ação*. 3. ed. Tradução de Jane A. Perricari. São Paulo: Pioneira, 1977, p. 71-72).

[128] Coerentes e apropriadas se mostram as palavras de Cristiane Derani: "[...] o princípio da eficiência terá aqui o significado que a sociedade brasileira, em sua herança cultural

já que, por certo, o contexto é variante, mas, ao mesmo tempo, permite uma intertextualidade externa entre os sistemas).

Abraçando a total imprescindibilidade do contexto para qualquer trabalho hermenêutico, Tácio Lacerda Gama sustenta que a sua modificação proporciona a alteração na maneira de justificar o sentido de uma expressão e que existem, portanto, dois vetores essenciais para a construção do sentido, quais sejam, o texto e o contexto. Pelo primeiro se identificam os significantes, em relações sintagmáticas, organizados em sintonia com as regras gramaticais vigentes e as regras semânticas, ao passo que no contexto ocorre a pesquisa externa ao texto, buscando-se fatores que podem influenciar as relações de significações.[129]

Portanto, tem-se que é por meio do contexto que o trabalho hermenêutico ficará completo, havendo uma intertextualidade externa, tendo em vista que para conhecermos o Direito (e, por óbvio, a linguagem jurídica) não se pode negar a existência de seu contexto, mesmo que a sua análise não recaia sobre ele, havendo assim uma influência exterior da linguagem social e de outros sistemas.

É nesse ritmo, sem desconsiderar a total relevância e fundamentalidade das demais áreas do conhecimento, dentro da compreensão de que o objeto da Ciência do Direito necessita ser o Direito positivo, que a eficiência administrativa ora escrutinada necessita ser interpretada nos limites e configurações dados pelo próprio ordenamento jurídico brasileiro (ainda que possa ocasionalmente se assemelhar ao conteúdo conferido em outros sistemas), constituído em linguagem própria, não havendo razão para se buscar elementos fora do sistema jurídico, sob pena, inclusive, de desconfigurar a construção hermenêutica que se procura fazer.

---

e histórica, será capaz de atribuir. Ademais, este significado certamente será próprio da linguagem jurídica, quando presente no ordenamento jurídico, assim como será próprio da linguagem econômica, quando no quadro do diálogo econômico, ou mesmo terá outro sentido, se inserido no quadro da linguagem da engenharia mecânica, e assim por diante" (*Privatização e serviços públicos*: as ações do Estado na produção econômica. São Paulo: Max Limonad, 2002, p. 140).

[129] GAMA, Tácio Lacerda. Sentido, consistência e legitimação. *In:* HARET, Florence; CARNEIRO, Jerson (Coord.). *Vilém Flusser e juristas*: comemoração dos 25 anos do grupo de estudos de Paulo de Barros Carvalho. São Paulo: Noeses, 2009, p. 244-245.

2.2 Eficiência administrativa na Constituição brasileira de 1988

A eficiência ora trabalhada, como já ressaltado alhures, é a eficiência administrativa, ou seja, a eficiência jurídica cuja adjetivação remete de alguma forma à Administração Pública (tal questão será mais bem escrutinada no item 3.1).

Reduzindo-se ainda mais o espectro de análise, não é qualquer eficiência administrativa que se está a debulhar, mas, de maneira mais específica, a constante no ordenamento jurídico brasileiro. A advertência merece guarida, uma vez que o conteúdo jurídico da eficiência administrativa aos olhos do Direito brasileiro – objeto primeiro da presente pesquisa – não é necessariamente sinônimo em qualquer ordenamento jurídico, por mais semelhantes e próximos (geográfica, econômica, cultural, política, histórica ou socialmente) que possam ser.

Sobre este aspecto, Emerson Gabardo anuncia que "na medida em que a eficiência pode assumir diferentes dimensões dependendo das peculiaridades de cada sistema jurídico, não se pode querer importar o conceito nos moldes exatos em que é entendido no Direito Comparado".[130]

Além disso, ordenamentos jurídicos distintos constituem sistemas diferenciados, o que impede que haja a comunicação automática e inevitável entre eles; sem embargo, é claro, de porventura se localizar construções normativas, em determinados contextos, sinônimas em sistemas normativos ímpares.

Dessa maneira, os estudos comparados, ou ainda a análise do Direito estrangeiro,[131] serão utilizados de maneira pontual, de modo a engrandecer certos argumentos, mas sempre com total pertinência à construção normativa brasileira ou quando se laborar com questões

---

[130] GABARDO, Emerson. *Princípio constitucional da eficiência*. São Paulo: Dialética, 2002, p. 93.
[131] Calha à fiveleta rememorar que, embora comumente tratados em diversos manuais como coisas indistintas, Direito estrangeiro e comparado se diferem. Sobre o assunto, bem-vinda a opinião de Ana Lúcia de Lyra Tavares (Contribuição do direito comparado às fontes do direito brasileiro. *Prisma Jurídico*, São Paulo, v. 5, 2006, p. 61-62): "Nesse contexto, cabe recordar que o direito estrangeiro, que representa o conjunto de fontes de direito de um outro país, não se confunde com o comparado. O conhecimento do primeiro constitui, obviamente, pré-requisito para a prática do segundo, que se caracteriza pela aplicação do método comparativo a dois ou mais ordenamentos jurídicos nacionais, pertencentes, ou não, ao mesmo sistema jurídico. Busca identificar semelhanças e diferenças quanto a pontos específicos (microcomparação) ou em relação a traços diferenciais, estruturais ou históricos, de dois ou mais sistemas jurídicos (macrocomparação)".

afetas a indistintos ordenamentos jurídicos, pertinentes a uma teoria jurídica geral.

Afinal de contas, nosso foco é a eficiência administrativa em um sistema normativo particularizado: aquele conformado pela Constituição brasileira de 1988.

2.2.1 Enunciados constitucionais e infraconstitucionais

Com o pano de fundo organizado até aqui, elevam-se questionamentos acerca de quando teria havido a introdução no ordenamento jurídico pátrio da aludida figura administrativa, sendo comum a menção ao texto constitucional de 1988 ou, ainda, de modo mais acurado, com a Emenda Constitucional nº 19, de 04 de junho de 1998.

Tal assertiva se sustenta no texto conferido pela emenda constitucional ao artigo 37, *caput*, da Constituição Federal,[132] que acrescentou de maneira expressa e textual a eficiência como sendo, ao lado da legalidade, impessoalidade, moralidade e publicidade, princípio aplicável à Administração Pública.

Contudo, não menos corriqueiras têm sido as vozes que refutam aludida asserção, não considerando a eficiência administrativa um novel princípio somente com a sobredita emenda constitucional[133] – tampouco inovação da Constituição de 1988. De fato, Paulo Modesto destaca que a incorreção da vinculação da emenda[134] ao princípio como sendo a primeira aparição da eficiência pode ser verificada tanto no plano textual como no plano estruturante dos princípios.[135]

---

[132] "Art. 37. A Administração Pública direta e indireta de qualquer dos Poderes da União, dos Estados, do Distrito Federal e dos Municípios obedecerá aos princípios de legalidade, impessoalidade, moralidade, publicidade e eficiência e, também, ao seguinte:".

[133] Ainda que de maneira minoritária, é possível localizar aqueles que se posicionam diferentemente, atestando a inovação completa trazida pela EC nº 19/1998. *Vide*, por exemplo, Richard Paulro Pae Kim: "A eficiência jamais fora considerado princípio no nosso ordenamento jurídico até a Emenda Constitucional nº 19 de 05 de junho de 1988, que trouxe a Reforma Administrativa" (Serviços públicos e relação de consumo – responsabilidades. *Revista Direito e Legislação – RDL*, v. 6, 2005, p. 20).

[134] Como dá conta Dinorá Adelaide Musetti Grotti, o Supremo Tribunal Federal, o Superior Tribunal de Justiça e diversos Tribunais de Justiça pelo país, em suas decisões judiciais, já fizeram referência ao princípio da eficiência antes da EC nº 19/1998 (Eficiência administrativa: alargamento da discricionariedade acompanhado do aperfeiçoamento dos instrumentos de controle e responsabilização dos agentes públicos – um paradigma possível? *In*: BANDEIRA DE MELLO, Celso Antônio *et al*. (Coord.). *Direito Administrativo e Liberdade*: estudos em homenagem a Lúcia Valle Figueiredo. São Paulo: Malheiros, 2014, p. 281).

[135] MODESTO, Paulo. Notas para um debate sobre o princípio da eficiência. *Revista do Serviço Público*, Brasília, a. 51, n. 2, abr./jun. 2000, p. 108.

Sobre o aspecto textual destacado pelo jurista baiano, que possui estreita ligação com o plano lógico ora abordado, sublinha ele que de maneira expressa já havia a menção à eficiência no artigo 74, inciso II, da Constituição, quando prescreve a finalidade do sistema de controle interno dos Poderes republicanos, e artigo 144, §7º, ao discorrer sobre a eficiência dos órgãos de segurança pública.[136]

O ponto de análise a ser aqui percorrido repousa em saber sobre qual aspecto normativo se está buscando averiguar. Logo, a análise lógico-sintática deve, para os termos de um melhor estudo, circunscrever-se primeiramente ao plano S1, ou seja, o plano dos enunciados[137] prescritivos.

Destarte, a menção à eficiência como texto bruto (plano S1) não aparece no texto Constitucional de 1988 somente com a emenda constitucional nº 19/98. Logo, não há como discordar neste ponto com Paulo Modesto, em especial com a metodologia empregada nesta obra. No plano dos enunciados prescritivos, já existiam previamente à EC nº 19/1998 textos que indicavam a eficiência administrativa, não sendo a inserção no *caput* do artigo 37 o primeiro apontamento textual a tal estrutura normativa.

Além disso, a questão acerca do debate existente sobre a eficiência administrativa ter sido novidade ou não com a EC nº 19/1998, em particular no aspecto sintático, refere-se somente ao plano do texto constitucional, já que anteriormente a 1998 a ordem jurídica pátria contava com diplomas infraconstitucionais que expressamente apontavam a mencionada figura jurídica ou pelo menos se utilizavam de termos indicativos.

É, inclusive, como se manifesta Paulo Soares Bugarin, com o trecho a seguir:

> É relevante destacar, por outro lado, que a inserção do princípio da eficiência no ordenamento jurídico brasileiro não é exclusivamente de ordem constitucional. Com efeito, a Lei Orgânica do Município de São Paulo, de 04.04.90,[138] no art. 123, parágrafo único, já previa que ao "usuário fica garantido serviço público compatível com sua dignidade

---

[136] MODESTO, Paulo. Notas para um debate sobre o princípio da eficiência. *Revista do Serviço Público*, Brasília, a. 51, n. 2, abr./jun. 2000, p. 108-109.

[137] Para a sistematização e a finalidade desta tese, embora não se desconheçam as variações existentes, utilizar-se-á "texto" como sinônimo de "enunciado".

[138] No âmbito das Constituições Estaduais, possível destacar a previsão da Constituição do Sergipe, que, datada de 1989, já previa em seu artigo 1º o dever do Estado em promover

humana, prestado com eficiência, regularidade, pontualidade, uniformidade, conforto e segurança, sem distinção de qualquer espécie". No mesmo sentido, a Lei nº 8.987/95 – Concessão e Permissão de Serviços Públicos – no §1º do art. 6º, define serviço adequado como aquele "que satisfaz as condições de regularidade, continuidade, eficiência, segurança, atualidade, generalidade, cortesia na sua prestação, modicidade das tarifas".[139] [140]

Cabe somente sublinhar, outrossim, que, ainda que eventualmente se destaque que o princípio da eficiência seria anterior até mesmo ao texto constitucional de 1988, já presente em ordens constitucionais pretéritas,[141] a exemplo do que faz Edilson Pereira Nobre Júnior,[142] tal circunstância tem diminuta[143] importância para o estudo que aqui se pretende acerca da eficiência administrativa no sistema constitucional de 1988.

A valer, compartilhando o entendimento kelseniano de que uma novel Constituição inaugura uma nova ordem jurídica, sendo ela o ápice normativo dessa ordem e o fundamento último de validade de todas as outras normas, revogando o texto constitucional anterior, a construção de normas jurídicas com base em Constituições passadas não mais serve de parâmetro para o estudo da atual ordem jurídica.

Ainda que o texto constitucional vigente se valha das mesmas fórmulas e construções sintáticas de textos anteriores, por vezes até

---

a eficiência administrativa. Além disso, sem pretender esgotar a questão, pode-se indicar igualmente as Constituições do Tocantins (artigo 9º) e Rondônia (artigo 19).

[139] BUGARIN, Paulo Soares. O princípio constitucional da eficiência: um enfoque multidisciplinar. *Revista do TCU*, Brasília, v. 32, n. 87, jan./mar. 2001, p. 46.

[140] Acrescenta-se, ainda, a previsão do Código de Defesa do Consumidor (Lei nº 8.078/1990), em seu artigo 22: "Os órgãos públicos, por si ou suas empresas, concessionárias, permissionárias ou sob qualquer outra forma de empreendimento, são obrigados a fornecer serviços adequados, eficientes, seguros e, quanto aos essenciais, contínuos".

[141] Hely Lopes Meirelles já tratava sobre o "dever de eficiência" mesmo antes da égide da Constituição de 1988, tendo por base o Decreto-Lei nº 200/67 (*Direito Administrativo brasileiro*. 7. ed. São Paulo: Revista dos Tribunais, 1979, p. 79-80).

[142] NOBRE JÚNIOR, Edilson Pereira. Administração Pública e o princípio constitucional da eficiência. *Revista de Direito Administrativo – RDA*, Rio de Janeiro, v. 241, jul./set. 2005, p. 223-224.

[143] Embora de reduzida importância, as lições doutrinárias sobre a eficiência em textos constitucionais pretéritos não são completamente despiciendas. Como será visto neste item, a interpretação pressupõe pré-compreensões formadas pela dimensão histórica do intérprete. Assim, o uso de determinados termos, a despeito de poder cambiar com a mudança de ordens jurídicas ou com a transição da linguagem comum para a linguagem técnica, compõe essa carga histórica e da *práxis* da utilização da linguagem, que conformam os pré-conceitos do intérprete.

realizando remissões diretas, embasando fenômenos constitucionais-temporais, como a recepção de textos infraconstitucionais de ordens passadas,[144] desconstitucionalização, dentre outros, assim ocorre porque a nova ordem jurídica permitiu essa abertura. Ou seja, a análise e fundamentação continuam possuindo relação de pertinência com o texto constitucional vigente.

Portanto, mesmo que ordens jurídicas pretéritas já tenham trazido textos brutos hábeis a construir a norma representativa da eficiência, para o estudo dogmático que se propõe, o que configura material de trabalho é o texto de 1988 em diante, que pode ou não ter reproduzido – intencionalmente ou não – expressões sintáticas previstas anteriormente.

Nessa breve apresentação dos textos normativos que se referem à eficiência em relação à Administração Pública, deve-se ainda indicar que o legislador brasileiro continuou, e agora com maior respaldo, a determinar textualmente a eficiência na atividade administrativa pós 1998, como se pode vislumbrar ilustrativamente no artigo 2º da Lei nº 9.784/1999, que versa sobre o processo administrativo federal;[145] no artigo 67, inciso II, da Lei Complementar nº 101/2005 (Lei de Responsabilidade Fiscal); no artigo 5º da Lei 13.019/2014; no artigo 4º, inciso I, da Lei nº 9.790/1999; ou ainda no rol de princípios do artigo 5º da Lei nº 14.133/2021 (nova Lei de Licitações e Contratos). Na mesma toada, como seria natural imaginar, atos normativos infralegais igualmente estipularam de maneira expressa a eficiência como essencial na função administrativa, a exemplo do artigo 3º do Anexo I do Decreto nº 3.555/2000, que versa a respeito do pregão previsto na antiga Lei nº 10.520/2002; artigo 2º, inciso II, do Decreto nº 3.591/2001, referente ao sistema de controle interno da Administração Pública Federal; artigo 2º, *caput*, do Decreto nº 10.024/2019, que regulamenta o instituto do antigo pregão eletrônico; artigo 1º, inciso II, do Decreto nº 8.538/2015,

---

[144] Tem-se isso particularmente em relação à eficiência administrativa, porquanto se verifica no artigo 23, VI; 27, *caput*; 30, §2º; 116, I, todos do Decreto-Lei nº 200, de 25 de fevereiro de 1967, previsões indicativas da eficiência no desempenho das funções administrativas em texto anterior à Constituição de 1988, mas que foram recepcionadas pela ordem jurídica atual. Igualmente, sem pretender esgotar todos os diplomas legislativos, a Lei nº 10.261, de 28 de outubro 1968, do Estado de São Paulo, já previa em vários de seus artigos a questão da eficiência tanto para a organização do serviço público como para a aferição do mérito dos agentes públicos.

[145] Sobre a relação direta entre a eficiência e o processo administrativo, confira-se: MOREIRA, Egon Bockmann. *Processo administrativo*: princípios constitucionais e a Lei 9.784/1999. 4. ed. São Paulo: Malheiros, 2010, p. 208-223.

o qual dispõe, dentre outros, sobre o regime de contratação pública de microempresa e empresas de pequeno porte.

No campo internacional o Brasil igualmente se mostra signatário de tratados internacionais, já devidamente internalizados com base nas determinações constitucionais vigentes, que trazem a eficiência administrativa como elemento normativo de aplicação. É o caso, e.g., da Convenção Interamericana Contra a Corrupção,[146] introduzida no plano interno brasileiro por meio do Decreto nº 4.410/2002, que prescreve em seu artigo 2º, inciso III, que os Estados signatários deverão criar e manter "sistemas de recrutamento de funcionários públicos e de aquisição de bens e serviços por parte do Estado de forma a assegurar sua transparência, equidade e eficiência". Da mesma sorte é a Convenção das Nações Unidas Contra a Corrupção (Decreto nº 5.687/2006), que em inúmeras passagens remete à eficiência do setor público como fundamental ao combate à corrupção.

Nota-se, ainda, um movimento normativo atrelado à ideia de um Direito Administrativo global,[147] no sentido da incorporação interna de regulamentações internacionais relacionadas à matéria, notadamente na área do controle externo. Nesse sentido, apura-se a existência das Normas Internacionais das Entidades Fiscalizadoras Superiores (ISSAI), desenvolvidas pela Organização Internacional das Entidades Fiscalizadoras Superiores (INTOSAI). A ISSAI 300, por exemplo, que versa sobre os princípios fundamentais de Auditoria Operacional, traz em seu bojo a definição de eficiência e termos correlatos. Essa regulação internacional acaba sendo harmonizada internamente pelas Normas Brasileiras de Auditoria do Setor Público (NBASP) (in casu, tem-se a NBASP 300), editadas pelo Instituto Rui Barbosa e sendo incorporadas nas regulamentações dos Tribunais de Contas no Brasil.

Prosseguindo, com base nessa compreensão da não novidade da eficiência por intermédio da EC nº 19/1998, com a qual se concorda

---

[146] A respeito da Convenção Interamericana Contra a Corrupção, Agustín Gordillo (Un corte transversal al derecho administrativo: la Convención Interamericana Contra la Corrupción. La Ley, T.1997-E, 1997, p. 1091-1102) escreve que trouxe ela uma mudança de paradigma no Direito argentino, sendo que até 1997 a legislação sobre contratos públicos somente exigia obrigações de meio, passando, por meio da "norma supralegal operativa", a impor, com base na eficiência, uma obrigação de resultado.

[147] "[...] observa-se uma fluidez entre o internacional e o nacional, inclusive no que atine à questão relacionada à Administração Pública. Essa constatação permite que se realize uma categorização de fenômenos normativos de fonte não estatal. O estudo analítico desses aspectos tem sido denominado Direito Administrativo Global" (CABRAL, Flávio Garcia; SARAI, Leandro. Manual de Direito Administrativo. 2. ed. Leme: Mizuno, 2023, p. 49).

sob o ponto de vista sintático, há quem trate por despicienda a introdução expressa da citada figura, como fazia Celso Antônio Bandeira de Mello em edições mais antigas de sua obra, ao pontificar que, se é certo que tal princípio é desejável, ele seria "juridicamente tão fluido e de tão difícil controle ao lume do Direito, que mais parece um simples adorno agregado ao art. 37 ou o extravasamento de uma aspiração dos que burilam no texto".[148]

De igual sorte, também traz a lume Lúcia Valle de Figueiredo, ao indagar o que mudaria com a inclusão do princípio da eficiência, tendo em vista que, "ao que se infere, com segurança, à Administração Pública sempre coube agir com eficiência em seus cometimentos".[149] Identicamente, Jesse Torres Pereira Júnior sustenta que o arrolamento da eficiência entre os "princípios reitores da atividade administrativa estatal, só se pode compreender como uma figura de estilo, um reforço de linguagem para enfatizar o que é inerente à Administração Pública e é dela reclamado pelos administrados, justificadamente".[150]

A despeito de se poder entender a posição apresentada pelos administrativistas de arriba, não se considera, mantendo-se coerência entre as premissas assentadas, totalmente irrelevante a inserção textual expressa da eficiência com a EC nº 19/1998.

A interpretação jurídica consiste na construção de normas jurídicas em sentido estrito por meio da análise de textos, é dizer, a base do trabalho hermenêutico do intérprete são os elementos textuais (enunciados prescritivos – S1) encontrados em determinado ordenamento jurídico, podendo haver normas esculpidas por uma só palavra, conjunto de frases ou ainda, sem esgotar a questão, combinações entre artigos, alíneas, incisos e parágrafos.

Com isso, nota-se que a escolha textual feita pelo legislador é essencial para o labor hermenêutico, uma vez que, ainda que não seja mais adequado se falar em "descoberta" da norma ou em *mens legislatoris*, certo é que determinadas interpretações não podem se desviar por completo de um mínimo núcleo semântico pertinente às palavras.

---

[148] BANDEIRA DE MELLO, Celso Antônio. *Curso de Direito Administrativo*. 14. ed. São Paulo: Malheiros, 2002, p. 104.

[149] FIGUEIREDO, Lúcia Valle. *Curso de Direito Administrativo*. 9. ed. São Paulo: Malheiros, 2008, p. 64.

[150] PEREIRA JÚNIOR, Jessé Torres. *Da reforma administrativa constitucional*. Rio de Janeiro: Renovar, 1999, p. 41-42.

Muito embora possa haver maior abertura dos textos jurídicos, o que permite que o Direito permaneça em conexão com o mundo dos fatos, essa abertura não é absoluta, uma vez que qualquer intérprete sempre estará permanentemente atado pelos enunciados. Rompendo-se essa retenção ao texto, resultará na sua subversão.[151]

Quando se insere determinado vocábulo no Direito positivo, em especial na Constituição de determinado Estado, o legislador não se vale de um sem-sentido, de uma forma oca, mas sim de palavra/expressão com algum significado. Ao introduzir a palavra no texto constitucional, o significado dela juntamente se constitucionaliza. Portanto, qualquer sujeito que vá trabalhar com o texto constitucional não é totalmente livre para atribuir significados, já que a palavra que foi constitucionalizada trouxe consigo a constitucionalização de seu significado.[152]

A bem da verdade, essa barreira da construção semântica alude ao próprio intérprete, que está inserido na própria linguagem e que sempre possui pré-compreensões ou pré-conceitos.

Este pré-conceito,[153] como trabalhado por Hans-Georg Gadamer, não pode ser encarado com um olhar negativo,[154] pois, conforme destaca o autor, há preconceitos legítimos.[155] São então os preconceitos advindos das tradições que permitem uma hermenêutica crítica, na qual lemos em Gadamer que "o compreender deve ser pensado menos como uma ação da subjetividade do que como um retroceder que penetra em um acontecer da tradição, no qual é o que tem de fazer-se ouvir na teoria

---

[151] GRAU, Eros Roberto. *Ensaio e discurso sobre a interpretação/aplicação do Direito*. 5. ed. São Paulo: Malheiros, 2009, p. 214.

[152] MARTINS, Ricardo Marcondes. *Regulação administrativa à luz da Constituição Federal*. São Paulo: Malheiros, 2011, p. 56-57.

[153] "[...] o termo 'pré-conceito' (*Vorbegriff*) não significa simplesmente uma experiência anterior ou um conhecimento que acumulamos indutivamente, mas a circunstância de que, enquanto seres humanos, compreendemos o mundo por meio de uma linguagem que não está simplesmente a nossa disposição. Operamos com uma linguagem que é fundamentalmente intersubjetiva" (STRECK, Lenio Luiz. *Dicionário de hermenêutica*: quarenta temas fundamentais da teoria do direito à luz da crítica hermenêutica do Direito. Belo Horizonte: Casa do Direito, 2017, p. 227).

[154] Defendendo uma adequada leitura sobre a pré-compreensão hermenêutica, confira-se: STRECK, Lenio Luiz. *Verdade e consenso*: Constituição, hermenêutica e teorias discursivas. Da possibilidade à necessidade de respostas corretas em direito. 3. ed. Rio de Janeiro: Lumen Juris, 2009, p. 447-460.

[155] GADAMER, Hans-Georg. *Verdade e método*: traços fundamentais de uma hermenêutica filosófica. 3. ed. Tradução de Flávio Paulo Meurer. Petrópolis: Vozes, 1999, p. 421.

hermenêutica, demasiado dominada pela ideia de um procedimento, de um método".[156] A nossa vivência depende da cultura, da linguagem[157] na qual estamos inseridos. "Assim entendido, o mundo é um conjunto de significações, de saberes, de valores, de gostos, de certezas: uma pré-interpretação ou uma 'pré-compreensão', como chamava Heidegger".[158]

Sobre a questão, bem-vindos são também os dizeres de Lenio Luiz Streck, que sustenta que "as escolhas interpretativas disponíveis ao jurista são limitadas pela tradição, porém, não são absolutamente determinadas por ela" e que "é possível dizer, assim, que uma resposta adequada para a questão interpretativa do Direito resulta quando a tradição entra em uma relação dialética com a criatividade e crítica".[159]

Ou seja, conquanto o intérprete não esteja mais em busca da interpretação exclusivamente "verdadeira", "descobrindo" o sentido por de trás do texto, em uma relação de sujeito-objeto, mas sim construindo sempre novas normas jurídicas ao interpretar, e assim realizar a compreensão necessária, ele não o faz desprovido de limites, em um completo subjetivismo,[160] porquanto haverá sempre barreiras mínimas quanto ao núcleo do texto a ser interpretado, impostas pela

---

[156] GADAMER, Hans-Georg. *Verdade e método*: traços fundamentais de uma hermenêutica filosófica. 3. ed. Tradução de Flávio Paulo Meurer. Petrópolis: Vozes, 1999, p. 435-436.

[157] Ludwig Wittgenstein se refere aos jogos de linguagem, indicando que os sentidos pressupõem seu uso, havendo conteúdos já existentes na comunidade linguística (*Investigações filosóficas*. Tradução de José Carlos Bruni. São Paulo: Nova Cultural, 1999, p. 28 e ss).

[158] SCAVINO, Dardo. *A filosofia atual*: pensar sem certezas. Tradução de Lucas Galvão de Britto. São Paulo: Noeses, 2014, p. 19.

[159] STRECK, Lenio Luiz. *Hermenêutica jurídica e(m) crise*. Porto Alegre: Livraria do Advogado, 1999, p. 241.

[160] Como bem aponta Hans-Georg Gadamer, "quem quer compreender um texto, em princípio, disposto a deixar que ele diga alguma coisa por si. Por isso, uma consciência formada hermeneuticamente tem que se mostrar receptiva, desde o princípio, para a alteridade do texto. Mas essa receptividade não pressupõe nem 'neutralidade' com relação à coisa nem tampouco auto-anulamento, mas inclui a apropriação das próprias opiniões prévias e preconceitos, apropriação que se destaca destes. O que importa é dar-se conta das próprias antecipações, para que o próprio texto possa apresentar-se em sua alteridade e obtenha assim a possibilidade de confrontar sua verdade com as próprias opiniões prévias" (GADAMER, Hans-Georg. *Verdade e método*: traços fundamentais de uma hermenêutica filosófica. 3. ed. Tradução de Flávio Paulo Meurer. Petrópolis: Vozes, 1999, p. 405).

pré-compreensão, decorrente das tradições,[161] dos próprios[162] sujeitos interpretantes.

Há uma ideologia[163] (ou pré-compreensão) do intérprete e uma ideologia do texto normativo, como diz Ricardo Marcondes Martins, não sendo elas necessariamente coincidentes.[164] Essa asserção corresponde às considerações realizadas por Friedrich Müller quando ele distingue a pré-compreensão geral, referente ao sujeito e a relação com a historicidade de sua existência, da pré-compreensão jurídica, aquela atrelada ao nexo da fundamentação jurídica.[165]

Deste modo, ao intérprete restará sempre a árdua tarefa de filtragem de suas próprias ideologias em cotejo com as ideologias normativas, havendo, assim, uma "luta do intérprete consigo, um autoquestionamento: a identificação de sua ideologia, de sua pré-compreensão, para não se deixar enganar por ela".[166]

Retomando ao papel desempenhado pelo texto a ser interpretado, é justamente com congênere intelecção que Aurora Tomazini de Carvalho revela a importância do sistema dos enunciados prescritivos, pois além de ser a base empírica do Direito positivo, é por meio dele que "são introduzidas as modificações almejadas pelo legislador que influem em alterações de todos outros planos hermenêuticos".[167]

As alterações de cunho pragmático (pertinentes aos planos S2, S3 e S4) são incontroláveis justamente por depender de fatores externos culturais

---

[161] É como argumenta Konrad Hesse, quando diz que "o intérprete não pode compreender o conteúdo da norma de um ponto situado fora da existência histórica, por se assim dizer, arquimédico, senão somente na situação histórica concreta, na qual ele se encontra, cuja maturidade enformou seus conteúdos de pensamento e determina seu saber e seu (pré-) juízo" (*Elementos de Direito Constitucional da República Federal Alemã*. Tradução de Luís Afonso Heck. Porto Alegre: Sergio Antonio Fabris, 1998, p. 61).

[162] CARVALHO, Aurora Tomazini de. *Curso de teoria geral do Direito*: o construtivismo lógico-semântico. 3. ed. São Paulo: Noeses, 2013, p. 248.

[163] Segundo desvela Ricardo Marcondes Martins, ideologia é uma palavra equívoca, por apresentar diversos significados. Em um sentido forte, oriunda de concepções marxistas, ideologia seria um falsa consciência. Já em um sentido fraco, identifica um conjunto de crenças e ideias respeitantes à ordem pública, possuindo uma conotação neutra (*Regulação administrativa à luz da Constituição Federal*. São Paulo: Malheiros, 2011, p. 49). Nesta obra, adotar-se-á ideologia em seu sentido fraco.

[164] MARTINS, Ricardo Marcondes. *Regulação administrativa à luz da Constituição Federal*. São Paulo: Malheiros, 2011, p. 53.

[165] MÜLLER, Friedrich. *Teoria estruturante do direito*. Tradução de Peter Naumann; Eurides Avance de Souza. São Paulo: Revista dos Tribunais, 2008, p. 58-59.

[166] MARTINS, Ricardo Marcondes. *Regulação administrativa à luz da Constituição Federal*. São Paulo: Malheiros, 2011, p. 53.

[167] CARVALHO, Aurora Tomazini de. *Curso de teoria geral do Direito*: o construtivismo lógico-semântico. 3. ed. São Paulo: Noeses, 2013, p. 248-249.

e históricos, ao passo que as alterações textuais (S1) são deliberadas e desejadas pelos legisladores.

Essas observações são pertinentes para indicar o porquê da relevância normativa na introdução expressa do chamado princípio da eficiência no *caput* do artigo 37 da Constituição brasileira, pois, encarando o Direito como linguagem, como aqui se faz, é precisamente no "reforço de linguagem" mencionado por Jessé Torres Pereira Júnior (não se desconhecendo que o tom conferido pelo supracitado autor a essa expressão seja negativo) que se situa a importância sintática da indicação expressa à eficiência administrativa.[168]

Se talvez sintaticamente a inserção por meio de linguagem própria do enunciado textual constitucional referente à eficiência no artigo 37 não tenha gerado uma modificação tão inovadora e relevante para o plano semântico, porquanto já havia outros enunciados prescritivos que serviam de material bruto para a construção do referido princípio, não menos correta é a verificação de que esta recém-chegada palavra ao *caput* do artigo 37 reforçou de maneira substancial as fontes necessárias para a construção da proposição e norma em sentido estrito pertinentes à eficiência na Administração Pública.

Além disso, como primeiro elemento de contato do intérprete, o enunciado prescritivo em voga trouxe por evidente uma mais clara sistematização normativa, indicando expressamente que tal princípio se encontra ao lado dos demais vetores principiológicos aplicáveis à Administração Pública e não somente a um setor ou atividade específica (como a segurança pública ou os serviços públicos, por exemplo).

D'outro giro, ainda que a questão se mostre mais afeta ao plano pragmático, como se verá no item 4.4, distingue-se também um caráter simbólico e didático conferido à introdução textual do termo "eficiência" ao *caput* do artigo 37. Facilita-se ao administrado, com dita menção patente, a compreensão da existência de um direito à eficiência administrativa, ainda que se pudesse constatar que já há muito tempo lhe

---

[168] Conquanto por argumentos distintos, Onofre Alves Batista Júnior reconhece a importância da inclusão textual do princípio da eficiência administrativa por intermédio da EC nº 19/1998, asseverando que "a inserção do referido princípio veio pôr fim às ainda incipientes discussões doutrinárias e jurisprudenciais acerca de sua existência implícita na CRFB/88 e à sua aplicabilidade integral, que já avançavam, desestruturadas perante a evidência dos casos concretos" (*Princípio constitucional da eficiência administrativa*. 2. ed. Belo Horizonte: Fórum, 2012, p. 113).

fosse assegurado, e por outro lado aponta, de forma clara, um dever indubitável aos administradores públicos.[169]

Outrossim, permanecendo no interior dessa perspectiva mais pragmática, constata-se que a positivação do princípio da eficiência pela Reforma Administrativa teve um significativo impacto no Direito Administrativo brasileiro. Afinal, apesar de o dever de eficiência do servidor não ter sido algo essencialmente novo, houve um sentido próprio da eficiência defendido no discurso gerencial da Reforma Administrativa (ainda que não seja necessariamente consonante com sua estruturação jurídica, como se verá na seção 4.1), surtindo pronunciados efeitos tanto na estruturação da Administração Pública como na legislação infraconstitucional subsequente.[170]

2.2.2 Vontade legislativa e validade normativa da eficiência administrativa

Aproveitando a menção feita anteriormente acerca das escolhas do legislador no que toca à edição de enunciados normativos, calha à fiveleta trazer à tona de maneira mais detalhada a questão sobre até que ponto a intenção legislativa influi na análise normativa.

O papel do legislador no sistema jurídico assume magnitude ímpar, já que, como visto, o material bruto a que tem acesso o intérprete é o texto jurídico, que é produto do primeiro. Ainda que a interpretação normativa tenha um caráter construtivo, não há interpretação sem texto, sendo este justamente o seu principal limite hermenêutico.

Apesar disso, a *intentio auctoris* é pré-textual, constituindo um momento metajurídico, de cunho político e psicológico.[171]

Aurora Tomazini de Carvalho põe em xeque as lições hauridas da doutrina clássica no que tange a certas "vontades" legislativas. Para ela, a "vontade do legislador", comumente invocada pela hermenêutica jurídica tradicional, seria algo inalcançável, porquanto a interpretação estaria sempre sujeita aos referenciais histórico-culturais da língua que habita. De igual sorte, a chamada "vontade da lei" também padeceria

---

[169] FORTINI, Cristiana; MIRANDA, Iúlian. A discricionariedade administrativa em face do princípio da eficiência. *R. Proc.-Geral Mun. Belo Horizonte – RPGMBH*, Belo Horizonte, a. 5, n. 10, jul./dez. 2012, p. 73.
[170] NOHARA, Irene Patrícia. *Reforma Administrativa e Burocracia:* impacto da eficiência na configuração do Direito Administrativo brasileiro. São Paulo: Atlas, 2012, p. 225-226.
[171] IVO, Gabriel. *Norma jurídica*: produção e controle. São Paulo: Noeses, 2006, p. XL.

da problemática de a lei, na qualidade de suporte físico, não possuir vontade.[172] Cabe ao intérprete indicar o que seria essa "vontade da lei", que não passa de uma construção normativa condicionada às suas vivências anteriores.[173] De fato, a partir do momento em que se produz o texto, nas formas predeterminadas pelo próprio sistema, passando o enunciado a ter caráter jurídico, eventuais debates, opiniões, ideologias, posições pessoais dos parlamentares perdem seu relevo, estando o texto despregado de seu autor. Constitui aquele (texto) um material bruto objetivado, desconexo das subjetividades que lhe deram origem, mas pronto a ser lido pelas subjetividades (limitadas) dos intérpretes.

Destarte, seja pelo motivo que for, o fato de determinada expressão legislada permitir sintática e semanticamente interpretações que em nada representam o que pretendiam os membros do Poder Legislativo, não macula e/ou influencia a norma jurídica moldada pela interpretação.

Tratando especificamente sobre o princípio da eficiência, Antônio Carlos Cintra do Amaral, com exatidão, aponta que, a partir de suas observações sobre a irrelevância da "vontade legislativa", afasta ele

[...] quaisquer conjecturas sobre o que "quis" o legislador constituinte ao introduzir o princípio da eficiência no "caput" do art. 37 da Constituição, por mais sólidas que sejam elas. Afasto, igualmente, qualquer preocupação com o que ocorreu no Congresso Nacional na tramitação da proposta de emenda constitucional no 173. A questão é: qual o significado objetivo do princípio da eficiência, contido no "caput" do art. 37 da Constituição?[174]

Desta sorte, por mais interessante e válido para outros campos do conhecimento[175] que possa ser o desbravamento na seara dos debates

---

[172] "Sabe-se que a vontade é uma faculdade da alma humana: só os indivíduos têm vontade, é o que podemos chamar vontade psicológica ou vontade psíquica" (CAETANO, Marcelo. *Princípios fundamentais do Direito Administrativo*. Rio de Janeiro: Forense, 1977, p. 112).
[173] CARVALHO, Aurora Tomazini de. *Curso de teoria geral do Direito*: o construtivismo lógico-semântico. 3. ed. São Paulo: Noeses, 2013, p. 237-238.
[174] AMARAL, Antônio Carlos Cintra do. O princípio da eficiência no Direito Administrativo. *Revista Diálogo Jurídico*, Salvador, CAJ – Centro de Atualização Jurídica, n. 14, jun./ago. 2002. Disponível em: http://www.direitopublico.com.br. Acesso em: 10 dez. 2015, p. 3.
[175] "Na fase pré-legislativa nem tudo se consome no tempo e no espaço. A parte mais rica desse momento esvai-se com o passar do tempo. Impossível registrar em sua inteireza as tensões que surgem, a construção do consenso, os sentimentos, as pressões sociais etc. Mas algo fica marcado. Há registros em, digamos, documentos não jurídicos, como jornais, revistas, fitas de vídeo etc. Só que aqui os registros ficam à margem do direito. A não imanência

legislativos pertinentes à EC nº 19/1998 (e a todas as outras fontes legislativas que introduziram os elementos textuais por meio dos quais se possa construir a norma da eficiência administrativa) ou mesmo na linha ideológica que porventura norteou a elaboração dos atos normativos pertinentes, não se considera uma análise merecedora de atenção plena na presente pesquisa, mormente no escrutínio do plano sintático (ainda que adquira certa pertinência para uma visão no plano pragmático), tendo em vista a metodologia adotada.

Embora o teor dos debates legislativos não traga relevantes elementos para o que aqui se pretende, é certo que a verificação do regular trâmite legislativo para a introdução dos enunciados prescritivos indicativos da eficiência administrativa é essencial para a conferência sintática.

Um dos aspectos a ser trabalhado pela sintaxe, quando se propõe a divisão dos planos semióticos para os estudos jurídicos, é justamente o problema de fundamento de validade[176] (geralmente investigado conforme a concepção kelseniana) e os procedimentos de produção normativa.[177]

Neste ponto, no que se refere às menções de eficiência dos artigos 74, II e 144, §7, ambos da Constituição,[178] tem-se que a redação dos aludidos dispositivos nasce com o exato texto original da Constituição promulgada em outubro de 1988. Desta forma, para a aferição da validade nos termos propostos, temos que não há norma jurídica hierarquicamente superior à Constituição de um Estado, sendo chamada por Clarice Von Oertzen de Araujo de normas de origem.[179]

---

nesse sentido consiste no irrelevante juridicamente, no entanto rico para outos setores do conhecimento" (IVO, Gabriel. *Norma jurídica*: produção e controle. São Paulo: Noeses, 2006, p. 9).

[176] Idêntico é o argumento de Paulo de Barros Carvalho: "Não há qualquer exagero no afirmar-se que os problemas relativos à validade das normas jurídicas, à constitucionalidade das regras do sistema, são questões que têm um lado sintático e, em parte, podem ser estudadas no plano da gramática jurídica" (*Curso de Direito Tributário*. 21. ed. São Paulo: Saraiva, 2009, p. 101).

[177] ARAUJO, Clarice Von Oertzen de. Semiótica e investigação do Direito. In: CARVALHO, Aurora Tomazini de (Org.). *Construtivismo Lógico-Semântico*. São Paulo: Noeses, 2014. v. I, p. 134.

[178] Pelos limites deste livro, não se adentrará a análise da constitucionalidade ou não de todos os elementos textuais legislativos indicativos da eficiência, o que se tornaria um trabalho de dimensões incalculáveis. Para o que nos serve, basta uma investigação quanto às menções expressas contidas unicamente na Constituição.

[179] ARAUJO, Clarice Von Oertzen de. Semiótica e investigação do Direito. In: CARVALHO, Aurora Tomazini de (Org.). *Construtivismo Lógico-Semântico*. São Paulo: Noeses, 2014. v. I, p. 136.

Em relação a esses enunciados prescritivos constitucionais originários, é certo que haveria ainda em Kelsen um plano acima do texto constitucional, o da norma hipotética fundamental.[180] No entanto, por tal plano ser extrassistêmico,[181] extrapolando o limite jurídico, não cabe, nos limites desta obra, uma análise sobre sua possível compatibilidade normativa. Ademais, como explica Aurora Tomazini de Carvalho, a norma hipotética fundamental kelseniana trata-se de um axioma, com o objetivo de fechar o sistema,[182] o que dificilmente permitiria uma análise sintática quanto à compatibilidade normativa com ela.

Já no que tange ao texto constitucional do artigo 37, *caput*, a situação muda de figura, uma vez que, inobstante se trate de texto inserido na Constituição, conforme já visto, ele não constou da redação originária da Lei Maior, mas sim foi alocado por meio de Emenda Constitucional (nº 19/1998).

Desta maneira, é possível e desejável aferir se a sua inserção respeitou os trâmites da norma "hierarquicamente superior" (a própria Constituição), podendo ser considerada, portanto, válida.

De modo a facilitar essa aferição da validade normativa, cabível descartarmos por ora uma análise completamente hipotética e tomarmos como ponto de partida um questionamento judicial concretamente realizado em relação ao texto em questão.

Assim, tem sido posto à prova a higidez do processo legislativo adequadamente constitucional respeitante à questão formal de diversos

---

[180] "A norma fundamental de uma ordem jurídica não é uma ordem material que, por o seu conteúdo ser havido como imediatamente evidente, seja pressuposta como a norma mais elevada da qual possam ser deduzidas – como o particular do geral – normas de condutas humana através de uma operação lógica" (KELSEN, Hans. *Teoria pura do Direito*. 8. ed. Tradução de João Batista Machado. São Paulo: WMF Martins Fontes, 2009, p. 221).

[181] "Mas quando Kelsen dá mais um passo no regresso do critério-de-pertencialidade, detendo-se na norma fundamental, como último grau, parece-nos, a proposição fundamental kelseniana coloca-se fora da órbita do sistema: é uma proposição extra-sistemática. Sintaticamente, é uma regra fora do sistema: é uma proposição de metalinguagem, relativamente à linguagem do Direito positivo" (VILANOVA, Lourival. *As estruturas lógicas e o sistema de Direito positivo*. 4. ed. São Paulo: Noeses, 2010, p. 254).

[182] "Toda teoria precisa de um axioma. As ciências partem de proposições escolhidas arbitrariamente, livres de comprovação, sobre as quais são construídas todas as demais proposições, que inter-relacionadas formam o sistema científico. A Geometria euclidiana, por exemplo, parte do postulado de que 'por um ponto tomado fora de uma reta, pode-se fazer passar uma paralela e essa reta é uma só' e ninguém discute este postulado ao estudar geometria euclidiana [...] Se isto cabe a todas as Ciências, por que com a Ciência do Direito haveria de ser diferente?" (CARVALHO, Aurora Tomazini de. *Curso de teoria geral do Direito*: o construtivismo lógico-semântico. 3. ed. São Paulo: Noeses, 2013, p. 742).

artigos e incisos introduzidos pela EC nº 19/1998, em particular o *caput* do artigo 37.

No bojo da ação direta de inconstitucionalidade nº 2.135-4, seus autores (PT, PDT, PC do B e PSB) defendem que durante o trâmite de votação do projeto de emenda constitucional nº 173/1995 (que deu origem à EC nº 19/1998), houve uma alteração do aludido dispositivo pelo Senado Federal, o qual mudou a expressão "qualidade do serviço prestado", que fora aprovado em um turno pela Câmara dos Deputados, pelo termo "eficiência", sendo esta uma modificação de mérito, que deveria ser submetida à nova apreciação da Câmara, incidindo, assim, por ausência do retorno da análise da matéria àquela Casa Legislativa, em violação ao artigo 60, §2º, da Constituição.

Em julgamento da medida cautelar da aludida ADI, os Ministros da Suprema Corte não vislumbraram relevância jurídica no pleito inicial no que tange ao *caput* do artigo 37, tendo o Ministro-relator Néri da Silveira, acompanhado dos demais membros da Corte, assentado que a mudança dos termos seria "restrita à redação apenas, não ferindo a substância da proposta aprovada na Câmara dos Deputados". Acrescenta-se que, até a data da publicação desta edição, não houve julgamento definitivo do mérito da indigitada ADI pelo Supremo Tribunal.

Dois itens merecem atenção quanto à tratativa ora debatida: a mudança do texto legislativo de "qualidade do serviço prestado" para "princípio da eficiência" constitui mera alteração vernacular? Caso negativo, há algum óbice na análise da atual redação do artigo 37, *caput*?

Primeiramente, é visível que se trata de termos diferentes da língua portuguesa. Explorar se seriam palavras sinônimas ou não repousa na análise, ainda que superficial, do possível conteúdo semântico mínimo de cada uma das expressões.

Sem pretender esgotar a questão, já que, em relação à eficiência e seu conteúdo, referem-se eles justamente ao objeto principal desta tese, sendo inviável e contraproducente tentar apresentar uma conclusão *a priori* em poucas linhas já aqui, vale a pena tecer algumas considerações sobre os princípios que regem os serviços públicos.

Pelo menos desde 1995,[183] por meio da Lei nº 8.987, já se encontra presente no Direito brasileiro que os serviços públicos, em especial

---

[183] Na verdade, a eficiência, como direcionada aos serviços públicos, já encontra previsão clara em texto normativo desde 1990, por meio da Lei nº 8.078 (Código de Defesa do Consumidor), em seu artigo 22. Contudo, foi a Lei nº 8.987/1995 que tratou com maiores detalhes acerca da prestação dos serviços públicos por intermédio das concessionárias e permissionárias.

aqueles fornecidos mediante os instrumentos de concessão e permissão, serão prestados de maneira adequada (artigo 6º). Ato contínuo, no artigo 6º, §1º, define-se o que se entende por serviço adequado, assentando-se que é aquele que "satisfaz as condições de regularidade, continuidade, eficiência, segurança, atualidade, generalidade, cortesia na sua prestação e modicidade das tarifas".

Pela perfunctória análise legislativa, é possível compreender que, desde antes da EC nº 19/1998, já se encontra inserido no ordenamento jurídico brasileiro a necessidade dos serviços públicos serem adequados e que tal expressão é mais ampla e abrangente que a tão só eficiência dos serviços públicos, uma vez que esta integra, de maneira não exclusiva, o conteúdo conceitual daquele termo.

Além disso, adiantando-se um pouco as considerações que serão mais bem trabalhadas no aspecto semântico, pode-se adiantar que a eficiência administrativa não se circunscreve exclusivamente à prestação dos serviços públicos,[184] tendo um campo de aplicação muito superior pela Administração Pública.

O que se quer aqui indicar, sem a necessidade de pormenorizar os conteúdos jurídicos das expressões cambiadas no processo legislativo que deu origem à EC nº 19/1998, é que não se podem ter como absolutos sinônimos os dois termos. Ainda que eles possuam uma relação próxima em termos semânticos e pragmáticos, não é possível afirmar que sejam expressões com o mesmo conteúdo[185] ou que sua diferenciação seja

---

[184] Sem pretender cair em contradição, uma vez que já se afirmou que a vontade do legislador tem insignificante papel no trabalho hermenêutico normativo, em particular para os campos sintático e semântico, por constituir fase pré-legislativa não regulamentada pelo Direito, não custa ressaltar como são interessantes as palavras de Paulo Modesto, que atuou ativamente no processo legislativo que deu origem à EC nº 19/1998 e que confirma o que foi dito no corpo do texto, é dizer, que "eficiência" e "serviço público adequado" não são expressões intercambiáveis: "No entanto, pragmaticamente, quando a sua adoção era inevitável, pela dinâmica do processo político, propugnei no Senado Federal para que a redação final não registrasse a expressão imprópria 'qualidade dos serviços prestados' e sim o enunciado 'eficiência', argüindo então a impropriedade de incluir a primeira redação entre os princípios gerais da administração, por ela referir diretamente apenas um setor da Administração Pública (a esfera da prestação de serviços públicos), quando todos os demais princípios ostentavam um alcance geral" (Notas para um debate sobre o princípio da eficiência. *Revista do Serviço Público*, Brasília, a. 51, n. 2, abr./jun. 2000, p. 111).

[185] Certo que essa constatação apenas será completa ao final da pesquisa, na medida em que somente lá poderemos apurar a construção do conteúdo jurídico da eficiência administrativa na ordem jurídica brasileira. De mais a mais, não se desconhece que avaliar a relação de pertencialidade, averiguando a validade/constitucionalidade de determinadas normas, também encontraria espaço no plano S4, sendo que ainda estamos nos detendo no plano S1. Sem embargo, como já advertido, as idas e vindas entre os planos de construção normativa se mostram inevitáveis, além de que, para as considerações cabíveis, por ora no plano

mínima, porquanto, a depender do foco a ser conferido, um acaba por ser mais amplo do que o outro (fora demais aspectos que nem sequer foram aqui destrinchados).

Logo, a conclusão a ser tomada é que, ao proceder a alteração dos termos, o Senado Federal adentrou um aspecto do mérito do dispositivo legislativo e não fez uma simples alteração formal de redação, sendo mister o retorno para Câmara dos Deputados para reanálise da mudança.

É sabida a tendência atual da jurisprudência do Supremo Tribunal Federal de "salvar" determinados textos legais, sempre buscando uma interpretação conforme à Constituição ou que de fato dê efetividade a ela. Contudo, embora não seja o ponto central de análise da pesquisa, não se vislumbra como uma ampliação ou redução do âmbito de abrangência de determinado vocábulo, como aparentemente ocorrido *in casu*, possa ser aceito como uma simples alteração ortográfica, uma vez que é justamente esse texto bruto que servirá de material de trabalho aos futuros intérpretes.

Destarte, a inserção expressa do princípio da eficiência no artigo 37, em uma análise sintática, demonstra a sua inconstitucionalidade formal, por ofensa ao artigo 60, §2º, da Constituição Federal.

Passa-se, então, ao segundo questionamento: considerando-se inconstitucional a introdução da eficiência no *caput* do artigo 37, deveríamos interromper aqui nossa pesquisa acerca da eficiência administrativa?

Evidentemente que não. Primeiro, porque, conforme já salientado até aqui, não obstante a relevância sintática e semântica da sistematização do princípio da eficiência no artigo 37, tal figura pode ser observada expressamente em outras passagens do texto constitucional, o que não inviabilizaria o seu estudo científico, sobretudo no que tange ao seu conteúdo jurídico. Afinal, como já dito, texto não se confunde com norma jurídica.

Além do que, tal qual será visto no capítulo subsequente, é possível ainda a construção da norma da eficiência administrativa por meio de outros enunciados prescritivos constitucionais, ainda que não indiquem de sorte expressa o termo "eficiência" (é o que Paulo Modesto rotula de plano estruturante do princípio).

---

sintático, os elementos coligidos até então se mostram suficientes, sem prejuízo da sua reafirmação em trechos futuros.

Como ressaltado em trecho anterior, os planos S1, S2, S3 e S4 não devem ser entendidos isoladamente, cabendo ao intérprete transitar livremente pelos planos, socorrendo-se constantemente de todos eles.[186] Portanto, ainda que fosse desconsiderada a previsão do artigo 37, pela declaração de sua invalidade, o trabalho hermenêutico percorreria uma série de enunciados, construindo proposições, para se chegar às normas jurídicas pertinentes à chamada eficiência administrativa (sobre isso, vide as considerações no item 3.2.9), que, como visto, encontra amparo em outros enunciados constitucionais e infraconstitucionais.

É como anota Gabriel Ivo, ao dispor que a revogação expressa não atinge "diretamente as normas jurídicas, mas os enunciados prescritivos. Essa característica da revogação expressa pode proporcionar uma situação em que, mesmo havendo revogação expressa de algum dispositivo, não ocorre o mesmo em relação às normas jurídicas".[187]

Há mais: trilhando-se essa linha intelectiva, pertinente a apreciação de Paulo de Barros Carvalho, para quem o trabalho hermenêutico se guia pelos princípios da inesgotabilidade e intertextualidade ou dialogia. O segundo se refere à junção do ato de fala a outros textos. Já a inesgotabilidade, de acordo com o autor, é a ideia de que toda interpretação é infinita, nunca circunscrita a determinado campo semântico. Um texto pode sempre ser reinterpretado.[188]

Portanto, é justamente característica da sintaxe jurídica a intertextualidade, no sentido de que a interpretação pressupõe a análise das relações entre os diversos textos e somente assim se permite a construção da significação.

Por derradeiro e de importância insopitável, cabe rememorar que o Supremo Tribunal Federal, na medida cautelar, não suspendeu a atual redação do artigo 37, *caput*, estando válido e em vigor seu texto, razão pela qual a norma correspondente ainda permanece válida em nosso ordenamento jurídico.

Aqui se mostram pertinentes as lições de Aurora Tomazini de Carvalho, que trabalha acerca da validade normativa, apontando que "a validade é aferida com a relação de pertencialidade da norma para com o sistema e não com a sua adequação às demais normas existentes

---

[186] CARVALHO, Aurora Tomazini de. *Curso de teoria geral do Direito*: o construtivismo lógico-semântico. 3. ed. São Paulo: Noeses, 2013, p. 258.
[187] IVO, Gabriel. *Norma jurídica*: produção e controle. São Paulo: Noeses, 2006, p. 96.
[188] CARVALHO, Paulo de Barros. *Direito Tributário, Linguagem e Método*. São Paulo: Noeses, 2013, p. 195; 198.

nesse sistema".[189] Dessarte, ainda que se tome uma lei como flagrantemente inconstitucional, ela é válida por existir no plano do Direito positivo, produzindo todos os seus efeitos e sendo cogente a todos, até que se constitua juridicamente sua inconstitucionalidade ou seja revogada pelo processo legislativo usual.[190]

De fato, para que um enunciado prescritivo seja expressamente revogado no ordenamento jurídico, é possível se enveredar por dois caminhos principais: por um ato do mesmo órgão que criou o enunciado, seguindo a mesma esteira de criação normativa (no caso das leis, por exemplo, a revogação se dá por meio de atividade do Poder Legislativo); e por decisão em ação direta de inconstitucionalidade julgada pelo Supremo Tribunal Federal.[191]

Em síntese, enquanto não for expurgado do ordenamento jurídico brasileiro pela decisão das autoridades competentes e com a utilização da linguagem adequada, há uma presunção de validade e, portanto, as normas jurídicas construídas com base naquele enunciado prescritivo permanecem válidas (leia-se, existentes).[192]

2.3 Estrutura normativa da eficiência administrativa: antecedentes e consequentes

Como se está a buscar um conteúdo à eficiência administrativa em uma perspectiva conformada nas linhas da juridicidade, temos como inoponível que estamos a lidar com o sistema do direito posto.

Compreendendo-se que a eficiência administrativa faz parte então do Direito positivo, em particular o brasileiro para este livro, e que, para nós, o ordenamento jurídico brasileiro se constitui em um sistema composto por um conjunto artificial de signos que exprimem

---

[189] CARVALHO, Aurora Tomazini de. *Curso de teoria geral do Direito*: o construtivismo lógico-semântico. 3. ed. São Paulo: Noeses, 2013, p. 743.

[190] KELSEN, Hans. *Teoria pura do Direito*. 8. ed. Tradução de João Batista Machado. São Paulo: WMF Martins Fontes, 2009, p. 300.

[191] IVO, Gabriel. *Norma jurídica*: produção e controle. São Paulo: Noeses, 2006, p. 165-166.

[192] Ainda que já deva ter ficado claro no corpo do texto, não custa grifar que não se segue a célebre diferenciação dos planos de existência e validade normativa proposta por Pontes de Miranda. Justamente por entender, na perspectiva de Hans Kelsen, que validade diz respeito a sua relação de pertencialidade ao sistema, temos que existência e validade se equivalem. De qualquer maneira, mesmo se adotando a distinção dos planos de existência e validade, não haveria uma modificação prática para a conclusão apontada, porquanto se consideraria a norma como inválida, porém existente, o que permitiria, pois, seu escrutínio jurídico para fins dogmáticos.

mensagens de caráter prescritivo (normativo), logo a conclusão silogística imediata é de que a eficiência administrativa possui natureza de norma.

Essa síntese, que beira o truísmo, encontra lugar para que se possa compreender a estrutura assumida pela norma da eficiência administrativa.

As normas jurídicas, quaisquer que sejam, por aludirem a estruturas deontológicas, possuem uma estrutura mínima e suficiente, cujo conhecimento é indispensável para se laborar com propriedade na interpretação do Direito positivo.

Geraldo Ataliba, notando a importância dessa consideração, esclarece que a estrutura das normas é complexa, todas elas possuindo hipótese, mandamento e sanção. Assim, verificada a hipótese, o mandamento incide.[193]

Toda norma seria composta por uma estrutura lógica mínima, apresentando uma feição dual,[194] formada por uma proposição-antecedente ou hipótese, que implica uma proposição-tese, de caráter relacional, no consequente.[195]

A proposição constante no tópico antecedente da norma jurídica funciona como descritora de um evento que possivelmente pode ocorrer no campo da experiência social, assentado no modo ontológico da possibilidade, mas que não figura como cognoscente do real (embora seja descritiva), sendo simplesmente tipificador de um conjunto de eventos.[196]

Foi no terreno da hipótese de incidência que Geraldo Ataliba fixou que se trata de um conceito universal e que se refere à descrição legal de um fato, sendo uma formulação legal, hipotética, genérica e prévia de fatos colhidos do mundo pré-jurídico pelo legislador.[197]

Nessa estrutura dual, ao lado do antecedente ou hipótese, temos o consequente ou tese, que serve como prescritor de condutas

---

[193] ATALIBA, Geraldo. *Hipótese de incidência tributária*. 6. ed. São Paulo: Malheiros, 2016, p. 42.
[194] Ainda que se valendo de terminologia diferenciada, Alfredo Augusto Becker (*Teoria geral do Direito Tributário*. 2. ed. São Paulo: Saraiva, 1972, p. 267) enxerga igualmente a estrutura estática da norma jurídica como sendo dual, conformada em hipótese de incidência e regra (também denominada "norma", "regra de conduta" ou "preceito").
[195] CARVALHO, Paulo de Barros. *Direito Tributário*: fundamentos jurídicos de incidência. 9. ed. São Paulo: Saraiva, 2012, p. 48.
[196] CARVALHO, Paulo de Barros. *Direito Tributário*: fundamentos jurídicos de incidência. 9. ed. São Paulo: Saraiva, 2012, p. 48.
[197] ATALIBA, Geraldo. *Hipótese de incidência tributária*. 6. ed. São Paulo: Malheiros, 2016, p. 58-59.

intersubjetivas. Enquanto no antecedente se opera no modo ontológico da possibilidade, na tese se opera no pressuposto deontológico da possibilidade.[198]

Para aclarar as assertivas concernentes à proposição-tese, valhamo-nos das explicações de Aurora Tomazini de Carvalho, que sumariza o lugar sintático do consequente como sendo "ocupado por uma proposição delimitadora da relação jurídica que se instaura entre dois ou mais sujeitos assim que verificado o fato descrito na hipótese".[199]

Temos ser imprescindível expor ainda que a conexão entre a hipótese e a tese se efetiva por intermédio do operador deôntico interproposicional do "dever-ser". Logo, deve-ser que a hipótese implique no consequente (D(H-C)).[200]

Devemos nos deter um pouco mais no operador deôntico, a fim de aclarar que ele figura tanto interproposições como intraproposições. Quando se trata da conexão entre hipótese e tese, funciona como operador interproposicional, que não é qualificado, sendo neutro, decorrendo única e exclusivamente da vontade da autoridade legislativa. Porém, é possível falar ainda do operador deôntico no seio da tese ou proposição-consequente (operador deôntico intraproposicional), que estabelece uma relação entre os sujeitos, estruturado por meio dos modais deônticos permitido, proibido ou obrigatório.[201]

Laborando com um princípio que poderia ser aparentemente próximo à eficiência administrativa em solo brasileiro, Luciano Parejo Alfonso interpreta o princípio da eficácia no ordenamento jurídico espanhol de modo a não lhe conferir essa estruturação hipotético-consequencialista acima apresentada, alegando que a eficácia, consoante trabalhado pela doutrina espanhola, "determina a situação jurídica necessária que exige de modo incondicionado, é dizer, sem uma estrutura hipotética própria das normas jurídicas com caráter geral".[202]

---

[198] CARVALHO, Paulo de Barros. *Direito Tributário*: fundamentos jurídicos de incidência. 9. ed. São Paulo: Saraiva, 2012, p. 52; 55.
[199] CARVALHO, Aurora Tomazini de. *Curso de teoria geral do Direito*: o construtivismo lógico-semântico. 3. ed. São Paulo: Noeses, 2013, p. 301.
[200] CARVALHO, Aurora Tomazini de. *Curso de teoria geral do Direito*: o construtivismo lógico-semântico. 3. ed. São Paulo: Noeses, 2013, p. 299.
[201] CARVALHO, Aurora Tomazini de. *Curso de teoria geral do Direito*: o construtivismo lógico-semântico. 3. ed. São Paulo: Noeses, 2013, p. 300.
[202] Tradução de: "[...] determina la situación jurídica necesaria que exige de modo incondicionado, es decir, sin la estructura hipotética propia de las normas jurídicas con carácter general" (PAREJO ALFONSO, Luciano. *Eficacia y administración*: Tres estudios. Madrid: INAP, 1995, p. 106).

Ademais do fato das considerações *suso* apresentadas se reportarem a princípio distinto e em ordem jurídica alienígena, não enxergamos que a eficiência administrativa no Brasil possa assumir esse suposto "modo incondicionado", desvinculando-se da estrutura hipotética mínima das normas. A bem da verdade, não temos como válida[203] a asserção feita por Luciano Parejo Alfonso nem mesmo em seu próprio ordenamento.

Retomando as lições de Paulo de Barros Carvalho, uma mensagem deôntica portadora de sentido completo pressupõe "uma proposição-antecedente, descritiva de possível evento no mundo social, na condição de suposto normativo, implicando uma proposição-tese, de caráter relacional, no tópico do consequente".[204] Prossegue construindo que "se o antecedente, então deve-ser o consequente", devendo ser assim em toda e qualquer norma jurídico-positiva.[205]

Igualmente, ainda que com algumas pequenas variações, Geraldo Ataliba depõe que essa estrutura das normas é universal ao Direito e a todos os sistemas normativos (religiosos, éticos, de etiqueta etc.). Sua estrutura, independente do ramo ou da matéria, será sempre essa, reconhecíveis logicamente.[206]

Logo, em relação à eficiência administrativa, por se constituir, após o trabalho hermenêutico adequado, como norma, é de sua essencialidade lógica que ela seja formada por uma parte antecedente (ou hipótese) e uma consequente (ou tese), que possuem caráter relacional. Se a primeira (hipótese), deve-ser a segunda (tese).

Entende-se que em normas principiológicas, como a estudada aqui, a coleta das circunstâncias fáticas descritas no antecedente seja

---

[203] Ao que parece, Luciano Parejo Alfonso se vale do critério do caráter hipotético-fundamental para distinguir regras e princípios, segundo o qual, enquanto as regras possuiriam uma hipótese e uma consequência que predeterminam a decisão, os princípios apenas indicariam o fundamento a ser utilizado pelo aplicador para localizar a regra adequada ao caso concreto. Entretanto, sobre esse critério específico, Humberto Ávila aponta que se mostra equivocado por se esquecer de que a existência de uma hipótese e um consequente pode ser trabalhada como uma questão de formulação linguística, não sendo elemento distintivo de uma espécie normativa. Toda norma, pois, pode ser formulada sobre a estrutura de hipótese e consequente (ÁVILA, Humberto. *Teoria dos princípios*: da definição à aplicação dos princípios jurídicos. 14. ed. São Paulo: Malheiros, 2013, p. 43-44).

[204] CARVALHO, Paulo de Barros. *Direito Tributário, Linguagem e Método*. São Paulo: Noeses, 2013, p. 131.

[205] CARVALHO, Paulo de Barros. *Direito Tributário, Linguagem e Método*. São Paulo: Noeses, 2013, p. 131.

[206] ATALIBA, Geraldo. *Hipótese de incidência tributária*. 6. ed. São Paulo: Malheiros, 2016, p. 42-43.

mais generalista e ampla que em outras espécies normativas, o que talvez incuta (ainda que falsamente) a ideia de que seriam normas sem antecedente, as quais teriam uma espécie – ilógica – de incidência perene e contínua. Entretanto, nem por essa generalidade evidente se mostra viável retirar a estrutura dual (hipótese e tese) das normas jurídicas. Por ainda estarmos, na divisão proposta, trabalhando no plano sintático (com as limitações claras da impossibilidade de se realizar um completo fechamento hermético entre os planos semióticos na perspectiva jurídica), não nos cabe por ora seguir o passo seguinte e indicar qual seria a descrição das circunstâncias fáticas presentes no antecedente da norma jurídica da eficiência administrativa, tampouco qual seu consequente prescrito. Para isso nos reservamos a retomada do aspecto da estrutura lógica normativa no plano semântico. Basta, por ora, reafirmar que se está lidando nesta monografia com norma jurídica e que, como tal, compõe-se da estrutura lógica dual (antecedente e consequente) de qualquer norma.

CAPÍTULO 3

PLANO SEMÂNTICO DA EFICIÊNCIA ADMINISTRATIVA

Já conhecendo melhor o material de trabalho, o jurista pode agora se sentir confortável para exercer um labor hermenêutico minimamente coerente e adequado aos padrões metodológicos pré-estabelecidos. A semântica pressupõe a sintática. Logo, tendo abordado previamente os elementos lógicos que julgamos básicos para a compreensão da eficiência administrativa, pode-se passar ao plano das significações, de modo a construir a norma geral e abstrata representativa da eficiência administrativa na ordem jurídica brasileira.

Esse segundo plano semiótico possivelmente é o ponto alto quando se trata da eficiência administrativa, pois é por seus meandros que a quase totalidade dos juristas que se propuseram a estudar referida figura jurídica se aventura, ainda que por vezes o simplifiquem a uma mera indicação conceitual dotada de vagueza indesejada.

De modo a não incorrer no equívoco de se construir conceitos rasos e que em nada auxiliam à Ciência do Direito, buscar-se-á adentrar o plano das significações, em relação à eficiência administrativa, sempre tendo em vista os aspectos sintáticos previamente abordados. Ademais, intentar-se-á ser curador dos limites semânticos mínimos que o termo "eficiência administrativa" nos remete no campo jurídico, impondo limitações que impeçam interpretações desarrazoadas. Isso, contudo, não retira a densidade científica que a elaboração semântica a seguir possui; espera-se que manterá, pelo contrário, padrões criteriosamente lógicos e seguros, condizentes com as premissas estabelecidas.

É, pois, com o intento de desvelarmos a ambiguidade e obscuridade que permeia o conteúdo da eficiência administrativa brasileira que passamos agora à semântica dessa figura jurídica.

3.1 Aspecto subjetivo da eficiência administrativa

Na construção da significação normativa, mais precisamente nos planos S2 e S3, é essencial a busca de respostas a uma série de questionamentos, que surgem justamente à medida que o trabalho hermenêutico se aprofunda e servem precisamente para preencher com mais elementos a norma jurídica que se forma.

Dentre as indagações que emergem com a interpretação, uma que ganha destaque, justamente pelo fato de o Direito disciplinar relações humanas intersubjetivas, diz respeito ao aspecto pessoal da norma jurídica a ser construída.

É como discursa Paulo de Barros Carvalho, que de forma coerente enuncia que todo e qualquer "vínculo jurídico voltado a um objeto prestacional apresenta essa composição sintática: liame entre pelo menos dois sujeitos de direito. Tão só pela observação do conteúdo semântico das relações jurídicas é que estas podem ser objeto de distinção".[207]

Tratando-se mais precisamente da norma jurídica ora trabalhada, é aqui que surgem questões como a referente a quem é obrigado a agir de maneira eficiente? A que sujeitos o termo "Administração Pública" se refere? A eficiência é direcionada a quem?

Muito embora possa ser intuitivo que antes de buscar o "quem" seria imperioso conhecer o "o que", é dizer, antes de saber quem deve se comportar de maneira eficiente, dever-se-ia compreender previamente o que vem a ser um comportamento eficiente, a discricionariedade metodológica inerente à presente pesquisa permite essa inversão na apresentação dos elementos da figura administrativa em voga, justamente de modo a conferir o clímax epistemológico desta obra ao conteúdo objetivo da referida norma principiológica que aqui se constrói.

3.1.1 Poderes republicanos e demais entes no exercício da função administrativa

Como adiantado em trechos anteriores, o trabalho hermenêutico pressupõe uma constante revisitação a todos os planos de construção da norma (S1, S2, S3 e S4). Aqui, então, tem-se que retornar ao plano S1 para a verificação dos textos normativos vinculados ao termo "princípio da eficiência", sobressaindo-se, dentro outros, a redação do artigo 37,

---

[207] CARVALHO, Paulo de Barros. *Direito Tributário, Linguagem e Método*. São Paulo: Noeses, 2013, p. 136.

caput, do texto constitucional, que prevê o princípio da eficiência como sendo aplicável à Administração Pública.

O segundo passo a ser tomado é, pois, construir a significação do conteúdo de Administração Pública, realizando, ato contínuo, uma intertextualidade de modo a verificar como se dá a significação do termo para fins de aplicação da eficiência administrativa.

Em conhecida distinção, Maria Sylvia Zanella Di Pietro dispõe que o termo "administração pública"[208] pode assumir definições variadas.[209] Distingue a administrativista paulista que administração pública pode ser utilizada em um sentido subjetivo (formal ou orgânico), no qual se designam os entes que exercem a atividade administrativa, compreendendo pessoas jurídicas, órgãos e agentes públicos encarregados da função administrativa, e em sentido objetivo (material ou funcional), que se refere à natureza da atividade exercida pelos referidos entes, dizendo respeito à própria função administrativa, exercida, predominantemente, pelo Poder Executivo.[210] [211]

Como o que se pretende por ora averiguar é justamente a quem a determinação constitucional da eficiência administrativa é dirigida, já podemos realizar uma redução no conteúdo do termo "Administração Pública" para o primeiro sentido (subjetivo, formal ou orgânico) apresentado pela administrativista invocada (ainda que, conforme se notará, os sentidos se interliguem, sendo interdependentes em certa medida).

---

[208] Diógenes Gasparini (*Direito Administrativo*. 8. ed. São Paulo: Saraiva, 2003, p. 30) utiliza a grafia para distinguir o termo "administração pública" quanto aos sentidos objetivo e subjetivo. Quando se refere ao primeiro, utiliza letras minúsculas; quando diante do segundo, registra o termo se valendo de letra maiúscula. Aqui, adotaremos a mesma distinção dos signos.

[209] A multiplicidade semântica do termo "administração" é sentida por José Cretella Júnior, que explica que o vocábulo se inclui na classe dos termos análogos ou analógicos, que são aqueles que abrigam vários significados, ainda que todos conectados por um ponto de contato em comum. Porém, conclui da mesma forma que Maria Sylvia Zanella Di Pietro, distinguindo entre administração pública em sentido formal e material (*Curso de Direito Administrativo*. 13. ed. Rio de Janeiro: Forense, 1995, p. 17).

[210] DI PIETRO, Maria Sylvia Zanella. *Direito Administrativo*. 30. ed. Rio de Janeiro: Forense, 2017, p. 82.

[211] Não são diferentes as considerações de Joan Manuel Trayer Jiménez, que, analisando o vocábulo "administração", tendo como objeto o ordenamento jurídico espanhol, escreve que *"si el Derecho Administrativo es el derecho de un sujeto, la Administración Pública, habrá que saber qué es para la ciencia jurídica ese término. Puede decirse que, más allá del Derecho, el vocablo Administración puede designar un órgano (un sujeto) o una actividad (la de administrar). [...] De esa definición podemos distinguir la Administración desde dos puntos de vista: subjetivo, por los sujetos que la integran, y objetivo, por la función que realizan"* (*Derecho administrativo*: parte general. Barcelona: Atelier, 2013, p. 40).

Essa conclusão, qual seja, de que o termo "Administração Pública" concerne ao aspecto subjetivo, pode ser notada ainda pelos adjetivos "direta" e "indireta" integrados ao termo "Administração Pública" constante no cabeçalho do artigo em tela.

Administração Pública direta e indireta remete à análise dos textos constantes do Decreto-Lei nº 200/1967 – prévio ao texto constitucional –, que traz uma definição legislativa das expressões em seu artigo 4º, expondo no inciso I que a Administração Direta "se constitui dos serviços integrados na estrutura administrativa da Presidência da República e dos Ministérios" e no inciso II que a Administração Indireta compreende as categorias de entidades, dotadas de personalidade jurídica própria, quais sejam, Autarquias, Fundações, Empresas Públicas e Sociedades de Economia Mista.[212]

Tem-se, então, que a Administração Pública direta engloba "todos os órgãos das pessoas jurídicas políticas (União, Estados, Municípios e Distrito Federal) encarregados do exercício da função administrativa",[213] enquanto a Administração indireta é composta pelos entes indicados no artigo 4º, inciso II, do Decreto-Lei nº 200/1967 (Autarquias, Fundações, Empresas Públicas e Sociedades de Economia Mista).

Em um primeiro instante (que será complementado no item subsequente) se arremata, pois, que a eficiência administrativa se direciona a todos os agentes e órgãos integrantes das pessoas jurídicas políticas, bem como às pessoas jurídicas descentralizadas da chamada Administração Indireta (entidades), que exerçam função administrativa.

Alguns pontos demandam maior realce.

O primeiro deles repousa no mister em se destacar que o aspecto nuclear para se identificar um dos sujeitos da norma jurídica da eficiência administrativa é justamente o exercício da função administrativa.[214]

---

[212] Desde 2005, com o advento da Lei nº 11.107, pode-se acrescentar ao rol de entidades da Administração Indireta a novel figura das associações públicas (artigo 41 do Código Civil), consoante se extrai do artigo 6º, inciso I e §1º da indigitada lei. Contudo, há quem enxergue que as associações públicas constituem uma espécie do já conhecido gênero das autarquias (CARVALHO FILHO, José dos Santos. *Manual de Direito Administrativo*. 23. ed. Rio de Janeiro: Lumen Juris, 2010, p. 250).

[213] ROCHA, Sílvio Luís Ferreira da. *Manual de Direito Administrativo*. São Paulo: Malheiros, 2013, p. 118.

[214] Renato Alessi define a função administrativa de maneira ampla como sendo "*quella che implica una concreta attività, un'azione positiva, diretta, tra l'altro, alla tutela della sicurezza e dell'ordine del gruppo sociale; alla integrazione della attività individuale ove questa si riveli come insufficiente al suo compito che sia di interesse collettivo; alla prestazione di beni e di servizi necessari onde assicurare la conservazione, il benessere ed il progresso della collettività*" (*Diritto amministrativo*. Milano: Dott A. Giuffrè, 1950, p. 5).

Dita função estatal, que se encontra ao lado das demais funções classicamente formuladas por Montesquieu,[215] como a jurisdicional e a legislativa,[216] pode ser compreendida sob diferentes perspectivas. Em uma visão, pode-se distinguir a função administrativa sob um aspecto a) objetivo, material ou substancial ou b) subjetivo ou orgânico. No primeiro, a função administrativa leva em conta a natureza jurídica interna da atividade desenvolvida, independente de quem a praticou, ao passo que o segundo somente considera como administrativa a função exercida pelo Poder Executivo ou os órgãos dele dependentes.[217]

Apresentando uma divisão parecida, Celso Antônio Bandeira de Mello sintetiza os critérios[218] até então utilizados para caracterizar as funções do Estado, repartindo-os em: a) critério orgânico ou subjetivo; b) critério objetivo, que se desmembra em b1) critério objetivo material ou substancial e b2) critério objetivo formal. O primeiro deles (subjetivo ou orgânico) identificaria a função ao órgão que a exerce, ou seja, as funções executivas ou administrativas seriam aquelas que fossem exercidas por órgãos do Poder Executivo. O critério objetivo material, por seu turno, busca reconhecer a função por meio de seus elementos intrínsecos, que sejam da natureza da própria tipologia. Por último, o critério objetivo formal, adotado por aquele doutrinador,

---

[215] "Estaria tudo perdido se um mesmo homem, ou um mesmo corpo de principais ou de nobres, ou do Povo, exercesse estes três poderes: o de fazer as leis; o de executar as resoluções públicas; e o de julgar os crimes ou demandas dos particulares" (MONTESQUIEU, Charles de Secondat, Baron de. *O espírito das leis*. Tradução de Cristina Murachco. São Paulo: Martins Fontes, 2000, p. 165).

[216] Não é novidade que a concepção das funções essenciais do Estado, como assumindo a natureza tripartida, seguindo a estrutura básica proposta por Montesquieu, não é questão inconteste. Ademais da aparição de outros estudos levantando novas funções, como a política ou de governo, atribuindo uma função fiscalizadora ao Poder Legislativo como lhe sendo típica ou mesmo a existência de novos atores no constitucionalismo moderno que desafiam essa singela divisão em três, há também os que reduzem as funções estatais em um menor número, a exemplo do que faz Oswaldo Aranha Bandeira de Mello (*Princípios gerais de Direito Administrativo*. VI. 3. ed. São Paulo: Malheiros, 2010, p. 50), para quem haveria somente a função jurisdicional e a administrativa (compreendendo as funções executiva e legislativa). Não obstante, lidaremos no texto com a concepção clássica mais bem difundida, sem prejuízo de aceitarmos a existência de novas funções estatais.

[217] MARIENHOFF, Miguel S.; BASAVILBASO, Benjamin Villegas. *Tratado de derecho administrativo*. Buenos Aires: Abeledo-Perrot, 1970, t. I, p. 55.

[218] É possível acrescentar a essa divisão o critério conhecido como negativo ou residual. Sobre este, Adolf Merkl depõe que atividade administrativa seria o resultado de uma subtração, na qual se consideram todas as atividades do Estado, excluindo-se as de legislação e justiça (função jurisdicional). Também trabalha ele, com uma variação dessa vertente residual, no sentido de que essa atividade seria aquela exercida somente pelos órgãos executivos vinculados por relações de hierarquia e subordinação (*Teoria general del derecho administrativo*. Tradução de José Luis Monereo Peréz. Granada: Comares, 2004, p. 10; 49).

vincular-se-ia às características "do direito", extraíveis do tratamento normativo correspondente, independente de semelhanças materiais entre as atividades.[219]

As críticas do administrativista paulista em relação aos critérios que não sejam o objetivo formal dizem respeito ao fato de, em relação ao orgânico ou subjetivo, não haver uma correspondência exata entre o sujeito que exerce a função e seu conteúdo, como pretende essa análise. Também refuta o critério objetivo material por entender que os elementos da função devem ser extraídos da própria ordem jurídica e não de seus valores intrínsecos.[220]

Vemo-nos forçados a concordar com a sobredita consideração. Em uma análise que se pretenda jurídica, tendo por objeto o sistema do Direito positivo, a apuração do que se entende por função administrativa merece ser realizada, em um sentido lógico-semântico, analisando-se justamente suas feições exteriores, mas que se encontram presentes dentro do próprio ordenamento.

Podemos intentar, então, apresentar algumas características da função administrativa que lhe são próprias, justamente por ser analisada sob a perspectiva jurídica: i) trata-se de uma função a ser exercida com um propósito muito claro, qual seja, a busca do bem comum[221] ou interesse público[222] (sobre o interesse público como finalidade estatal, *vide* item 3.2.3). Enquanto aos sujeitos privados é permitido almejar seus objetivos de cunho particular, muitas vezes egoísticos, o mesmo não cabe ao Estado no exercício da função de que ora se trata; ii) ademais, com fundamental importância, é exercida em um regime essencialmente – mas não necessariamente de sorte exclusiva – de Direito

---

[219] BANDEIRA DE MELLO, Celso Antônio. *Curso de Direito Administrativo*. 33. ed. São Paulo: Malheiros, 2017, p. 32-36.

[220] BANDEIRA DE MELLO, Celso Antônio. *Curso de Direito Administrativo*. 33. ed. São Paulo: Malheiros, 2017, p. 32-36.

[221] CASSAGNE, Juan Carlos. *Derecho administrativo*. 6. ed. Buenos Aires: Abeledo-Perrot, 1998, p. 82.

[222] Precisa conceituação de interesse público é encontrada na obra de Clovis Beznos: "Caracteriza-se o interesse público pela interação Estado-coletividade-indivíduo, na persecução dos valores elencados como prevalentes, pelo Ordenamento Jurídico, aferíveis em dado segmento da realidade, que coloque em contraste interesses que se contraponham. Assim, interesse público é a síntese de interesses, compreendidos estes como valores jurisdicizados, da coletividade, organizada e submetida a um regramento jurídico, com afetação direta ao Estado-poder, que genericamente o titulariza" (*Ação popular e ação civil pública*. São Paulo: Revista dos Tribunais, 1989, p. 14).

Público,[223] o que lhe confere justamente a identidade objetiva formal; iii) não depende de provocação (aspecto típico da função jurisdicional), podendo/devendo ser exercida de ofício, sem prejuízo de casos nos quais também seja desempenhada mediante estímulo de terceiros; iv) para alguns, apresenta como traço a parcialidade, no sentido de que o Estado permanece como parte no seu exercício;[224] v) possui um caráter de complementariedade em relação à lei e, algumas vezes, no que concerne diretamente à própria Constituição; vi) está sujeita a controle, seja interno, seja externo, inclusive pelo Poder Judiciário.[225]

Logo, função administrativa é aquela na qual o Estado, atuando como parte, em um regime essencialmente de Direito Público, pratica atos, de ofício ou mediante provocação, de modo a dar concretude às leis e também à Constituição, estando constantemente sujeita a diversas formas de controle, sempre visando ao alcance primeiro e último do interesse público.

Prosseguindo no estudo da feição subjetiva da norma em tela, outro aspecto essencial é que o termo "Administração Pública", indicativo dos receptores do mandamento constitucional ao cumprimento da eficiência administrativa, sob o modal deôntico do "obrigado", somente atinge os sujeitos no exercício da função administrativa (conforme compreensão do sentido subjetivo do termo, Administração Pública concerne aos sujeitos que exercem atividade ou função administrativa).

O que se quer dizer é que os Poderes republicanos do Judiciário e Legislativo, no exercício de suas funções típicas (jurisdicional e legislativa, respectivamente), não se encontrariam imediatamente abarcados pelo vocábulo "Administração Pública" do artigo 37 da Constituição.

Dessa primeira conclusão surge a indagação natural e esperada: os sujeitos que exercem a função jurisdicional não necessitam ser eficientes quando do seu exercício? Tampouco a função legislativa?

---

[223] *"Pero, no obstante que el bien común también puede alcanzarse a través de formas y regímenes jurídicos reglados por el derecho privado deben excluirse de la noción de función administrativa en sentido material todas aquellas actividades típicamente privadas, especialmente la actividad industrial y la comercial. Ello no es óbice para admitir la existencia, en tales casos, de actos de régimen jurídico entremezclado, que no trasuntan plenamente el ejercicio de la función materialmente administrativa"* (CASSAGNE, Juan Carlos. *Derecho administrativo*. 6. ed. Buenos Aires: Abeledo-Perrot, 1998, p. 82).

[224] ROCHA, Sílvio Luís Ferreira da. *Manual de Direito Administrativo*. São Paulo: Malheiros, 2013, p. 48.

[225] BANDEIRA DE MELLO, Celso Antônio. *Curso de Direito Administrativo*. 33. ed. São Paulo: Malheiros, 2017, p. 36.

Ou ainda, para quem entenda haver uma quarta função, a política ou de governo, também não seria a eficiência a ela aplicável? É necessário distinguir dois aspectos para elucidar as questões.

Os órgãos do Poder Judiciário e Legislativo, quando do exercício de suas competências constitucionais típicas, são atingidos pelo enunciado constitucional em voga de maneira indireta.

Diz-se de maneira indireta pois, como acima adiantado, a eficiência administrativa não lhes é primordialmente direcionada (no exercício de suas funções típicas), não estando como um dos sujeitos da relação jurídica estabelecida pela norma. No entanto, por se tratar o texto constitucional do ápice normativo do Direito brasileiro, não podem os citados órgãos desafiarem a norma construída por intermédio do enunciado constitucional, sob pena de praticarem atos inválidos.

Dessa sorte, compete ao Poder Judiciário averiguar, no exercício da função jurisdicional, quando provocado, se o princípio da eficiência administrativa está sendo respeitado pela Administração Pública.

Quanto ao Poder Legislativo, além de ter entre suas funções típicas a fiscalização (função muitas vezes olvidada pelos juristas), na qual o cumprimento da eficiência pela Administração também merece análise, na função legislativa lhe é interditado legislar em desacordo aos princípios contidos no artigo 37, dentre eles o da eficiência administrativa.

Com análoga percepção, ainda que posteriormente fazendo uma amplitude maior que a desta tese, Onofre Alves Batista Júnior acolhe a ideia de que "todos os agentes públicos, sejam do Executivo, do Legislativo ou do Judiciário, têm o poder-dever de buscar a satisfação do bem comum. A propósito, o PE (*princípio da eficiência*), como norma, se destina a todos os sujeitos do ordenamento jurídico". E ainda que "a sua imperatividade, obviamente, se dirige contra todos".[226]

Por se tratar a previsão da eficiência administrativa de enunciado prescritivo de assento constitucional, na linha argumentativa pela qual se guia este trabalho, salutares são as palavras de Celso Antônio Bandeira de Mello ao tratar da eficácia mínima de todas as normas constitucionais, inclusive as programáticas ou de eficácia limitada, dispondo que todos os Poderes são conduzidos pelo texto constitucional e as normas decorrentes:

---

[226] BATISTA JÚNIOR, Onofre Alves. *Princípio constitucional da eficiência administrativa*. 2. ed. Belo Horizonte: Fórum, 2012, p. 256.

Sem embargo, tais regras não são irrelevantes. Assim, desde logo, permitem deduzir imediatamente que é proibida a edição de normas ou a prática de comportamentos antagônicos ao disposto no preceptivo, pois seriam inconstitucionais. Permitem ainda concluir que, por força de seus enunciados, a Administração, ao agir, terá de comportar-se em sintonia com as diretrizes destes preceitos e o Judiciário, ao decidir sobre qualquer relação jurídica, haverá de ter presentes estes vetores constitucionais como fator de inteligência e interpretação da relação jurídica *sub judice*.[227]

Com a interpretação a *contrario sensu* do que se disse, tem-se que, se no exercício das funções típicas jurisdicionais e legislativas não caberia a vinculação direta da eficiência administrativa aos órgãos do Poder Judiciário e Legislativo, deve-se lembrar de que esses órgãos também exercem função administrativa de forma atípica,[228] ocasião na qual a figura jurídica ora estudada terá aplicabilidade plena. Seria justamente nesse nicho (exercício da função administrativa de maneira atípica) que se aplica a parte do enunciado do *caput* do artigo 37 da Constituição, que indica justamente a Administração direta e indireta de "qualquer dos Poderes".

Cumpre indicar que os órgãos do Ministério Público e Tribunais de Contas[229] não se encontram nessa mesma situação dos Poderes Legislativo e Judiciário, uma vez que ambos exercem tipicamente a função administrativa (logo, a norma da eficiência administrativa lhes vincula diretamente).

---

[227] BANDEIRA DE MELLO, Celso Antônio. *Eficácia das normas constitucionais e direitos sociais*. São Paulo: Malheiros, 2015, p. 25.

[228] "*En el orden de la realidad lo que acontece es que cada uno de los órganos entre los que se distribuye el poder estatal tiene asignada, como competencia predominante, una de las funciones señaladas sin que ello obste a la acumulación (en forma entremezclada) de funciones materialmente distintas (v.gr., el Órgano Ejecutivo acumula a la actividad administrativa en sentido material, la actividad reglamentaria, que materialmente es legislativa*" (CASSAGNE, Juan Carlos. *Derecho administrativo*. 6. ed. Buenos Aires: Abeledo-Perrot, 1998, p. 79).

[229] Interessante a análise realizada por Marçal Justen Filho, que, enxergando total relevância nas instituições do Ministério Público e do Tribunal de Contas no Brasil, com delineamento, autonomia e competências constitucionais próprias, vislumbra que seriam Poderes autônomos, ao lado do Judiciário, Executivo e Legislativo (*Curso de Direito Administrativo*. 8. ed. Belo Horizonte: Fórum, 2012b, p. 92). A despeito dessa colocação, entende-se que o texto constitucional vigente torna essa compreensão inviável, porquanto o artigo 2º é indubitável ao prescrever que "são Poderes da União, independentes e harmônicos entre si, o Legislativo, o Executivo e o Judiciário". Portanto, com a atual redação da Constituição de 1988, a opção pela existência de só três Poderes (sem prejuízo de um tratamento diferenciado conferido às figuras do *Parquet* e das Cortes de Contas), com a exclusão de qualquer outro, mostra-se evidente.

De fato, conforme aponta Ricardo Marcondes Martins, a redação do artigo 2º da Constituição brasileira indica a utilização da teoria da separação dos Poderes de Montesquieu, sendo que todas as funções estatais se referem a uma das três funções clássicas (administrativa, legislativa e jurisdicional).[230] Logo, as funções exercidas pelo Ministério Público e Tribunal de Contas, na ordem jurídica brasileira, devem se enquadrar em alguma das três. Tendo em vista que esses órgãos não exercem atividades de julgamento com caráter de definitividade (função jurisdicional[231]), nem inovam no ordenamento jurídico com atos normativos primários (função legislativa), por certo que suas condutas se adequam ao exercício da função administrativa.[232]

O segundo aspecto a ser esclarecido diz respeito à verificação se a eficiência administrativa incidiria, ela mesma diretamente, no próprio exercício das funções típicas daqueles órgãos e não somente como parâmetro de controle em relação à Administração Pública.

A resposta a esse questionamento, seguindo as linhas traçadas até então, deve ser negativa, com exceção da função fiscalizatória do

---

[230] MARTINS, Ricardo Marcondes. *Efeitos dos vícios do ato administrativo*. São Paulo: Malheiros, 2008, p. 42.

[231] Há autores que encaram o exercício da competência constitucional prevista no artigo 71, inciso II, do texto constitucional como representante do exercício atípico da função jurisdicional. Nessa trilha, Jorge Ulisses Jacob Fernandes sustenta que "no atual modelo constitucional positivo, ficou indelevelmente definido o exercício de função jurisdicional pelos Tribunais de Contas" (*Tribunal de Contas do Brasil*: jurisdição e competência. 2. ed. Belo Horizonte: Fórum, 2008, p. 147). Entretanto, na maneira pela qual se defende nesta obra, a atuação das Cortes de Contas com base no artigo 71, inciso II, não tem a aptidão de produzir a chamada "coisa julgada", não possuindo, pois, o atributo da definitividade, ínsita da função jurisdicional.

[232] Existem aqueles que defendem a existência de uma função própria de controle externo (que seria a desempenhada pelo Tribunal de Contas), ao lado das demais funções clássicas. Essa atividade seria específica e autônoma, conformada por competências constitucionais próprias com a finalidade de proteger o erário e garantir a boa administração (HELLER, Gabriel; SOUSA, Guilherme Carvalho e. Função de controle externo e função administrativa: separação e colaboração na Constituição de 1988. *Revista de Direito Administrativo*, v. 278, n. 2, 2019, p. 91-92). Apesar dessas considerações, entendemos que, "embora se possa falar em uma função de controle, com traços próprios, ela é, em realidade, uma das manifestações da função administrativa. É dizer, dentro da função administrativa encontram-se diversas atividades (prestação de serviços públicos, exercício do poder de polícia, atividade de fomento etc.), dentre as quais a de controle da Administração Pública. Embora cada uma dessas atividades tenha suas características e processos próprios, todas se subsumem ao enquadramento da função administrativa, não havendo, portanto, uma atividade própria e autônoma de controle" (CABRAL, Flávio Garcia; SARAI, Leandro. *Manual de Direito Administrativo*. 2. ed. Leme: Mizuno, 2023, p. 100-101).

Poder Legislativo,[233] que é essencialmente faceta da atividade administrativa.

A norma jurídica referível ao princípio da eficiência administrativa é aquela diretamente voltada aos sujeitos que exercem a função administrativa, podendo tal conclusão ser extraída dos termos utilizados (Administração Pública direta e indireta), bem como pela intertextualidade sintática com os demais enunciados constitucionais (e sua estrutura) e legais.

Com isso não se quer afirmar que a atuação dos órgãos em tela deva ser ineficiente (em uma significação linguística oriunda da própria linguagem comum). É possível sim construir normas jurídicas que também preguem uma eficiência jurisdicional[234] e legislativa ou ainda uma eficiência mais ampla, tida como "estatal", além da possibilidade da verificação da existência de princípios que possam ser em determinadas hipóteses correlatos ao da eficiência administrativa, como o da celeridade, por exemplo, direcionado também para a atuação jurisdicional.

O que se defende, porém, é que a norma administrativa ora estudada, a da eficiência (adjetivada de) administrativa,[235] limita-se aos sujeitos que e quando exerçam a função administrativa, sem prejuízo da existência de princípios análogos voltados à atuação das demais funções estatais (os quais, por certo, tendo plena consciência dos limites deste livro, não serão investigados no presente momento).

---

[233] Sobre o enquadramento da função fiscalizatória ou de controle, Ricardo Marcondes Martins se manifesta no mesmo sentido ora sustentado, para quem ela não pode ser considerada uma quarta função estatal, em especial por força do artigo 2º da Constituição Federal, tampouco se enquadra como função legislativa, por não realizar ponderações em abstrato, nem mesmo função jurisdicional, já que as decisões de controle por órgãos como o Tribunal de Contas podem ser revistas, em certos aspectos, pelo Poder Judiciário. Logo, só resta caracterizar a função de controle como sendo função administrativa (*Efeitos dos vícios do ato administrativo*. São Paulo: Malheiros, 2008, p. 371).

[234] Fredie Didier Jr., por exemplo, esclarece que como norma processual, aplicada aos processos judiciais, haveria uma eficiência oriunda do devido processo legal e, agora expressamente, prevista no artigo 8º do novo Código de Processo Civil (*Curso de Processo Civil*: introdução ao Direito Processual Civil, parte geral e processo de conhecimento. 20. ed. Salvador: JusPodivm, 2018, p. 128).

[235] A clarificação sobre o objeto de estudo é mais do que fundamental para que não se dê a falsa impressão de que se está falando menos ou mais sobre o que se deveria. De fato, há quem prefira abordar a eficiência em um sentido mais amplo, chegando a optar, justamente para diferenciar, pelo termo "eficiência de Estado", por possuir o inoponível entendimento, compatível com o que aqui se diz, de que "não se pode acreditar que somente nas funções administrativas o Estado precisaria ser eficiente" (GABARDO, Emerson. *Princípio constitucional da eficiência*. São Paulo: Dialética, 2002, p. 18). Contudo, insista-se, com um corte epistemológico mais profundo, optamos por discorrer somente acerca da eficiência administrativa.

3.1.2 Pessoas de Direito Privado

Ultrapassada essa primeira questão, outra se sobreleva: seria o princípio da eficiência administrativa norma jurídica voltada somente aos entes que exerçam função administrativa, mas que necessariamente pertençam formalmente à Administração Pública, compreendida como estrutura burocrática estatal? O que dizer sobre as pessoas jurídicas de Direito Privado que atuam em nome do Estado por delegação (concessionários e permissionários, por exemplo) ou mesmo em um regime de colaboração (pessoas de Direito Privado sem fins lucrativos, a exemplo das organizações sociais e OSCIPs)?

Pelo enunciado prescritivo do artigo 37, *caput*, da Constituição (S1), viu-se que o princípio da eficiência é direcionado diretamente aos sujeitos componentes da Administração Pública direta e indireta, sendo difícil uma liberação das amarras semânticas mínimas, as quais, caso estudadas isoladamente, não permitiriam enquadrar pessoas jurídicas de Direito Privado no conteúdo daqueles termos (fora as pertencentes, por disposição legal, à Administração Pública indireta, como as Empresas Públicas e Sociedades de Economia Mista).

Mais uma vez se faz necessária a retomada ao material bruto, realizando uma intertextualidade hermenêutica, de modo a vislumbrar outros enunciados prescritivos atinentes à eficiência administrativa (porém, sem se olvidar que a interpretação normativa de enunciados infraconstitucionais deve sempre ser realizada tendo em vista o texto constitucional).

Em relação às concessionárias e permissionárias, tem-se como enunciado normativo a elas aplicável o artigo 6º, §1º, da Lei nº 8.987/1995, já invocado anteriormente, que prevê que o serviço público por elas desempenhado deverá ser adequado, entendido como, dentre outras determinações, aquele que seja eficiente. Outrossim, apura-se o enunciado da Lei nº 9.074/1995, artigo 3º, III, que prescreve o aumento da eficiência das concessionárias, ou ainda o artigo 4º, I, da Lei nº 11.079/2004, que contém determinações de uma atuação eficiente às concessionárias nas parcerias público-privadas. Além disso, soma-se a igual previsão infraconstitucional da Lei nº 8.078/1990, que em seu artigo 22 determina que os serviços públicos por elas prestados devem ser eficientes.

No que tange às pessoas de Direito Privado sem fins lucrativos que atuam em colaboração com o Estado, de igual maneira se encontram as prescrições dos artigos 5º da Lei nº 13.019/2014 (conhecida como o marco regulatório das organizações da sociedade civil) e 4º, inciso I, da Lei nº 9.790/1999 (lei que versa sobre as Organizações da Sociedade Civil de Interesse Público), que expressamente apontam a observância ao princípio da eficiência.

Em epítome, no tocante às principais figuras regidas por um regime jurídico essencialmente de Direito Privado (ainda que derrogado parcialmente por normas de Direito Público), há enunciados normativos infraconstitucionais (S1) diversos que permitem, em cooperação com o artigo 37, *caput*, da CF, a construção da norma jurídica (S2 e S3) da eficiência administrativa a elas também aplicável diretamente, em particular por estarem desempenhando atividade administrativa.

3.1.3 Agentes públicos

Vital discorrer ainda sobre o direcionamento da norma às pessoas físicas que atuam em nome do Estado. Sendo este uma pessoa jurídica (pessoa moral ou ente coletivo), criação jurígena sem vontade anímica, é necessário que os atos a serem praticados em seu nome sejam desempenhados por pessoas físicas, entrando em cena a conhecida figura dos agentes públicos.

Ao determinar que a Administração Pública deva se conduzir de maneira eficiente, o comando prescritivo sob análise está direcionado, tendo em vista a significação construída daquele termo, tanto às pessoas jurídicas que a integram, como também a seus agentes públicos. A bem da verdade, a relevância normativa dos agentes públicos é ainda maior, uma vez que, como verificado, as pessoas jurídicas e órgãos da Administração Pública agem por intermédio das condutas de seus agentes.[236]

A atuação dos agentes públicos necessita ser eficiente do ponto de vista individual, ou seja, considerando-se as atribuições legais atinentes a cada ocupante de cargo, emprego ou função pública, bem como analisado em uma estrutura coletiva, é dizer, a forma como cada

---

[236] Ao trabalhar sobre o conceito de órgãos públicos, Celso Antônio Bandeira de Mello constrói interessante passagem que se adequa ao que aqui se defende, ao dizer que os órgãos, "por se tratar, tal como o próprio Estado, de entidades reais, porém abstratas (seres de razão), não têm nem vontade nem ação, no sentido de vida psíquica ou anímica próprias, que, estas, só os seres biológicos podem possuí-las. [...] Então, para que tais atribuições se concretizem e ingressem no mundo natural, necessário o concurso de seres físicos, prepostos à condição de agentes" (*Curso de Direito Administrativo*. 33. ed. São Paulo: Malheiros, 2017, p. 144).

comportamento individual é delineado deve coincidir com uma atuação conjuntamente estruturada – e não necessariamente como o mero somatório das condutas individualmente consideradas –, alcançando uma eficiência atinente à pessoa jurídica e/ou órgão ao qual os agentes estejam subordinados.

Pertinente transcrever neste ponto a conclusão de Maria Sylvia Zanella Di Pietro, para quem a eficiência assume uma dualidade de aspectos (o da organização da Administração e da atuação dos agentes públicos):[237]

> O princípio da eficiência apresenta, na realidade, dois aspectos: pode ser considerado em relação ao modo de atuação do agente público, do qual se espera o melhor desempenho possível de suas atribuições, para lograr os melhores resultados; e em relação ao modo de organizar, estruturar, disciplinar a Administração Pública, também com o mesmo objetivo de alcançar os melhores resultados na prestação do serviço público.[238]

Ademais dessa perspectiva da eficiência administrativa direcionada tanto para a conduta do agente público, como para a estruturação e organização das entidades e órgãos da Administração Pública, também é possível vislumbrar a eficiência sob outro ponto de vista, ainda que próximo desse já apresentado.

A exigência de uma atuação eficiente é fixada tanto na conduta dos agentes públicos na disciplina interna[239] da Administração Pública, sendo aquela que tem por finalidade atribuições administrativas

---

[237] Sinônimas as conclusões de José Roldán Xopa, ainda que em análise primordial ao ordenamento jurídico mexicano: "*En cuanto a la eficiencia en la función administrativa, debe atenderse, por un lado, a que el significado jurídico, mejor dicho, los significados, son atribuidos a cierto tipo de funciones de los órganos administrativos [...] a manera de cometidos, funciones orientadas para conseguir fines sociales, estados de cosas; por otro, se refiere a que las conductas de los servidores públicos sean eficientes, esto es, idóneas para conseguir la eficiencia como objetivo. Tendríamos pues dos sujetos de distinto carácter: el órgano (el Estado) y el servidor público y dos referentes de la eficiencia: función/conducta y estado de cosas*" (Eficiencia y derecho administrativo. In: CABALLERO JUÁREZ, José Antonio et al. (Coord.). *Sociología del derecho. Culturas y sistemas jurídicos comparados*: Regulación, cultura jurídica, multiculturalismo, pluralismo jurídico y derechos humanos. México: UNAM, 2010. 2 v, p. 61).

[238] DI PIETRO, Maria Sylvia Zanella. *Direito Administrativo*. 30. ed. Rio de Janeiro: Forense, 2017, p. 114.

[239] Em sintonia com a argumentação esposada nesta tese, Onofre Alves Batista Júnior sustenta o referencial da eficiência administrativa no âmbito interno da Administração Pública, explicando que esse aspecto interno se refere às "regras jurídicas para o âmbito interno da organização da qual promanam. Manifestam-se, em geral, por meio de instruções de serviço, circulares, despachos normativos etc., e derivam do próprio poder de auto organização dos órgãos, entidades ou unidades que compõem a AP, de forma geral, ou da própria AP

rotineiras, voltadas ao funcionamento da máquina estatal, que não afetam direta e imediatamente o público externo (menciona-se, por exemplo, a expedição de memorandos entre agentes públicos lotados no mesmo órgão público), como também é direcionada ao comportamento dos agentes públicos em relação aos próprios administrados, nas relações externas (ilustrativamente, pense-se na prestação de serviços públicos).

Por certo que a eficiência pensada ao agente público no plano interno afeta, ainda que reflexamente, a eficiência no plano externo.[240] Somente com uma organização interna e cada agente público exercendo suas funções no âmago dos órgãos públicos eficientemente é que será possível oferecer aos administrados atuações de igual sorte eficientes.

Há, por evidente, uma imbricada relação entre o funcionamento interno da Administração Pública e o que esta oferece externamente, sendo que a eficiência da segunda pressupõe a da primeira.

3.1.4 Administrados

Agir de maneira eficiente, como já atentado, é determinação constitucional voltada a todos aqueles que exercem a função administrativa. Porém, ainda sob essa perspectiva subjetiva, válido trabalhar a respeito de quem é atingido pelas condutas eficientes exigidas da Administração Pública (um sujeito deve agir de maneira eficiente em benefício de outro(s) sujeito(s)), já que o Direito versa sobre relações intersubjetivas, e não intrasubjetivas.

Ainda sem adentrar precisamente o conteúdo objetivo do princípio da eficiência administrativa, o que está reservado para o próximo item, já se pode indicar, tendo em vista a conclusão tomada de que é a Administração Pública que deve agir de maneira eficiente, que o fim (mediato ou imediato) almejado com a eficiência administrativa será invariavelmente o interesse público.

Tal assertiva encontra lugar nas conclusões de Alice Gonzalez Borges, para quem "a função administrativa está irremediavelmente

---

tomada individualmente" (*Princípio constitucional da eficiência administrativa*. 2. ed. Belo Horizonte: Fórum, 2012, p. 341).

[240] Pertinentes as considerações de Maurício Zockun, que, de modo análogo ao aqui ilustrado, expõe que existe o dever do atendimento ao princípio da eficiência tanto nas atividades-meio do Estado, como em suas atividades-fim (A participação popular como forma de atendimento ao princípio da eficiência no Direito Administrativo brasileiro. *Revista Internacional de Direito Público – RIDP*, Belo Horizonte, a. 1, n. 1, jul./dez. 2015, p. 131).

vinculada a uma finalidade de interesse público, do qual é ancila e serviente".[241]

A busca pelo interesse público é o propósito inafastável da Administração Pública e assim deve sempre continuar a ser. Igual pontuação é lançada por Edson Luís Kossmann, ao entender que "a eficiência da Administração Pública precisa ser compreendida sob os princípios da supremacia e indisponibilidade do interesse público, imprescindível, portanto, que a interpretação se faça sob a ótica do interesse público e não do mercado".[242]

Apercebe-se, portanto, que, ao passo em que a Administração Pública (entendida nos termos explanados anteriormente) tem o dever de atuar de maneira eficiente, surge aos administrados[243] o direito ao recebimento de atendimento/prestações eficientes. Para toda atividade desenvolvida pela Administração Pública ou quem lhe faça as vezes, que afete diretamente a vivência dos administrados, há para estes um direito subjetivo[244] a que tais condutas estatais sejam desempenhadas de maneira eficiente.[245]

Dita conclusão remete invariavelmente à consideração de que o fim almejado pela Administração Pública é o interesse público. Dessa ideia temos que os indivíduos possuem direito subjetivo à defesa de interesses consagrados em normas emitidas para a instauração de interesses propriamente públicos, nas situações em que o descumprimento pelo Estado ocasione ônus ou gravames suportados por cada

---

[241] BORGES, Alice Gonzalez. Supremacia do interesse público: desconstrução ou reconstrução? *Revista Eletrônica de Direito Administrativo Econômico (REDAE)*, Salvador, Instituto Brasileiro de Direito Público, n. 26, maio/jun./jul. 2011. Disponível em: http://www.direitodoestado. com/revista/REDAE-26- MAIO-2011-ALICE-BORGES.pdf. Acesso em: 02 jan. 2015.

[242] KOSSMANN, Edson Luís. *A constitucionalização do princípio da eficiência na Administração Pública*. Porto Alegre: Sergio Antonio Fabris, 2015, p. 86.

[243] "El término 'administrado' identifica a cualquier persona física o jurídica considerada desde su posición respecto a la administración, sea como sujeto activo o pasivo en la relación jurídica" (ROTONDO TORNARÍA, Felipe. *Manual de derecho administrativo*. 8. ed. Montevideo: Tradinco, 2014, p. 84).

[244] Em sentido contrário, Onofre Alves Batista Júnior proclama: "A necessidade de eficiência no desenvolvimento da função pública impõe-se ao sujeito agente como necessidade direta, exclusivamente à satisfação do bem comum, sem atribuir quaisquer direitos com relação aos eventuais interesses particularizados dos administrados, isto é, não faz surgir um direito subjetivo público dos administrados [...]" (*Princípio constitucional da eficiência administrativa*. 2. ed. Belo Horizonte: Fórum, 2012, p. 430).

[245] Não é diferente a conclusão a que chega Vladmir França (Eficiência administrativa na Constituição Federal. *Revista de Direito Administrativo – RDA*, Rio de Janeiro, v. 220, abr./jun. 2000, p. 177), ao firmar que "a admissibilidade de um direito subjetivo à eficiência administrativa fica cada vez mais inequívoca".

um individualmente. O mesmo ocorre quando, ademais de a violação atingir um indivíduo isolado, também o faz, conatural e conjuntamente, em relação a uma generalidade de indivíduos ou uma categoria deles.[246]

A análise demonstra que a perspectiva jurídica do administrado (na qualidade de possuidor de um direito) revela a outra face do dever da Administração Pública de agir de maneira eficiente, isto é, "esta situação, designada como 'direito' ou 'pretensão' de um indivíduo, não é, porém, outra coisa senão o dever do outro ou dos outros".[247]

A verificação do surgimento de direitos públicos subjetivos aos administrados, quando diante do dever de atuação eficiente pela Administração Pública, pode ser encarada sob dois prismas tratados por Eduardo García de Enterría e Tomás-Ramón Fernández acerca desses direitos. Para os autores espanhóis, podem-se atualmente encarar os direitos subjetivos, sob uma primeira perspectiva, como sendo concernentes a prestações patrimoniais, de respeito à titularidade jurídico-real, de atos procedentes da própria Administração ou ainda que digam respeito a uma esfera de liberdade formalmente definida (a isso denominam direitos subjetivos típicos ou ativos). Sob um diferente enfoque, os direitos subjetivos seriam aqueles originários da perturbação na esfera vital de interesses por uma atuação administrativa ilegal (direitos subjetivos reacionais ou impugnatórios).[248]

Destarte, nessa visão acerca dos direitos subjetivos, não exclusiva de outras porventura existentes, temos que surge um direito subjetivo ao administrado quando a atuação (in)eficiente da Administração envolver diretamente questões patrimoniais daqueles, decorrer dos próprios atos administrativos praticados ou, ainda, com mais destaque, puder interferir na esfera de determinadas liberdades públicas. Além disso, tem-se ainda o emergir de um direito subjetivo pelo só fato do não cumprimento da determinação constitucional da eficiência administrativa, porquanto não obedecer ao mandamento constitucional configura gravíssima – talvez a maior dentre todas – violação à legalidade, sendo certo que a imposição do atendimento à lei pela Administração constitui não um aparato esvaziado de propósito, mas sim, nos dizeres de

---

[246] BANDEIRA DE MELLO, Celso Antônio. *Curso de Direito Administrativo*. 33. ed. Paulo: Malheiros, 2017, p. 63.
[247] KELSEN, Hans. *Teoria pura do Direito*. 8. ed. Tradução de João Batista Machado. São Paulo: WMF Martins Fontes, 2009, p. 142.
[248] GARCÍA DE ENTERRÍA, Eduardo; FERNÁNDEZ, Tomás-Ramón. *Curso de derecho administrativo*. 9. ed. Madrid: Thomson Civitas, 2004, v. II, p. 53.

Eduardo García de Enterría e Tomás-Ramón Fernández, uma técnica para garantir a liberdade.[249] Logo, o questionamento de um ato contrário à eficiência administrativa, portanto contrário à Constituição, é em último aspecto uma defesa da liberdade de quem se viu afligido por tal ilegalidade.

Ao afirmar que aos administrados surge direito subjetivo a um comportamento eficiente por parte da Administração Pública, carrega-se como consequência lógica e fundamental que a eles é conferido se valer das vias administrativas e/ou judiciais para exigir o respeito a seu direito, caso vilipendiado.

Essa abertura para o controle judicial decorre da própria ideia de função administrativa, tão cara à eficiência administrativa, porquanto compõe a significação daquela função justamente o fato de seu desempenho ser submisso ao controle de legalidade pelo Poder Judiciário.[250]

Sintetizando com perfeição o que se buscou esclarecer, Oswaldo Aranha Bandeira de Mello declara que "surge o direito subjetivo daquele em contraposição à obrigação deste, de caráter individuado, caracterizado pela prerrogativa da exigência de seu respeito devidamente garantido pelo Estado-poder".[251]

Em nossa construção normativa, que remanescerá mais bem delineada nas páginas seguintes, a figura dos administrados é, sem dúvida, essencial para a eficiência administrativa. Seus direitos, garantias e patrimônio jurídico merecem total atenção dos agentes públicos ao exercerem a função administrativa, em total sintonia com o que dispõe a norma da eficiência administrativa. Com abordagem parecida nesse ponto, Mateus Eduardo Siqueira Nunes Bertoncini e Viviane Coêlho de Séllos Knoerr indicam que a eficiência administrativa representa o menor sacrifício possível aos administrados.[252]

Não obstante os receptores centrais da atividade estatal administrativamente eficiente sejam, mediata ou imediatamente, os

---

[249] GARCÍA DE ENTERRÍA, Eduardo; FERNÁNDEZ, Tomás-Ramón. *Curso de Direito Administrativo*. Tradução de José Alberto Froes Cal. São Paulo: Revista dos Tribunais, 2014, v. II, p. 77.

[250] BANDEIRA DE MELLO, Celso Antônio. *Curso de Direito Administrativo*. 33. ed. Paulo: Malheiros, 2017, p. 36.

[251] BANDEIRA DE MELLO, Oswaldo Aranha. *Princípios gerais de Direito Administrativo*. 3. ed. São Paulo: Malheiros, 2010, v. VI, p. 237.

[252] BERTONCINI, Mateus Eduardo Siqueira Nunes; KNOERR, Viviane Coêlho de Séllos. Cidadania, dignidade humana e princípio da eficiência. *Revista Jurídica Cesumar – Mestrado*, v. 12, n. 1, jan./jun. 2011, p. 248.

administrados, em plena correspondência com o interesse público, também é verdadeira a verificação de que a própria Administração Pública se torna, ainda que reflexamente, receptora/beneficiada dos seus próprios comportamentos eficientes.

O Estado (e todas as suas formas de organização interna), compreendido na qualidade de pessoa jurídica, possui interesses como tal. É sob essa ótica que há tempos a doutrina italiana[253] trabalha a distinção entre interesse público primário e secundário.

É nesse caminho que explica Celso Antônio Bandeira de Mello, distinguindo que existe o interesse público propriamente dito (correspondente à dimensão pública dos interesses individuais), os chamados interesses públicos primários, e o interesse particular do Estado, consoante pessoa jurídica, possuindo interesses privados – eis o interesse público secundário.[254]

Assim, ao se portar e se guiar por condutas eficientes, em plena atenção às determinações constitucionais e infraconstitucionais verificáveis no ordenamento jurídico pátrio, o que deve ser almejado é sem sombra de dúvidas o interesse público primário. Contudo, não raras vezes haverá coincidência entre o interesse público primário e secundário – única maneira de se conceber o interesse público secundário como legitimado pela ordem jurídica, diga-se de passagem –, sendo a Administração Pública, em um aspecto patrimonial e organizacional, beneficiada por seu próprio desempenho eficiente,[255] tornando-se, ao lado dos administrados, receptora da eficiência administrativa.

---

[253] *"Questi interessi pubblici, collettivi, dei quali l'amministrazione deve curare il soddisfacimento, non sono, si noti bene, semplicemente l'interesse dell'amministrazione intesa come soggetto giuridico a sè stante, sibbene quello che è stato chiamato l'interesse collettivo primario, formato dal complesso degli interessi individuali prevalenti in una determinata organizzazione giuridica della collettività, mentre l'interesse del soggetto amministrativo è semplicemente uno degli interessi secondari chi si fanno sentire in seno alla collettività, e che possono ricevere soddisfacimento soltanto in caso di coincidenza – e nei limiti di siffatto coincidenza – con l'interesse collettivo primario"* (ALESSI, Renato. *Diritto amministrativo*. Milano: Dott A. Giuffrè, 1950, p. 122-124).

[254] BANDEIRA DE MELLO, Celso Antônio. *Curso de Direito Administrativo*. 33. ed. Paulo: Malheiros, 2017, p. 66.

[255] Mesmo antes da EC 19/98, Diogo de Figueiredo Moreira Neto já falava em uma busca de eficiência na atuação da Administração, bem como em seu controle, e diferenciava as atividades administrativas finalísticas (Administração Pública externa), que são aquelas que almejam o interesse público primário, ao lado das atividades administrativas instrumentais (Administração Pública interna), nas quais o interesse público visado é o secundário (Administração Pública no Estado contemporâneo – eficiência e controle. *R. Inf. Legisl.*, Brasília, a. 30, n. 117, jan./mar. 1993, p. 36).

Grifa-se, contudo, que o próprio Estado como beneficiário da norma jurídica da eficiência administrativa é circunstância indireta e acidental e, por mais que seja desejada e esperada, não chega a compor a norma jurídica em questão.

Deveras, não se encerra em nosso ordenamento jurídico a preocupação em relação a comportamentos reflexivos, visando às normas jurídicas, por intermédio de seus modais deônticos, somente às relações intersubjetivas.[256]

3.2 Aspecto objetivo da eficiência administrativa

Trabalhado o aspecto subjetivo da norma jurídica referente à eficiência administrativa, cabe-nos agora adentrar a sua feição objetiva, sendo talvez a questão mais tormentosa para quem se propõe a pesquisar dita figura administrativa.

É nessa passagem que se buscará construir o núcleo da eficiência administrativa, esclarecendo o que vem a ser uma conduta eficiente por parte da Administração Pública e quais são seus possíveis elementos, continuando a elaborar a proposição e norma jurídica em sentido estrito de tão caro princípio à nossa pesquisa.

Ao afirmar acima que se trata de fase tormentosa ao intérprete, assim o fazemos tendo em vista as diversas construções de significações dadas ao princípio em voga por diversos autores, muitas delas com conteúdos bastante diversos, e outras muitas com seu cerne caracterizado por uma vagueza conceitual que não auxilia o jurista.

Acerca do trabalho doutrinário realizado, podemos citar a definição feita por Sílvio Luiz Ferreira da Rocha, que assim dispõe: "O princípio da eficiência exige que a Administração Pública, através de seus servidores e prestadores de serviços, observe a qualidade superior no cumprimento de seus objetivos, atue de forma imparcial, independente e transparente".[257] Com um conceito mais elástico, Alexandre de Moraes conceitua o princípio da eficiência administrativa como aquele que impõe

---

[256] "As regras do direito existem para organizar a conduta das pessoas, umas com relação às outras. Daí dizer-se que ao Direito não interessam os problemas intrasubjetivos, isto é, da pessoa para com ela mesma, a não ser na medida em que esse elemento interior e subjetivo corresponda a um comportamento exterior e objetivo" (CARVALHO, Paulo de Barros. *Curso de Direito Tributário*. 21. ed. São Paulo: Saraiva, 2009, p. 2).

[257] ROCHA, Sílvio Luís Ferreira da. *Manual de Direito Administrativo*. São Paulo: Malheiros, 2013, p. 80.

à Administração e a seus agentes a busca do bem comum, "por meio do exercício de suas competências de forma imparcial, neutra, transparente, participativa, eficaz, sem burocracia e sempre em busca da qualidade, primando pela adoção dos critérios legais e morais necessários para a melhor utilização possível dos recursos públicos", buscando-se evitar desperdícios e assegurar maior rentabilidade social.[258]

Nota-se com facilidade que a definição de eficiência esculpida por alguns doutrinadores acaba por incorporar diversos comportamentos a seu núcleo, dando ao conceito uma amplitude que nos parece oriunda de sistemas jurídicos estrangeiros ou mesmo de outros princípios. De fato, a esse respeito, tornou-se comum a concepção de que o princípio da eficiência no Direito brasileiro não seria outra coisa senão "a faceta de um princípio mais amplo já superiormente tratado, de há muito, no Direito italiano: o princípio da 'boa administração'".[259]

A monografia mais celebrada sobre o princípio da boa administração[260] pertence ao italiano Guido Falzone, o qual depõe que a boa administração no exercício da função administrativa constitui um meio para o alcance de um fim a ele inerente.[261] Para o autor, a boa administração decorre do próprio exercício de uma função, mas que encontra também abrigo na ordem jurídica constitucional italiana, mais precisamente no artigo 97, que demanda que a organização administrativa assegure o bom andamento e imparcialidade da Administração.[262]

Sobre aludido princípio, com forte construção europeia e que extrapola os limites privativos do ordenamento jurídico italiano,[263]

---

[258] MORAES, Alexandre de. Princípio da eficiência e controle jurisdicional dos atos administrativos discricionários. *Revista de Direito Administrativo – RDA*, Rio de Janeiro, v. 243, 2006, p. 22.

[259] BANDEIRA DE MELLO, Celso Antônio. *Curso de Direito Administrativo*. 33. ed. Paulo: Malheiros, 2017, p. 126.

[260] Sem embargo do prestígio adquirido pelo texto do jurista italiano Guido Falzone, Diogo de Figueiredo Moreira Neto (Moralidade Administrativa: do conceito à efetivação. *Revista de Direito Administrativo – RDA*, Rio de Janeiro, v. 190, out.-dez. 1992, p. 5) narra que o reconhecimento do dever de boa administração teve seu desenvolvimento inicial com as anotações de Hauriou acerca das decisões do Conselho de Estado francês proferidas no caso *Gommel*, feitas em 1914. Porém, a difusão da boa administração só ocorreria décadas mais tarde, com o trabalho de Rafaelle Resta (*L'onere di buona amnistrazione*), publicado em 1940 nos festejos *Scritti giuridici in onore di Santi Romano*.

[261] FALZONE, Guido. *Il dovere di buona amministrazione*. Milano: Dott. A. Giuffré, 1953, p. 65.

[262] FALZONE, Guido. *Il dovere di buona amministrazione*. Milano: Dott. A. Giuffré, 1953, p. 118.

[263] De fato, Vanice Regina Lírio do Valle (*Direito fundamental à boa administração e governança*. Belo Horizonte: Fórum, 2011, p. 60-75) dá conta acerca do papel desempenhado pelo Parlamento Europeu, pelo Conselho da União Europeia e pela Comissão Europeia, que, em 07 de dezembro de 2000, explicitaram o artigo 41 na Carta de Nice (Carta dos Direitos

pode-se entendê-lo igualmente como "um permanente lembrete às Administrações Públicas de que sua atuação há de se realizar com observância de determinados cânones ou padrões que tem como elemento medular a posição central dos cidadãos".[264] Jaime Rodríguez-Arana Muñoz, mesmo autor da anterior passagem, acrescenta 24 (vinte e quatro) princípios que seriam corolários do princípio da boa administração, dentre eles os da eficácia, da transparência, da celeridade, da imparcialidade e da independência.[265]

De sorte equivalente, mas agora construindo o princípio da boa administração na ordem jurídica brasileira, Juarez Freitas define o referido como sendo aquele direito fundamental à "administração pública eficiente e eficaz, proporcional cumpridora de seus deveres, com transparência, sustentabilidade, motivação proporcional, imparcialidade e respeito à moralidade, à participação social e à plena responsabilidade por suas condutas omissivas e comissivas".[266]

Temos, portanto, que diversas conceituações do princípio da eficiência administrativa acabam por, em essência, equipará-lo ao princípio da boa administração – ainda que não o digam expressamente.[267]

Fundamentais da União Europeia), tratando expressamente sobre o princípio da boa administração na União Europeia, bem como a relevante participação do Provedor de Justiça (*Ombudsman*) e do Tribunal de Justiça das Comunidades Europeias para a tutela do direito à boa administração em âmbito europeu. Segundo dispõe o aludido artigo, o conteúdo de uma boa administração se expressa pelos seguintes direitos: "1. Todas as pessoas têm direito a que os seus assuntos sejam tratados pelas instituições e órgãos da União de forma imparcial, equitativa e num prazo razoável. 2. Este direito compreende, nomeadamente: o direito de qualquer pessoa a ser ouvida antes de a seu respeito ser tomada qualquer medida individual que a afete desfavoravelmente, o direito de qualquer pessoa a ter acesso aos processos que se lhe refiram, no respeito dos legítimos interesses da confidencialidade e do segredo profissional e comercial, a obrigação, por parte da administração, de fundamentar as suas decisões. 3. Todas as pessoas têm direito a reparação, por parte da Comunidade, dos danos causados pelas suas instituições ou pelos seus agentes no exercício das respectivas funções, de acordo com os princípios gerais comuns às legislações dos Estados-Membros. 4. Todas as pessoas têm a possibilidade de se dirigir às instituições da União numa das línguas oficiais dos Tratados, devendo obter uma resposta na mesma língua".

[264] RODRÍGUEZ-ARANA MUÑOZ, Jaime. *Direito fundamental à boa administração pública*. Tradução de Daniel Wunder Hachem. Belo Horizonte: Fórum, 2012, p. 169.

[265] RODRÍGUEZ-ARANA MUÑOZ, Jaime. *Direito fundamental à boa administração pública*. Tradução de Daniel Wunder Hachem. Belo Horizonte: Fórum, 2012, p. 169-170.

[266] FREITAS, Juarez. *Direito fundamental à boa administração pública*. 3. ed. São Paulo: Malheiros, 2014, p. 21.

[267] Encontra-se também quem o faça de maneira expressa e textual, como Ricardo Marcondes Martins, que diz que o "dever de eficiência nada mais significa do que o dever de boa administração" (*Estudos de Direito Administrativo neoconstitucional*. São Paulo: Malheiros, 2015, p. 61), ou a administrativista Alice Gonzalez Borges, conforme se apura na seguinte colocação por ela feita: "Mas é preciso considerar o verdadeiro alcance do que efetivamente significa esse princípio, agora formalmente integrado entre os norteadores de toda a conduta

Contudo, como visto, ainda que sucintamente, referido princípio (da boa administração[268]) possui uma amplitude muito superior à eficiência administrativa,[269] sendo essa inclusive considerada por muitos como um de seus atributos, logo, inconfundível com aquele.

Atenta-se que o próprio jurista Celso Antônio Bandeira de Mello, quem talvez tenha semeado com maior robustez essa reflexão da aproximação entre eficiência e boa administração, em sua passagem transcrita, parágrafos acima, não chega a afirmar uma completa equivalência entre os princípios, particularmente por só dizer que a eficiência seria uma "faceta" da boa administração.

Confundir eficiência e boa administração, justamente pela primeira ser um atributo fundamental da segunda[270] – questão com a qual se concorda[271] –, seria o mesmo que equivaler qualquer princípio

---

da Administração Pública. Dizemos formalmente, porque o princípio da eficiência, ou de boa administração já emergia de todo o nosso ordenamento jurídico-constitucional, inclusive integrando expressamente o texto do art. 74, inc. I" (Princípio da eficiência e avaliação de desempenho de servidores. *JAM – Jurídica Administração Municipal*, Salvador, a. VI, n. 7, jul. 2001, p. 21). Em ordem jurídica alienígena, pode-se citar Franco Bassi (*Lezioni di Diritto Amministrativo*. 8. ed. Milano: Dott. A. Giuffrè, 2008, p. 68), que se refere ao princípio da boa administração ou da eficiência no Direito italiano. Igualmente, Sabino Cassese (*Corso di diritto amministrativo*: Istituzioni di diritto amministrativo. Millan: Dott. A. Giuffrè, 2009, v. 1, p. 248) diferencia eficiência em um sentido amplo e restrito, depondo que em termos genéricos é *"sinonimo di buon andamento; in termini specifici, riguarda il rapporto tra costi e benefici, quindi implica l'effettiva utilità della decisione"*.

[268] Sobre o princípio da boa administração e a sua natureza de direito fundamental no Brasil, confira-se CABRAL, Dafne Reichel. *Os Tribunais de Contas e o direito à boa administração pública*. Rio de Janeiro: Lumen Juris, 2022.

[269] "Com esses elementos, portanto, é o entendimento de que a eficiência faz hoje parte do princípio da boa administração pública" (KOSSMANN, Edson Luís. *A constitucionalização do princípio da eficiência na Administração Pública*. Porto Alegre: Sergio Antonio Fabris, 2015, p. 97).

[270] Curiosamente, Emerson Gabardo e Daniel Wander Hachem, embora reconheçam que a questão merece maior reflexão, chegam a apontar que a eficiência superaria, tanto simbólica como logicamente, o princípio da boa administração, uma vez que "bom" somente indicaria o razoável, ao passo que eficiência exigiria mais que isso (Responsabilidade civil do Estado, *faute du service* e o princípio constitucional da eficiência administrativa. *In*: GUERRA, Alexandre D. de Mello *et al.* (Org.). *Responsabilidade Civil do Estado*: desafios contemporâneos. São Paulo: Quartier Latin, 2010, p. 246).

[271] Já escrevemos previamente sobre isso, ocasião em que declaramos: "Deveras, a eficiência seria um elemento não da finalidade, mas do princípio da boa administração, mas ainda assim, não se confunde com essa noção. Eis que tal princípio demanda uma atuação da Administração que não seja só eficiente, mas também motivada, transparente, imparcial, etc. Configura-se, assim, como um sobreprincípio que abarca, portanto, não só a eficiência, mas também outros princípios igualmente positivados no caput do art. 37 da Constituição. Portanto, não se pode afirmar que a boa administração se resuma ao idêntico conteúdo da eficiência" (CABRAL, Flávio Garcia; PIO, Nuno Roberto Coelho. Controle social como mecanismo de efetivação da eficiência administrativa. *Revista de Direito Público*, Porto Alegre, v. 14, n. 77, set./out. 2017, p. 225).

administrativo brasileiro com os princípios da supremacia do interesse público sobre o privado e da indisponibilidade do interesse público, já que todo o regime jurídico administrativo se funda neles,[272] sendo os demais princípios administrativos deles decorrentes, constituindo suas "facetas".

Não obstante o princípio da boa administração possa ser compreendido como um princípio-síntese, o qual se configura justamente por abarcar uma série de valores jurisdicizados, sendo constituído justamente por essa comunhão valorativa, o mesmo não cabe dizer em relação à eficiência administrativa[273] (pelo menos não identicamente à forma elástica conferida por muitos à boa administração), conforme será demonstrado ao longo desta pesquisa.

Uma das coisas que se pode observar dessas definições muitas vezes erguidas pela doutrina especializada se refere, a nosso ver, na inclusão de elementos meramente acidentais à significação da eficiência administrativa. É assim que se tem sustentado a eficiência com deveres de celeridade, transparência, imparcialidade, independência, regularidade, qualidade, dentre tantos outros (que, embora devam ser interpretados em conjunto, de forma a se construir o amplo princípio da boa administração, não podem ser considerados como elementos necessariamente intrínsecos da norma jurídica ora telada nesta tese).

Não se quer aqui, ao se descartar muitos desses elementos como necessariamente afetos ao núcleo forte da norma jurídica da eficiência administrativa, desvalorar aludidos atributos, já que se tem total consciência da sua relevância e imprescindibilidade em diversas relações jurídicas estabelecidas com o Estado. Ocorre que, na interpretação que

---

[272] É justamente em Celso Antônio Bandeira de Mello que se encontra bem aquilatada passagem: "Todo o sistema de Direito Administrativo, a nosso ver, se constrói sobre os mencionados princípios da supremacia do interesse público sobre o particular e indisponibilidade do interesse público pela Administração" (*Curso de Direito Administrativo*. 33. ed. Paulo: Malheiros, 2017, p. 57).

[273] Luciani Coimbra de Carvalho propõe a mesma ideia em sua tese de doutorado, expondo que se pode "verificar a existência de dois sentidos para o princípio da eficiência, um em que se busca o sentido do valor eficiência para identificar as suas especificidades em relação aos demais valores e, um segundo, como princípio-síntese que agregaria diversos valores ao termo. Neste trabalho, a opção é pela identificação do valor eficiência não como síntese, pois os termos 'boa administração', 'serviço adequado' e 'qualidade do serviço público' já cumprem esta finalidade no ordenamento jurídico brasileiro, mas sob um sentido diferente dos demais valores existentes no ordenamento jurídico, um sentido que lhe dê identidade" (*A configuração jurídica das compras governamentais por padronização como concretização do princípio da eficiência*. 249 f. Tese (Doutorado em Direito) – Faculdade de Direito, Pontifícia Universidade Católica de São Paulo, São Paulo, 2012, p. 109).

ora se realiza, elementos como os indicados podem ou não envolver uma relação jurídica tida como eficiente, não sendo eles essenciais e constitutivos, mas sim acidentais. Pensem, por exemplo, na questão da celeridade, talvez um dos termos mais conectados com eficiência em grande parte das significações erguidas pela doutrina.[274] De antemão já cabe afirmar que celeridade entendida exclusivamente como rapidez, independente do contexto, possui pequena relação com a eficiência, na medida em que é sabido que em diversos processos administrativos o período de apreciação, defesa, avaliação probatória etc. demanda tempo razoável de modo a dar concretude a diversos outros princípios constitucionais. De mais a mais, mesmo um processo que seja o mais célere pode não ser necessariamente eficiente. Vislumbra-se, hipoteticamente, à luz da legislação pretérita, a publicação de um edital para a realização de licitação na modalidade tomada de preços. De acordo com a antiga Lei nº 8.666/1993, o prazo mínimo da publicação do edital até o recebimento da proposta para a licitação nessa modalidade era de 30 dias se o critério de julgamento for ser "técnica" ou "técnica e preço", ou 15 dias nos demais casos. É certo que, respeitando-se as previsões legais, a escolha do prazo mínimo de 15 dias para a referida licitação seria uma medida que em tese indicaria maior celeridade ao certame licitatório. Porém, pode-se cogitar que diante do objeto a ser licitado, bem como o contexto da localidade na qual se realizará a licitação e seus possíveis licitantes, seja necessário um prazo maior para apresentação de propostas mais interessantes à Administração e para que surjam maiores interessados. Visualiza-se, portanto, que um prazo mais elastecido, que ocasiona uma licitação mais demorada, pode vir a cumprir de melhor forma a finalidade pretendida, sendo, talvez, mais eficiente, ainda que menos célere.[275]

---

[274] "Agora a eficiência é princípio que norteia toda a atuação da Administração Pública. O vocábulo liga-se à ideia de ação, para produzir resultados de modo rápido e preciso" (MEDAUAR, Odete. *Direito Administrativo moderno*. 8. ed. São Paulo: Revista dos Tribunais, 2004, p. 151). De maneira parecida, vinculando a eficiência administrativa à presteza e agilidade, confira-se: CUSTÓDIO FILHO, Ubirajara. A Emenda Constitucional 19/98 e o princípio da eficiência na Administração Pública. *Cadernos de Direito Constitucional e Ciência Política*. Revista dos Tribunais, São Paulo, n. 27, p. 210-217, abr./jul. 1999.

[275] Com isso não se quer em momento algum indicar que comportamentos desnecessariamente demorados ou negligentes possam ser tidos como eficientes. A ideia aqui exposta é no sentido de que maior celeridade não representa uma condição *sine qua non* para a existência de um comportamento eficiente, uma vez que o tempo figura como só mais um – e não o único ou mais importante – elemento a ser aferido na apuração da eficiência. Trata-se de um elemento tipológico, é dizer, não é, individualmente considerado, nem necessário, nem suficiente para a conformação da eficiência administrativa.

De outra, grande parte – senão todos – desses itens incluídos nos vários conceitos apresentados constituem princípios jurídicos autônomos,[276] não sendo possível a construção do princípio da eficiência administrativa, com base nos elementos lógico-semânticos e pragmáticos, com a mera junção ou sobreposição deles, sem que haja ao mínimo uma conexão logicamente estruturada.

3.2.1 Limitação aos serviços públicos

Outro ponto por vezes comum no trato conceitual da eficiência administrativa é limitá-la à análise dos serviços públicos,[277] dando a entender que o princípio teria sua aplicação voltada exclusivamente a essa espécie de atividade estatal.

Embora seja possível compreender o porquê dessa limitação conceitual,[278] já que, conforme explorado brevemente em trecho prévio, há enunciado prescritivo mencionando expressamente a eficiência como sendo um dos elementos fundamentais do serviço público adequado (artigo 6º, §1º, da Lei nº 8.987/1995), sendo que esse texto é inclusive anterior à Emenda Constitucional nº 19/1998, ademais da circunstância de que o texto original da proposta de alteração do artigo 37, *caput*, da Constituição previa a redação indicativa da "qualidade do serviço

---

[276] Com pensamento similar, tem-se nas palavras de Edson Luis Kossmann que "é necessário observar que mesmo sendo a eficiência termo multifacetado e ambíguo, seu conceito não pode ser reduzido apenas a algum de seus elementos. [...] Em segundo lugar, verifica-se que em alguns conceitos apresentam certa confusão do princípio da eficiência com outros já anteriormente constitucionalizados, como subprincípios da imparcialidade e da neutralidade, que dizem respeito ao Princípio constitucional da Imparcialidade" (*A constitucionalização do princípio da eficiência na Administração Pública*. Porto Alegre: Sergio Antonio Fabris, 2015, p. 92-93).

[277] "Ele [princípio da eficiência] revela as expectativas da sociedade no sentido de que os serviços públicos sejam prestados de boa vontade, com celeridade, segurança e conforto, regularidade, pontualidade, e de modo equinânime" (RAMOS, Gisela Gondin. *Princípios jurídicos*. Belo Horizonte: Fórum, 2012, p. 482).

[278] Podem-se cogitar, de igual modo, os resquícios das doutrinas elaboradas pela bem firmada Escola do Serviço Público na França, para quem, em uma de suas vertentes, capitaneada por Leon Duguit, o Estado representaria tão só um conjunto de serviços públicos. "*Ainsi la notion de service public vient remplacer celle de souveraineté. L'État n'est plus une puissance souveraine qui commande; il est un groupe d'individus détenant une force qu'ils doivent employerà créer et à gérer les services publics. La notion de service public devient la notion fondamentale du droit public moderne*" (DUGUIT, Leon. *Les transformations du droit public*. Paris: Armand Colin, 1913, XIX).

prestado",²⁷⁹ não se enxergam elementos jurídicos suficientes para realização deste corte conceitual.

Foi visto em tópico anterior que a eficiência administrativa é direcionada a todos os que compõem o conceito amplo de Administração Pública, subjetivamente considerada. Logo, a eficiência administrativa se mostra presente como ação a ser implementada em toda atividade de administração pública em sentido objetivo, ou seja, em todo exercício da função administrativa.

No ordenamento jurídico brasileiro, o regular exercício da função administrativa não se circunscreve ao plano dos serviços públicos. Como anota Maria Sylvia Zanella Di Pietro, as atividades administrativas podem ser separadas essencialmente em quatro grandes áreas,²⁸⁰ a saber: fomento, polícia administrativa, serviços públicos e intervenção.²⁸¹

Com a verificação da presença dessas atividades na significação de função administrativa, enxerga-se que a eficiência administrativa é imperativa a todas elas, e não só ao serviço público.

Deveras, mostra-se inconcebível que a eficiência administrativa fique voltada a uma única atividade estatal (seja porque não se vislumbra no plano semântico do termo "eficiência" tal limitação, tampouco pela análise intertextual dos termos sintáticos que embasam o princípio da eficiência), deixando descobertas as demais atribuições. O poder de polícia, *e.g.*, que seria, em certa medida, um contraponto aos serviços

---

[279] Acrescenta-se, ainda, como combustível para essa interpretação (equivocada, a nosso ver), a exposição dos motivos da Proposta de Emenda Constitucional (PEC) nº 173/1995, da qual se retira que a dimensão da eficiência proposta teria por fim "enfatizar a qualidade e o desempenho nos serviços públicos: a assimilação, pelo serviço público, da centralidade do cidadão e da importância da contínua superação de metas desempenhadas, conjugada com a retirada de controles e obstruções legais desnecessários, repercutirá na melhoria dos serviços públicos".

[280] A divisão da função administrativa em áreas ou setores tem missão essencialmente didática, não se desconhecendo que, por vezes, elas se mostram associadas entre si. Ademais, a forma divisiva apresentada, embora seja bem difundida, não é, por certo, a única encontrada nos estudos doutrinários, podendo-se mencionar, ainda, de maneira meramente exemplificativa, a divisão realizada por Marçal Justen Filho, para quem a função administrativa pode ser repartida em função conformadora ou ordenadora, função regulatória, função de fomento, função prestacional, função de controle e função administrativa não estatal (*Curso de Direito Administrativo*. 8. ed. Belo Horizonte: Fórum, 2012b, p. 98-100).

[281] DI PIETRO, Maria Sylvia Zanella. *Direito Administrativo*. 30. ed. Rio de Janeiro: Forense, 2017, p. 87.

públicos, já que conforma²⁸² a liberdade e propriedade dos administrados, seguramente também deve ser exercido de maneira eficiente.²⁸³ Além disso, cumpre por fim trazer à baila ponderação feita por José dos Santos Carvalho Filho, o qual enxerga que, além dos serviços públicos prestados à coletividade, a eficiência administrativa também deve ser observada no que tange aos serviços internos das pessoas federativas e a elas vinculadas²⁸⁴ (conforme já abordado anteriormente no item 3.1.3, inclusive).

3.2.2 Diferentes abordagens semânticas

Dando continuidade a essa inicial abordagem do tratamento jurídico conferido pela doutrina brasileira ao princípio da eficiência, temos aqueles que buscam focar o núcleo da figura nos aspectos finalísticos. É assim que fazem Marcelo Harger, ao dizer que o conteúdo da eficiência se refere ao "dever de alcançar a solução que seja ótima ao atendimento das finalidades públicas",²⁸⁵ Sérgio Ferraz e Adilson Abreu Dallari, que anotam que não basta mais ao administrador agir em conformidade com a legalidade, cabendo a ele "evidenciar que caminhou no sentido da obtenção dos melhores resultados",²⁸⁶ ou ainda Tercio Sampaio Ferraz Junior e Juliano Souza de Albuquerque Maranhão, que se posicionam no sentido de que a Constituição de 1988 consagrou o princípio da eficiência da administração, o que submete o "ato administrativo a uma racionalidade finalística (responsabilidade pelo êxito em produzir os resultados almejados pelo interesse público) e não somente condicional (responsabilidade pelo cumprimento dos

---

²⁸² Calha apontar que o poder de polícia não limita direitos. Trata-se de uma atividade estatal que concretiza a ação abstrata da lei de desenhar o perfil dos direitos assegurados no sistema jurídico (BEZNOS, Clovis. *Poder de polícia*. São Paulo: Revista dos Tribunais, 1979, p. 78). Não há, pois, a limitação ao direito de propriedade e liberdade, mas sim a conformação desses próprios direitos.

²⁸³ Concordando com a aplicação do princípio da eficiência às atividades decorrentes do poder de polícia, confira-se: CEREIJIDO, Juliano Henrique da Cruz. O princípio constitucional da eficiência na Administração Pública. *Revista de Direito Administrativo – RDA*, Rio de Janeiro, v. 226, out./dez. 2001, p. 236-237.

²⁸⁴ CARVALHO FILHO, José dos Santos. *Manual de Direito Administrativo*. 23. ed. Rio de Janeiro: Lumen Juris, 2010, p. 32.

²⁸⁵ HARGER, Marcelo. *Princípios constitucionais do processo administrativo*. 2. ed. Rio de Janeiro: Forense, 2008, p. 126.

²⁸⁶ FERRAZ, Sérgio; DALLARI, Adilson Abreu. *Processo administrativo*. 3. ed. São Paulo: Malheiros, 2012, p. 123.

requisitos para emissão do ato)".[287] Também cabível é a compreensão de que a eficiência atingiu o patamar constitucional expresso de modo a garantir resultados adequados à cidadania, como entendem Ana Carla Bliacheriene, Renato Jorge Brown Ribeiro e Marcos Hime Funari.[288] Concedendo maior destaque ao aspecto do meio utilizado pela Administração, manifesta-se Magno Antônio da Silva, dizendo que o cerne da eficiência se encontra na preocupação em buscar a melhor maneira de se fazer algo, relacionando assim com a ideia de método, de processo ou de meio para se chegar ao fim.[289] Em celebrado artigo, Antônio Carlos Cintra do Amaral também frisa que a "eficiência refere-se aos meios, enquanto a eficácia está relacionada com os resultados".[290]

Outras definições de autores brasileiros[291] bebericam nessas ideias de finalidades e/ou escolhas dos melhores meios, adicionando vez ou outra considerações adicionais a esses aspectos. Alexandre Santos de Aragão[292] diz que o princípio da eficiência de maneira alguma almeja mitigar ou ponderar o princípio da legalidade, mas sim "embeber a legalidade de uma nova lógica, determinando a insurgência de uma legalidade finalística e material – dos resultados práticos alcançados –, e não mais uma legalidade meramente formal e abstrata". Semelhantemente, Vladmir da Rocha França[293] indica a necessidade de uma efetiva e material concretização da finalidade, segundo os

---

[287] FERRAZ JUNIOR, Tercio; MARANHÃO, Juliano S. de Albuquerque. O princípio da eficiência e a gestão empresarial na prestação de serviços públicos: a exploração econômica das margens das rodovias. *Revista de Direito Público da Economia – RDPE*, Belo Horizonte, a. 5, n. 17, jan./mar. 2007, p. 191.

[288] BLIACHERIENE, Ana Carla; RIBEIRO, Renato Jorge Brown; FUNARI, Marcos Hime. Governança pública, eficiência e transparência na Administração Pública. *Fórum de Contratação e Gestão Pública – FCGP*, Belo Horizonte, a. 12, n. 133, jan. 2013, p. 12.

[289] SILVA, Magno Antônio. O conceito de eficiência aplicado às licitações públicas: uma análise teórica à luz da economicidade. *Revista do TCU*, n. 113, set./dez. 2008, p. 76.

[290] AMARAL, Antônio Carlos Cintra do. O princípio da eficiência no Direito Administrativo. *Revista Diálogo Jurídico*, Salvador, CAJ – Centro de Atualização Jurídica, n. 14, jun./ago. 2002. Disponível em: http://www.direitopublico.com.br. Acesso em: 10 dez. 2015, p. 4.

[291] Para verificar o tratamento dado a princípios semelhantes ao da eficiência em ordens jurídicas estrangeiras (que, ressalte-se, na nossa leitura, ainda que possam vir a ser figuras próximas, não possuem uma comunhão semântica automática para o estudo da eficiência administrativa dentro do ordenamento brasileiro), confira-se: MOREIRA, Egon Bockmann. *Processo administrativo*: princípios constitucionais e a Lei 9.784/1999. 4. ed. São Paulo: Malheiros, 2010, p. 187-198.

[292] ARAGÃO, Alexandre Santos de. O princípio da eficiência. *Revista de Direito Administrativo – RDA*, Rio de Janeiro, v. 237, jul./set. 2004b, p. 3.

[293] FRANÇA, Vladmir da Rocha. Eficiência administrativa na Constituição Federal. *Revista de Direito Administrativo – RDA*, Rio de Janeiro, v. 220, abr./jun. 2000, p. 168.

cânones do regime jurídico-administrativo, para que se esteja diante da eficiência administrativa.

Esclarecendo que a finalidade a ser perseguida remete ao interesse público, novamente Marcelo Harger[294] narra que a consagração do princípio em voga toma lugar mesmo nos casos nos quais haja discricionariedade. Também falando do interesse público, mas remetendo à acepção maior de boa administração, Juliano Henrique da Cruz Cereijido[295] conceitua a eficiência como sendo norma principiológica voltada a conferir aos agentes públicos o "dever de selecionar e utilizar criteriosamente os melhores meios a serem empregados no cumprimento das atividades necessárias à boa administração, voltada ao atingimento de sua finalidade legal e, em última análise, do interesse público que lhe dá embasamento e legitimidade".

Com uma conceituação mais detalhada e cautelosa, Paulo Modesto conclui que eficiência administrativa significa a exigência jurídica imposta à Administração Pública e àqueles que lhe fazem as vezes ou simplesmente recebem recursos públicos vinculados de subvenção ou fomento, para que atuem de forma idônea, econômica e satisfatória na realização das finalidades públicas que lhes forem confiadas por lei ou por ato ou contrato de Direito Público.[296]

Ressalvadas as conceituações que reduzem em demasiado o conteúdo da eficiência ou as que expandem além dos limites jurídicos pertinentes ao princípio, já comentadas alhures, os aspectos de meios e finalidades, trabalhados por parcela significativa dos doutrinadores, nos parecem adequados e condizentes com uma pré-compreensão do termo "eficiência" e servirão de norte para os traços seguintes que buscam efetuar a construção normativa pretendida.

Todavia, salvo raras exceções, a menção a finalidades e meios acaba se mostrando em muitos trabalhos doutrinários como questões ora confusas ou vazias, ora desprovidas de maior objetividade para uma real e efetiva compreensão. Tentaremos, pois, não nos deixar chegar aos mesmos malfadados destinos, conseguindo erguer a norma

---

[294] HARGER, Marcelo. Reflexões iniciais sobre o princípio da eficiência. *Revista de Direito Administrativo – RDA*, Rio de Janeiro, v. 217, jul./set. 1999, p. 158-159.

[295] CEREIJIDO, Juliano Henrique da Cruz. O princípio constitucional da eficiência na Administração Pública. *Revista de Direito Administrativo – RDA*, Rio de Janeiro, v. 226, out./dez. 2001, p. 231-232.

[296] MODESTO, Paulo. Notas para um debate sobre o princípio da eficiência. *Revista do Serviço Público*, Brasília, a. 51, n. 2, abr./jun. 2000, p. 114.

jurídica lógica e semanticamente adequada à juridicidade da eficiência administrativa.

3.2.3 Finalidades perseguidas pelo Estado

Um primeiro ponto de partida a ser tomado ao perquirir o conteúdo jurídico do princípio da eficiência administrativa (leia-se, a construção da norma jurídica da eficiência administrativa), nos seus aspectos objetivos, reporta-se justamente à compreensão de que, por se referir a uma atuação Estatal, a eficiência administrativa demanda a percepção de que os agentes públicos que (re)presentam a Administração Pública buscam alcançar determinadas finalidades.

Ainda que seja um truísmo, válido atestar que o Estado não constitui um fim em si mesmo. Trata-se de uma estrutura elaborada pelo homem de maneira a otimizar e permitir a convivência em sociedade,[297] visando a atender determinadas finalidades, variantes a depender de cada agrupamento social, sempre balizado e limitado pelo ordenamento jurídico que é criado pela linguagem adequada, não possuindo uma existência que se bastaria solipsisticamente.

Não são diferentes os aportes feitos por Cristiane Derani, nos quais se extrai que "a Administração, assim como o Estado, só existe em razão de um fim. Desaparecendo o fim, desaparece o Estado. O Estado enquanto ente é um mito. Passa a ser de fato, quando exerce um poder atribuído para o alcance da finalidade que é a razão de suas atribuições".[298]

O que se pode concluir, acompanhando detidamente os caminhos firmados até aqui, é que a eficiência administrativa exige que determinada finalidade estatal pretendida seja alcançada, justamente por ser aferida no desempenho da atividade administrativa. A perseguição da finalidade estatal por meio das condutas dos agentes públicos é um dos aspectos nucleares da eficiência administrativa, sendo um dos comportamentos obrigatórios presentes no consequente normativo.

---

[297] "O Estado constitui um meio para que os indivíduos e as suas respectivas corporações possam atingir seus respectivos fins particulares" (BACELLAR FILHO, Romeu Felipe. Profissionalização da função pública: a experiência brasileira. *Revista de Direito Administrativo – RDA*, Rio de Janeiro, v. 232, abr./jun. 2003, p. 4).

[298] DERANI, Cristiane. *Privatização e serviços públicos*: as ações do Estado na produção econômica. São Paulo: Max Limonad, 2002, p. 138.

Desta maneira, essa finalidade a ser almejada pela Administração Pública, de modo a ser compatível com o Direito positivo brasileiro, só pode ser uma: o interesse público.

Conceito que parece se adequar aos princípios republicanos norteadores da maior parte dos Estados constitucionais modernos, que prima por um Estado social, mas sem se esquecer dos valores e projetos individuais, é o apresentado por Celso Antônio Bandeira de Mello, que se tornou consagrado na doutrina brasileira. São essas as palavras do autor: "O interesse público deve ser conceituado como o interesse resultante do conjunto dos interesses que os indivíduos pessoalmente têm quando considerados em sua qualidade de membros da Sociedade e pelo simples fato de o serem".[299]

Com similar compreensão, Agustín Gordillo também esclarece que o interesse público não representa só o interesse da massa, mas sim os interesses individuais coincidentes. Não seria aquele um bem estar geral, onipresente, mas sim uma síntese da maioria dos interesses concretos individuais coincidentes, sendo, assim, falsa a ideia de contraposição entre interesse público e interesses individuais.[300]

Todavia, não é de hoje que a doutrina de escol do Direito Administrativo já postula que além desse interesse público geral, há também interesses estatais com maior concretude, específicos,[301] que, é certo, sempre atendem (devem atender), igualmente, ao interesse público.

Com isso surge um inicial imbróglio aparente no que diz respeito a esse primeiro aspecto da eficiência (adoção de comportamentos que visem a alcançar as finalidades públicas), pois, se há diversos interesses estatais específicos, todos direcionados a cumprir e concretizar o interesse público, qual deles deve ser o escolhido quando determinada situação envolver uma complexidade de finalidades? Ou ainda, mais

---

[299] BANDEIRA DE MELLO, Celso Antônio. *Curso de Direito Administrativo*. 33. ed. Paulo: Malheiros, 2017, p. 62.

[300] GORDILLO, Agustín. *Tratado de derecho administrativo*. Buenos Aires: F.D.A., 2005, t. II, p. 182.

[301] "Assim, o princípio da finalidade impõe que o administrador, ao manejar as competências postas a seu encargo, atue com rigorosa obediência à finalidade de cada qual. Isto é, cumpre-lhe cingir-se não apenas à finalidade própria de todas as leis, que é o interesse público, mas também à finalidade *específica* abrigada na lei a que esteja dando execução" (BANDEIRA DE MELLO, Celso Antônio. *Curso de Direito Administrativo*. 33. ed. Paulo: Malheiros, 2017, p. 110).

precisamente, e quando essas finalidades se mostrarem, concretamente exploradas, incompatíveis?

Situação classicamente posta em cotejo se refere ao desenvolvimento tecnológico em face de questões de natureza ambiental. Tem-se no ordenamento jurídico brasileiro que cabe ao Estado – não só a ele – adotar medidas que preservem um meio ambiente saudável e sustentável (artigos 23, inciso VI e 170, VI, ambos da CF). De igual sorte, também é atribuição estatal a prestação de serviços públicos que sejam adequados e acompanhem o desenvolvimento tecnológico e inovações existentes (artigos 175, IV, da CF combinado com artigo 6º, §§1º e 2º, da Lei nº 8.987/1995). Pense, de maneira hipotética, que determinado agente público proponha medida, amparada em lei, que depende de determinado aparato tecnológico, mas que tornará certo serviço público essencial mais ágil, transparente e de melhor qualidade. Ocorre que dito instrumento tecnológico gera poluição que afeta em médio prazo o meio ambiente. Em síntese, caso opte por atender uma determinada finalidade, por certo uma outra estará sendo posta em segundo plano, inclusive atuando em sentido contrário a ela. Como decidir? Qual finalidade deve ser selecionada?

Por mais intrigante que possa ser a busca de uma teoria para fundamentar qual finalidade se deva atender e que de fato tal questão afigure como pesquisa acadêmica merecedora de atenção, no tocante ao instituto jurídico ora aventado, não é essa a problemática da qual se cuidará.

Embora sob a perspectiva de todo o desempenho da Administração Pública, bem como da escorreita satisfação das pretensões jurídicas dos administrados, as escolhas finalísticas dos administradores e de todos os agentes públicos sejam, em geral, determinantes e de essencialidade imensurável, a escolha em si de qual finalidade específica será eleita não é questão afeta direta e imediatamente à eficiência administrativa.

Pelo princípio da eficiência administrativa, na forma como construímos sua significação, busca-se, em uma de suas partes, a adoção de meios que atinjam as finalidades públicas. Nota-se dessa asserção que a escolha da finalidade a ser agarrada, nesse primeiro momento, é pressuposta à análise da eficiência, uma vez que ao interpretar se a norma da eficiência foi ou não atendida (visão retrospectiva) ou como atendê-la (visão prospectiva), já se tem como pressuposição uma finalidade a ser visada, e não o escrutínio sobre os métodos e critérios da sua eleição.

A tese da norma jurídica da eficiência administrativa prescreve, em uma de suas partes, a obrigatoriedade de o agente, no exercício da função administrativa, selecionar o meio que atinja a finalidade. Já os critérios/métodos de escolha da finalidade não compõem o consequente normativo em voga.

Não se pode em hipótese alguma olvidar que, ao se referir à "escolha" da finalidade, não se quer com isso indicar que compete aos agentes públicos, de maneira arbitrária e sem limites, optar por qualquer fim que lhes aprouver. É sabido e ressabido que, em especial em um regime de Direito Público, ao qual a Administração se encontra essencialmente inserida – mas não exclusivamente[302] –, as finalidades específicas a serem perseguidas (todas em sintonia com o atingimento do interesse público primário, para que possam pertencer ao ordenamento jurídico) são determinadas por lei ("os fins são fixados pelas normas"[303]).

É por isso que, ao considerar que não cabe à eficiência controlar a seleção das finalidades, não raras vezes se sustenta que "o controle da eficiência, mais que o controle finalístico, está intrinsecamente relacionado com os meios empregados"[304] ou ainda que em face do princípio da eficiência o modelo de estruturação normativa atual ultrapassaria a formulação "hipótese de incidência – sanção" e passaria a ser composta também de "finalidade – meios de alcance dessas finalidades".[305]

Sob nenhuma circunstância pode ser entendido o discurso feito, de que não compete ao princípio da eficiência apresentar ou investigar

---

[302] "Apesar de a regra ser o regime publicista, há diversas situações nas quais a Administração Pública se conduz cercada de um regime essencialmente de Direito Privado. Tome-se como exemplo a atuação de empresas estatais (empresas públicas e sociedades de economia mista). Por serem elas pessoas de Direito Privado (ainda que integrantes da Administração Pública Indireta), sua atuação é regida por diversas regras e princípios próprios do setor privado. [...] À luz destas constatações, pode-se apontar que o regime aplicável à Administração Pública é híbrido, englobando normas de Direito Público e de Direito Privado, embora haja, na maior parte de suas relações, a prevalência das normas publicistas e, nas hipóteses em que se aplica o regime de Direito Privado, ele nunca será integral, sendo sempre derrogado parcialmente por normas de Direito Público" (CABRAL, Flávio Garcia; SARAI, Leandro. *Manual de Direito Administrativo*. 2. ed. Leme: Mizuno, 2023, p. 110-111).

[303] Tradução de: "[...] *los fines los fijan las normas*" (VAQUER CABALLERÍA, Marcos. El criterio de la eficiencia en el derecho administrativo. *Revista de Administración Pública*, Madrid, n. 186, sep./dic. 2011, p. 105).

[304] CEREIJIDO, Juliano Henrique da Cruz. O princípio constitucional da eficiência na Administração Pública. *Revista de Direito Administrativo – RDA*, Rio de Janeiro, v. 226, out./dez. 2001, p. 231.

[305] ARAGÃO, Alexandre Santos de. O princípio da eficiência. *Revista de Direito Administrativo – RDA*, Rio de Janeiro, v. 237, jul./set. 2004b, p. 4.

critérios de escolha das finalidades (seja pelo legislador, seja pelos administradores), com a bizarra ideia de que isso permitiria a busca por finalidades egoísticas, que desatendessem ao interesse público. O agente público que porventura venha a se comportar dessa espécie, com desvio de poder,[306] ademais de merecedor das possíveis sanções previstas em lei (penalidades por improbidade, sanções disciplinares previstas nos estatutos correspondentes, eventuais sanções de natureza penal etc.), estará também produzindo um ato eivado de vício passível de invalidação, que será ofensivo a outro(s) princípio(s) regente(s) da Administração Pública, como a moralidade administrativa, a impessoalidade ou mesmo – e sobretudo – o próprio princípio da finalidade, por exemplo. Esse, contudo, não é um problema a ser onerado, em um primeiro instante, ao princípio da eficiência administrativa.

A legitimidade da finalidade é questão pressuposta à escolha do meio adequado a seu alcance. Ao adentrar a estrutura da norma da eficiência administrativa, tem-se um pressuposto de que as finalidades postas sobre a mesa encontram-se em consonância com as determinações constitucionais e legais, intencionando invariavelmente ao interesse público.

A questão das finalidades, porém, não pode ser relegada a um papel meramente coadjuvante na construção da norma jurídica da eficiência administrativa.[307] E isso se dá, a nosso sentir, por três questões primordiais.

A primeira delas diz respeito justamente ao que já foi elencado previamente, no sentido de que um dos aspectos da eficiência administrativa é adotar meios que sejam hábeis a atingir determinadas finalidades públicas.[308] Ou seja, a finalidade é peça chave para a eficiência,

---

[306] "Ocorre desvio de poder, e, portanto, invalidade, quando o agente se serve de um ato para satisfazer finalidade alheia à natureza do ato utilizado" (BANDEIRA DE MELLO, Celso Antônio. *Curso de Direito Administrativo*. 33. ed. Paulo: Malheiros, 2017, p. 418).

[307] A bem da verdade, o conhecimento da finalidade legal é pressuposto de toda e qualquer construção normativa. Nos dizeres de Eros Roberto Grau, "modernamente, são múltiplas as finalidades da norma jurídica – e não apenas os seus conteúdos, diversos em razão de estarem referidos a diversidade de interesses. Assim sendo, deve necessariamente o jurista tomar também como objeto da chamada Ciência do Direito o conhecimento (a consideração e análise, portanto) de tais finalidades. Isso significa que, no primeiro momento de sua atuação, enquanto jurista – o momento interpretativo – deve ser postulado o conhecimento da finalidade da norma jurídica, que não é mais, sempre e necessariamente, a da ordenação" (Os conceitos jurídicos e a doutrina real do direito. *Revista da Faculdade de Direito*, Universidade de São Paulo, 1982, n. 77, p. 227).

[308] "Realmente, ao se considerar a importância de se aferir o resultado da ação estatal, notadamente na Administração Pública, torna-se imprescindível aditar a característica

porquanto se está atrás precisamente do alcance adequado[309] de uma ou várias finalidades previstas na ordem jurídica brasileira. Se é correto que o critério de escolha da finalidade é matéria estranha ao princípio da eficiência, não menos certo se apresenta que sem uma finalidade não há material jurídico para se construir uma norma representante da eficiência administrativa.

A finalidade representa a origem e o fim da interpretação[310] jurídica, atinente à qualquer estruturação normativa. De maneira elucidativa, Celso Antônio Bandeira de Mello condensa que "é a finalidade e só a finalidade o que dá significação as realizações humanas. O Direito, as leis, são realizações humanas. Não compreendidas suas finalidades, não haverá compreensão alguma do Direito ou de uma dada lei".[311]

Além do que, a escolha da finalidade será fundamental para a aferição da eficiência no comportamento administrativo que a almeje, já que ela dirá respeito precisamente àquela específica finalidade elegida previamente. Afinal de contas, somente se é eficiente para algum objetivo determinado.

Em segundo lugar, remete-se a um posterior momento de observação e interpretação da eficiência administrativa, no qual, adiantando-se brevemente o que ainda se pretende trabalhar, será eventualmente vislumbrado o peso de determinadas finalidades que não foram escolhidas e acabaram por ser limitadas/sacrificadas (*vide* item 3.2.4).

Por último, também não sendo ainda o momento de desenvolver detidamente a questão, mas expondo a linha de raciocínio de maneira organizada e cartesiana, a finalidade terá novo espaço no conteúdo

---

finalística da eficiência" (MOREIRA NETO, Diogo de Figueiredo. Novos institutos consensuais da ação administrativa. *Revista de Direito Administrativo – RDA*, Rio de Janeiro, v. 231, jan./mar. 2003, p. 141).

[309] A adequação do meio à finalidade é a tônica da eficiência nesse primeiro instante. Da mesma forma é a síntese feita por Nicola Abbagnano à eficiência: "Mas hoje, em todas as línguas, esse termo é empregado com significado diferente, como correspondência ou adequação de um instrumento à sua função ou de uma pessoa à sua tarefa" (*Dicionário de filosofia*. Tradução de Alfredo Bosi. São Paulo: Martins Fontes, 2007, p. 307).

[310] Com pena de ouro, escreveu Cármen Lúcia Antunes Rocha: "Esse princípio da finalidade, a servir de mestre condutor do intérprete, vincula a interpretação, fazendo com que apenas aquela que realize ou permita a realização da finalidade posta no sistema possa ser considerada a correta, excluindo-se, então, outras que desvirtuem os seus fins e invalidem o objetivo de todo o modelo positivado pelo Estado" (*Princípios constitucionais da Administração Pública*. Belo Horizonte: Del Rey, 1994, p. 51).

[311] BANDEIRA DE MELLO, Celso Antônio. *Discricionariedade e controle jurisdicional*. São Paulo: Malheiros, 1992, p. 47.

jurídico da eficiência em um terceiro momento, analisando-se ela em comparação com o meio escolhido (*vide* item 3.2.5).

Em relação a esses dois derradeiros itens, tem-se que embora a escolha da finalidade seja, num primeiro instante, pressuposta à interpretação da eficiência administrativa, ela pode sofrer influências dentro da própria eficiência. Assim, a norma da eficiência administrativa lida com uma pressuposta legitimidade da finalidade visada, mas cuja escolha, a depender do contexto, pode vir a ser cambiada quando se adentram nos demais elementos da eficiência, os quais serão analisados nos itens 3.2.4 e 3.2.5.

O que se almeja, portanto, ao construir a norma da eficiência administrativa, é que se alcance adequadamente a finalidade buscada. Os meios invocados pela Administração necessitam ser adequados aos fins propostos.

3.2.3.1 Adequação entre os meios e os fins

Diversa questão, de pertinência, contudo, inestimável, é aquela que indaga o que se poderia considerar como conduta (ou meio) adequada a atingir as finalidades públicas estipuladas juridicamente. Ora, uma vez que se construiu como parte da norma jurídica que a eficiência diz com as escolhas dos meios adequados a atingir as finalidades, inevitável a pergunta: o que seriam os meios adequados?

Aurélio Buarque de Holanda Ferreira define o termo "adequado" como apropriado, acomodado, ajustado, adaptado.[312] Já Nicola Abbagnano esclarece que, em termos gerais, "adequado" representa a ideia de "comensurado a", no sentido de que a "descrição é adequada se não neglicencia nenhum elemento importante da situação descrita".[313]

Com essa linha então, adequado pode ser lido como algo que é capaz de cumprir o que se pretende, incluindo os elementos necessários, produzindo um resultado condizente, apropriado, ajustado com a finalidade/meta buscada.

Interessante apontar que aparentemente Humberto Ávila advoga em sentido oposto ao que aqui se firma (de que uma conduta

---

[312] FERREIRA, Aurélio Buarque de Holanda. *Novo dicionário Aurélio da língua portuguesa*. 3. ed. Curitiba: Positivo, 2004, p. 50.

[313] ABBAGNANO, Nicola. *Dicionário de filosofia*. Tradução de Alfredo Bosi. São Paulo: Martins Fontes, 2007, p. 17.

administrativamente eficiente necessita ser adequada), professando expressamente que a "eficiência exige mais do que mera adequação".[314] Temos aqui um conflito de ordem – nada mais apropriado para o capítulo – semântica, no que se refere ao vocábulo "adequação". O conteúdo conferido pelo citado jurista gaúcho à adequação é diverso do que se entende nesta tese.

Premente apontar inicialmente que Humberto Ávila define a adequação, de maneira muito objetiva e clara, da seguinte feita: "Um meio é adequado, se promove o fim".[315] Mais à frente reitera que a "adequação exige uma relação empírica entre o meio e o fim: o meio deve levar à realização do fim".[316]

A semântica do termo "adequação" como proposta acima não difere substancialmente da compreensão defendida nesta tese. No entanto, a divergência parece residir novamente em aspectos da ordem das significações no que concerne a que conteúdo pode ser conferido a "promover o fim" ou "alcançar o fim".

Para o autor cotejado, vislumbra-se que é possível alcançar ou promover um fim ainda que não de maneira satisfatória, podendo haver casos em que o meio utilizado promova o fim de sorte insignificante.[317]

Eis o imbróglio.

Temos que se a medida adotada pela Administração não é hábil a promover o fim pretendido ou o promove de maneira indevida ou "insignificante", tal medida não pode ser considerada adequada e, por

---

[314] ÁVILA, Humberto. Moralidade, Razoabilidade e Eficiência na Atividade Administrativa. *Revista Eletrônica de Direito do Estado*, Salvador, Instituto de Direito Público da Bahia, n. 4, out./nov./dez. 2005. Disponível em: http://www.direitodoestado.com.br/artigo/humberto-avila/moralidade-razoabilidade-e-eficiencia-na-atividade-administrativa. Acesso em: 19 fev. 2019, p. 23.

[315] ÁVILA, Humberto. Moralidade, Razoabilidade e Eficiência na Atividade Administrativa. *Revista Eletrônica de Direito do Estado*, Salvador, Instituto de Direito Público da Bahia, n. 4, out./nov./dez. 2005. Disponível em: http://www.direitodoestado.com.br/artigo/humberto-avila/moralidade-razoabilidade-e-eficiencia-na-atividade-administrativa. Acesso em: 19 fev. 2019, p. 18.

[316] ÁVILA, Humberto. Moralidade, Razoabilidade e Eficiência na Atividade Administrativa. *Revista Eletrônica de Direito do Estado*, Salvador, Instituto de Direito Público da Bahia, n. 4, out./nov./dez. 2005. Disponível em: http://www.direitodoestado.com.br/artigo/humberto-avila/moralidade-razoabilidade-e-eficiencia-na-atividade-administrativa. Acesso em: 19 fev. 2019, p. 22.

[317] ÁVILA, Humberto. Moralidade, razoabilidade e eficiência na atividade administrativa. *Revista Eletrônica de Direito do Estado*, Salvador, Instituto de Direito Público da Bahia, n. 4, out./nov./dez. 2005. Disponível em: http://www.direitodoestado.com.br/artigo/humberto-avila/moralidade-razoabilidade-e-eficiencia-na-atividade-administrativaAcesso em: 19 fev. 2019, p. 24.

conseguinte, administrativamente eficiente. Considera-se, nesta tese, que adequação pressupõe a promoção da finalidade, sendo que qualquer medida que não o faça de maneira substancial (com as advertências feitas mais a frente), não pode ser tida como adequada, merecendo, é certo, a oposta alcunha de inadequada.

Ocorre que para fins da análise do princípio da eficiência, Humberto Ávila concorda com os apontamentos aqui feitos, especialmente ao dizer que "ela exige satisfatoriedade na promoção dos fins atribuídos à administração. Escolher um meio adequado para promover um fim, mas que promove o fim de modo insignificante, com muitos efeitos negativos paralelos ou com pouca certeza, é violar o dever de eficiência administrativa".[318]

Fica claro, então, que a questão está na compreensão do que se tem por medida adequada à promoção das finalidades públicas, valendo-se a presente pesquisa de uma significação que exclui, como regra, as situações que não são consideradas substancialmente completas, verificadas como irrelevantes ou insignificantes.

Feitas as delimitações preliminares necessárias, cabível ainda propugnar sobre o que se pode considerar como promoção da finalidade. Seria indispensável, para se ter o meio utilizado como adequado para fins da eficiência, que a finalidade possa ser efetivamente atingida (ainda que em tese) ou o simples incentivo substancial à realização finalística seria o suficiente?

Ao se aludir à adequação, em particular trabalhando-se o princípio da proporcionalidade, não é estranho encontrar constantes indicações do mister do alcance integral da finalidade proposta, é dizer, deve-se atingir o fim.

Por outro lado, interessantes são as considerações de Luis Virgílio Afonso da Silva, que estuda a questão da adequação tomando por base o vocábulo alemão, que seria onde primeiro teria se invocado a questão para fins da proporcionalidade, explicitando que a palavra *fördern*, utilizada em alguns julgados do Tribunal Constitucional Alemão, deve ser traduzida como "fomentar", e não como "alcançar". Assim, "adequado, então, não é somente o meio com cuja utilização um objetivo

---

[318] ÁVILA, Humberto. Moralidade, razoabilidade e eficiência na atividade administrativa. *Revista Eletrônica de Direito do Estado*, Salvador, Instituto de Direito Público da Bahia, n. 4, out./nov./dez. 2005. Disponível em: http://www.direitodoestado.com.br/artigo/humberto-avila/moralidade-razoabilidade-e-eficiencia-na-atividade-administrativa. Acesso em: 19 fev. 2019, p. 23-24.

é alcançado, mas também o meio com cuja utilização a realização de um objetivo é fomentada, promovida, ainda que o objetivo não seja completamente realizado".[319] A problemática semântica ora posta não comporta uma resposta simplista. Uma forma de se compreender a adequação como significativa do "fomento/promoção" da finalidade é aquela que encontra espaço em uma relação progressiva do grau de amplitude semântica da finalidade elegida.

Quanto mais amplo e genérico se mostrar um objetivo/finalidade escolhido, possível se faz que a eficiência administrativa, no aspecto da adequação do meio, seja aquela que somente fomenta o fim. Em sentido oposto, à medida que a finalidade se mostra mais bem delimitada e específica, com maior grau de concretude e precisão, o alcance pleno da finalidade se mostrará imprescindível para a realização da eficiência administrativa.

A invocação dos comumente[320] chamados conceitos jurídicos indeterminados[321] encontra papel relevante nesta senda explicativa. É dizer, ao passo que os conceitos construídos para a compreensão das finalidades almejadas comportarem um leque cada vez maior de possíveis interpretações e preenchimento de seu conteúdo por meio de inúmeros comportamentos variados, não sendo estes excludentes entre

---

[319] SILVA, Luís Virgílio Afonso da. O proporcional e o razoável. *Revista dos Tribunais*, São Paulo, a. 91, v. 798, abr. 2002, p. 36.

[320] "A expressão 'conceito jurídico indeterminado', embora criticável, ficou consagrada na doutrina de vários países, como Alemanha, Itália, Portugal, Espanha e, mais recentemente, no Brasil, sendo empregada para designar vocábulos ou expressões que não têm um sentido determinado, preciso, objetivo, conceitos vagos, imprecisos, elásticos, de contornos indeterminados, mas que abundam nas normas jurídicas dos vários ramos do direito" (GROTTI, Dinorá Adelaide Musetti. Conceitos jurídicos indeterminados e discricionariedade administrativa. *Revista do Instituto de Pesquisas e Estudos*, Bauru, n. 24, dez./mar. 1999, p. 68).

[321] Eros Roberto Grau tece críticas a respeito da nomenclatura "conceito jurídico indeterminado", amplamente difundida entre os administrativistas pátrios. Para ele, tal denominação é insustentável, já que a "indeterminação apontada em relação a eles não é do conceito (ideias universais), mas de suas expressões". Preferindo usar então a expressão "termos indeterminados de conceitos", sintetiza que "se é indeterminado o conceito, não é conceito" (*Ensaio e discurso sobre a interpretação/aplicação do direito*. 5. ed. São Paulo: Malheiros, 2009, p. 238). Em oposição, Celso Antônio Bandeira de Mello sustenta que a imprecisão, indeterminação ou fluidez residem nos próprios conceitos e não nas palavras que os rotulam. Defende que as palavras que recobrem os conceitos "designam com absoluta precisão algo que é, em si mesmo, um objeto mentado cujos confins são imprecisos" (*Discricionariedade e controle jurisdicional*. São Paulo: Malheiros, 1992, 21). Aqui, justamente pela perspectiva linguística que permeia este trabalho, na qual não há uma relação de necessidade entre as palavras e o que elas designam (o que seria uma perspectiva ontológica), seguimos as considerações do segundo autor.

si, poder-se-ia visualizar que a escolha de uma conduta condizente com o conceito indeterminado utilizado alcança a finalidade, mas não a completa e satisfaz por definitivo (seria viável, assim, a leitura tanto de que a finalidade foi alcançada como de que ela foi somente fomentada, mas ambas as expressões representariam a adequação do meio). Contrariamente, com conceitos jurídicos mais precisos, por vezes unívocos, cujos critérios interpretativos esbarram em padrões semânticos minimamente intransponíveis, alcançar a finalidade pressuporia o seu completo preenchimento e alcance.

Conceitos jurídicos indeterminados,[322] também rotulados de conceitos práticos,[323] em amplos termos, são aqueles que "encerram valorações, isto é, sentidos axiológicos, jurídicos".[324] Para Afonso Rodrigues Queiró, os programas de Estado são formulados parte com conceitos teoréticos, parte com conceitos práticos, o que é da natureza das coisas. "Os primeiros pode dizer-se que são executáveis univocamente, os segundos admitem várias interpretações, das quais só uma, ou algumas, ou tôdas, se harmonizam com o programa ou concepção legislativa, ou do regime, no caso que se considera".[325]

Singelo exemplo hipotético, para não nos desviarmos por completo no atual instante para o campo pragmático, que terá seu lugar de reserva, seria a seleção de finalidades enunciadas por expressões amplas como "alcance do interesse público", "preservação do meio ambiente", "proteção às comunidades carentes" etc. Aqui, a conclusão de uma licitação por meio de determinada modalidade, regida nos devidos termos legais, com a consequente confecção de um contrato administrativo com o licitante vencedor, e.g., que tivesse por objetivo "alcançar o interesse público", teria alcançado sua finalidade, uma vez que o interesse público teria sido atingido. Contudo, não se poderia

---

[322] Para a relação entre os conceitos jurídicos indeterminados e discricionariedade administrativa, confira-se: GROTTI, Dinorá Adelaide Musetti. Conceitos jurídicos indeterminados e discricionariedade administrativa. *Revista do Instituto de Pesquisas e Estudos*, Bauru, n. 24, dez./mar. 1999, p. 69-111; PIRES, Luis Manuel Rodrigues. *Controle judicial da discricionariedade administrativa*: dos conceitos jurídicos indeterminados às políticas públicas. Rio de Janeiro: Elsevier, 2009.
[323] Confira-se: QUEIRÓ, Afonso Rodrigues. A teoria do "desvio de poder" em Direito Administrativo. *Revista de Direito Administrativo – RDA*, Rio de Janeiro, v. 7, p. 52-80, jan. 1947.
[324] DI PIETRO, Maria Sylvia Zanella. *Discricionariedade Administrativa na Constituição de 1988*. São Paulo: Atlas, 1991, p. 48.
[325] QUEIRÓ, Afonso Rodrigues. A teoria do "desvio de poder" em Direito Administrativo. *Revista de Direito Administrativo – RDA*, Rio de Janeiro, v. 7, jan. 1947, p. 53.

afirmar que o interesse público se resumiria ao binômio licitação/contratação regular, havendo incontáveis outros instrumentos, nas mais diversas áreas, que também cumprem a mesma finalidade. Desse jeito, a finalidade "alcançar o interesse público" não restou plenamente completa, existindo ainda um infindável e incessante trabalho administrativo para que o interesse público seja sempre atingido e na maior proporção possível. Pode-se, portanto, dizer que a licitação/contratação na forma realizada fomentou o alcance do interesse público (no sentido de que não o preencheu por completo, mas definitivamente incentivou sua progressiva realização), mas também que o interesse público foi atingido (já que, em um de seus variados aspectos, a finalidade foi sim satisfeita de maneira ótima).

Diferente seria a indicação de uma finalidade mais objetiva e concreta, como por exemplo a de que a Administração firme um contrato administrativo pelo menor preço entre os interessados para a aquisição do bem "x". Tem-se, nessa segunda hipótese, cuja diferenciação reside justamente na forma como a finalidade é expressa, que ao selecionar uma determinada modalidade licitatória que culmine com a seleção do licitante que ofertou o menor preço e com ele firme o pertinente contrato administrativo, a finalidade previamente indicada terá sido completamente satisfeita. Qualquer conclusão que se diferencie da apresentada indicará, em um primeiro momento, falha no alcance finalístico, apontando, assim, como regra, que o meio utilizado foi inadequado. Não há que se falar aqui, com finalidades afuniladas, com maior grau de concretude e conceitos com menor abertura semântica, em "fomento" como significativo de "adequação".

Não desejando incidir em equívoco quanto ao que aqui se explana, uma advertência se faz essencial. Ao afirmar que nesse primeiro aspecto da eficiência, compreendido no sentido de que, no exercício da função administrativa, compete ao agente público selecionar um meio que seja adequado ao alcance da finalidade, a adequação pode se bastar, a depender da situação concreta, com o mero fomento (somente se compreendido nos termos explicados previamente) do fim,[326] não

---

[326] Nossas conclusões não contrariam as lições de Celso Antônio Bandeira de Mello, quando este aponta que, mesmo com a finalidade implícita ou expressa em termos fluídos, não se impede que ela sirva de norte ao intérprete e também que "a conduta que não atingir de modo preciso e excelente a finalidade legal, não é aquela pretendida pela regra de Direito" (*Discricionariedade e controle jurisdicional*. São Paulo: Malheiros, 1992, p. 45; 36). Efetivamente, concordamos que a finalidade deva ser atingida de maneira precisa e excelente. Contudo, vemos a possibilidade, diante dos termos utilizados para a fixação da finalidade, do seu

significa que em todos os casos o fomento preencherá o conteúdo inicial da eficiência.

Temos aqui duas situações diversas: a) a primeira, já trabalhada acima, é a que somente admite que o fomento do fim seja tido como adequado quando se estiver diante de um alto grau de abstração e indeterminabilidade dos conceitos indicativos da finalidade e que seja lido em conformidade com os limites dantes expostos; b) o segundo caso, que merece mais cautela, é que, em se tratando de uma atividade administrativa, tem-se como obrigação que o agente público selecione não só o meio adequado à finalidade, mas sim o "mais" adequado ou, melhor dizendo, que elimine o que não se considera adequado diante do caso concreto.

Quanto ao item "b", apura-se que se houver a possibilidade de seleção de um meio que efetive a finalidade em face de outro que somente a fomente, não haverá escolha ao administrador a não ser optar pela primeira alternativa, que representará a escolha do meio "mais" adequado.[327] Logo, ainda que haja certo grau de indeterminabilidade do conceito indicativo do fim, se mesmo assim for possível o seu cumprimento pleno, este será a escolha que terá o condão de preencher o primeiro aspecto da eficiência administrativa, deixando de lado o mero fomento.

Em realidade, na adequação do meio para a eficiência não se exige a sua maximização, mas sim a eliminação da sua vertente negativa. Na situação tratada no item "b", existindo meio que preencha substancialmente a finalidade, o meio que simplesmente a fomente perde a alcunha de adequado, passando a ser inadequado.

Na apuração do meio adequado para atingir à finalidade, no que tange à eficiência administrativa, se estivermos diante de uma medida que substancialmente alcance o fim pretendido, não haverá nenhuma atividade comparativa, bastando-se por si só esse meio. Caso o meio somente fomente a finalidade, em decorrência da máxima abstração e indeterminabilidade exposta para o fim, cabível um exercício

---

fomento (na acepção explicada no bojo do texto) ser o modo de se dar cumprimento adequado ao fim, na forma descrita pelo autor.

[327] Ricardo Marcondes Martins comparte da mesma intelecção: "[...] como a Administração decide à luz do caso concreto, não basta que a medida fomente a realização do fim, ela deve procurar escolher uma medida que realize o fim pretendido. Assim, se M1 realiza o fim e M2 fomenta o fim, impõe-se a escolha de M1" (Proporcionalidade e boa administração. *Revista da Faculdade de Direito PUC-SP*, v. 3, n. 1, 1º sem. 2015, p. 334).

comparativo para averiguar se não haveria meio que, mesmo diante daquela finalidade, não teria o condão de faticamente alcançá-la substancialmente, ocasião na qual, caso exista essa medida, aquela que somente a fomente deixará de ser adequada e passará a ser inadequada diante das circunstâncias concretas.

E quando a finalidade concreta e objetivamente especificada é alcançada, mas acaba por desvirtuar ou violar uma finalidade mais genérica, a exemplo do próprio interesse público? É certo que não podemos conviver com medidas que desatendam a esse interesse ou mesmo a outros imprescindíveis interesses, ainda que expostos por intermédio de conceitos indeterminados.

Assim, em tom conclusivo e de síntese, de sorte a resolver todas essas questões apresentadas, envolvendo tanto a presença de finalidades específicas, como de fins gerais, tem-se que a eficiência administrativa, nesse primeiro instante, demanda uma dupla revisão[328] para se apurar a adequação do meio.

Diante de casos em que a finalidade a ser perseguida apresenta diversificados níveis de generalidade, cabe ao agente público analisar não somente a adequação quanto ao fim mais concreto, mas também no que se refere ao mais amplo e geral e vice-versa. A medida só será tomada por adequada quando preencher esse requisito nas duas considerações finalísticas: a i) concreta e específica e a ii) geral e abstrata.

Ainda que se possa porventura realizar uma leitura de adequação no sentido de fomento da finalidade, entendido somente para fins expressos por meio de conceitos indeterminados e de elevada abstração, como visto até aqui, não se descarta a necessidade da dupla revisão da adequação para que se possa aferir a eficiência administrativa.

Sem embargo das observações feitas, é de todo recomendável que as finalidades sejam postas, quando possível, em termos claros,[329]

---

[328] Semelhante técnica, de uma dupla revisão, também é proposta por Janneke Gerards para a aferição da máxima da proporcionalidade: *"One possible solution that may become relevant, then, is the application of a 'double test' of effectiveness. Such a test may be applied, in particular, in a scenario of aims that find themselves on different levels of generality"* (How to improve the necessity test of the European Court of Human Rights. *Int. J. Const. Law*, v. 11, n. 2, 2013, p. 480).

[329] *"If the legislator or an administrative body has clearly formulated such an aim or intended result, it will be relatively easy to assess whether the selected measure is, indeed, a suitable, appropriate, and effective means to achieve these results, even if the problems discussed above are taken into account. In practice, however, such clarity as to the aims pursued is not always (or even rarely) provided or available"* (GERARDS, Janneke. How to improve the necessity test of the European Court of Human Rights. *Int. J. Const. Law*, v. 11, n. 2, 2013, p. 478-479).

com uma precisão minimamente aferível (sem que se engesse a discricionariedade do agente público e/ou do legislador nos casos que assim demandarem), uma vez que, quanto mais ampla e fluida se mostra a finalidade – sem que haja uma derivada finalidade específica e concreta –, maiores problemas de cunho pragmático surgirão, dificultando consideravelmente a aplicação da norma da eficiência administrativa e seu controle pelos órgãos competentes.

3.2.3.1.1 Eficácia como elemento integrante

Ainda dentro desse primeiro elemento afeto ao conteúdo normativo da eficiência administrativa, que se reporta à seleção de um meio adequado à satisfação das finalidades legais, cabível trazer a lume uma análise acerca de vocábulo comumente relacionado com a eficiência, seja na linguagem comum, seja na utilizada no sistema jurídico, isto é, a eficácia.

Os embates doutrinários quanto à significação do termo "eficácia" e, mais além, sua inter-relação com a eficiência, avultam-se aos montes, uma vez que não parece haver uma análise coesa e uniforme por parte dos intérpretes especializados.

Lê-se em Marçal Justen Filho que, para evitar a confusão entre a eficiência administrativa e a eficiência econômica, por vezes se atribui à primeira a alcunha de princípio da eficácia administrativa (como sinônimas, portanto), sendo aquela para quem os fins buscados pela Administração Pública devem visar ao menor custo econômico possível, o que não significa maior lucro.[330] Já Diogo de Figueiredo Moreira Neto parece relacionar a ideia de eficácia à legalidade, ao passo que eficiência estaria vinculada à legitimidade em um Estado Democrático de Direito,[331] sendo a segunda um passo adiante em relação à primeira. Em diferente publicação, o mesmo autor acrescenta que na dogmática clássica "a característica jurídica de eficácia dos atos do Poder Público não continha em si qualquer apreciação quanto ao resultado concreto

---

[330] JUSTEN FILHO, Marçal. *Curso de Direito Administrativo*. 8. ed. Belo Horizonte: Fórum, 2012b, p. 182-183.
[331] MOREIRA NETO, Diogo de Figueiredo. Uma nova Administração Pública. *Revista de Direito Administrativo – RDA*, Rio de Janeiro, v. 220, abr./jun. 2000, p. 182.

da ação mas, apenas, a de sua aptidão para produzi-lo em abstrato", possuindo a eficiência agora uma preocupação finalística.[332] Com outra visão, haveria uma absoluta identidade entre eficácia e eficiência, diz Vera Monteiro, devendo-se adotar uma solução que garanta maior amplitude semântica ao vocábulo "eficiência". Assim, deve-se prevalecer o senso comum em detrimento da concepção científica.[333]

Com os olhos saltados sobre o sistema jurídico espanhol, Luciano Parejo Alfonso disserta que a distinção entre eficácia e eficiência estaria, em essência, na produção real ou não do resultado. Assim, "talvez possa se dizer, em resumo, que enquanto a eficácia alude à produção real ou efetiva de um efeito, a eficiência melhor se refere à idoneidade da atividade dirigida a tal fim. Em todo caso, entre ambas as noções existe uma relação muito próxima".[334] Ainda tratando do sistema jurídico espanhol, com base nos artigos 31.2 e 103.1 da Constituição da Espanha, apura-se que eficácia englobaria o conceito de eficiência nas lições de Antonio Descalzo González, já que a primeira remeteria à acepção de consecução dos objetivos, enquanto a segunda seria mais restrita à relação entre os recursos gastos (ideia de gastos públicos) e os resultados obtidos.[335]

Em dissertação apresentada perante a Universidade de Coimbra, João Carlos Simões Gonçalvez Loureiro retrata que a eficiência *stricto sensu*, também chamada de produtividade, referir-se-ia aos recursos consumidos (*inputs*) para o alcance de determinados fins, ao passo que a eficácia exprimiria as relações de efeitos ou resultados e seus objetivos.[336]

Possuindo outra perspectiva, relacionando meios e finalidades, Raquel Melo Urbano de Carvalho resume que "enquanto a eficiência refere-se ao uso dos meios adequados, a eficácia é pertinente à produção

---

[332] MOREIRA NETO, Diogo de Figueiredo. Novos institutos consensuais da ação administrativa. *Revista de Direito Administrativo – RDA*, Rio de Janeiro, v. 231, jan./mar. 2003, p. 141.

[333] MONTEIRO, Vera. As leis de procedimento administrativo: uma leitura operacional do princípio constitucional da eficiência. *In:* SUNDFELD, Carlos Ari; MUÑOZ, Guillermo Andrés (Coord.). *As leis de processo administrativo*. São Paulo: Malheiros, 2006, p. 349.

[334] Tradução de: "[...] *quizás pueda decirse, resumiendo, que mientras la eficacia alude a la producción real o efectiva de un efecto, la eficiencia se refiere más bien a la idoneidad de la actividad dirigida a tal fin. En todo caso, entre ambas nociones existe una muy estrecha relación*" (PAREJO ALFONSO, Luciano. *Eficacia y administración*: Tres estudios. Madrid: INAP, 1995, p. 92).

[335] DESCALZO GONZÁLEZ, Antonio. Eficacia administrativa. *Eunomia – Revista en Cultura de la legalidad*, n. 2, ago. 2012, p. 147.

[336] LOUREIRO, João Carlos Simões Gonçalves. *O procedimento administrativo entre a eficiência e a garantia dos particulares (algumas considerações)*. Coimbra: Coimbra Editora, 1995, p. 128.

dos resultados como efeitos finais".[337] Com um pensamento congênere, Dinorá Adelaide Musetti Grotti indica que eficiência teria uma dimensão qualitativa, na medida em que não caberia ao Estado alcançar somente os resultados com os meios que lhe são colocados à disposição pela sociedade (o que corresponderia à eficácia), mas também que os efetue da melhor forma possível (eficiência).[338]

Não há, pois, consenso dos juristas sobre até que ponto eficácia e eficiência se aproximam.

Dentre as diversas construções semânticas juridicamente possíveis ao termo "eficácia", temos, primeiramente, que não se refere ele a um vocábulo absolutamente sinônimo[339] de eficiência.

A despeito de grande parte dos dicionários de língua portuguesa definir eficiência como sinônimo de eficácia, como, a título de exemplo, há tempos faz Candido de Figueiredo[340] ou, ainda, Aurélio Buarque de Holanda Ferreira, ao dispor que eficiente seria eficaz,[341] tais compêndios vernaculares assim tratam a eficiência por desconsiderá-la na sua natureza de elemento jurisdicizado, ou seja, inserido em linguagem própria no sistema particular do Direito positivo.

O problema, a nosso sentir, encontra-se justamente na definição trazida à "eficiência", que não completa satisfatoriamente a significação do termo na ordem jurídica pátria. Contudo, em relação à palavra "eficácia", parece-nos que os dicionários trazem conceito muito próximo do que possui a mesma palavra para fins jurídicos.

Para Francisco S. Borba *et al.*, eficácia significaria efeito real e positivo ou bom resultado.[342] Candido de Figueiredo expõe eficácia como aquilo que é eficaz e este como sendo o que tem força de produzir

---

[337] CARVALHO, Raquel Melo Urbano de. *Curso de Direito Administrativo*: parte geral, intervenção do estado e estrutura da administração. Salvador: JusPodivm, 2008, p. 187.

[338] GROTTI, Dinorá Adelaide Musetti. *O serviço público e a Constituição brasileira de 1988*. São Paulo: Malheiros, 2003, p. 298-299.

[339] Uma das razões para nossa posição é encontrada no plano sintático, porquanto temos no artigo 74, inciso II, da Constituição, que o sistema de controle interno dos Poderes republicanos terá por fim comprovar a legalidade e avaliar os resultados, quanto à eficiência e eficácia, da gestão orçamentária, financeira e patrimonial dos órgãos da Administração. Logo, dessa escolha terminológica legislativa, que optou por se valer dos dois termos conjuntamente, temos que, embora próximas, são figuras díspares.

[340] FIGUEIREDO, Candido de. *Novo Diccionário da Língua Portuguesa*. Portugal: T. Cardoso & irmão, 1913, p. 688.

[341] FERREIRA, Aurélio Buarque de Holanda. *Novo dicionário Aurélio da língua portuguesa*. 3. ed. Curitiba: Positivo, 2004, p. 716.

[342] BORBA, Francisco S. et al. *Dicionário UNESP de português contemporâneo*. São Paulo: UNESP, 2004, p. 464.

alguma coisa.³⁴³ Na mesma linha, J. M. Othon Sidou conceitua o termo na perspectiva jurídica como a propriedade que possui um ato/fato de produzir o resultado desejado.³⁴⁴

Eficácia, predicada de administrativa, portanto, reporta-se à determinação de que a Administração Pública adote comportamentos que sejam capazes de atingir o fim pretendido. Diz-se eficaz, pois, o ato administrativo (*lato sensu*) que se mostra hábil a alcançar um resultado,³⁴⁵ qual seja, a finalidade legal.

Salta aos olhos, pois, que a significação de eficácia ora trabalhada corresponde ao aspecto debulhado até então no que se refere ao primeiro elemento da eficiência administrativa: a de que o meio selecionado deve ser adequado ao alcance da finalidade visada. A eficiência pressupõe a eficácia, sendo esta condição necessária, mas não exclusiva, daquela.

Não diferentes são as considerações de Paulo Modesto, abaixo reproduzidas:

> Entendo eficácia como a aptidão do comportamento administrativo para desencadear os resultados pretendidos. A eficácia relaciona, de uma parte, resultados possíveis ou reais da atividade e, de outro, os objetivos pretendidos. A eficiência pressupõe a eficácia do agir administrativo, mas não se limita a isto. A eficácia é, juridicamente, um *prius* da eficiência.³⁴⁶

Insta acrescentar, de modo a não haver qualquer confusão, que o sustentado até então implica dizer que embora a eficácia possa ser analisada isoladamente, no sentido de se aferir se o fim foi alcançado pelo comportamento adequado, o mesmo não se conclui no que respeita à eficiência, que obrigatoriamente possui dentre seus elementos necessários a eficácia. Assim, um ato pode ser eficaz e ineficiente (já

---

³⁴³ FIGUEIREDO, Candido de. *Novo Diccionário da Língua Portuguesa*. Portugal: T. Cardoso & irmão, 1913, p. 688.

³⁴⁴ SIDOU, J. M. Othon. *Dicionário jurídico*: Academia Brasileira de Letras Jurídicas. 9. ed. Rio de Janeiro: Forense Universitária, 2006, p. 332.

³⁴⁵ Na perspectiva da atividade de controle dos Tribunais de Contas, a semântica associada à eficácia segue a mesma linha, no sentido de que "o conceito de eficácia diz respeito à capacidade da gestão de cumprir objetivos imediatos, traduzidos em metas de produção ou de atendimento, ou seja, a capacidade de prover bens ou serviços de acordo com o estabelecido no planejamento das ações" (TRIBUNAL DE CONTAS DA UNIÃO. *Manual de auditoria operacional*. 4. ed. Brasília: TCU, Secretaria-Geral de Controle Externo (Segecex), 2020, p. 17).

³⁴⁶ MODESTO, Paulo. Notas para um debate sobre o princípio da eficiência. *Revista do Serviço Público*, Brasília, a. 51, n. 2, abr./jun. 2000, p. 112.

que a eficiência se constitui em uma relação complexa de outras partes integrantes), mas jamais um ato eficiente pode ser ineficaz.

Consequentemente, não concordamos por completo com as lições muito bem delineadas de Antônio Carlos Cintra do Amaral, segundo o qual "o conceito jurídico de eficiência pode ser elaborado à luz desse conceito administrativo. A eficiência refere-se aos meios, enquanto a eficácia está relacionada com os resultados".[347] A despeito de aquiescermos com as premissas de que eficácia se relaciona com resultados e que, de fato, a eficiência possui estreita conexão com os meios, não nos parece completo nem acertado excluir da eficiência sua imbricada ligação com o resultado, como se fosse possível um ato ser eficiente sem o atendimento, em tese, da finalidade (resultado).

Destarte, outra não é a conclusão senão a de que a eficácia[348] se encontra inserida dentro do âmbito da eficiência administrativa, sendo um dos seus elementos que primeiramente precisa ser escrutinado na estruturação do conteúdo jurídico do princípio em tela, como assim o fizemos até aqui.

---

[347] AMARAL, Antônio Carlos Cintra do. O princípio da eficiência no Direito Administrativo. *Revista Diálogo Jurídico*, Salvador, CAJ – Centro de Atualização Jurídica, n. 14, jun./ago. 2002. Disponível em: http://www.direitopublico.com.br. Acesso em: 10 dez. 2015, p. 4.

[348] Relacionado com "eficácia" e "eficiência", também se invoca no trato dessas questões o termo "efetividade". Há autores que enxergam uma substancial diferença entre "eficácia" e "efetividade", como faz José dos Santos Carvalho Filho, o qual escreve que "eficácia" tem conexão com os meios e instrumentos empregados pelos agentes públicos, enquanto que a "efetividade" é voltada aos resultados obtidos por intermédio das ações administrativas (*Manual de Direito Administrativo*. 23. ed. Rio de Janeiro: Lumen Juris, 2010, p. 34). É também a posição técnica dos Tribunais de Contas, sendo que efetividade seria "ir além do cumprimento de objetivos imediatos ou específicos, em geral consubstanciados em metas de produção ou de atendimento (exame da eficácia da gestão). Trata-se de verificar se os resultados observados foram realmente causados pelas ações desenvolvidas e não por outros fatores" (TRIBUNAL DE CONTAS DA UNIÃO. *Manual de auditoria operacional*. 4. ed. Brasília: TCU, Secretaria-Geral de Controle Externo (Segecex), 2020, p. 18). Apesar dessas considerações e de outras que encaram os mencionados termos de forma distinta, nesta obra segue-se a compreensão de que ambos são, em essência, sinônimos, na maior parte dos contextos, não havendo qualquer traço distintivo que justifique uma diferenciação semântica. Ser eficaz, portanto, é ser efetivo. Do mesmo modo, confira-se: MOKATE, Karen. *Eficacia, eficiencia, equidad y sostenibilidad: ¿qué queremos decir?* Washington: Indes/BID, 2001, p. 3-4. Sem embargo, reconhece-se que, em particular na atividade administrativa de controle (na nova Lei de Licitações há, inclusive, menção expressa à efetividade, ao lado da eficácia, nos artigos 11, parágrafo único e 169, §1º, que versam sobre o controle das contratações públicas), é possível tratar a efetividade como associada à verificação do cumprimento das finalidades (eficácia) por meio dos comportamentos e ações adotados pelo Poder Público (efetividade).

3.2.4 Comparação entre os meios: a solução ótima

O primeiro elemento objetivo da eficiência administrativa diz respeito à escolha do meio que seja adequado a atingir a finalidade escolhida (eficácia), tal qual visto no item antecedente. Porém, somente a escolha de um meio adequado não satisfaz por completo os elementos da eficiência administrativa. Se só isso bastasse, a eficácia já preencheria todo o espaço, sendo a eficiência norma despicienda. Como assim não ocorre, novamente o foco de análise há de recair sobre as características do meio selecionado.

Ao construir um conteúdo semanticamente coerente ao princípio da eficiência administrativa, embora seja concorde que tal determinação normativa exija que a finalidade seja, em tese, devidamente atendida (nos termos e limites explorados anteriormente), é certo que não se torna aceitável que qualquer meio invocado, ainda que capaz de atingir a finalidade, seja por si só eficiente. Confirmar tal asserção seria corroborar a máxima de que os fins justificam os meios,[349] quaisquer que sejam, o que não encontra guarida na ordem constitucional brasileira.

Existem medidas que, não obstante tenham a aptidão de cumprir a finalidade a que se propuseram, mostram-se por demais custosas, não sendo possível rotulá-las, assim, de eficientes.

Deveras, o vocábulo "eficiência", embora não seja preconcebido aprioristicamente, alude a tradições e valorações culturais e históricas de determinadas sociedades.

Ao se apurar o termo "eficiência", em especial no Brasil, tem-se uma pré-compreensão de que se está a tratar de comportamentos possuidores de menores custos. A invocação da palavra em tela traz ao imaginário do ouvinte uma concepção de menores gastos/custos para obtenção de resultados. Nessa linha, por exemplo, ao lado de uma compreensão de eficiência equiparável à eficácia, Sérgio Sérvulo da Cunha define eficiente como o que alcança o melhor resultado com o menor dispêndio.[350]

---

[349] "Não se pode correr o risco de transitar, atualmente, da máxima 'os fins justificam os meios' para a ordem absoluta 'use os meios de que precisar ou até mesmo os ignore, mas atinja o fim a qualquer custo'" (CARVALHO, Raquel Melo Urbano de. *Curso de Direito Administrativo*: parte geral, intervenção do estado e estrutura da administração. Salvador: JusPodivm, 2008, p. 187).

[350] CUNHA, Sérgio Sérvulo da. *Dicionário compacto de direito*. 3. ed. São Paulo: Saraiva, 2003, p. 108.

No exercício da função administrativa, espaço no qual se encontra inserida a determinação de uma conduta eficiente, não compete aos agentes públicos a seleção de qualquer meio, seja porque o alcance da finalidade é insatisfatório, seja porque, ainda que cumpra com o fim legal, fá-lo com meios que exacerbam os limites da ordem jurídica.

Calham à fiveleta as pontuações de Celso Antônio Bandeira de Mello, que se enquadram com perfeição na argumentação que aqui se pretende elaborar, ao dispor que "a atividade jurídico-administrativa consiste no cumprimento de uma função.[351] E a ideia de função traz consigo a de dever em vista de uma finalidade, isto é, exercício, no interesse alheio, de um poder cujo desempenho é obrigatório". Assim sendo, por se exercer uma função, prossegue declarando que o "dever jurídico que se põe para a Administração é necessariamente o de escolher a melhor solução – e não qualquer solução comportada, *in abstrato*, pelo âmbito de liberdade que lhe deferiu a norma legal".[352]

À vista disso, conclui-se que não se amesquinha a eficiência administrativa a tão só determinar a utilização de um meio adequado ao fim legal previsto, mas sim, indo mais além, que tal meio seja o melhor a ser selecionado, de maneira a alcançar a solução ótima que atenda ao interesse público.

Em que sentido, porém, para fins da eficiência administrativa, enquadra-se o tratamento da adoção da "melhor conduta"?

Como visto, a adoção da melhor solução envolve não só o cumprimento do fim pretendido, através da adequação do meio elegido, mas que este seja o menos gravoso/custoso possível a quem o pratique e aos demais envolvidos. Logo, é possível adiantar que, para que possam ser traçados os limites do princípio da eficiência administrativa, o meio elegido, além de ser adequado ao fim, demanda, igualmente, que seja o menos oneroso à Administração Pública.

Essa intelecção semântica é compartilhada, ainda que parcialmente, por inúmeros doutrinadores que se propõem a estudar o princípio da eficiência administrativa.[353]

---

[351] Para maiores considerações sobre a relação entre função e eficiência, *vide* item 3.2.9.
[352] BANDEIRA DE MELLO, Celso Antônio. O controle judicial dos atos administrativos. *Revista de Direito Administrativo – RDA*, Rio de Janeiro, v. 152, abr./jun. 1983, p. 9.
[353] MOREIRA NETO, Diogo de Figueiredo. Coordenação gerencial na Administração Pública (Administração Pública e autonomia gerencial. Contrato de gestão. Organizações sociais. A gestão associada de serviços públicos: consórcios e convênios de cooperação). *Revista de Direito Administrativo – RDA*, Rio de Janeiro, v. 214, out./dez. 1998a, p. 39; BULOS, Uadi Lammêgo. Reforma administrativa (primeiras impressões). *Revista de Direito Administrativo – RDA*, Rio

Quer-se dizer, ao insistir que a eficiência possui também como segundo elemento, além da adequação do meio à finalidade, a necessidade de escolha do meio menos oneroso/custoso, que ao agente público compete, na seleção do meio, verificar se dentre os que atingem a finalidade da mesma sorte, não há outro que seja menos gravoso, oneroso ou custoso. Trata-se, é claro, de uma atividade comparativa.

Novamente temos que perquirir novos conteúdos semânticos para compreender a elaboração que está sendo feita. Afinal, o que vem a ser um meio menos oneroso ou custoso, para a norma jurídica do princípio da eficiência administrativa?

A primeira leitura, talvez a mais comum, busca sempre relacionar a eficiência a questões diretamente monetárias, sendo que, ao falar de custos, está-se referindo a ponto afeto aos recursos financeiros e patrimoniais pertencentes ao Estado. É assim, por exemplo, que enxerga Dalton Santos Morais, ao argumentar acerca da eficiência administrativa da subsequente maneira:

> Se está, portanto, inserto no texto da Constituição que a Administração Pública deverá desempenhar as atividades administrativas no sentido de produzir resultados os mais satisfatórios possíveis ao atendimento das necessidades da coletividade e da própria máquina administrativa, despendendo o mínimo possível de recursos públicos para tanto, deverá o administrador público, no exercício *ex lege* da atividade administrativa, interpretar as normas a que está sujeito sob o prisma da legalidade material, em detrimento de um exacerbado formalismo que eventualmente seja exigido pela legislação vigente.[354]

No entanto, ainda que a palavra "custos" de fato instigue o imaginário do intérprete, pelo menos em um primeiro momento, a aspectos quase que exclusivamente econômicos/patrimoniais, tal significação, em um sistema jurídico como o brasileiro, mostra-se por demais limitadora e não abrangente das demais situações que se inserem na questão.

Emerson Gabardo possui a mesma opinião, já que para ele é "coerente com um discurso enaltecedor de uma interpretação constitucional

---

de Janeiro, v. 214, out./dez. 1998, p. 77; NOBRE JÚNIOR, Edilson Pereira. Administração Pública e o princípio constitucional da eficiência. *Revista de Direito Administrativo – RDA*, Rio de Janeiro, v. 241, jul./set. 2005, p. 220; GASPARINI, Diógenes. *Direito Administrativo*. 8. ed. São Paulo: Saraiva, 2003, p. 86; JUSTEN FILHO, Marçal. *Curso de Direito Administrativo*. 8. ed. Belo Horizonte: Fórum, 2012b, p. 182-183.

[354] MORAIS, Dalton Santos. Os custos da atividade administrativa e o princípio da eficiência. *Revista de Direito Administrativo – RDA*, Rio de Janeiro, v. 237, jul./set. 2004, p. 189.

do princípio da eficiência administrativa, obviamente que, de pronto, denota-se descartada a hipótese de resumi-lo a uma verificação econômica da relação custo-benefício [...]".[355] Com sinônima posição se apresenta Humberto Ávila: "[...] não há o dever absoluto de escolher o meio que cause menos custo administrativo (*Vewaltungsaufwand*). A medida adotada pela administração pode ser a menos dispendiosa e, apesar disso, ser a menos eficiente".[356][357]

É para evitar essa indesejada limitação que ocasionalmente se prefere, inclusive, o termo "onerar" (sem prejuízo da utilização de outros afins), que não traz uma imediata percepção de um critério privativamente econômico (mas também não o exclui), de modo que, para que se concretize a eficiência administrativa, é necessária a escolha do meio que seja menos oneroso.

A fim de robustecer o que se defende, é em Karen Mokate que encontramos irreparável explicação de que os custos para fins de eficiência merecem compreensão ampla, que ultrapasse o aspecto de desembolso financeiro. São suas as seguintes lições:

> A referência a "custos" na definição de eficiência corresponde a um entendimento amplo do conceito. Nem todo custo tem necessariamente que se associar à desembolso de dinheiro. Nem todo custo corresponde diretamente a uma expressão em unidades monetárias. Um custo representa o desgaste ou o sacrifício de um recurso, tangível ou intangível. Portanto, poderia se referir ao uso (sacrifício) de tempo, ao desgaste ou deterioração de um recurso ambiental (ainda que este não seja disponível)

---

[355] GABARDO, Emerson. A eficiência no desenvolvimento do Estado brasileiro: uma questão política e administrativa. *In*: MARRARA, Thiago (Org.). *Princípios de Direito Administrativo*. São Paulo: Atlas, 2012, p. 341.

[356] ÁVILA, Humberto. Moralidade, Razoabilidade e Eficiência na Atividade Administrativa. *Revista Eletrônica de Direito do Estado*, Salvador, Instituto de Direito Público da Bahia, n. 4, out./nov./dez. 2005. Disponível em: http://www.direitodoestado.com.br/artigo/humberto-avila/moralidade-razoabilidade-e-eficiencia-na-atividade-administrativa. Acesso em: 19 fev. 2019, p. 21.

[357] Na doutrina estrangeira, ainda que com um olhar sobre ordens jurídicas distintas, a síntese parece ser a mesma, como se pode notar das observações de Eberhard Schmidt-Assmann: "*Tampoco sirve de mucho la observación de que la eficiencia administrativa no debe confundirse con la mera rentabilidad de los medios empleados. Es obvio que la obligación que tiene la Administración pública de actuar al servicio del interés público no se reduce a la obtención de beneficios económicos. Se trata, más bien, de tener en cuenta distintas perspectivas a la hora de analizar el concepto de beneficio*" (*La teoría general del derecho administrativo como sistema*: Objeto y fundamentos de la construcción sistemática. Tradução de Mariano Bacigalupo *et al*. Barcelona: Marcial Pons, 2003, p. 353).

ou à deterioração ou sacrifício de outro "bem" não tangível como o capital social, a solidariedade cidadã ou a confiança, entre outros.[358]

A aferição dos custos, portanto, ultrapassa o aspecto financeiro e abarca outras limitações e/ou sacrifícios a bens e direitos envolvidos, como será mais bem delineado adiante.

3.2.4.1 Aspectos subjetivos

Pergunta inevitável, que intencionalmente não se quis indicar a resposta diretamente, é aquela que indaga a quem o meio utilizado deverá ser o menos oneroso (retoma-se ciclicamente ao aspecto subjetivo da norma).

Como visto, o destinatário direto da norma da eficiência administrativa, no sentido normativo-mandamental, é a Administração Pública, na abrangência já trabalhada alhures. Ao propugnar que a Administração Pública tem o dever de escolher o meio menos oneroso, duas situações, que necessitam ser verificadas conjuntamente, emergem.

A primeira é aquela que parte da compreensão do termo oneroso ou custoso como condizente ao aspecto econômico, dos custos administrativos, ou seja, ao agente público caberia selecionar um meio que custasse (monetariamente) menos para os cofres do Estado, que precisa administrar os finitos recursos públicos disponíveis, de maneira consentânea com as leis orçamentárias e diplomas normativos pertinentes às finanças públicas, de modo a atingir da maneira mais ampla todos os deveres previstos constitucional e legalmente.[359] Aqui, portanto, o

---

[358] Tradução de: *"La referencia a 'costos' en la definición de eficiencia corresponde a un entendimiento amplio del concepto. No todo costo necesariamente tiene que asociarse con un desembolso de dinero. No todo costo corresponde directamente a una expresión en unidades monetarias. Un costo representa el desgaste o el sacrificio de un recurso, tangible o intangible. Por tanto, podría referirse al uso (sacrificio) de tiempo, al desgaste o deterioro de un recurso ambiental (aunque éste no sea transable) o al deterioro o sacrificio de otro 'bien' no tangible como el capital social, la solidaridad ciudadana o la confianza, entre otros"* (MOKATE, Karen. *Eficacia, eficiencia, equidad y sostenibilidad: ¿qué queremos decir?* Washington: Indes/BID, 2001, p. 4).

[359] Salutares e condizentes com a argumentação desta tese são as considerações de Luciano Parejo Alfonso, que pondera que, devido à multiplicidade dos interesses gerais a que o Estado está obrigado a buscar, haveria uma impossibilidade lógico-jurídica da eficácia plena da atuação administrativa em seu conjunto. Prossegue pontuando que *"lo cierto es, sin embargo, que los intereses generales no se producen ni operan de forma independiente unos de otros, sino justamente formando un conjunto constituido por indisolubles relaciones entre los mismos: una verdadera y compleja estructura. De ahí que la realización intensiva y plena de unos deba hacerse necesariamente a costa o con mayor o menor perjuicio de la de otros. Justamente por ello, la actuación administrativa incorpora como uno de sus elementos constitutivos la permanente*

menos oneroso se refere, diretamente, à própria Administração, mais precisamente ao aspecto dos "cofres públicos".

Só que, como adiantado, não se limita aqui o conteúdo de "oneroso" ou "custoso", entendendo-se que a lesão[360] a bens e direitos legítimos dos administrados, cerceamento de suas liberdades ou preterição de determinadas finalidades públicas em prol de outras também se subsumem àqueles adjetivos, sendo considerados, em oposição aos custos administrativos, como custos sociais.

Nesse aspecto, bem-vindas são as palavras de Humberto Ávila, as quais exaltam que "de uma medida administrativa podem surgir efeitos relacionados a vários fins que a administração deve atingir, uns primários, outros secundários", sendo que "a avaliação de todos os fins administrativos afasta o dever de considerar o menor custo como excludente do exame de outros fins". E conclui que "o menor custo é, tão-só, um dos vários elementos a serem considerados".[361]

Nesse segundo caso, é claro, a onerosidade diz respeito, principalmente, aos administrados.

É dessa forma que reconhece, com habitual rigor, Maria Paula Dallari Bucci, compreendendo que apesar de toda a importância do aspecto econômico no conceito de eficiência, expresso na relação entre custos e benefícios, a efetivação do princípio "deve ser mensurada também em termos dos custos sociais de determinadas estruturas e práticas

---

y continuada ponderación entre intereses, bienes y valores jurídicos para su armonización en una solución que resuelva, en el caso concreto, la complejidad de la estructura que éstos componen" (PAREJO ALFONSO, Luciano. La eficacia como principio jurídico de la actuación de la Administración Pública. *Documentación Administrativa*, n. 218-219, jun. 1989, p. 64).

[360] Quando se usa a terminologia "lesão a direitos", não se está a referir necessariamente à ilegalidade. Se há uma violação à lei, embora seja possível investigar a eficiência administrativa, a validade normativa acabaria se resolvendo pelo prisma da legalidade (sobre o assunto, *vide* item 4.5). No entanto, a menção a lesões tem por objetivo trazer o significado não de ilegalidades, mas sim de escolhas que não implementem direitos ou não os efetivem em sua máxima amplitude. Assim, optar por medidas que impliquem em melhorias na saúde em detrimento de aprimoramentos na educação, *e.g.*, por certo impede que o direito à educação (artigo 205 da Constituição Federal) seja efetivado da maneira mais otimizada possível, configurando, na forma tratada nesse texto, uma "lesão a direito" e, portanto, um custo social.

[361] ÁVILA, Humberto. Moralidade, razoabilidade e eficiência na atividade administrativa. *Revista Eletrônica de Direito do Estado*, Salvador, Instituto de Direito Público da Bahia, n. 4, out./nov./dez. 2005. Disponível em: http://www.direitodoestado.com.br/artigo/humberto-avila/moralidade-razoabilidade-e-eficiencia-na-atividade-administrativa. Acesso em: 19 fev. 2019, p. 20.

administrativas e sua repercussão sobre a formação de uma consciência de ação coletiva, de interesse público, nos cidadãos".[362]

Não são divergentes as palavras de Heraldo Garcia Vitta, que ao analisar a inserção expressa da eficiência por meio da reforma administrativa, indica que o "princípio referido não pode ser visto somente sob o prisma econômico, mas, igualmente, em face dos valores protegidos pela Lei Maior, como os descritos no artigo 1º e outros, esparsos na Carta".[363]

Um Estado, como o brasileiro, que possui uma Constituição prolixa, com inúmeros direitos assegurados, das mais variantes espécies, toma como indesejáveis lesões, violações ou mitigações àqueles direitos. A cada oportunidade em que um direito não é respeitado em sua plenitude, contabiliza-se um custo social, pois a Administração não se mostrou hábil a cumprir adequadamente seus deveres – mesmo que não tenha havido nenhuma ilegalidade patente –, ademais de ocasionar, em muitos casos, custos administrativos futuros, ainda que reflexos. Mencione-se o caso da incorreção do direito ao acesso ao saneamento básico (custos sociais), que gerará possíveis gastos (custos administrativos) com saúde pública no futuro.

Em Estados Democráticos de Direito, cumprem a estas estruturas socialmente concebidas assegurar que os direitos sejam respeitados, seja nas relações privadas, seja no que tange à própria interferência estatal. Além disso, a depender da ideologia estatal adotada, não há só o dever de simplesmente respeitar direitos dos particulares, mas compete ao Estado, indo mais além, efetivá-los, como é o caso dos direitos sociais. Desta feita, a cada direito que é desrespeitado e/ou não é efetivado, o que sempre ocorre, em menor ou maior medida, a depender de uma incontável conjunção de fatores jurídicos, políticos e sociais, o Estado possui um revés em sua atuação, havendo um verdadeiro sacrifício social.

Como é certo que somente um pensamento utópico conceberia um Estado que fosse capaz de cumprir integral e simultaneamente com todas as finalidades pré-concebidas, torna-se incontrolável que a escolha de uma finalidade a ser perseguida e sua efetivação ocasione uma fragilização em algum outro fim, por vezes mitigando inclusive direitos dos cidadãos. Assim sendo, de modo a cumprir determinadas

---

[362] BUCCI, Maria Paula Dallari. *Direito Administrativo e políticas públicas*. São Paulo: Saraiva, 2002, p. 183.
[363] VITTA, Heraldo Garcia. Apontamentos da Reforma Administrativa. *Boletim de Direito Administrativo*, Curitiba, n. 2, fev. 1999, p. 109.

finalidades, compete ao Estado sacrificar[364] outras (ao menos seu atendimento integral), o que pode ser compreendido como um custo/gasto social.

Observa-se que é nessa comparação entre onerosidades que se justificam as considerações feitas no item 3.2.3, no sentido de que, embora no primeiro elemento da eficiência (adequação à finalidade) a legitimidade da finalidade seja pressuposta, a sua escolha pode se mostrar inadequada nessa segunda fase, quando se realiza o cotejo com outras finalidades e elementos.

É inconteste, contudo, ao afirmar nessa segunda perspectiva que oneroso concerne ao direito dos cidadãos, que a própria Administração Pública se encontra também afetada, afinal, ao exercer a função estatal, as entidades e agentes públicos buscam um fim só, qual seja, o interesse público,[365] não servindo o Estado, como já frisado inúmeras vezes, para ser um fim em si mesmo.

Com tudo isso que se apresenta, quer-se dizer que o segundo elemento de análise da eficiência exige um cotejo entre os meios existentes para o alcance adequado da finalidade escolhida, de forma a se eleger tanto o que gere menores gastos ao Estado (custos administrativos), como também o que ocasione, simultaneamente, mais brandas lesões a possíveis direitos em jogo (custos sociais).

Alexandre Santos de Aragão se serve de pontuação muito próxima da que aqui se apresenta, em especial na passagem transcrita abaixo:

> A eficiência não pode ser entendida apenas como maximização financeira, mas sim como um melhor exercício das missões de interesse coletivo que incumbem ao Estado, que deve obter a maior realização prática possível das finalidades do ordenamento jurídico, com os menores ônus possíveis, tanto para o Estado, inclusive de índole financeira, como para as liberdades dos cidadãos.[366]

---

[364] As pré-compreensões do verbo "gastar" aludem justamente a atos de desgaste, diminuição, consumo ou sacrifício.

[365] Tratando em termos gerais acerca do princípio da boa administração, sem a necessidade de vinculação a nenhum ordenamento jurídico particularizado, o qual tem estreita conexão com a eficiência administrativa, Jaime Rodríguez-Arana Muñoz diz que *"dirigir en el marco de la buena Administración pública supone asumir con radicalidad que la Administración pública existe y se justifica, en la medida en que sirve objetivamente al interés general"* (La buena administración como principio y como derecho fundamental en Europa. *Misión Jurídica – Revista de Derecho y Ciencias Sociales*, Bogotá, D.C. (Colombia), n. 6, ene./dic. 2013, p. 25).

[366] ARAGÃO, Alexandre Santos de. *Curso de Direito Administrativo*. 3. ed. Rio de Janeiro: Forense, 2013, p. 72.

A asserção de que em um segundo aspecto do conteúdo da eficiência há uma demanda pela análise dos direitos e interesses possivelmente restringidos ou afetados deve ser conformada em pertinência a cada espécie de função a ser desempenhada pela Administração Pública. O peso a ser conferido a uma restrição de uma liberdade do administrado deve receber diferenciada valoração do intérprete caso se trate de um ato vinculado à prestação de um serviço público ou ao exercício do poder de polícia, por exemplo.

De fato, há determinadas atividades estatais cujo cerne é ampliar direitos, ao passo que, em outras, o fim almejado é justamente restringi-los, ambas visando a, em última instância, alcançar o interesse público. Trata-se da já conhecida distinção entre atos administrativos ampliativos e restritivos, bem explorada por autores nacionais como Angélica Petian[367] e Celso Antônio Bandeira de Mello.[368]

Adverte-se, porém, que, mesmo nos atos administrativos restritivos, o administrado é o destinatário da norma pertinente à eficiência administrativa, tal qual exposto no item 3.1.4.

Há, ainda, certos atos cuja restrição é de tal monta que se tornam verdadeiros sacrifícios de direito[369] (vide a desapropriação), hipóteses em que a lesão a direitos é inerente, sendo lógico que o peso a ser conferido ao direito mutilado seja diminuto, pelo menos para os fins da comparação a ser realizada com os possíveis outros meios que poderiam ser selecionados.

3.2.4.2 Cotejo entre as onerosidades

Quando estivermos diante da comparação entre meios que igualmente atinjam à finalidade e a) possuam o mesmo custo administrativo ou, ainda, b) gerem lesões aos mesmos interesses/direitos/finalidades, com a mesma intensidade, esse segundo aspecto da eficiência não traz maiores problemas, cabendo escolher, no primeiro caso (a), aquele menos lesivo a direitos e, no segundo (b), o menos custoso financeiramente.

---

[367] PETIAN, Angélica. *Regime jurídico dos processos administrativos ampliativos e restritivos de direito*. São Paulo: Malheiros, 2011, p. 100-110.

[368] BANDEIRA DE MELLO, Celso Antônio. *Curso de Direito Administrativo*. 33. ed. Paulo: Malheiros, 2017, p. 437-438.

[369] Sobre sacrifícios de direito, confira-se: SUNDFELD, Carlos Ari. Condicionamentos e sacrifícios de direitos-distinções. *Revista Trimestral de Direito Público*, n. 4, p. 79-83, 1993; CABRAL, Flávio Garcia. Natureza jurídica das medidas cautelares administrativas patrimoniais. *Revista de Direito Administrativo e Infraestrutura*, v. 8, p. 173-201, 2019.

Entretanto, havendo um conflito entre a onerosidade financeira (custos administrativos) e a onerosidade de direitos (custos sociais),[370] qual mereceria maior resguardo da ordem jurídica na ótica da eficiência administrativa? Diante de diversos meios igualmente adequados ao atingimento da finalidade proposta, caberia selecionar aquele que fosse menos lesivo a direitos e interesses jurídicos, ainda que de elevadíssimo gasto econômico e de recursos públicos?

Esse dilema é sentido em toda e qualquer decisão administrativa que envolva recursos públicos, não sendo algo afeto exclusivamente à Administração Pública brasileira. José Roldán Xopa traz à colação pelo menos duas grandes dificuldades na compreensão da eficiência no setor público e que possuem estreita ligação com a indagação ora realizada:

a) a redução da eficiência ou a simples economia dos meios, já que os custos se medem mais facilmente que os benefícios (a economia se constitui na única medida de êxito; a demanda da eficiência se transforma em uma mera redução de gastos); b) a tendência à ignorância dos efeitos externos, pelo fato dos custos sociais serem mais difíceis de medir que os econômicos (cada serviço se concentra na melhora de sua eficiência econômica, inclusive se os efeitos globais não são ótimos).[371]

---

[370] A análise dos custos sociais não é tarefa isenta de obstáculos, já que sua aferição não decorre de mera formulação matemática. De fato, esse se mostra como um dos maiores desafios na apuração da eficiência administrativa, ainda mais na necessidade de seu cotejo com custos administrativos. Enxergando essa dificuldade para a Administração Pública, Enrique López González salienta pelo menos três consequências não desejáveis em relação à apuração dos custos sociais para a eficiência: *"1ª Debido a que los costes sociales son más fáciles de medir que los beneficios, la eficiencia se reduce frecuentemente en economía. Los ahorros de efectivo y fuerza de trabajo (reducción de inputs) se convierten en la única forma de mejora de la ejecución, esto es, la problemática de la eficiencia se convierte en la búsqueda de ahorros (recortes presupuestarios). 2ª Debido a que los costes sociales son más difíciles de medir que los costes económicos, las externalidades son ignoradas. Las unidades individuales se concentran en mejorar su propia eficiencia a pesar de que el efecto general sea subóptimo. 3ª Los beneficios económicos son más fáciles de identificar que los objetivos sociales, y los esfuerzos por incrementar la eficiencia concluyen en una redefinición de los criterios de ejecución, de forma que los mismos puedan medirse lo más fácilmente posible"* (Una aproximación de la Ciencia de la Administración al análisis conceptual del principio de eficacia como guia de acción de la Administración pública. *Revista Documentación Administrativa*, Madrid, n. 218-219, abr./set. 1989, p. 78).

[371] Tradução de: *"a) la reducción de la eficiencia a la simple economía de medios, ya que los costos se miden más fácilmente que los beneficios (el ahorro se constituye en la única medida del éxito; la demanda de eficiencia se transforma en mero recorte de gastos); b) la tendencia a la ignorancia de los efectos externos, por el hecho de ser los costos sociales más difíciles de medir que los económicos (cada servicio se concentra en la mejora de su eficiencia económica, incluso si los efectos globales no son óptimos)"* (ROLDÁN XOPA, José. Eficiencia y derecho administrativo. *In*: CABALLERO JUÁREZ, José Antonio *et al.* (Coord.). *Sociología del derecho. Culturas y sistemas jurídicos comparados*: Regulación, cultura jurídica, multiculturalismo, pluralismo jurídico y derechos humanos. México: UNAM, 2010. 2 v, p. 65).

Ao tratar sobre o princípio da eficiência no que tange aos contratos administrativos, mas cujas considerações são extensivas a toda atividade administrativa, Marçal Justen Filho defende o seguinte:

> É essencial insistir em que a realização de outros valores e a adoção de finalidades indiretas para a contratação administrativa não significa autorização para contratações ruinosas. Sempre deverá ser considerada a escassez de recursos públicos, o que exige o seu uso mais racional possível. Há necessidade de ponderar as finalidades buscadas e determinar a solução mais compatível com a eficiência econômica.[372]

Há que se concordar com a argumentação de rara felicidade do jurista paranaense. Conquanto haja vozes que frisem que a eficiência administrativa não pode ser encarada exclusivamente sob o prisma dos custos administrativos (com as quais anuímos, conforme fica claro de nossa exposição anterior), apreende-se que não se descarta em qualquer hipótese a presença do elemento "custos" (justamente os administrativos) como inerente ao princípio. Uma coisa é não concordar com a interpretação sob a ótica dos custos administrativos de maneira exclusiva; diferente é excluí-la da interpretação.

A pré-compreensão do termo "eficiência" não nos permite afastar por completo qualquer análise dos custos administrativos. E mais: essa mesma tradição linguístico-cultural condiciona a interpretação a que os custos sejam um fator de relevante importância para o labor hermenêutico no que se refere à eficiência administrativa. O vernáculo "eficiência" necessariamente se reporta, em maior ou menor medida, ao aspecto de aferição dos custos administrativos envolvidos.

Com isso, ainda que não seja viável apresentar uma plena resposta apriorística e absoluta sobre quem "prevaleceria" no embate entre custos administrativos e custos sociais no tocante à análise da eficiência administrativa, deve-se ter como embasamento que os custos administrativos possuem, *prima facie*, maior robustez sobre os sociais,[373] merecendo

---

[372] JUSTEN FILHO, Marçal. *Comentários à lei de licitações e contratos administrativos*. 15. ed. São Paulo: Dialética, 2012a, p. 62.

[373] Com pensamento oposto, Fernando Leal (Propostas para uma abordagem teórico-metodológica do dever constitucional de eficiência. *Revista Eletrônica de Direito Administrativo Econômico (REDAE)*, Salvador, Instituto Brasileiro de Direito Público, n. 15, ago./set./out. 2008. Disponível em: http://www.direitodoestado.com.br/redae.asp. Acesso em: 19 jan. 2016, p. 13) aponta a "impossibilidade de afirmar a existência de uma preferência *prima facie* em favor dos meios menos custosos". Também o faz Humberto Ávila: "[...] basta afirmar que a resposta, em princípio a favor do meio menos restritivo, depende de uma ponderação

uma melhor valorização na pré-compreensão principiológica, quando se investiga a eficiência administrativa. Isso, contudo, não descarta de maneira alguma o contexto a ser averiguado, que pode, como de fato o faz, alterar de modo decisivo essa valoração a ser conferida aos custos.

Não se quer de forma alguma menosprezar a relevância e fundamentalidade dos custos sociais para o escrutínio da eficiência administrativa. Não obstante, mantendo-se coerência na linha logicamente desenrolada até aqui, faz-se mister conferir abstratamente um maior peso[374] aos custos administrativos em face dos custos sociais (sempre se levando em consideração o princípio da eficiência administrativa, sem prejuízo de interpretações díspares para outras normas jurídicas). Sem embargo, como qualquer interpretação/aplicação do Direito pressupõe, as circunstâncias concretas indicarão se tal presunção prévia merece persistir ou não.

Com isso, remanesce clarividente que esse aspecto da eficiência administrativa demonstra a relatividade dessa figura, no sentido de que não acolhe constatações absolutas em abstrato, devendo, pelo contrário, ser sempre avaliada em face do caso concreto.

Perceba-se que, ao assinalar os custos administrativos com um maior peso abstrato, não se está fazendo escolhas subjetivas ou mesmo arbitrárias. Foi exposto à exaustão que não podemos desconsiderar conteúdos semânticos mínimos que as palavras e/ou termos nos indicam, bem como as pré-compreensões e cargas culturais e históricas dos intérpretes. Dessa feita, analisando-se a sintaxe da eficiência, demanda-se que seu viés semântico traga a significação da importância, ainda que não exclusiva, dos menores custos administrativos.

---

sistematicamente orientada, sendo inviável uma supremacia *a priori* em favor do meio que causa menos custos administrativos" (Moralidade, razoabilidade e eficiência na atividade administrativa. *Revista Eletrônica de Direito do Estado*, Salvador, Instituto de Direito Público da Bahia, n. 4, out./nov./dez. 2005. Disponível em: http://www.direitodoestado.com.br/artigo/humberto-avila/moralidade-razoabilidade-e-eficiencia-na-atividade-administrativa. Acesso em: 19 fev. 2019, p. 20).

[374] Sobre a possibilidade de se conferir pesos abstratos na comparação entre direitos e interesses, confira-se: "*It is important to note that the fact that rights and public interests compete on the same level does not necessarily imply that they are assigned the same abstract weight. On the contrary, it is well possible to assign higher abstract weights to important rights in the weak trump model*" (MEISTER, Moritz; KLATT, Matthias. *The constitutional structure of proportionality*. United Kingdom: Oxford Press, 2012b, p. 26) É certo que a passagem transcrita trata de colisão envolvendo direitos fundamentais, o que não é o caso versado nesta tese (sem prejuízo de direitos fundamentais também fazerem parte da comparação). No entanto, nos termos expostos no bojo do texto, a lógica de se conferir uma pesagem abstrata maior a algum elemento da comparação, ainda que não seja a um direito fundamental, é abraçada plenamente pela norma da eficiência administrativa.

A ideia de se conferir maior[375] peso abstrato ao elemento dos custos administrativos não resolve por completo a questão, mas simplesmente fornece certa margem de vantagem na comparação. Haverá na aplicação normativa, em contrapartida, maior ônus argumentativo para que aquele elemento (no caso, o custo administrativo) não tenha prevalência no caso concreto.[376]

Argumentos e justificações robustas, apurados no caso concreto, podem afastar aquela prevalência *prima facie* dos custos administrativos como fator decisivo. No entanto, justamente pelo seu peso abstrato, a maneira de eles serem afastados implica o ônus argumentativo elevado em favor das demais razões e onerosidades investigadas.

Contrariamente ao que possa transparecer, a conferência de um maior peso abstrato aos custos administrativos não contradiz o núcleo dos direitos fundamentais que conformam o texto constitucional vigente no Brasil. Isso se pode afirmar tendo em vista que: nem todos os custos sociais dizem respeito a direitos fundamentais, já que há direitos que não são dotados dessa fundamentalidade; o peso dos custos administrativos ocorre *prima facie*, não implicando sua invariável prevalência diante do caso concreto; esse maior peso abstrato tem por condão destacar que os custos administrativos são um elemento imprescindível ao exercício da função administrativa, não podendo ser tratado com somenos importância; esse maior peso conferido aos custos administrativos tem a potencialidade de preservar, ainda que indiretamente, direitos fundamentais, haja vista que ao reduzir custos administrativos em determinada medida administrativa, está-se permitindo que haja mais recursos para a concretização de inúmeros outros direitos fundamentais, em especial os considerados de segunda e terceira gerações. Em realidade, mesmo os direitos fundamentais de primeira geração se mostram financeiramente custosos[377] (*e.g.*, a liberdade de manifestação

---

[375] A ideia de maior peso ao custo administrativo deve ser lida com conotação negativa. Quanto maior for o peso do custo administrativo, menor a possibilidade de considerar essa medida administrativamente eficiente quando comparada com as outras.

[376] MEISTER, Moritz; KLATT, Matthias. A máxima da proporcionalidade: um elemento estrutural do constitucionalismo global. *Observatório da Jurisdição Constitucional*, a. 7, n. 1, jan./jun. 2014, p. 34.

[377] Stephen Holmes e Cass R. Sunstein compartilham a visão de que tanto os direitos de liberdade como os "direitos ao bem-estar" são custosos de alguma maneira. Sobre o ponto exemplificam dizendo que *"Nuestra libertad de toda interferencia gubernamental depende del presupuesto tanto como nuestro derecho a la asistencia pública. Ambas libertades deben ser interpretadas. Ambas son impuestas por funcionarios públicos que, apoyados por dineros públicos, tienen un margen discrecional bastante amplio para interpretarlas y protegerlas".* E voltam a

pressupõe que haja aparatos de segurança e policiamento mínimos para que seja exercida nos seus devidos termos).

Um singelo exemplo pode ser capaz de ilustrar a situação de que aqui se trata. Imagine-se a necessidade de construção de uma rodovia de modo a escoar a produção agropecuária de determinado Estado. De modo a atingir essa finalidade, apresenta-se ao agente público a possibilidade de construir uma rodovia que passe por uma propriedade particular "X", o que levaria à necessidade de se efetuar sua desapropriação, mas que custaria trezentos milhões de reais (incluindo o custo da desapropriação). Por outro lado, seria viável que a rodovia contornasse a propriedade X, não havendo, nesse caso, razão para desapropriá-la, embora encarecesse o custo administrativo para seiscentos milhões. Entre as duas medidas, no que tange somente ao aspecto do custo administrativo direto (sem considerar os demais subjacentes), por certo que a primeira hipótese ingressaria no plano analítico com precedência sobre a segunda. No entanto, isso não significa que será a medida mais eficiente, uma vez que há diversos outros elementos em jogo. Ademais da verificação de elementos como a celeridade, distância do trajeto em cada rodovia etc., o direito fundamental à propriedade deve ser levado em grande consideração, mas não de forma absoluta. Pode-se apurar, por exemplo, que se trata da única propriedade particular de seu titular; que é uma propriedade produtiva; que ela seria inteiramente desapropriada; que os rendimentos de seu proprietário advêm quase que exclusivamente dessa propriedade. Nota-se que essas circunstâncias, em um passar de olhos superficial, cumprem o ônus argumentativo de superar o peso abstrato do custo administrativo, demonstrando que seria mais eficiente a opção pela rodovia que contornasse a propriedade. Diferentemente, apurando-se que não haveria a desapropriação completa da terra; que se trata de só mais um dentre vários imóveis que seu proprietário possui; que não é a fonte de renda principal de seu proprietário, apura-se (novamente, em uma análise perfunctória) que aquela presunção dos custos administrativos prevalece, mesmo diante de um direito fundamental em jogo.

---

pontuar que "*si los derechos de primera generación se toman en serio y resultan demasiado costoso, los países verdaderamente pobres tampoco pueden permitírselos [...] No pueden asegurar que ele derecho a un proceso judicial justo sea siempre respetado en la práctica, como no siempre se respeta en los barrios pobres de Estados Unidos a pesar de la riqueza sin precedentes históricos de este país*" (*El costo de los derechos*: por qué la libertad depende de los impuestos. Tradução de Stella Mastrangelo. Buenos Aires: Siglo Veintiuno, 2015, p. 143).

Outro ponto capaz de gerar complicações nesse segundo elemento da eficiência, com total consonância com a argumentação acima, ocorre nos casos em que há uma relação complexa entre os direitos/interesses (custos sociais) afetados pela seleção do meio. Sempre haverá casos em que o cotejo entre os meios não se resume a um único direito afetado em cada meio comparado. Como selecionar o meio que se julgue menos oneroso quando tivermos, por exemplo, o meio A que afeta direitos e interesses X e Y, em cotejo com o meio B, que atinge direitos e interesses W e Z? Nessa diversidade de bens jurídicos atingidos, com intensidades diversas, como efetuar uma comparação de elementos diferentes?

Não há resposta fácil ou reduzível a alguma formulação objetiva para os questionamentos feitos. Algumas nuances, porém, são importantes para que se apure a melhor solução à problemática.

Além da tratativa vista acima, de se conferir abstratamente maior consideração aos custos administrativos, como primeiro aspecto a ser avaliado, e aqui serve para qualquer cotejo a ser realizado entre os meios para a realização da eficiência administrativa, (i) deve-se sempre trazer para a atividade comparativa meios disponíveis e concretamente possíveis.

De nada adiantaria impor no confronto entre os meios certas medidas que se mostram utópicas, inatingíveis ou de muito improvável obtenção, ainda que em tese se mostrassem "melhores" no contraste. A atividade comparativa nesse segundo aspecto da eficiência é uma relação de faticidade, levando-se em conta elementos concretos, em busca de uma possibilidade fática e sempre consciente das inúmeras limitações existentes (de ordem financeira, tecnológica, temporal etc.).

Um segundo ponto a ser notado repousa na (ii) hierarquia normativa dos bens jurídicos afetados pelos meios postos em contraposição. É certo que direitos que possuam assento constitucional hão de demonstrar maior robustez do que bens jurídicos que emergem somente de atos normativos infraconstitucionais. De igual sorte, direitos tidos como fundamentais merecem maior resguardo do que aqueles que não estejam sob o manto da fundamentalidade.

Deve-se ter em consideração também (iii) aspectos concretos específicos, como a quantidade de pessoas afetadas pela medida e a extensão e gravidade dos possíveis danos gerados.

Outrossim, válido apurar se há alguma medida que, além de adequada à finalidade específica ora almejada, também tenha o condão de (iv) simultaneamente atingir outra ou outras finalidades estatais.

Tal circunstância, é claro, deverá ser contrastada de maneira a conferir certa vantagem ao meio que abarque uma multiplicidade finalística.

Por último, sem prejuízo de outros critérios de contraste, (v) não se deve buscar por mensurações matematicamente perfeitas, exprimíveis necessariamente em numerações claras. Tal jornada resultaria em seu insucesso, já que, é certo, os elementos a serem cotejados são de diferentes estruturas, alguns soando até incomensuráveis.

Ao tempo em que é possível encontrar certos direitos passíveis de quantificação com maior facilidade (*vide* o caso do direito à propriedade privada), outros figuram como impossíveis ou de dificílima estimativa numérica (*vide* o caso das liberdades civis). Além disso, mesmo quando possível a sua quantificação, haveria o óbice de uma possível ausência de escala comum para se efetuar a comparação.

De maneira a driblar a aparente problemática do primeiro item, devem-se adotar valores de comparação mais suaves, mas nem por isso menos corretos. Pode-se, portanto, estipular níveis de comparação que variam entre a restrição baixa, média ou alta,[378] o que não exige uma perfeita correspondência numérica, mas permite o contraste entre as onerosidades em jogo.

Claro que pode haver questionamentos quanto a inclusão de determinada onerosidade como sendo leve ou moderada, mas isso não retira a sua viabilidade estrutural. A questão acaba por ser resolvida no plano argumentativo e probatório, o que repousa na dimensão pragmática e não semântica.

O segundo ponto se resolve pelo primeiro. À medida que se descarta a quantificação cardinal das onerosidades, utilizando-se escalas mais abrangentes e abertas (baixa, média e alta), são justamente essas escalas que se tornam comum aos elementos cotejados. A incomensurabilidade relativa não implica necessariamente na impossibilidade de comparação.[379]

---

[378] Tratando da proporcionalidade, Moritz Meister e Matthias Klatt utilizam a mesma lógica, adotando padrões comparativos variantes entre os níveis de intensidade leve (*light*), moderada (*moderate*) e séria (*serious*) (*The constitutional structure of proportionality*. United Kingdom: Oxford Press, 2012b, p. 124).

[379] MEISTER, Moritz; KLATT, Matthias. Proportionality – a benefit to human rights? Remarks on the I·CON controversy. *Int. J. Const. Law*, v. 10, n. 3, 2012a, p. 698.

Essas investigações mencionadas, não obstante sejam trilhas seguras a serem percorridas na comparação, não eliminam necessariamente as dificuldades existentes, embora as tornem mais palatáveis ao intérprete.

Em casos tais, nos quais, mesmo após a adoção das técnicas acima, ainda restem elementos impassíveis de comparação, outra não é a opção senão a de conformar a escolha à discricionariedade administrativa permitida legalmente.

A eficiência administrativa, conforme se estudará logo à frente, assume maior destaque justamente nos casos em que a função administrativa é desempenhada com elementos discricionários. É justamente essa discricionariedade que confere ao agente público, sempre nos limites da moldura legal determinada, certa margem de conformação na escolha diante dos casos complexos. Feitas as comparações permitidas e possíveis, se ainda não houver um resultado evidente, a complexidade permitirá, no que toca à eficiência, uma escolha subjetivamente válida do agente público entre os meios restantes.

Fala-se também em uma conformação de escolha ao legislador, chamada de discricionariedade ou margem de conformação ou apreciação[380] epistêmica, que vem sendo defendida por parte da doutrina alemã quando da aplicação da máxima da proporcionalidade, em relação à análise das leis. Como dizem Moritz Meister e Matthias Klatt, o último recurso frequentemente invocado para auxiliar na decisão é recorrer às "discricionariedades avaliativa e apreciativa (ou margens de conformação avaliativa e apreciativa; *Einschätzungs- und Beurteilungsspielraum*), conferidas pelo TCF (*Tribunal Constitucional Federal*) ao legislador, em especial, para a apreciação de circunstâncias fáticas incertas".[381]

É certo, contudo, que não estamos falando da mesma margem de conformação, já que a discricionariedade administrativa é mais restrita

---

[380] "De ahí que la discrecionalidad y el llamado margen de apreciación no constituyan dos figuras jurídicas férreamente separadas, pues tienen su origen tan sólo en la utilización por el legislador de distintas técnicas de formulación normativa, siendo intercambiables desde el punto de vista metodológico" (SCHMIDT-ASSMANN, Eberhard. *La teoría general del derecho administrativo como sistema*: Objeto y fundamentos de la construcción sistemática. Tradução de Mariano Bacigalupo *et al*. Barcelona: Marcial Pons, 2003, p. 221).

[381] MEISTER, Moritz; KLATT, Matthias. A máxima da proporcionalidade: um elemento estrutural do constitucionalismo global. *Observatório da Jurisdição Constitucional*, a. 7, n. 1, jan./jun. 2014, p. 29.

que a legislativa, pois se submete à Constituição e às leis, ao passo que a legislativa deve respeito somente às normas constitucionais.[382] Ao administrador, portanto, é cabível transitar por situações de incerteza fática, dentro de uma chamada discricionariedade administrativa epistêmica. Tenha-se claro que tal oportunidade conferida ao agente público não se confunde com arbitrariedade, pois sempre esbarrará nos limites do Direito, ademais de pressupor, no que tange à eficiência administrativa, a tentativa de comparação se valendo dos critérios acima aventados. Somente em caso de complexidades insolúveis, pairando uma zona de incerteza diante de circunstâncias fáticas de difícil ou impossível comparação, é que a decisão do agente se conformará àquela discricionariedade, que, note-se, caso aplicada corretamente, torna-se instrumento válido e desejado,[383] pois confere certa margem de flexibilidade ao administrar, evitando-se o engessamento do exercício da função pública.

Uma observação adicional e final sobre esse ponto merece guarida. Está-se por ora trabalhando a análise do meio menos custoso, indicando, na leitura que é feita até aqui, que compõe o núcleo semântico da eficiência administrativa a verificação dos custos de natureza administrativa. Isso não significa que a finalidade – novamente ela – estatal se refira a aspectos financeiros, visando necessariamente a maximização do lucro.

A eficiência administrativa busca os melhores meios para alcançar os melhores resultados, em favor sempre do interesse público, ainda que não haja retorno financeiro algum dos recursos empregados.[384] A estrutura estatal, apartando-se da engenharia das figuras do Direito Privado, como regra, não tem por escopo a atividade lucrativa – ainda que se busque um comportamento superavitário, de sorte a manter funcionando suas atividades.

---

[382] "Com efeito: admite-se o agir administrativo a partir da incerteza das circunstâncias fáticas. Contudo, a discricionariedade epistêmica legislativa não é equivalente à discricionariedade epistêmica administrativa: pode-se exigir mais certeza em relação às premissas empíricas de quem age no plano concreto em relação a quem age no plano abstrato" (MARTINS, Ricardo Marcondes. Proporcionalidade e boa administração. *Revista da Faculdade de Direito PUC-SP*, v. 3, n. 1, 1º sem. 2015, p. 335).

[383] Tratando sobre o benefício da margem de apreciação no plano dos Tribunais, confira-se Janneke Gerards: "*The Court might do so by making good use of its margin-of-appreciation doctrine – if applied well, this is a solid instrument to determine the appropriate level of intensity of review*" (How to improve the necessity test of the European Court of Human Rights. *Int. J. Const. Law*, v. 11, n. 2, 2013, p. 489).

[384] PEREIRA JÚNIOR, Jessé Torres. *Da reforma administrativa constitucional*. Rio de Janeiro: Renovar, 1999, p. 45.

3.2.4.3 Economicidade como elemento integrante

Impossível se aprofundar nos estudos da eficiência administrativa sem nos depararmos com menções aqui e acolá que a relacionem, em maior ou menor escala, com o termo "economicidade".

O vocábulo "economicidade" encontra assento constitucional[385] no artigo 70, *caput*, que prescreve que a fiscalização da Administração Pública, por intermédio do controle interno e externo, será realizada quanto a variados critérios, dentre eles o da economicidade.

Ricardo Lobo Torres aborda a economicidade como sendo a "minimização de custos e gastos públicos e na maximização da receita e da arrecadação". Além disso, "transcende o mero controle da economia de gastos, entendida como aperto ou diminuição de despesa, pois abrange também a receita, na qual aparece como efetividade na realização das entradas orçamentárias". A próxima relação com a eficiência é notada no autor quando este sustenta que o "controle da economicidade significa controle da eficiência na gestão financeira e na execução orçamentária".[386]

Para Fernando Facury Scaff, economicidade compreende o procedimento que busca alcançar as finalidades estabelecidas pela Administração Pública por meio do menor custo econômico possível.[387] Proximamente, Leonardo Vizeu Figueiredo, com um olhar focado no ramo do Direito Econômico, indica que o princípio em voga determina que o Estado, na busca de seus objetivos, deve alcançar suas metas se valendo apenas dos gastos necessários, sem onerar de maneira excessiva os cofres públicos e toda a sociedade. Ponto característico desse segundo autor é o fato de que inclui ele, além dos gastos administrativos, também o custo social na consideração da economicidade.[388]

Segundo o Manual de Auditoria Operacional do TCU, "a economicidade é a minimização dos custos dos recursos utilizados na

---

[385] É certo que o plano sintático referente à economicidade não se resume ao texto Constitucional, havendo outras menções expressas na legislação infraconstitucional e infralegal, a exemplo do artigo 15, IV, da revogada Lei nº 8.666/1993, artigo 3º, da também revogada Lei nº 12.462/2011, artigos 5º, 11, §1º, inciso IX, 25, §6º, 40, §2º, inciso II, todos da Lei nº 14.133/2021, ou, ainda, artigo 4º do Decreto nº 9.507/2018.

[386] TORRES, Ricardo Lobo. A legitimidade democrática e o Tribunal de Contas. *Revista de Direito Administrativo – RDA*, Rio de Janeiro, v. 194, out./dez. 1993, p. 36-37.

[387] SCAFF, Fernando Facury. Ensaio sobre o conteúdo jurídico do princípio da lucratividade. *Revista de Direito Administrativo – RDA*, Rio de Janeiro, v. 224, abr./jun. 2001, p. 339.

[388] FIGUEIREDO, Leonardo Vizeu. *Lições de Direito Econômico*. 5. ed. Rio de Janeiro: Forense, 2012, p. 22.

consecução de uma atividade, sem comprometimento dos padrões de qualidade".[389]

No mesmo foco dos gastos, Paulo Modesto depõe que a economicidade se contrapõe à ideia de desperdício.[390] É também como há tempos escreveu José Cretella Júnior, considerando que a determinação do artigo 70, *caput*, impõe que o controle vise a manter gastos equilibrados, não onerando os cofres públicos com despesas abusivas ou desnecessárias.[391] Com uma posição diferenciada, Lucas Rocha Furtado compreende a economicidade como gênero, a qual é composta pela eficiência, eficácia e efetividade.[392]

A significação atribuída por parcela significativa da doutrina brasileira, como exposto pelas passagens acima, salvo algumas escassas manifestações dissonantes, sintetizam a pré-compreensão de que economicidade diz respeito à minimização de custos. Além disso, como se infere do artigo 70, *caput*, da Lei das leis, não se trata de menor custo em qualquer atividade, mas sim nas que sejam desempenhadas pela Administração Pública.

Pelos limites semânticos mínimos que a palavra "economicidade" nos reporta, vemo-nos forçados a ratificar indigitadas conceituações, com alguns apontamentos adicionais.

De primeira, mantendo a congruência na argumentação feita até então, entendemos que a ordem constitucional brasileira, que se esmera em seu artigo 3º a indicar como objetivo da República brasileira a erradicação da pobreza, promoção do bem de todos, redução das desigualdades sociais, ademais de assegurar ao longo de seu texto um rol vasto de direitos fundamentais individuais e sociais, ao tratar sobre custos, coordena tanto os administrativos como os sociais.

De segunda, a relação entre economicidade e eficiência administrativa aflora de maneira visível quando se realiza o cotejo com os subitens anteriores, chegando-se à conclusão inafastável, ainda que diversa de parte dos escritos sobre o assunto, que economicidade seria um subprincípio da eficiência, equivalente ao segundo aspecto já trabalhado.

---

[389] TRIBUNAL DE CONTAS DA UNIÃO. *Manual de auditoria operacional*. 4. ed. Brasília : TCU, Secretaria-Geral de Controle Externo (Segecex), 2020, p. 16.

[390] MODESTO, Paulo. Notas para um debate sobre o princípio da eficiência. *Revista do Serviço Público*, Brasília, a. 51, n. 2, abr./jun. 2000, p. 113.

[391] CRETELLA JÚNIOR, José. *Comentários à Constituição brasileira de 1988*. Rio de Janeiro: Forense Universitária, 1992, p. 2788.

[392] FURTADO, Lucas Rocha. *Curso de Direito Administrativo*. 4. ed. Belo Horizonte: Fórum, 2013, p. 96.

Nessa senda, sinonimamente ao que já fora discorrido a respeito da eficácia, conclui-se que a economicidade compõe esse segundo aspecto da eficiência, sendo certo que podemos ter uma conduta administrativa que seja econômica, embora não eficiente, mas jamais se poderá vislumbrar um comportamento não econômico que seja eficiente. Economicidade, pois, figura como um elemento essencial, mas não exclusivo, do princípio da eficiência administrativa.

3.2.5 Custos e benefícios

Além dessa primeira verificação quanto à onerosidade da medida adotada, que se refere à comparação entre os demais meios existentes e viáveis, é possível ainda vislumbrar esses custos/onerosidades, para que se possa adotar a "solução ótima", em uma outra perspectiva – tão essencial quanto à primeira.

O aspecto da onerosidade também ganha espaço quando se coteja o meio adotado e a finalidade almejada, devendo haver, novamente, uma comparação, de maneira tal que se verifique se a medida selecionada teria um maior "peso" ou não que o fim pretendido.

Esse último cotejo demanda, para fins da verificação do comportamento administrativamente eficiente, um sopesamento entre a intensidade da onerosidade existente no meio escolhido (entendida nos termos anteriormente delimitados, que inclui tanto aspectos de recursos públicos como também de direitos afetados, apurando-se a conjugação entre custos administrativos e custos sociais) e a importância da finalidade a ser alcançada.

O que se quer dizer é que não basta que o meio escolhido alcance a finalidade pretendida, para que, talvez, seja o "melhor" dentre os meios existentes. De modo que se possa tomar aquela conduta administrativa como ótima e, portanto, eficiente, faz-se mister ainda que a finalidade almejada possua um maior grau de importância do que todos os fatores onerosos gerados pela medida em tela.

Não pode ser tido como eficiente a escolha de meios que gerem gastos excessivos à Administração Pública (ou ainda ocasionem lesões substanciais a outros direitos/interesses dos administrados) com o escopo de atingir finalidades subalternas ou de somenos importância. Ser eficiente em hipótese alguma pode ser lido como uma permissão para atuação com excessos ou deficiências.

Desta maneira, Geila Lídia Barreto Barbosa Diniz invoca que a eficiência deve ser enxergada sob o trinômio de custos certos, benefícios improváveis e prejuízos possíveis. Segundo a autora, em diversas atividades administrativas – em particular a de cobrança do crédito público, objeto específico de sua análise – o que se verifica é um custo certo e determinado à Administração Pública, para que se possam obter possíveis benefícios, que muitas vezes, pela situação concreta, mostram-se de difícil alcance, havendo ainda a existência de prováveis prejuízos no caso de acolhimento dessa conduta.[393]

Interpreta-se das considerações feitas que o custo deverá ser cotejado com os benefícios que possam ser obtidos pelo alcance da finalidade (além da probabilidade de se agarrar tais benefícios), bem como com os prejuízos que tais meios possam ocasionar. Ainda que com uma perspectiva diferenciada, a conclusão é a mesma já apontada, isto é, há a obrigação de se comparar a onerosidade trazida pelo meio selecionado com a relevância da finalidade a ser perseguida.

O aspecto custos e benefícios, tratado por muitos quando do estudo da eficiência como sendo quase que exclusivo,[394] é a tônica desse terceiro aspecto da eficiência administrativa. A busca da melhor solução impõe aos agentes públicos que, de modo a atender à determinação da eficiência, afiram i) o grau de onerosidade gerado pelo meio elegido (custos);[395] ii) a relevância e vantagens obtidas pelo alcance da finalidade pretendida (benefícios); iii) a verificação se a relevância do fim corresponde ou supera a onerosidade dos meios (relação custo/benefício).

Enquanto o aspecto comparativo no segundo plano da eficiência administrativa, o da economicidade, volta-se para aspectos essencialmente fáticos, nesse terceiro momento, do sopesamento dos custos e benefícios, sobressai-se o cotejo jurídico, levando-se em conta os direitos e o patrimônio jurídico eventualmente lesionados com a importância

---

[393] DINIZ, Geila Lídia Barreto Barbosa. PARECER PGFN/CDA/Nº 2025/2011. *Revista da PGFN*, Brasília, a. II, n. 1, 2012, p. 329-331.

[394] "[...] a doutrina especializada administrativa vem entendendo que eficiência é, via de regra, sinônimo de boa administração em um sentido empregado pela Ciência Econômica e Administrativa, ou seja, de obter o melhor resultado possível com a menor despesa (uma medida típica de relação custo-benefício)" (TIMM, Luciano Benetti; TONIOLO, Giuliano. A aplicação do princípio da eficiência à Administração Pública: levantamento bibliográfico e estudo da jurisprudência do TJRS. *Prismas: Dir., Pol. Publ. e Mundial*, Brasília, v. 4, n. 2, jul./dez. 2007, p. 45).

[395] As considerações feitas previamente acerca do "peso abstrato" dos custos administrativos se mantêm nessa última análise.

da finalidade jurídica a ser alcançada (sem prejuízo, é claro, de análises fáticas no que tange especialmente aos custos administrativos). Aqui podemos nos reportar a certos pontos abordados quando do trato da comparação entre os meios. A complexidade também circunda essa fase de sopesamento entre custos e benefícios, havendo obstáculos[396] e soluções semelhantes no exercício dessa atividade.

A ponderação realizada nessa fase, contudo, já se encontra afunilada, porquanto já se excluiu os meios inadequados, bem como se selecionou a medida ótima em relação às demais (a que gera menos onerosidade). O contraste a ser realizado, então, repousa entre o meio já filtrado e a finalidade a ser perseguida.

Sem embargo, se ao final dessa terceira fase, com todas as aferições já feitas, ainda houver dose de incerteza pelo agente público, novamente lhe será franqueada a discricionariedade administrativa epistêmica, cabendo-lhe, com todos os elementos do caso concreto, avaliar, nos limites jurídicos, a correção da medida a ser adotada em termos de eficiência administrativa.

Sobre os aspectos versados, sobressaem-se ainda duas importantes e derradeiras questões previamente adiantadas. Uma, de que embora os critérios de escolha legislativa, bem como no âmbito da discricionariedade administrativa para a seleção finalística, não sejam objeto do núcleo semântico do princípio da eficiência, a finalidade selecionada desempenha papel ímpar e de inegável fundamentalidade para o aludido princípio, porquanto é pela finalidade (mas não só), como instrumento paradigmático, que se poderá apurar se o ato administrativo (*lato sensu*) perpetrado foi ou não eficiente. Duas, de que a eficiência administrativa não se circunscreve tão só ao meio, nem tampouco à exclusividade da finalidade, sendo um trabalho dialógico e cíclico entre ambos.

---

[396] Cass R. Sunstein dá conta da Ordem Executiva nº 13.563, Registro Federal 76, nº 3.821, a qual ele mesmo ajudou a produzir, que instituiu uma miniconstituição para a atividade regulatória das agências nos Estados Unidos, valorizando justamente essa análise de custos e benefícios na atividade administrativa. Explica ele que mencionada Ordem dispõe que "cada agência deve usar as melhores técnicas disponíveis para quantificar os custos e benefícios previstos, futuros e atuais, da forma mais precisa possível". Ademais, salienta que a Ordem se mostrou sensível à dificuldade ou até mesmo impossibilidade de precisar certos valores, a exemplo de averiguar o peso que teria a "dignidade humana", tendo autorizado, então, "as agências a considerar esses valores como apropriados e consistentes com a lei" (O mundo real da análise de custo e benefício: 36 questões (e quase tantas respostas quanto). *Revista de Direito Administrativo – RDA*, Rio de Janeiro, v. 266, maio/ago. 2014, p. 16-17).

3.2.6 Construindo a proporcionalidade qualificada

A maneira pela qual se apresentaram até aqui os elementos que compõem a feição objetiva do conteúdo normativo da eficiência administrativa (que, embora possa ter parecido proposital, foi, em realidade, inevitável) já deve ter despertado inquietação ao interlocutor possuidor de um mínimo conhecimento jurídico, pois, como visto, a eficiência administrativa, senão igual, seria muito próxima do bem difundido princípio[397] da proporcionalidade.

Quando se diz acima sobre o "bem difundido"[398] princípio da proporcionalidade (*Verghältbismässigkeit*), assim o faz em referência à construção realizada pela jurisprudência constitucional alemã e doutrinariamente desenvolvida, dentre outros, pelo jurista Robert Alexy, cujas lições ganharam adeptos ao redor do globo e, especialmente, no Brasil.[399]

Robert Alexy, seguindo a tradição alemã, trabalha a proporcionalidade sob a perspectiva dos direitos fundamentais, embora não exclua a existência e viabilidade de outras fundamentações.[400] Para ele, a proporcionalidade, com suas respectivas máximas, decorre logicamente da própria natureza dos princípios (mandados de otimização), ou seja, é dedutível dessa natureza.[401]

---

[397] De forma alguma se desconhece a resistência de vários autores em trabalhar a proporcionalidade como princípio. Sem prejuízo da aclaração dessa questão nos itens futuros, valer-se-á ocasionalmente do termo (princípio) devido a sua ampla utilização no meio jurídico, mas sem que isso implique em qualquer tomada de posição sobre o assunto.

[398] "*Over the past fifty years, proportionality analysis (PA) has widely diffused. It is today an overarching principle of constitutional adjudication, the preferred procedure for managing disputes involving an alleged conflict between two rights claims, or between a rights provision and a legitimate state or public interest*" (SWEET, Alec Stone. Proportionality Balancing and Global Constitutionalism. Faculty Scholarship Series, Paper 1296, 2008, p. 73).

[399] Luis Virgílio Afonso da Silva somente ressalva que embora a proporcionalidade, como desenvolvida nos trabalhos jurídicos alemães, que a dividem em três máximas (adequação, necessidade e proporcionalidade em sentido estrito), seja bem salientada pela doutrina brasileira, essa subdivisão é praticamente ignorada pelo Supremo Tribunal Federal ou, quando muito, é apresentada em termos extremamente sintéticos ou incompreensíveis (O proporcional e o razoável. *Revista dos Tribunais*, São Paulo, a. 91, v. 798, abr. 2002, p. 35).

[400] "Ela pode ser chamada de 'fundamentação a partir dos direitos fundamentais'. Outras fundamentações, como aquelas que se baseiam no princípio do Estado de Direito, na prática jurisprudencial ou no conceito de justiça, não são por ela excluídas. Na medida em que forem relevantes, são elas reforços bem-vindos à fundamentação a partir dos direitos fundamentais" (ALEXY, Robert. *Teoria dos direitos fundamentais*. 2. ed. Tradução de Virgílio Afonso da Silva. São Paulo: Malheiros, 2015, p. 120).

[401] ALEXY, Robert. *Teoria dos direitos fundamentais*. 2. ed. Tradução de Virgílio Afonso da Silva. São Paulo: Malheiros, 2015, p. 117.

Segundo o jusfilósofo alemão, a máxima da proporcionalidade comporta três[402] máximas parciais: a adequação, a necessidade (mandamento do meio menos gravoso) e a proporcionalidade em sentido estrito (mandamento do sopesamento).[403]

Por adequação, entende-se que, com o auxílio de um meio, o objetivo perseguido pode ser fomentado. "O objetivo não precisa ser completamente satisfeito por meio do emprego do meio; um fomento é suficiente".[404]

De acordo com Luis Prieto Sanchís, no que concerne à adequação, "se a intromissão na esfera de um bem constitucional não persegue finalidade alguma ou se mostra de todo ineficaz para alcançá-la, isso é uma razão para considerá-la não justificada".[405]

A máxima da necessidade, por vezes também denominada de exigibilidade,[406] por seu turno, representa um exame essencialmente comparativo, por meio do qual se almeja verificar se o objetivo perseguido não poderia ser promovido, com a mesma intensidade, por outro meio que limite, em menor medida, o direito atingido.[407]

---

[402] Embora a concepção da proporcionalidade sendo estruturada por três máximas tenha sido amplamente aceita no Brasil e em diversas cortes internacionais, não se constitui como questão unânime. Há quem trabalhe sob a perspectiva de quatro máximas, incluindo também a figura da legitimidade ou do propósito legítimo. Nesse passo, que seria o primeiro a ser aferido, deve ser avaliado se o governo está constitucionalmente autorizado a adotar aquela medida, ou seja, caso a medida não seja constitucionalmente legítima, ela viola uma norma superior (SWEET, Alec Stone. Proportionality Balancing and Global Constitutionalism. *Faculty Scholarship Series*, Paper 1296, 2008, p. 75). No entanto, a posição seguida por nós é a mesma exposta por Javier Barnes (El principio de proporcionalidad. Estudio preliminar. *Cuadernos de derecho público*, v. 5, sep./dic. 1998, p. 27), que encara o exame da legitimidade como um *prius* lógico do juízo de proporcionalidade: "*El juicio de proporcionalidad actúa una vez que ha sido descartada la ilicitud de las dos magnitudes que integran el término de comparación*".

[403] ALEXY, Robert. *Teoria dos direitos fundamentais*. 2. ed. Tradução de Virgílio Afonso da Silva. São Paulo: Malheiros, 2015, p. 116-117.

[404] MEISTER, Moritz; KLATT, Matthias. A máxima da proporcionalidade: um elemento estrutural do constitucionalismo global. *Observatório da Jurisdição Constitucional*, a. 7, n. 1, jan./jun. 2014, p. 28.

[405] Tradução de: "[...] *si la intromisión en la esfera de un bien constitucional no persigue finalidad alguna o si se muestra del todo ineficaz para alcanzarla, ello es una razón para considerarla no justificada*" (PRIETO SANCHÍS, Luis. El juicio de ponderación constitucional. *In*: CARBONELL, Miguel (Ed.). El principio de la proporcionalidad y la interpretación constitucional. Equador: Ministerio de Justicia y Derechos Humanos, 2008, p. 110).

[406] "Além disso, esse meio deve se mostrar 'exigível', o que significa não haver outro, igualmente eficaz, e menos danoso a direitos fundamentais" (GUERRA FILHO, Willis Santiago. O princípio constitucional da proporcionalidade. *Revista do Tribunal Regional do Trabalho da 15ª Região*, Campinas, n. 20, 2002. Disponível em: https://juslaboris.tst.jus.br/handle/20.500.12178/109032. Acesso em: 19 fev. 2019).

[407] SILVA, Luís Virgílio Afonso da. O proporcional e o razoável. *Revista dos Tribunais*, São Paulo, a. 91, v. 798, abr. 2002, p. 39-40.

O terceiro elemento, chamado de proporcionalidade em sentido estrito, é formulado como uma lei de ponderação ou sopesamento, que, relacionada a direitos fundamentais, significa que "quanto mais intensiva é uma intervenção em um direito fundamental, tanto mais graves devem pesar os fundamentos que a justificam".[408]

Nessa terceira máxima, a lei do sopesamento permite a sua divisão em três passos: a) avalia-se o grau de não satisfação ou afetação de um dos princípios; b) depois avalia-se a importância da satisfação do princípio colidente; e c) por fim, avalia-se se a importância da satisfação do princípio colidente justifica a não satisfação ou afetação do outro princípio.[409]

Sem desconhecer a existência de inúmeras monografias de mão e sobremão, brasileiras e estrangeiras, versando sobre a proporcionalidade, para o que nos interessa nesta tese, as sucintas considerações acima apresentadas, em conjunto com outras passagens aqui ou acolá, são mais que suficientes para a compreensão de sua relação com a eficiência administrativa.

Nos escritos doutrinários que vinculam de alguma forma a proporcionalidade com a eficiência administrativa, ora se costuma rechaçar a identidade entre elas (ainda que, por vezes, admita-se sua aproximação sob certos aspectos),[410] ora se trabalha a proporcionalidade como mero mecanismo para a aferição da eficiência, estruturando-as como figuras autônomas, sendo uma simplesmente instrumental à outra.[411]

Contudo, ainda que raros, é possível a localização de trabalhos monográficos que enxergam maior associação entre ambas as figuras. É como trabalha, por exemplo, Juarez Freitas, ao assentar que o princípio da eficiência veda "todo e qualquer desperdício dos recursos públicos ou aquelas escolhas que não possam ser catalogadas como verdadeiramente comprometidas com a busca da otimização ou do melhor"

---

[408] ALEXY, Robert. *Constitucionalismo discursivo*. 2. ed. Tradução de Luís Afonso Heck. Porto Alegre: Livraria do Advogado, 2008, p. 68.

[409] ALEXY, Robert. *Teoria dos direitos fundamentais*. 2. ed. Tradução de Virgílio Afonso da Silva. São Paulo: Malheiros, 2015, p. 594.

[410] LEAL, Fernando. Propostas para uma abordagem teórico-metodológica do dever constitucional de eficiência. *Revista Eletrônica de Direito Administrativo Econômico (REDAE)*, Salvador, Instituto Brasileiro de Direito Público, n. 15, ago./set./out. 2008. Disponível em: http://www.direitodoestado.com.br/redae.asp. Acesso em: 19 jan. 2016.

[411] LOSS, Marianna Martini Motta. *O sentido do princípio da eficiência administrativa*. 178 f. Dissertação (Mestrado em Direito) – Faculdade de Direito, Faculdade Meridional, Passo Fundo, 2015.

e concluir apontando que se trata ele de "uma faceta do princípio da proporcionalidade", embora mereça tratamento específico para que se torne mais intensamente efetivado.[412] De idêntico modo o faz Flávio Galdino, para quem "parece acertada a assertiva de que o princípio da eficiência apresenta acentuada relação com a ideia de proporcionalidade ou mesmo com a ideia de razoabilidade".[413]

Ainda que com um prisma analítico de outras ordens jurídicas, também se mostra possível pinçar, mesmo que escassamente, autores alienígenas que trilham uma similar compreensão. A portuguesa Filipa Urbano Calvão, investigando o princípio da eficiência sob a ótica europeia, discorre em termos gerais que "o critério da eficiência não assume, afinal, autonomia no plano substantivo (da decisão administrativa) em face dos princípios da proporcionalidade e da boa administração".[414] Semelhantemente, Eberhard Schimidt-Assmann escreve que "assim nos aproximamos de um terceiro âmbito em que se destaca a relação que sempre tem a eficiência com a necessidade e a idéia de proporção: o princípio da proporcionalidade, que busca um equilíbrio adequado do ponto de vista dos direitos individuais".[415] Por sua vez, Maria Paula Dallari Bucci nos dá conta que o sentido de proporcionalidade na jurisprudência do Conselho de Estado Francês acaba por incorporar elementos que integram a noção de eficiência.[416]

Interessantemente, Robert Alexy também pincela questões que relacionam uma certa ideia de eficiência (de cunho econômico) a algumas das máximas da proporcionalidade. Segundo o autor, "a máxima da necessidade é expressão da ideia de eficiência de Pareto. Em razão da existência de um meio que intervém menos e é igualmente adequado, uma posição pode ser melhorada sem que isso ocorra as custas da outra

---

[412] FREITAS, Juarez. *O controle dos atos administrativos e os princípios fundamentais*. 3. ed. São Paulo: Malheiros, 2004b, p. 75.

[413] GALDINO, Flávio. *Introdução à teoria dos custos dos direitos*: direitos não nascem em árvores. Rio de Janeiro: Lumen Juris, 2005, p. 259.

[414] CALVÃO, Filipa Urbano. Princípio da eficiência. *Revista da Faculdade de Direito da Universidade do Porto*, Porto, a. 7, 2010, p. 334.

[415] Tradução de: "*con ello nos acercamos a un tercer ámbito en el que destaca la relación que tiene siempre la eficiencia con la necesariedad y la idea de proporción: el principio de proporcionalidad, que busca un equilíbrio adecuado desde el punto de vista de los derechos individuales*" (SCHMIDT-ASSMANN, Eberhard. *La teoría general del derecho administrativo como sistema*: Objeto y fundamentos de la construcción sistemática. Tradução de Mariano Bacigalupo *et al*. Barcelona: Marcial Pons, 2003, p. 355).

[416] BUCCI, Maria Paula Dallari. *Direito Administrativo e políticas públicas*. São Paulo: Saraiva, 2002, p. 179.

posição".[417] Em passagem de outra obra, também inclui a eficiência de Pareto (que chama de "otimidade" de Pareto) para a máxima da adequação.[418]

Todavia, os poucos autores que notam uma possível relação mais imbricada entre a proporcionalidade e a eficiência administrativa costumam frear suas análises nessa ponderação geral e, por que não, muitas vezes superficial, não se arriscando a averiguar até que ponto prossegue e procede essa inter-relação.

Essa aproximação entre a eficiência administrativa e a proporcionalidade seria de tal monta que poderíamos trabalhá-las como sendo sinônimas? A reflexão merece maiores delineamentos que serão tecidos a seguir.

De acordo com a construção dos planos normativos realizada anteriormente, a norma representante do princípio da eficiência administrativa é aquela que determina à Administração Pública, bem como àqueles que exerçam função administrativa, no desempenho de suas atividades, a escolher meios que sejam capazes de atingir a finalidade legal pretendida, sendo que tais meios devem ser os melhores, ou seja, os menos onerosos à Administração Pública (direta e indiretamente), tanto em relação aos demais meios existentes, quanto no que concerne à própria finalidade almejada.

A similitude dos elementos presentes no conteúdo da eficiência com os chamados subprincípios ou máximas da proporcionalidade[419]

---

[417] ALEXY, Robert. *Teoria dos direitos fundamentais.* 2. ed. Tradução de Virgílio Afonso da Silva. São Paulo: Malheiros, 2015, p. 591.

[418] "Os princípios da adequação e da necessidade originam-se da obrigação de uma realização tão extensa quanto possível relativamente às possibilidade reais. Elas expressam a ideia de 'otimidade' de Pareto (*Pareto-optimality*)" (ALEXY, Robert. Sobre a estrutura dos princípios jurídicos. *Revista Internacional de Direito Tributário,* v. 3, jan./jun. 2005, p. 160).

[419] Não se ignora que o tratamento dado ao princípio da proporcionalidade possui variações conceituais entre diversos ordenamentos jurídicos e dentro do próprio campo da doutrina brasileira. A escolha da forma como é apresentada, isto é, da compreensão da proporcionalidade como sendo composta pelas três máximas parciais apresentadas, de nítido viés alemão, também repetida em diversos países da Europa e muito bem desenvolvida por Robert Alexy, deu-se pelo fato de ser a interpretação mais corrente no campo da doutrina especializada brasileira, que acabou por importar aquela construção europeia, sendo a pré-compreensão invocada ao trabalhar dito princípio em solo pátrio. Como o objetivo da pesquisa ora realizada não é escrutinar a máxima da proporcionalidade, não nos deteremos em analisar os possíveis erros e acertos, na nossa visão, da forma como se constrói e se aplica dita figura, bastando somente a realização desse paralelo com a eficiência, pois, inegavelmente, pela maneira pela qual se veio construindo o conteúdo jurídico da eficiência administrativa até então, fica clarividente caracteres de identidade entre seus elementos com os da proporcionalidade de cunhagem alemã, sendo algo que não é notado ou é subvalorizado pelos administrativistas que cuidam do trato da eficiência.

nos soam impassíveis de contenda. A seleção dos meios que sejam hábeis a alcançar a finalidade (eficácia) é equivalente à máxima da adequação; a escolha do meio menos oneroso quando em cotejo com os demais meios existentes (economicidade) equivale à necessidade; e o sopesamento entre os efeitos do meio elegido e a finalidade visada se refere à proporcionalidade em sentido estrito.

Ao falar sobre o postulado da proporcionalidade, Humberto Ávila demonstra que ele se aplica nas situações em que exista uma relação de causalidade entre dois elementos empiricamente discerníveis, um meio e um fim, de tal modo que se possa realizar aos três exames considerados fundamentais, isto é, o da adequação (o meio promove o fim?), o da necessidade (haveria, dentre os meios disponíveis, algum outro que seja igualmente adequado, mas seja menos restritivo aos direitos afetados?) e o da proporcionalidade em sentido estrito (as vantagens obtidas pela promoção do fim correspondem às desvantagens provocadas pelo meio adotado?).[420]

Ainda que o referido autor distancie eficiência e proporcionalidade, como será visto mais à frente, é inegável que suas pontuações se encaixam como uma luva na construção normativa que se realizou acerca dos elementos objetivos da eficiência administrativa.

Nessa primeira perspectiva, temos então que a eficiência administrativa possui todos os elementos essenciais do princípio da proporcionalidade. Logo, inegável que toda conduta reputada administrativamente eficiente também o será proporcional. Entretanto, a recíproca não se mostra verdadeira pelas razões dispostas adiante.

O que se percebe, em especial por meio de alguns argumentos já alicerçados no bojo do texto, é que os elementos da eficiência administrativa (equivalente às máximas da proporcionalidade) possuem nuances que as diferem, ainda que em pequeno grau, daquelas afetas à proporcionalidade – mas sem que isso imponha a perda de identidade e dos elementos essenciais atinentes a uma ideia de proporcionalidade *lato sensu*.

A diferenciação mais aparente concerne aos elementos de comparação presentes nos aspectos da necessidade e da proporcionalidade em sentido estrito.

---

[420] ÁVILA, Humberto. *Teoria dos princípios*: da definição à aplicação dos princípios jurídicos. 14. ed. São Paulo: Malheiros, 2013, p. 183.

Foi visto que a norma representativa do princípio da eficiência administrativa é aquela que exige que a Administração Pública selecione um meio adequado à finalidade visada, bem ainda que este meio seja o menos oneroso dentre os demais e em relação à própria finalidade visada.

Ao perquirir a significação do termo "oneroso" no contexto da eficiência administrativa, demonstrou-se que se trata tanto de limitação a direitos como também se refere a gastos financeiros por parte do Estado. Não só. Apurou-se que o elemento dos custos,[421] em particular os administrativos, é pressuposto inafastável para se falar na aplicabilidade da eficiência administrativa.

É nesse segundo aspecto da onerosidade que reside o primeiro ponto qualificador da eficiência em voga em relação ao princípio da proporcionalidade.

Ambas as figuras investigadas permitem a inserção dos custos[422] administrativos para suas análises comparativas entre os meios ofertados ao alcance da finalidade. Afinal, os custos serão elementos hábeis a diferenciar uma série de medidas que sejam capazes de alcançar igualmente ao fim pretendido.

Não obstante essa similitude quanto à abertura desse elemento na comparação, que permite a inserção dos custos administrativos, este aspecto (custos administrativos) se torna, como premissa geral, personagem de monta para a eficiência administrativa, com sobrelevo em relação ao papel que desempenha na proporcionalidade.

Nada impede que em uma determinada situação concreta, para fins de proporcionalidade, o aspecto dos custos administrativos adquira maior peso no que concerne à investigação da máxima da necessidade

---

[421] Curiosamente, embora se esteja laborando com a concepção tridimensional da proporcionalidade, adotada de maneira quase inconteste no Brasil, um dos entendimentos de destaque da proporcionalidade no Direito Administrativo francês (que tem uma omissão dogmática muito forte sobre a questão), por meio de sua jurisprudência, tem o custo como fator essencial, representada por intermédio da técnica do *bilan coût-avantages* (custos e benefícios). Sobre a questão, confira-se: MACIERINHA, Tiago. Avaliar a avaliação custobenefício: um olhar sobre a concepção francesa do princípio da proporcionalidade. *Revista Duc In Altum – Caderno de Direito*, v. 5, n. 7, p. 9-54, jan./jun. 2013.

[422] Passagem extraída de Humberto Ávila acerca da máxima da necessidade evidencia a consideração dos custos administrativos para a proporcionalidade: "Um meio não é, de todos os pontos de vista, igual ao outro. Em alguma medida, e sob algum ponto de vista, os meios diferem entre si na promoção do fim. Uns promovem o fim mais rapidamente, outros mais vagarosamente; uns com menos dispêndios, outros com mais gastos [...]" (*Teoria dos princípios*: da definição à aplicação dos princípios jurídicos. 14. ed. São Paulo: Malheiros, 2013, p. 193).

(comparação entre os meios) ou mesmo na atividade de sopesamento (proporcionalidade em sentido estrito) ou, ainda, que se apurando uma conduta administrativa específica como sendo eficiente ou não, verifique-se que os custos sociais preponderam sobre os de cunho patrimonial e financeiro (administrativos).

No entanto, pelas conformações culturais e históricas que o vocábulo "eficiência" indica ao intérprete, o reportado aspecto dos custos administrativos se mostra como sendo componente inafastável de seu núcleo. Embora se possa trabalhar a proporcionalidade geral em relações nas quais não haja o aspecto direto do custo administrativo, o mesmo não ocorre no tocante à eficiência.

Ademais, no cotejo comparativo e no sopesamento a ser realizado na eficiência, os custos administrativos se apresentam com um "peso abstrato" maior em relação aos custos sociais, o que não ocorre na proporcionalidade geral (até mesmo porque a forma como ela tem sido trabalhada por parcela significativa da doutrina traz como embasamento justamente os direitos fundamentais, estes sim com certos pesos abstratos superiores[423]).

Outro ponto capital ao princípio da eficiência parece remeter justamente ao aspecto subjetivo anteriormente explanado. Haveria, à primeira vista, uma limitação subjetiva à aplicação do princípio da eficiência, somente incidindo sobre as relações intersubjetivas das quais a Administração Pública ou ainda algum sujeito no exercício da função administrativa façam parte. Tal qualificadora subjetiva, é certo, não conforma o princípio da proporcionalidade, o qual é aplicado inclusive em relações entre particulares.

Ocorre que a diferenciação não reside precisamente na dimensão subjetiva, mas sim no aspecto funcional da atividade desempenhada, ou seja, a eficiência administrativa toma espaço quando, nas relações intersubjetivas, estiver sendo exercida a função administrativa (seja pela Administração Pública, seja por particulares que lhe faça as vezes). Fora dos contornos dessa função estatal, não haveria que se falar em eficiência administrativa.

---

[423] Deve-se ter em mente que a concessão de maior peso abstrato a direitos fundamentais ou a outros elementos configura maneira de aplicação da máxima da proporcionalidade, mas não seu conteúdo propriamente dito, o qual se conforma essencialmente na formulação das três máximas parciais (adequação, necessidade e proporcionalidade em sentido estrito).

Ainda que não fazendo destaque às mesmas nuances aqui pontuadas, Fernando Leal traz exemplos que parecem compartilhar parcialmente desse último aspecto apresentado, dispondo que

Caso haja um conflito concreto entre direitos da personalidade e liberdade de expressão (tal qual vislumbrado no RESP 595.600-SC, relator Min. César Asfor Rocha) ou privacidade e melhor interesse do menor (como no HC 71.373-4/RS, relator Min. Francisco Rezek), não há razão para se trabalhar com a eficiência de medidas como a publicação de uma reportagem em um jornal ou a possibilidade de realização compulsória de exame de DNA.[424]

Como último ponto hábil a indicar certa particularidade em relação à eficiência administrativa, temos a questão da adequação dos meios às finalidades.

Viu-se que a adequação no que concerne à proporcionalidade, conforme a posição dominante, basta-se pelo mero fomento, não sendo necessário seu alcance substancial. Por sua vez, no que respeita à eficiência administrativa, a busca pela solução ótima, justamente por se estar no exercício da função administrativa, é a diretriz a ser seguida.

Acontece que, como frisamos, pode-se trabalhar com uma certa ideia de fomento como compatível com a adequação do meio ao fim no que se refere à eficiência, desde que se esteja diante de finalidades demonstradas por termos amplamente genéricos e abstratos, interpretando a concepção de fomento no sentido de que objetivos amplos dificilmente seriam satisfeitos em todas as suas vertentes. Assim sendo, um meio escolhido para um objetivo abstrato e genérico poderia ser lido tanto no sentido de ser hábil a alcançar o fim (atinge um, mas não único, aspecto substancial do alvo visado), como de ser capaz de fomentá-lo (incentiva, com mais um passo, a busca da completude substancial daquela finalidade).

Não obstante, a significação dada ao fomento da finalidade para fins de proporcionalidade não segue a mesma trilha acima resumida, não havendo nesse caso diferenciação quanto à forma de expressão da finalidade (se com conceitos indeterminados ou não). Em qualquer

---

[424] LEAL, Fernando. Propostas para uma abordagem teórico-metodológica do dever constitucional de eficiência. *Revista Eletrônica de Direito Administrativo Econômico (REDAE)*, Salvador, Instituto Brasileiro de Direito Público, n. 15, ago./set./out. 2008. Disponível em: http://www.direitodoestado.com.br/redae.asp. Acesso em: 19 jan. 2016, p. 14.

hipótese o mero incentivo do fim seria o suficiente. Além do que, mesmo na leitura acima feita, o fomento no que concerne à eficiência atingiria substancialmente, de certa maneira, o fim.

Logo, tem-se que na eficiência administrativa, além do incentivo ao fim, necessário se faz percorrer um caminho a mais, qual seja, aquele que exija o cumprimento substancial da finalidade (para isso se realiza o teste da dupla revisão dos fins, mencionado no item 3.2.3.1).

Vê-se no que foi exposto uma nítida relação classificatória,[425] envolvendo uma superclasse ou gênero e uma subclasse ou espécie.

De acordo com Lucas Galvão de Britto, "a contingência de poder uma classe integrar a extensão de outra faz com que tenhamos as chamadas classes de segunda e n ordens. A classe que engloba as demais chama-se superclasse, a inculpada, subclasse". Acrescenta às considerações que entre gênero (superclasse) e espécie (subclasse) há uma relação de continência, é dizer, todos os elementos que pertencem à espécie possuem notas comuns ao gênero, mas há em cada espécie a soma de todos os traços do gênero mais uma diferença que as demais espécies do gênero não têm, a chamada diferença específica.[426]

Foi dito e exposto até então como o conteúdo da eficiência administrativa possui os mesmos elementos ou máximas parciais da consagrada construção da proporcionalidade. Na construção normativa que se realiza, então, a eficiência administrativa possui todas as notas comuns da proporcionalidade, com alguns traços diferenciadores, tal qual abordado arriba. Logo, outra não pode ser a conclusão senão a de que a eficiência constitui uma espécie de proporcionalidade, chamada por nós nesta tese de proporcionalidade qualificada.

Com essas premissas bem postas, pode-se afirmar, então, que todo ato administrativamente eficiente será também proporcional em sentido lato. Não obstante, é possível que haja atos tidos como proporcionais, mas que não necessariamente são merecedores da alcunha

---

[425] "Ao ser cognoscitivo é reservado o direito de criar as classes e os subdomínios que bem entender, utilizando-se de critérios e diferenciados de acordo com seus propósitos de conveniência, numa atividade que não tem fim, denominada de liberdade de estipulação. Por isso, aceitamos uma classificação, quando ela atende nossos propósitos cognoscitivos, quando não, temos a liberdade de rejeitá-la e inclusive de criar outra" (CARVALHO, Aurora Tomazini de. *Curso de teoria geral do Direito*: o construtivismo lógico-semântico. 3. ed. São Paulo: Noeses, 2013, p. 338).

[426] BRITTO, Lucas Galvão de. Dividir, definir e classificar: conhecer é recortar o mundo. In: CARVALHO, Aurora Tomazini de (Org.). *Construtivismo Lógico-Semântico*. São Paulo: Noeses, 2014. v. I, p. 225.

de eficientes, porquanto, pela carência de certas circunstâncias (não se trata do exercício de uma função administrativa, por exemplo), não autorizam um olhar sob o prisma da eficiência administrativa.

3.2.6.1 Resposta às diferenciações

Como foi disposto, um breve levantamento nas pesquisas brasileiras que versam sobre eficiência e proporcionalidade demonstra que poucos autores encaram uma relação mais próxima entre ambas as figuras normativas. Desses, há os que não se arriscam mais adiante a fim de averiguar até que ponto tal inter-relação prossegue ou outros que buscam evidenciar a razão de ser para que proporcionalidade e eficiência sejam questões distintas, apartando-as, portanto.

Nesse segundo grupo, merecem destaque as considerações feitas por Humberto Ávila e Fernando Leal, na medida em que se situam no reduzido grupo dos que desenvolveram com um pouco mais de profundidade suas argumentações entre proporcionalidade e eficiência.

Para o primeiro, faz-se mister desassociar as figuras da eficiência e da proporcionalidade. Humberto Ávila expõe por meio da primeira máxima da proporcionalidade, a adequação, que cabe ao agente a seleção de um meio que promova minimamente o fim (não sendo necessário o "melhor"). Por sua vez, a eficiência teria a função de impedir que aquele agente selecionasse um meio que não promovesse o fim de maneira satisfatória. Logo, enquanto a máxima da adequação não exige o "melhor" meio, bastando aquele que promova o fim, a eficiência não permite o "pior", mas exige um meio que promova de maneira satisfatória a finalidade.[427]

Quanto a essas questões, já apontamos nossa divergência nos trechos arranjados no item 3.2.3.1, não tendo muito mais o que acrescentar. Não enxergamos essa diferenciação levantada pelo citado autor, já que não vemos como um meio adequado possa não atender "satisfatoriamente" ao fim pretendido. A partir do momento que nos deparamos com insatisfatoriedades, afastamo-nos da ideia de adequação (por

---

[427] ÁVILA, Humberto. Moralidade, razoabilidade e eficiência na atividade administrativa. *Revista Eletrônica de Direito do Estado*, Salvador, Instituto de Direito Público da Bahia, n. 4, out./nov./dez. 2005. Disponível em: http://www.direitodoestado.com.br/artigo/humberto-avila/moralidade-razoabilidade-e-eficiencia-na-atividade-administrativa. Acesso em: 19 fev. 2019, p. 20-23.

conseguinte também não temos nem proporcionalidade nem eficiência administrativa).

Mesmo sabendo que a adequação na proporcionalidade *lato sensu* se basta pelo fomento, ao passo que para a eficiência se exige mais, ainda no primeiro caso não vislumbramos que o fim não tenha sido satisfatoriamente realizado. Se naquela figura se requer o fomento, a satisfatoriedade só diz respeito com ele e não com pretensões maiores. Ela deve ser analisada em relação ao fomento e não com o atendimento completo do fim. Destarte, a adequação do meio ao fim, seja na proporcionalidade geral, seja na qualificada (eficiência) demanda satisfatoriedade em relação ao que se pretende (fomentar para um, atingir para o outro).

Ainda que não de maneira proposital – pelos menos não aparente –, Humberto Ávila traz uma questão que mais demonstra a identidade entre as figuras em comento do que as aparta. Deveras, como é notório de sua obra, o citado autor trabalha a proporcionalidade não como princípio, mas sim como postulado normativo, o qual, por se tratar de uma norma de segundo grau, consubstancia deveres estruturantes da aplicação de outras normas. Nessa linha, ao versar sobre a eficiência, também indica ele que essa figura não possui estrutura principiológica, mas, pelo contrário, trata-se igualmente de um postulado.[428] Eficiência e proporcionalidade, portanto, nessa vertente, seriam postulados.

Fernando Leal, por sua vez, inicia advertindo que "tanto o dever de eficiência quanto o de proporcionalidade são necessários em relações causais de meio/fim. Mas isso não quer dizer que se confundam".[429]

Sustenta o autor que a proporcionalidade seria estruturalmente mais complexa, já que demandaria a consideração do fim promovido e do fim restringido, ao passo que a eficiência seria unidirecional, tratando-se de avaliar se é ou não custosa, bem como se é qualitativamente apropriada para a promoção do fim.[430]

---

[428] ÁVILA, Humberto. Moralidade, razoabilidade e eficiência na atividade administrativa. *Revista Eletrônica de Direito do Estado*, Salvador, Instituto de Direito Público da Bahia, n. 4, out./nov./dez. 2005. Disponível em: http://www.direitodoestado.com.br/artigo/humberto-avila/moralidade-razoabilidade-e-eficiencia-na-atividade-administrativa. Acesso em: 19 fev. 2019, p. 8.

[429] LEAL, Fernando. Propostas para uma abordagem teórico-metodológica do dever constitucional de eficiência. *Revista Eletrônica de Direito Administrativo Econômico (REDAE)*, Salvador, Instituto Brasileiro de Direito Público, n. 15, ago./set./out. 2008. Disponível em: http://www.direitodoestado.com.br/redae.asp. Acesso em: 19 jan. 2016, p. 14.

[430] LEAL, Fernando. Propostas para uma abordagem teórico-metodológica do dever constitucional de eficiência. *Revista Eletrônica de Direito Administrativo Econômico (REDAE)*,

Como conclusão, apresenta o jurista que, embora haja zonas nebulosas em relação ao grau de imbricação entre proporcionalidade e eficiência, seria mais adequado reconduzir a segunda (eficiência) ao subdever da necessidade da primeira (proporcionalidade), "já que ambos envolvem a consideração da relação horizontal das medidas em xeque e uma única finalidade ou um grupo de finalidades que estão apontando em único sentido".[431]

Aqui as questões se mostram um pouco mais sensíveis. Enquanto vemos pontos de aproximação com a construção normativa ora realizada, a exemplo da necessidade de custos para que se esteja diante da eficiência administrativa, notam-se certas assertivas e conclusões que não nos soam, na perspectiva ora trabalhada, perfeitamente adequadas.

Embora o autor ateste que na eficiência deve se "avaliar se a medida sub examine é ou não custosa e qualitativamente apropriada à promoção da finalidade",[432] de maneira unidirecional, ele não engloba na ideia dos custos as demais finalidades envolvidas no caso e que porventura foram vilipendiadas ou postas de lado. Para o jurista, segundo nos parece, tal análise seria algo típico da proporcionalidade, mas não da eficiência.

Expusemos à exaustão que a compreensão da palavra "custos", no contexto da eficiência administrativa e em uma leitura constitucionalmente adequada, merece uma ampliação, de modo a incluir custos administrativos e sociais, encerrando nesses últimos os direitos/finalidades que são afetados pelas escolhas públicas. Não enxergamos, pois, esse viés "unidirecional" apresentado por Fernando Leal, na medida em que a mesma complexidade aferida na proporcionalidade propriamente dita também se faz presente na eficiência administrativa.

De resto, no esquema gráfico[433] realizado pelo jurista ora tratado, percebe-se uma indicação da proximidade da eficiência com os aspectos

---

Salvador, Instituto Brasileiro de Direito Público, n. 15, ago./set./out. 2008. Disponível em: http://www.direitodoestado.com.br/redae.asp. Acesso em: 19 jan. 2016, p. 14-15.

[431] LEAL, Fernando. Propostas para uma abordagem teórico-metodológica do dever constitucional de eficiência. *Revista Eletrônica de Direito Administrativo Econômico (REDAE)*, Salvador, Instituto Brasileiro de Direito Público, n. 15, ago./set./out. 2008. Disponível em: http://www.direitodoestado.com.br/redae.asp. Acesso em: 19 jan. 2016, p. 21.

[432] LEAL, Fernando. Propostas para uma abordagem teórico-metodológica do dever constitucional de eficiência. *Revista Eletrônica de Direito Administrativo Econômico (REDAE)*, Salvador, Instituto Brasileiro de Direito Público, n. 15, ago./set./out. 2008. Disponível em: http://www.direitodoestado.com.br/redae.asp. Acesso em: 19 jan. 2016, p. 15.

[433] LEAL, Fernando. Propostas para uma abordagem teórico-metodológica do dever constitucional de eficiência. *Revista Eletrônica de Direito Administrativo Econômico (REDAE)*,

da adequação e necessidade (muito mais próximo da necessidade, como dito acima), contudo não haveria essa semelhança com a proporcionalidade em sentido estrito, porquanto, para ele, não haveria na eficiência o exame entre princípios/finalidades colidentes.

Novamente vislumbramos um desacerto nas conclusões apresentadas. A estruturação da máxima parcial da proporcionalidade em sentido estrito, na linhagem construída por Robert Alexy, representa, segundo o próprio Fernando Leal, "que as vantagens advindas de sua implementação superem as eventuais desvantagens".[434]

Uma comum noção de eficiência, que tem se mostrado intuitiva, remete ao estudo de uma relação de custo e benefício. Da mesma sorte foram as conclusões obtidas nesta tese, ao escrutinar que eficiência depende da seleção do melhor meio pela Administração, sendo, dentre outras condições, aquele que seja menos oneroso quando comparado com a relevância da finalidade alcançada. Curiosamente, Fernando Leal traz passagem que parece se encaminhar parcialmente na mesma constatação: "[...] decerto eleger o mais eficiente depende de uma ponderação entre todas as vantagens e restrições que uma medida pode causar relativamente aos fins e aos outros meios, tomando por base as preferências condicionadas estabelecidas pelo sistema constitucional".[435]

Ora, ao apontar que o mais eficiente depende de uma ponderação[436] das vantagens e desvantagens, tanto entre o meio elegido e os demais meios (o que, para nós, equivale ao aspecto da necessidade), como também entre o meio escolhido e os fins, quer-se indicar, nessa última parte, que se está a cotejar prejuízos e benefícios oriundos do meio escolhido em relação às vantagens obtidas com a finalidade almejada, o que nada mais é, em termos gerais, do que a ideia da proporcionalidade em sentido estrito aventada pelo próprio autor.

Salvador, Instituto Brasileiro de Direito Público, n. 15, ago./set./out. 2008. Disponível em: http://www.direitodoestado.com.br/redae.asp. Acesso em: 19 jan. 2016, p. 15.

[434] LEAL, Fernando. Propostas para uma abordagem teórico-metodológica do dever constitucional de eficiência. *Revista Eletrônica de Direito Administrativo Econômico (REDAE)*, Salvador, Instituto Brasileiro de Direito Público, n. 15, ago./set./out. 2008. Disponível em: http://www.direitodoestado.com.br/redae.asp. Acesso em: 19 jan. 2016, p. 13-14.

[435] LEAL, Fernando. Propostas para uma abordagem teórico-metodológica do dever constitucional de eficiência. *Revista Eletrônica de Direito Administrativo Econômico (REDAE)*, Salvador, Instituto Brasileiro de Direito Público, n. 15, ago./set./out. 2008. Disponível em: http://www.direitodoestado.com.br/redae.asp. Acesso em: 19 jan. 2016, p. 12.

[436] A menção à ponderação torna ainda mais evidente a relação, pois, ao tratar da terceira máxima, Robert Alexy justamente a remete às leis da ponderação.

Pela argumentação esposada até aqui, consideramos que os pontos indicados pelos dois autores acima para apartar as figuras da proporcionalidade e eficiência, em que pese sua total relevância, não parecem resistir à forma pela qual este trabalho estrutura a norma jurídica da eficiência administrativa.

3.2.7 Discricionariedade e vinculação administrativa

O leitor minimamente imerso nos estudos jurídicos certamente já efetuou mentalmente uma relação entre o que foi apresentado até agora e as figuras da discricionariedade e vinculação dos atos administrativos. Ainda que de maneira parentética, é aqui, ao trabalhar os aspectos semânticos da eficiência administrativa, que são cabíveis alguns esclarecimentos e reflexões no que tange às interpelações entre a discricionariedade e a vinculação administrativa e a figura jurídica em voga.

A discricionariedade e vinculação administrativas, questões tão caras aos estudiosos do Direito Administrativo e, de igual modo, tão controvertidas,[437] encontram lugar de destaque no trato da eficiência administrativa, em especial quando se tem ciência que aludida figura jurídica só toma espaço no exercício da atividade administrativa.

A situação vinculada[438] para prática de certos atos aponta que a atividade do administrador se encontra adstrita a um motivo único,

---

[437] "Não há na doutrina brasileira consenso acerca da apreciação discricionária pelo administrador público de determinada situação fática que enseje a escolha de uma entre várias opções, segundo critérios de conveniência e oportunidade. Ou seja, o 'ato administrativo discricionário' é objeto de divergências variadas entre os juristas brasileiros" (FORTINI, Cristiana; MIRANDA, Iúlian. A discricionariedade administrativa em face do princípio da eficiência. *R. Proc.-Geral Mun. Belo Horizonte – RPGMBH*, Belo Horizonte, a. 5, n. 10, jul./dez. 2012, p. 55).

[438] Apuram-se algumas contendas a respeito da melhor terminologia para se referir à discricionariedade e à vinculação administrativas. Victor Nunes Leal (Poder discricionário da administração – abuso desse poder – mandado de segurança – direito líquido e certo. *Revista de Direito Administrativo – RDA*, Rio de Janeiro, v. 14, jan. 1948, p. 57) e Hely Lopes Meirelles (*Direito Administrativo brasileiro*. 7. ed. São Paulo: Revista dos Tribunais, 1979, p. 92-94), por exemplo, optam pelo uso da expressão "poder discricionário" e "poder vinculado". Celso Antônio Bandeira de Mello, por sua vez, refuta a utilização recorrente dos termos "atos discricionários" e "atos vinculados", porquanto "vinculação ou discricionariedade são predicados atinentes aos condicionantes da válida expedição do ato ou ao seu próprio conteúdo", não sendo o ato em si vinculado ou discricionário ("Relatividade" da competência discricionária. *Revista de Direito Administrativo – RDA*, Rio de Janeiro, v. 212, abr./jun. 1998, p. 49). Seguindo a mesma percepção do último autor, buscaremos evitar ao longo do texto, quando possível, referidos termos. Preferimos, contudo, evitar também a denominação "poder", por não enxergamos qualquer espécie de poder na prática dos atos pertinentes, mas sim meras atribuições conferidas aos agentes públicos.

predeterminado, cuja ocorrência "material lhe cabe tão somente constatar, e devendo ter o procedimento administrativo por objeto uma certa e determinada medida, expressamente prevista pela lei, não há cogitar do mérito como um dos fatôres integrantes do ato administrativo".[439]

Vê-se que na vinculação o legislador já pré-selecionou e pré-estipulou o conteúdo dos elementos que comporão os atos administrativos determinados legalmente. Não cabe, portanto, ao agente público realizar valorações subjetivas quanto à prática do ato, as quais já foram realizadas previamente pelo Poder Legislativo.

D'outro giro, a competência discricionária confere certa margem de apreciação ao agente público, conforme autorizado legalmente. Nessas situações,[440] devido à impossibilidade de o legislador catalogar todos os atos que a prática administrativa exige, e certo que só ao administrador, em contato com a realidade, estará em condições de apreciar os motivos de conveniência e oportunidade para determinados atos, é que se concede aos agentes públicos, mediante lei, certa dose de liberdade na escolha da conveniência, oportunidade e conteúdo de determinados atos administrativos.[441]

A verificação da discricionariedade administrativa envolve então a apuração de algumas circunstâncias, que foram muito bem delineadas por Maria Sylvia Zanella Di Pietro:

> Daí decorrem os dados fundamentais para definir a discricionariedade: a) envolve a possibilidade de opção entre duas ou mais alternativas; b) essas alternativas decorrem da lei; c) por isso, qualquer uma das alternativas que a autoridade escolha é juridicamente válida; d) a escolha se faz diante do caso concreto, com base em critérios de mérito.[442]

---

[439] FAGUNDES, M. Seabra. Conceito de mérito no Direito Administrativo. *Revista de Direito Administrativo – RDA*, Rio de Janeiro, v. 23, jan. 1951, p. 6.

[440] Haveria duas justificações essenciais para a discricionariedade: uma jurídica e outra prática. A jurídica remeteria à construção escalonada do Direito elaborada por Hans Kelsen. Assim, considerando-se que o Direito se expressa por vários degraus normativos, a cada ato acrescenta-se um elemento novo não previsto no anterior, o qual ocorreria por meio do uso da discricionariedade. Do ponto de vista prático, a discricionariedade evitaria o automatismo que ocorreria fatalmente caso os agentes públicos não tivessem qualquer margem de liberdade em certas decisões (DI PIETRO, Maria Sylvia Zanella. *Direito Administrativo*. 30. ed. Rio de Janeiro: Forense, 2017, p. 253).

[441] MEIRELLES, Hely Lopes. *Direito Administrativo brasileiro*. 7. ed. São Paulo: Revista dos Tribunais, 1979, p. 94-95.

[442] DI PIETRO, Maria Sylvia Zanella. Discricionariedade técnica e discricionariedade administrativa. *Revista Eletrônica de Direito Administrativo Econômico (REDAE)*, Salvador, Instituto Brasileiro de Direito Público, n. 9, fev./mar./abr. 2007. Disponível em: http://www.direitodoestado.com.br/redae.asp. Acesso em: 20 out. 2016, p. 2.

Nunca é demais ressaltar que a discricionariedade não configura liberdade absoluta ao agente público. Se assim fosse, transmudar-se-ia para arbítrio.[443] Sempre haverá uma dose de vinculação à moldura jurídica conferida pelo ordenamento jurídico.

É de tal monta essa vinculação que Eberhard Schimidt-Assmann inclusive trata a discricionariedade e vinculação administrativas dentro da perspectiva do maior ou menor grau de vinculação ao Direito.

Dessarte, distinguem-se dessa forma vários níveis de intensidade na vinculação aplicável à Administração: "vinculação estrita, na qual a conseqüência jurídica tem um caráter necessário; e vinculação flexível, mediante a abertura de um âmbito de discricionariedade aplicativa ou liberdade de configuração administrativa".[444]

Em abordagem mais ampla sobre a discricionariedade, Celso Antônio Bandeira de Mello expõe que aquela pode decorrer de 3 (três) elementos, quais sejam: a) a hipótese normativa (a depender do modo impreciso com o qual a lei haja descrito a situação fática, isto é, o motivo); b) a finalidade[445] normativa (como a finalidade é por vezes expressa por palavras que se reportam a um conceito de valor, podem também se reportar a conceitos plurissignificativos); ou c) o mandamento ou comando normativo (caso se tenham abertas alternativas de conduta ao agente, seja i) quanto a expedir ou não o ato, para ii) apreciar a oportunidade adequada para a prática do ato, por iii) lhe conferir liberdade quanto à forma jurídica pela qual se revestirá o ato ou, ainda, por iv) lhe

---

[443] "Esa facultad debe distinguirse del poder arbitrario, pues mientras éste representa la voluntad personal del titular de un órgano administrativo que obra impulsado por sus pasiones, sus caprichos o sus preferencias, aquélla, aunque constituye la esfera libre de la actuación de una autoridad, tiene un origen legítimo, como lo es la autorización legislativa y un límite que en el caso extremo en que no esté señalado en la misma ley o implícito en el sistema que ésta adopta, existe siempre en el interés general que constituye la única finalidad que pueden perseguir las autoridades administrativas" (FRAGA, Gabino. Derecho administrativo. 40. ed. México: Porrúa, 2000, p. 101).

[444] Tradução de: "[...] vinculación estricta, donde la consecuencia jurídica tiene carácter necesario; y vinculación flexible, mediante la apertura de un ámbito de discrecionalidad aplicativa o libertad de configuración administrativa" (SCHMIDT-ASSMANN, Eberhard. La teoría general del derecho administrativo como sistema: Objeto y fundamentos de la construcción sistemática. Tradução de Mariano Bacigalupo et al. Barcelona: Marcial Pons, 2003, p. 61).

[445] A presença da discricionariedade no aspecto da finalidade é posição ainda minoritária nos escritos doutrinários no Brasil, pois se entende amplamente que, como a finalidade última do Poder Público é sempre o alcance do interesse público, não haveria qualquer dose de "liberdade" aos agentes. Contudo, na esteira da posição de Celso Antônio Bandeira de Mello, tem-se que considerar que, ademais do interesse público como finalidade inconteste, há também finalidades específicas para atos determinados, que vêm a representar conceitos jurídicos indeterminados, comportando uma apreciação dentro da discricionariedade.

ter sido atribuída competência para resolver sobre qual seria a medida mais satisfatória no caso concreto).[446]

Voltando-se à relação mais próxima com a eficiência administrativa, a discricionariedade adquire sua relevância interpretativa em todos os três aspectos acima elencados.

No que toca à hipótese fática, é dizer, no caso da ausência da indicação explícita do pressuposto de fato ou sua explicitação por intermédio de conceitos indeterminados, a eficiência administrativa mostra sua face já que, como visto, um pressuposto para sua verificação é o exercício da função administrativa. Deste modo, a verificação do motivo hábil a ensejar o desempenho da atividade administrativa poderá, caso estejam presentes os demais elementos, desencadear a análise da eficiência administrativa.

Perceba-se, no entanto, que não entra em jogo, nesse caso, o escrutínio de nenhum dos três elementos da eficiência administrativa. Trata-se de uma questão pressuposta à eficiência em si. Analisar discricionariamente, nos limites legais, os pressupostos de fato (motivos) (seja pela sua omissão, seja pelo uso de conceitos práticos) permite apurar, em cotejo com a finalidade, se se encontram presentes as razões de fato que autorizam o desencadear do exercício da função administrativa (elementos do antecedente normativo). Caso a análise seja negativa, é óbvio que não lidaremos com a eficiência administrativa.

De maneira mais específica, a discricionariedade contida na finalidade normativa também traz reflexos para fins da eficiência administrativa. O primeiro elemento da eficiência administrativa, a adequação do meio à finalidade legal, depende justamente da compreensão de qual finalidade se está a buscar no caso concreto.

Havendo indeterminação[447] no conceito expresso para o fim legal, caberá ao agente público, no exercício da discricionariedade permitida em tese, filtrar a identificação da finalidade de modo a selecionar o meio que se mostre a ela adequado.

---

[446] BANDEIRA DE MELLO, Celso Antônio. *Discricionariedade e controle jurisdicional*. São Paulo: Malheiros, 1992, p. 19.

[447] "Há, contudo, aqui, grande controvérsia sobre o próprio conceito de discricionariedade, havendo quem a diferencie da simples interpretação de termos vagos. Segundo essa corrente, nos casos de discricionariedade, haveria 'indiferentes jurídicos', ou seja, pluralidade de decisões possíveis em tese, enquanto na interpretação de termos vagos ou de conceitos jurídicos indeterminados haveria uma única interpretação adequada" (CABRAL, Flávio Garcia; SARAI, Leandro. *Manual de Direito Administrativo*. 2. ed. Leme: Mizuno, 2023, p. 272).

Justamente sobre a apuração da adequação à finalidade, em particular quando ela não vem determinada por preceitos precisos, já nos detivemos quando das considerações feitas no item 3.2.3.1. Da última hipótese de cabimento da discricionariedade, a que concerne ao comando normativo, a pertinência com a eficiência se mostra ainda maior. É evidente que a escolha da forma do ato a ser praticado, o momento de sua edição, ou mesmo a opção pela sua não realização são todas questões que podem determinar se a medida escolhida se mostra ou não adequada ao fim legal, ou mesmo figure como mais onerosa no que tange a outros meios igualmente adequados ou mesmo em relação à importância conferida à finalidade.

Além do que, nas situações nas quais a lei atribuiu competência ao agente para resolver sobre qual seria a medida mais satisfatória no caso concreto, a própria hipótese discricionária clama pela eficiência administrativa, afinal, a melhor medida, que é conduta que deve ser perseguida na função administrativa, será aferida justamente pelo manejo das máximas da eficiência administrativa (proporcionalidade qualificada).

Como se vê, a eficiência administrativa assume papel de relevo no desempenho de certas competências discricionárias, servindo precisamente como mais uma limitação a essa discricionariedade. De fato, a adoção da metodologia de apuração da eficiência administrativa tem o condão de frear o comportamento dos agentes públicos, que necessitam se ater a certos padrões mínimos para exercerem a função administrativa que envolve gastos administrativos diretos.

Atrelando a eficiência administrativa e sua aplicação aos atos tidos como discricionários ou vinculados, não raro se menciona que ela só teria relevância nas condutas discricionárias, uma vez que aos atos editados por vinculação, que normalmente não seriam afetados, "a lei já determina qual a única solução possível para o atingimento do interesse público. A solução ótima, nesses casos, já está prevista em lei".[448]

Referidos apontamentos merecem ser matizados. Concorda-se que é no desempenho dos atos que permitem uma análise discricionária que a eficiência administrativa demonstra muito mais importância e se desenvolve como método essencial de aferição da melhor solução a ser adotada. Sem embargo, ela não passa ao largo dos atos considerados

---

[448] HARGER, Marcelo. Reflexões iniciais sobre o princípio da eficiência. *Revista de Direito Administrativo – RDA*, Rio de Janeiro, v. 217, jul./set. 1999, p. 159.

vinculados, ainda que adquira em relação a eles uma pertinência diferenciada.

Primeiramente, válido recordar que a análise estanque entre atos administrativos de competência exclusivamente discricionária ou vinculada não corresponde à realidade. Mesmo nos comportamentos conduzidos pela discricionariedade, sempre haverá ainda traços de vinculação. Os elementos da competência, forma e finalidade,[449] diz Hely Lopes Meirelles, devem total observância à lei, como qualquer outro ato dentro da competência vinculada.[450] Portanto, dizer que a eficiência só importa aos chamados "atos discricionários", por certo não é inteiramente correto.

Além disso, concordamos que, nos casos em que há vinculação, a metodologia de aferição contida na eficiência administrativa, por meio da qual se busca, em última instância, adotar a solução ótima, mostra-se presumida. É dizer, confere-se ao legislador a preponderância na escolha do meio para alcançar determinada finalidade, em atenção ao princípio formal democrático,[451] havendo uma presunção de que aquela medida se mostra de certo modo eficiente.

A norma jurídica da eficiência administrativa somente apresenta seu modal deôntico de obrigação em relação aos sujeitos no exercício da função administrativa. Contudo, os demais Poderes republicanos, no exercício das funções típicas de inovar no ordenamento jurídico (legislativa) e resolver controvérsias com força de coisa julgada (jurisdicional), também são vinculados indiretamente, já que, por se tratar de norma de cunho constitucional, amarra a atuação dos Poderes (vide item 3.1.1).

Nos atos considerados vinculados, nos quais o legislador já previu todos os elementos a serem preenchidos pelo agente público no caso concreto, os meios selecionados pelo legislador não podem

---

[449] Quanto à finalidade, somente fazemos a ressalva, já realizada anteriormente em rodapé, no que tange à posição de Celso Antônio Bandeira de Mello, sobre a possibilidade de haver um aspecto de competência discricionária em relação a esse elemento.

[450] MEIRELLES, Hely Lopes. *Direito Administrativo brasileiro*. 7. ed. São Paulo: Revista dos Tribunais, 1979, p. 94-95.

[451] "Sempre que o Legislador adota uma decisão, e fixa uma medida de concretização (M1) de um valor constitucional (P1), incide o princípio formal que dá primazia às ponderações legislativas (Pfl). É formal porque independe do conteúdo legislativo. Dessarte: em decorrência do princípio democrático e da separação dos poderes, há uma norma no sistema pela qual as decisões do legislador devem ser, *prima facie*, respeitadas" (MARTINS, Ricardo Marcondes. Proporcionalidade e boa administração. *Revista da Faculdade de Direito PUC-SP*, v. 3, n. 1, 1º sem. 2015, p. 329).

ofender mandamento constitucional que prega a eficiência administrativa. Caso o faça, por certo que se estará diante de uma lei reputada inconstitucional.

Pode haver casos nos quais a previsão abstrata trazida pelo legislador invariavelmente acarretará medidas administrativas consideradas ineficientes (seja pela inadequação do meio, por haver outros evidentemente menos gravosos ou pela desproporção com a finalidade perseguida). Em situações quejandas, a pecha de inconstitucionalidade acompanhará essa lei, pois foi feita em desconformidade à norma da eficiência administrativa, construída, dentre outros enunciados, com base no artigo 37, *caput*, da Constituição.

Vê-se, pois, que mesmo diante de atos praticados no exercício da competência vinculada, ainda assim a verificação da eficiência administrativa encontra espaço, mesmo que sob uma diferente perspectiva. Aqui o que se destaca é a vinculação indireta da norma ao Poder Legislativo e Judiciário no exercício de suas funções típicas. Ao primeiro, somente lhe é permitido editar enunciados legislativos que permitam a construção de normas que respeitem a eficiência administrativa; ao segundo, cabe, no exercício da função jurisdicional, declarar inconstitucional normas que não atendam à eficiência administrativa.

No que toca à presunção de que os atos de competência vinculada criados pelo legislador sejam eficientes, há quem vislumbre a situação de sorte diferenciada, pois entendem que ao passo em que as condutas dos administradores demandam sempre a escolha da solução ótima, a seleção legislativa assim não exige.

Assim, para os que trilham essa posição, não seria necessário que o legislador escolhesse a melhor medida, podendo chegar até mesmo a escolher a pior. Se, dentre as medidas existentes, "o Legislador escolher a que promova a realização do fim pretendido, em comparação às demais, no menor grau de eficácia, rapidez e probabilidade possível, e do modo mais parcial possível, a medida será considerada adequada para os fins de proporcionalidade legislativa".[452]

A questão, contudo, exige certas ponderações, de modo a se adequar à norma jurídica ora estudada.

Como regra, as assertivas acima se mostram ajustadas ao sistema jurídico. A exigência feita ao legislador é de fato menos restritiva do

---

[452] MARTINS, Ricardo Marcondes. Proporcionalidade e boa administração. *Revista da Faculdade de Direito PUC-SP*, v. 3, n. 1, 1º sem. 2015, p. 322.

que as limitações que acometem o administrador público. Enquanto os agentes públicos possuem como barreiras tanto o texto constitucional como a legislação infraconstitucional, ao legislador somente existe a Constituição[453] como limitadora.

Todavia, é justamente por essa limitação constitucional que não cabe ao legislador, no exercício de sua função legiferante típica, selecionar sempre medidas que não representem a solução administrativa ótima. Explicamo-nos: foi construída até aqui a norma jurídica geral e abstrata denotativa da eficiência administrativa, tendo ficado demonstrado que no exercício da função administrativa, em que haja o dispêndio direto de recursos administrativos, deve ser selecionada a solução administrativa ótima, isto é, um meio que seja adequado à finalidade legal; que não haja outro meio menos oneroso; e que as limitações desse meio sejam menos relevantes que a finalidade a ser alcançada. Embora essa norma tenha como sujeito passivo os agentes que estejam no exercício da atividade administrativa, ela é vinculante, ainda que indiretamente, ao Poder Legislativo, que não pode editar enunciados normativos que não atendam àqueles requisitos, sob pena de criar uma figura jurídica que viola uma norma constitucional.

Não conseguimos enxergar como determinada norma constitucional possa exigir sempre a aplicação da solução ótima pelo administrador e não ser, de certa forma, condicionante da atuação legislativa. Quando o legislador abre a possibilidade de escolhas válidas ao agente público diante do caso concreto (discricionariedade), vincula-se este à seleção da melhor solução dentre as opções, mas quando a seleção é feita diretamente pelo próprio legislador, basta simplesmente não escolher a pior? No que diz respeito à eficiência administrativa, tal conclusão desafia uma estrutura normativa lógica.

É certo, contudo, que haverá uma diferenciação quanto ao controle a ser feito em relação à seleção do meio caso seja realizado diretamente pelo administrador público, ou pelo legislador.

---

[453] "Sendo o Poder Legislativo o criador da norma jurídica, do Direito positivo ordinário, somente sujeito à suprema autoridade da Constituição, a sua discricionariedade é a mais ampla. Cabe-lhe, movimentando-se dentro da elasticidade própria das regras constitucionais, criar a ordem legal como, ao seu juízo, se afigure conveniente. As próprias restrições de ordem constitucional são escassas quantitativamente. As diretrizes rígidas, não comportando opção entre critérios, dispensando regulação ampliativa ou complementar, são pouco numerosas" (FAGUNDES, M. Seabra. Conceito de mérito no Direito Administrativo. *Revista de Direito Administrativo – RDA*, Rio de Janeiro, v. 23, jan. 1951, p. 7).

Justamente por ter maior margem de apreciação nas suas escolhas, o controle a ser exercido sobre a atividade legislativa muitas vezes se resume a um controle de evidência, que é aquele que admite a atuação estatal mesmo quando não seja possível total segurança sobre as premissas. Já à Administração Pública, como regra,[454] demanda-se ora um controle substancial intensivo (certeza sobre as premissas), ora um controle de intensidade média (exige maior grau de certeza sobre as premissas empíricas).[455]

Constata-se que, ainda que haja uma diferenciação quanto ao grau de controle, mesmo assim em ambas as atividades, a administrativa e a legiferante, para a seleção dos meios aptos a atingir às finalidades legais, sob a lupa da eficiência administrativa, exige-se que haja a solução ótima, justamente por decorrer de mandamento constitucional.

Ainda sobre a vinculação, Ricardo Marcondes Martins traz à tona uma situação diferente, na qual haveria a relação entre a eficiência (em realidade o autor trabalha com a regra da boa administração, mas, como visto, entende como sendo sinônimo de eficiência) e os atos de competência vinculada. Segundo o administrativista, pode ocorrer que, mesmo diante de atos considerados vinculados, no caso concreto se apure que a medida pré-selecionada pelo legislador não seja a mais idônea. Logo, haveria casos nos quais "a lei fixa uma medida a ser executada pela Administração e, à luz do caso concreto, excepcionalmente, a ponderação do Legislador é parcialmente afastada (P2 P1 + PFl – regra legislativa), exigindo-se a substituição da medida legislativa".[456]

Vislumbra-se que Ricardo Marcondes Martins admite, ainda que de maneira excepcional, que, nas circunstâncias em que o princípio contrariado pela lei (P2) seja mais relevante que o princípio concretizado por ela (P1), somado ao princípio formal que dá primazia às ponderações legislativas (PFl), caiba ao agente público desconsiderar a escolha legislativa e adotar medida diversa da pretendida em lei. Para ele, enquanto no legalismo a confiança no legislador era quase

---

[454] Não se pode olvidar as situações nas quais é conferida aos administradores uma discricionariedade administrativa epistêmica, conforme apresentado no bojo desta tese.
[455] MARTINS, Ricardo Marcondes. Proporcionalidade e boa administração. *Revista da Faculdade de Direito PUC-SP*, v. 3, n. 1, 1º sem. 2015, p. 335.
[456] MARTINS, Ricardo Marcondes. Proporcionalidade e boa administração. *Revista da Faculdade de Direito PUC-SP*, v. 3, n. 1, 1º sem. 2015, p. 334.

que absoluta, no neoconstitucionalismo se admite, ainda que excepcionalmente, uma atuação administrativa não amparada na prévia ponderação legislativa.[457] Não temos como concordar integralmente com referido posicionamento.

De forma alguma se desconhecem as mudanças de paradigma trazidas com o novo sistema jurídico erigido pela Constituição de 1988, que expressou o que muitos denominam de neoconstitucionalismo. Se havia dúvidas, em tempos outros, de que princípios possuíam a estrutura normativa e como tais determinavam condutas como obrigatórias, proibidas ou permitidas, tais incertezas foram espancadas pela estruturação sintático-semântica do texto constitucional contemporâneo.

Além disso, a famigerada vinculação da Administração Pública à lei,[458] no sentido de só ser permitida atuar caso haja permissão legal, assume nesse contexto diferentes contornos, passando-se agora a uma certa concepção mais ampla de juridicidade[459] (não somente leis em sentido formal), retomando-se novamente a total imprescindibilidade e relevância dos princípios jurídicos.

Não obstante essas considerações, a forma pela qual o Estado brasileiro se configura, como Estado Democrático de Direito (artigo 1º, *caput*, da Constituição), não afasta a primazia das escolhas legislativas, sem prejuízo, é óbvio, dos controles exercidos pelos demais Poderes republicanos.

Ainda que escrito em período anterior à Constituição de 1988, as lições de M. Seabra Fagundes permanecem atuais e compatíveis com o

---

[457] MARTINS, Ricardo Marcondes. Proporcionalidade e boa administração. *Revista da Faculdade de Direito PUC-SP*, v. 3, n. 1, 1º sem. 2015, p. 329; 332.

[458] "A subordinação da Administração Pública à ordem jurídica, portanto, se entende no sentido de que as normas de direito objetivo funcionam como limitações e restrições à sua vontade" (FALCÃO, Amílcar de Araújo. *Introdução ao Direito Administrativo*. Brasília: D.A.S.P., 1960, p. 59).

[459] Um dos primeiros nomes no Direito Administrativo a aventar o chamado "princípio da juridicidade da administração" foi Adolf Merkel (*Teoria general del derecho administrativo*. Tradução de José Luis Monereo Peréz. Granada: Comares, 2004, p. 204-208), que o compreendia de maneira mais ampla e diferente do que se entende por legalidade, indicando que toda ação administrativa concreta deve ser analisada desde o ponto de vista de sua relação com todo o ordenamento jurídico. Sobre a juridicidade administrativa, Cármen Lúcia Antunes Rocha ainda discorre que a Administração Pública é o próprio Direito, tornada em movimento realizador de seus efeitos de modo a interferir na realidade social sobre a qual incide. Portanto, ela não é apenas "a lei formalmente perfeita e posta à observância, mas todo o sistema de Direito vigente em determinado Estado [...]" (*Princípios constitucionais da Administração Pública*. Belo Horizonte: Del Rey, 1994, p. 82-84).

conteúdo jurídico do Estado Democrático de Direito: "quanto se trata de atividade administrativa vinculada, o aspecto político da atividade estatal de realização do direito, em que se traduz o mérito, não tem cabimento por já ter sido objeto de apreciação" e sustenta também que em situações quejandas "não há, portanto, aspectos de mérito (justiça, conveniência etc.), pendentes do conhecimento da Administração".[460]

Com o escopo de aferir a eficiência administrativa, tal constatação adquire maior destaque, mormente quando se somam as considerações acima, quais sejam, de que mesmo nesses casos cabe ao legislador a escolha da situação ótima (ainda que com um rigor de controle inferior ao existente para os administradores, por possuir uma mais ampla discricionariedade).

A pré-seleção efetuada pelo legislador, nas hipóteses nas quais não haja margem de discricionariedade conferida ao administrador, deve ser seguida pelos agentes exercentes da atividade administrativa. Aqui, a aferição da estrutura da eficiência administrativa considera-se realizada previamente, não cabendo ao administrador sobrepor sua análise a do legislador.

Isso não implica que de maneira absoluta as escolhas legislativas sejam impassíveis de contenda. Pode ocorrer – como de fato ocorre – de a seleção do legislador se mostrar incompatível com a norma da eficiência administrativa. Nesses casos, como abordado em trechos acima, cabe ao Poder Judiciário, quando provocado, declarar a inconstitucionalidade das escolhas legislativas ou mesmo ao Poder Legislativo, por meio da edição de enunciados revogadores ou modificativos, sanar a inconstitucionalidade por ele praticada. Já ao Executivo ou aos demais Poderes exercendo função administrativa, não é cabível a desconsideração da ponderação legislativa prévia, sob pena de desestabilizar indevidamente o sistema jurídico do qual faz parte.

3.2.8 Retomando a estrutura normativa: hipótese e consequente no plano semântico

Foi visto previamente que a eficiência administrativa ora estudada possui natureza de norma jurídica, por isso é inafastável lhe atribuir a

---

[460] FAGUNDES, M. Seabra. Conceito de mérito no Direito Administrativo. *Revista de Direito Administrativo – RDA*, Rio de Janeiro, v. 23, jan. 1951, p. 16; 9.

estruturação dual de toda e qualquer norma, composta por uma parte antecedente e outra consequente.

Cabe-nos agora, portanto, após todas as elucidações e construções normativas já realizadas, preencher semanticamente essa estrutura normativa de hipótese/tese conectadas por um operador deôntico (plano S3). A hipótese, como já destacado, descreve as circunstâncias fáticas, selecionadas pelo legislador, que ensejarão, caso se verifique sua ocorrência, a possibilidade[461] de incidência da norma jurídica abstrata da eficiência administrativa.

De acordo com o que se viu até então, a eficiência administrativa toma lugar quando estamos investigando o exercício da função administrativa pela Administração Pública ou quem lhe faça as vezes. Justamente por se tratar, em determinada visão, de um princípio, é comum de tal figura que as hipóteses normativas descrevam ocorrências fáticas mais amplas e genéricas, englobando, por vezes, uma série de possíveis acontecimentos fáticos.

Dessa forma, portanto, podemos indicar que a hipótese normativa em voga se refere à verificação do exercício da função administrativa na qual se apure um custo administrativo direto. Toda vez que se apurar o exercício de uma função administrativa ou a ocorrência de fato que demande, por determinação normativa, que essa função administrativa seja ali movimentada, desde que envolva a apuração de custos administrativos diretos, determinar-se-á que os sujeitos que exercem ou devam exercer dita função o façam de maneira administrativamente eficiente em prol dos administrados.

É, pois, de maneira didática que podemos ilustrar que o princípio da eficiência administrativa se conforma na seguinte estrutura normativa semanticamente completa, dividindo-se o que fora dito acima: a) hipótese: se se verificar o exercício de uma função administrativa, ou a ocorrência de fato que demande, por determinação normativa, que essa função normativa seja ali movimentada, desde que envolva a apuração

---

[461] Fala-se, no texto, em "possibilidade de incidência", porquanto se seguem as indicações de Paulo de Barros Carvalho, no sentido de que a incidência normativa não figura como automática, dependendo sempre de uma conduta humana, por meio de um ato de linguagem adequado para se criar a norma jurídica individual e concreta, conferindo-a juridicidade. Para o autor, "em rigor, não é o texto normativo que incide sobre o fato social, tornando-o jurídico. É o ser humano que, buscando fundamento de validade em norma geral e abstrata, constrói a norma jurídica individual e concreta, na sua bimembridade construtiva, empregando, para tanto, a linguagem que o sistema estabelece como adequada, vale dizer, a linguagem competente" (*Direito Tributário, Linguagem e Método*. São Paulo: Noeses, 2013, p. 151-152).

de custos administrativos diretos; b) tese: será obrigatório que o agente público ou quem faça as vezes do Estado escolha os melhores meios (os menos onerosos à Administração Pública, tanto em relação aos demais meios existentes, como em relação à própria finalidade almejada) que sejam capazes de atingir a finalidade legal pretendida em benefício dos administrados (seja eficiente ou, com outra denominação, proporcional em sentido qualificado).

De modo a espancar obscuridades que poderiam porventura nublar a norma jurídica geral e abstrata que ora se constrói referente à eficiência administrativa, cabível destrinchar ainda mais a estrutura normativa semanticamente preenchida.

Fórmula que granjeou certo sucesso para tal finalidade, mas que ainda tende a se ver circunscrita à análise das normas tributárias, diz com a regra matriz de incidência elaborada por Paulo de Barros Carvalho.

Dita regra, tida como matriz de incidência, corresponde à organização do núcleo lógico-estrutural da norma padrão (juízo hipotéticocondicional) indicada pela conjunção de seus elementos indicativos. Tais elementos se dividem no descritor da norma (também denominado de hipótese, antecedente ou suposto), no qual se encontrarão as diretrizes para identificação de eventos que portem expressão econômica, havendo aí um critério material (comportamento de uma pessoa), condicionado no tempo e espaço (critérios temporal e espacial). Ademais, haverá um prescritor (consequente), no qual se encontrará um critério pessoal (sujeito ativo e passivo) e um critério quantitativo (alíquota e base de cálculo).[462]

Calha tracejar que a construção de Paulo de Barros Carvalho foi desenvolvida tendo em vista especialmente a norma tributária,[463] razão pela qual a presença no consequente normativo do critério quantitativo formado por alíquota e base de cálculo figura para ele como de suma importância.

Apesar disso, as conclusões advindas da regra matriz se referem à estruturação de uma norma padrão, afeta a qualquer ramo jurídico,

---

[462] CARVALHO, Paulo de Barros. *Direito Tributário*: fundamentos jurídicos de incidência. 9. ed. São Paulo: Saraiva, 2012, p. 135.

[463] Tanto é assim que a gênese da regra matriz de incidência pode ser encontrada em sua tese de doutorado, ainda que não utilizando a nomenclatura "regra matriz", que desencadeou a obra "Teoria da norma tributária", indicando o escopo principal do autor em laborar essencialmente, nesse primeiro momento, no âmbito tributário.

porquanto se conformam na estrutura hipotético-condicional, conectada por um modal deôntico.

Por isso, bem-vindas as considerações feitas por Aurora Tomazini de Carvalho, que, de modo a adequar de maneira mais didática a regra matriz em comento, entende por haver, em vez de um critério quantitativo, um critério prestacional no consequente, que seria um feixe de informações que indicaria qual o dever jurídico do sujeito passivo em relação ao sujeito ativo, bem como qual o direito subjetivo que o segundo tem em relação ao primeiro, podendo ou não ser quantificado.[464]

Nessa vertente, com as argumentações cabíveis já realizadas, podemos elaborar as seguintes regras matrizes da eficiência administrativa: uma (I) na relação do Estado com seus agentes públicos; e outra (II) na perspectiva dos administrados com o Estado (representado pelos agentes públicos): (I) a) hipótese – a1) critério material: exercer (verbo) a função administrativa que demande custos administrativos diretos (complemento); a2) critério espacial: em todo o território nacional; a3) critério temporal: no momento do exercício da função; b) consequente – b1) critério pessoal: Estado (sujeito ativo) e agente público no exercício da função administrativa (sujeito passivo); b2) critério prestacional: exigir (verbo) comportamento eficiente ou proporcionalmente qualificado (complemento). (II) a) hipótese – a1) critério material: exercer (verbo) a função administrativa que demande custos administrativos diretos (complemento); a2) critério espacial: em todo o território nacional; a3) critério temporal: no momento do exercício da função; b) consequente – b1) critério pessoal: administrado (sujeito ativo) e Estado no exercício da função administrativa (sujeito passivo); b2) critério prestacional: exigir (verbo) comportamento eficiente ou proporcionalmente qualificado (complemento).

Algumas breves pontuações encontram espaço no que tange às regras matrizes construídas.

A primeira é a que demanda o esclarecimento acerca da construção de duas regras matrizes. Como se pode notar, trata-se de duas perspectivas diversas sobre a eficiência administrativa, sendo a primeira (I) condizente à relação jurídico-administrativa dos agentes públicos para com o Estado. Nesse sentido, haveria um dever funcional de todo aquele que exerce uma função pública se conduzir de maneira

---

[464] CARVALHO, Aurora Tomazini de. *Curso de teoria geral do Direito*: o construtivismo lógico-semântico. 3. ed. São Paulo: Noeses, 2013, p. 413.

administrativamente eficiente quando do exercício da função administrativa. Por outro lado, conforme já trabalhado em tópico anterior, a eficiência administrativa visa a satisfazer os interesses do conjunto de cidadãos como tais, sendo, pois, os administrados os destinatários primeiros e últimos da norma constitucional. Logo, na regra matriz II, a perspectiva se dá em relação ao direito subjetivo existente em prol dos administrados para que o Estado, por meio de seus agentes ou quem lhe faça as vezes, atue de maneira eficiente.

Segundo, embora tenhamos optado por evidenciar somente as duas regras matrizes acima, por considerarmos as de maior destaque e pertinência, ainda assim seria possível elaborar outras pertinentes à eficiência administrativa, como por exemplo as regras matrizes condizentes à responsabilização, seja do Estado, seja dos agentes públicos, pela prática de condutas ineficientes. É dizer, a sistematização normativa acima realizada não se esgota naquelas duas regras matrizes.

Terceira e última, indispensável indicar que na construção das regras matrizes acima, o termo "agente público" deve ser compreendido na acepção mais ampla possível, como sendo qualquer agente que exerça função administrativa, ainda que não se enquadre como servidor ou empregado público, a exemplo do que ocorre com os agentes das organizações sociais ou OSCIPs, ou mesmo estagiários ou servidores temporários.

3.2.9 Retomando aspectos sintáticos e semânticos: a função administrativa

Conhecendo agora o conteúdo jurídico da eficiência administrativa, conforme exposto até então, é possível chegarmos a uma outra conclusão que remete, de certa maneira, ao plano sintático da construção normativa.

A busca sintática realizada no capítulo 3 procurou, em parte, averiguar qual(ais) o(s) enunciado(s) normativo(s) constitucional(ais) que serviria(m) de embasamento para a construção da norma representativa da eficiência administrativa. Localizamos, com facilidade, além da existência de alguns artigos que expressamente indicavam o termo "eficiência", o teor patente do *caput* do artigo 37, com a redação dada pela emenda constitucional nº 19/98, ademais de várias indicações infraconstitucionais.

No entanto, ciente do seu conteúdo no presente momento, somos capazes de evidenciar que a norma da eficiência administrativa, ainda que carecesse o texto constitucional e infraconstitucional de significantes expressos (isto é, a menção patente e literal do vocábulo "eficiência" ou palavras conexas), poderia ser construída, pelo menos seu núcleo, por meio da existência da própria função administrativa.

Inicialmente, temos que apontar, embora não o tenhamos feito previamente, reservando-nos justamente esse momento para fazermos uma brevíssima distinção, que a palavra "função" na ordem jurídica é comumente trabalhada sob duas vestes ímpares – ainda que não incompatíveis: na primeira, indica certa espécie de poder; na segunda, reporta-se a uma forma de atividade.[465]

Em relação à primeira perspectiva, Guido Falzone escreve que "ao sujeito investido de uma função, para a sua realização, e para o alcance dos fins inerentes a ela, o ordenamento jurídico atribui determinados potestades ou poderes".[466] Prossegue o jurista italiano esclarecendo que dentre as significações para essa ideia de poder, mostra-se mais oportuno utilizá-la como a capacidade de agir do sujeito jurídico, isto é, a possibilidade, dada pelo direito objetivo, a um sujeito jurídico de determinar a produção de determinados efeitos jurídicos.[467]

Com sentido diferente, a compreensão de função também pode ser notada na acepção de atividade. Aqui, "trata-se de uma mera síntese verbal de uma multiplicidade de tarefas, positivamente individualizadas, atribuídas à Administração".[468]

Para o mexicano Gabino Fraga, função adquire a concepção de atividade, estando intimamente relacionada às atribuições do Estado, embora não sejam sinônimos. Enquanto as atribuições compreendem o conteúdo da atividade do Estado, o que ele pode ou deve fazer, a

---

[465] MODESTO, Paulo. Função Administrativa. *Revista do Serviço Público*, Brasília, v. 46, n. 2-3, maio/dez. 1995, p. 101.
[466] Tradução de: "*al soggetto investito di una funzione, per lo svolgimento della medesima, e per il perseguimento dei fini alla stessa connaturati, l'ordinamento giuridico attribuisce determinate potestà o poteri*" (FALZONE, Guido. *Il dovere di buona amministrazione*. Milano: Dott. A. Giuffré, 1953, p. 36).
[467] FALZONE, Guido. *Il dovere di buona amministrazione*. Milano: Dott. A. Giuffré, 1953, p. 36-37.
[468] Tradução de: "[...] *si tratta di una mera sintesi verbale di una molteplicità di compiti, positivamente individuabili, attribuiti all'amministrazione*" (CASSESE, Sabino. *Corso di diritto amministrativo*: Istituzioni di diritto amministrativo. Millan: Dott. A. Giuffrè, 2009, v. 1, p. 23).

função se refere à forma da atividade estatal, é dizer, à maneira pela qual o exercício das atribuições é desempenhado.[469] Dessa forma é o que apresenta também Nicola Abbagnano, ao definir função em um contexto filosófico, indicando que comumente trata-se de uma operação ou atividade, decorrente, nesse sentido, da palavra grega *ergon*, da forma como era utilizada por Platão.[470]

Sem prejuízo da possibilidade de convivência de ambas as acepções, para o Direito Administrativo contemporâneo, em particular no sistema jurídico brasileiro estruturado pela Constituição de 1988, o foco da função deve ser voltado com mais vigor para o exercício de uma atividade e não para o imaginário do poder.

Se é certo que a existência de poderes[471] é essencial para o funcionamento de uma estrutura estatal, bem como para uma uniformização da atuação dos agentes públicos,[472] sendo o regime jurídico público repleto de situações que conferem essa posição de poder a determinados sujeitos jurídicos, não menos correta é a concepção de que o poder somente existe de maneira ancilar, de modo a ser instrumento ao cumprimento de deveres públicos, estes sim o foco de qualquer estudo/aplicação do Direito Administrativo.

Não por outra razão que Celso Antônio Bandeira de Mello há tempos acentua que as prerrogativas franqueadas à Administração Pública não devem ser denominadas de "poderes", mas sim de "deveres-poderes", uma vez que, com esse signo, ressalta-se sua índole própria e se atrai a atenção para o aspecto de subordinação do poder ao dever, sobressaindo o aspecto finalístico que o informa.[473]

---

[469] FRAGA, Gabino. *Derecho administrativo*. 40. ed. México: Porrúa, 2000, p. 26.

[470] ABBAGNANO, Nicola. *Dicionário de filosofia*. Tradução de Alfredo Bosi. São Paulo: Martins Fontes, 2007, p. 472-473.

[471] Há quem diferencie "poder" de "potestade", como fazem Miguel S. Marienhoff e Benjamin Villegas Basavilbas: "*No hay que confundir 'poder', que es atributo estatal, con 'potestades', que, en lo que respecta a su ejercicio, pueden ser prerrogativas inherentes a una función, verbigracia de la función correspondiente a la Administración Pública, pues ésta, ciertamente, tiene diversas potestades: la reglamentaria, la imperativa, la sancionadora, etcétera*" (*Tratado de derecho administrativo*. Buenos Aires: Abeledo-Perrot, 1970, t. I, p. 39). No texto, utilizam-se desses termos de maneira intercambiável.

[472] MODESTO, Paulo. Função Administrativa. *Revista do Serviço Público*, Brasília, v. 46, n. 2-3, maio/dez. 1995, p. 102.

[473] BANDEIRA DE MELLO, Celso Antônio. *Curso de Direito Administrativo*. 33. ed. São Paulo: Malheiros, 2017, p. 102.

A figura do poder[474] não pode mais servir como o âmago da atividade estatal, como era concebida em Estados policialescos, pelo menos não em sistemas jurídicos como o nosso, no qual o texto constitucional impõe o desempenho de atividades de modo a atender aos anseios e necessidades dos administrados. Estes sim são os detentores de todo o poder.

Assim sendo, a ideia de função tratada até aqui neste livro, tão cara ao Direito, em especial ao Direito Administrativo, diz respeito à segunda acepção, isto é, de atividade. Abarca, então, mais precisamente, a concepção de atividade pública, constituindo um verdadeiro dever jurídico de agir, que só se legitima quando voltado ao cumprimento das específicas finalidades pertinentes.[475]

Na mesma linha, em Celso Antônio Bandeira de Mello encontramos aquilatada passagem, na qual se retira que "função é o cumprimento obrigatório do dever de atingir uma finalidade antecipadamente estabelecida através do manejo dos poderes exercitáveis no interesse de outrem [...]".[476] Essa série de atividades confiadas ao Estado demanda, contudo, que se satisfaça um interesse de natureza social[477] ou, melhor dizendo, um interesse público.

Impossível não notar que a significação de função – na acepção de atividade – envolve o dever de se atingirem as finalidades legais; mas não só. Por se estar atuando em nome de outrem (os administrados), não se deve atingir a finalidade de qualquer sorte, mas sim por meio da melhor solução diante do caso concreto.

A patente sintonia entre as significações de função e eficiência administrativa já se destaca pelas sucintas pontuações realizadas. A função administrativa, ao mesmo tempo que atua como condição para

---

[474] Massimo Severo Giannini indica que sequer poderia-se falar em Direito Administrativo nos momentos históricos em que o Estado só se expressa pela sua estrutura do poder: *"Dejando a un lado los ordenamientos jurídicos generales preestatales y partiendo de la experiencia de éstos, desde su origen, hasta el final de los Estados del absolutismo, los poderes públicos ostentaban potestades que se manifiestan en actos de autoridad: los actos restrictivos de las libertades personales, las imposiciones tributarias, los actos de gravamen sobre bienes como las expropiaciones, la confiscación, etc. [...] ¿Qué son estos actos? Se dirá, después, por algunos, que son actos administrativos, pero la realidad es que el 'derecho administrativo' no existía"* (El poder publico: Estados y administraciones publicas. Tradução de Luis Ortega. Madrid: Civitas, 1991, p. 138).

[475] SUNDFELD, Carlos Ari. *Fundamentos de Direito Público*. 5. ed. São Paulo: Malheiros, 2013, p. 163.

[476] BANDEIRA DE MELLO, Celso Antônio. *Discricionariedade e controle jurisdicional*. São Paulo: Malheiros, 1992, p. 47.

[477] FALZONE, Guido. *Il dovere di buona amministrazione*. Milano: Dott. A. Giuffré, 1953, p. 24.

a verificação da eficiência tratada, também serve como fonte para a construção dos aspectos nucleares desta.

Sem cair em contradição, ressalta-se que não retiramos nossas prévias considerações no sentido de que a inserção textual do termo "eficiência" por meio da emenda constitucional nº 19/98 possui total pertinência e relevância para a construção normativa. Ademais dos motivos já apresentados anteriormente, cumpre acrescentar que o vocábulo "eficiência", como dito e redito, traz a pré-compressão da imprescindibilidade da aferição do aspecto dos gastos administrativos, o que a concepção de função administrativa, por si só, não faz.

Sem embargo, elementos centrais da norma em voga, tais como a busca pelo interesse público, o atendimento da finalidade e a procura pela melhor solução, são construídos por meio da significação atinente à função.

Ressalte-se que considerar o núcleo da eficiência administrativa como advindo do conteúdo da função administrativa não implica em uma interpretação desassociada de textos (o que seria contraditório ao que se sustentou até esse ponto). Defendemos no item 3.1.1 a utilização do critério objetivo formal para a conceituação de função administrativa, deixando claro que sua identificação só pode ocorrer por intermédio do próprio sistema jurídico. Logo, a existência de uma função administrativa a ser exercida pelo Estado, com as suas características próprias, emerge do produto da interpretação do conjunto textual normativo (mencione-se a divisão dos Poderes prescrita no artigo 2º de nossa Constituição) existente em cada ordenamento jurídico próprio, não constituindo uma conceituação metafísica.

Desta maneira, a norma representativa da eficiência administrativa também pode ser erigida se socorrendo, ademais dos enunciados normativos constitucionais e infraconstitucionais já indicados quando do estudo do plano sintático, (ainda que não exaustivamente) dos artigos 2º, 21, 23, 25, 30, 37 a 41, todos da Constituição Federal, já que eles reportam-se, em maior ou menor medida, ao exercício da função administrativa pelo Estado.

3.2.10 Natureza da eficiência administrativa: seu papel principiológico

Ao se referir à eficiência administrativa, uma questão que se destaca, justamente pela cisão de opiniões, diz respeito à terminologia utilizada, que vem a representar a própria natureza jurídica que referido instituto possui segundo a perspectiva de cada autor.

É assim que encontramos menção ao princípio da eficiência,[478] ao dever de eficiência,[479] ao postulado da eficiência[480] ou mesmo à regra de eficiência.[481] Embora o debate possa se mostrar à primeira vista como essencial, afinal conhecer a natureza jurídica de um instituto representa compreender o seu regime jurídico, tem-se que o rótulo conferido à eficiência administrativa parece residir muito mais no marco teórico elegido por determinados autores do que em uma questão inconteste e de verificação empírica absoluta.

Sem sombra de dúvidas o termo mais invocado é a eficiência como "princípio", porquanto, com base no texto constitucional do artigo 37, *caput*, a eficiência é justamente expressa sob essa roupagem.

A celeuma, pois, repousa em saber no que consistiria um princípio jurídico, justamente para verificar se a eficiência administrativa possuiria os elementos necessários a sua subsunção.[482] É aqui que se encontram os diferentes marcos teóricos que fazem com que haja a divisão de opiniões sobre a natureza jurídica da figura administrativa em voga.

Em realidade, a concepção de princípio jurídico perpassa ao menos três fases na história da Ciência do Direito, como anota Ricardo Marcondes Martins.[483]

---

[478] HARGER, Marcelo. Reflexões iniciais sobre o princípio da eficiência. *Revista de Direito Administrativo – RDA*, Rio de Janeiro, v. 217, jul./set. 1999, p. 152-153.

[479] MEIRELLES, Hely Lopes. *Direito Administrativo brasileiro*. 7. ed. São Paulo: Revista dos Tribunais, 1979, p. 79-80.

[480] ÁVILA, Humberto. Moralidade, razoabilidade e eficiência na atividade administrativa. *Revista Eletrônica de Direito do Estado*, Salvador, Instituto de Direito Público da Bahia, n. 4, out./nov./dez. 2005. Disponível em: http://www.direitodoestado.com.br/artigo/humberto-avila/moralidade-razoabilidade-e-eficiencia-na-atividade-administrativa. Acesso em: 19 fev. 2019, p. 3.

[481] RODRIGUES, Eduardo Azeredo. *O princípio da eficiência à luz da teoria dos princípios*: aspectos dogmáticos de sua interpretação e aplicação. Rio de Janeiro: Lumen Juris, 2012, p. 63-67.

[482] São nessa linha as indagações de Emerson Gabardo: "Por outro viés, também é controvertida a própria categorização jurídica da eficiência. Ela seria um princípio ou um postulado? E se for considerada princípio, em qual seria o conceito de princípio utilizado?" (O Princípio da eficiência. In: *Enciclopédia jurídica da PUC-SP*. Celso Fernandes Campilongo, Alvaro de Azevedo Gonzaga e André Luiz Freire (Coords.). Tomo: Direito Administrativo e Constitucional. Vidal Serrano Nunes Jr., Maurício Zockun, Carolina Zancaner Zockun, André Luiz Freire (Coord. de tomo). 1. ed. São Paulo: Pontifícia Universidade Católica de São Paulo, 2017. Disponível em: https://enciclopediajuridica.pucsp.br/verbete/82/edicao-1/principio-da-eficiencia,-o). Acesso em: 19 fev. 2019.

[483] MARTINS, Ricardo Marcondes. *Abuso de direito e a constitucionalização do Direito Privado*. São Paulo: Malheiros, 2010, p. 15.

CAPÍTULO 3
PLANO SEMÂNTICO DA EFICIÊNCIA ADMINISTRATIVA | 201

Na primeira delas, princípio se aproximava do sentido vulgar, é dizer, significa os fundamentos de determinada disciplina jurídica, seus aspectos mais importantes. É como utilizaram, por exemplo, Oswaldo Aranha Bandeira de Mello e Ruy Cirne Lima, ao intitularem suas obras de *Princípios de Direito Administrativo* para se referirem aos temas gerais e mais importantes sobre o assunto.[484]

Mais adiante, na segunda fase, princípio passa a assumir um caráter técnico, figurando como determinados enunciados da ordem jurídica positiva que são dotados de extraordinária importância para a compreensão de todo o sistema, diante da alta carga valorativa que lhes é imputada.[485]

Nessa segunda fase ainda não se vislumbram os princípios como normas jurídicas, mas sim como enunciados lógicos que servem como vetores de interpretação e ordenação das normas, fazendo do conjunto normativo um todo unitário ou um sistema.[486]

É nesse viés que se observa a clássica definição de Celso Antônio Bandeira de Mello, ao declarar que princípios são mandamentos nucleares de um sistema, verdadeiros alicerces dele, servindo como disposição fundamental que irradia sobre as normas e como critério de sua exata compreensão e inteligência.[487]

Identicamente apresenta Lucas Rocha Furtado, quando considera que princípios são proposições básicas do sistema, dando coesão e lógica a ele, devendo todas as normas buscar neles (princípios) sua conformação.[488]

A Ciência do Direito encontra-se atualmente na terceira fase da concepção dos princípios jurídicos, aquela na qual lhes atribui a estrutura lógica de natureza de normas jurídicas que positivam um valor. Tem-se que tanto regras como princípios são normas jurídicas, consistentes em expressões irredutíveis de manifestação do deôntico.[489]

---

[484] MARTINS, Ricardo Marcondes. *Abuso de direito e a constitucionalização do Direito Privado*. São Paulo: Malheiros, 2010, p. 15.
[485] MARTINS, Ricardo Marcondes. *Abuso de direito e a constitucionalização do Direito Privado*. São Paulo: Malheiros, 2010, p. 15.
[486] MARTINS, Ricardo Marcondes. *Abuso de direito e a constitucionalização do Direito Privado*. São Paulo: Malheiros, 2010, p. 25.
[487] BANDEIRA DE MELLO, Celso Antônio. *Curso de Direito Administrativo*. 33. ed. São Paulo: Malheiros, 2017, p. 54.
[488] FURTADO, Lucas Rocha. *Princípios gerais de Direito Administrativo*. Belo Horizonte: Fórum, 2016, p. 53.
[489] MARTINS, Ricardo Marcondes. *Abuso de direito e a constitucionalização do Direito Privado*. São Paulo: Malheiros, 2010, p. 15.

É aqui que emergem as difundidas lições de Robert Alexy e Ronald Dworkin. A perspectiva de ambos os jusfilósofos, com suas diferenças e peculiaridades, consiste justamente na distinção entre as regras jurídicas e os princípios.

Ronald Dworkin apresenta que a diferença entre regras e princípio[490] é de natureza lógica. Ambos os conjuntos apontam para decisões particulares acerca da obrigação jurídica sob determinadas circunstâncias, mas se apartam quanto à natureza da orientação fornecida. Ao passo que as regras se aplicam da maneira tudo-ou-nada, os princípio não apresentam consequências jurídicas que ocorrem automaticamente quando as condições são dadas.[491]

Dessa diferenciação lógica, prossegue Ronald Dworkin, emerge um segundo ponto, qual seja, que os princípios possuem uma dimensão de peso ou importância, atributo não presente nas regras. Quando os princípios se entrecruzam, é considerada a força relativa de cada um deles para a resolução do conflito. Já as regras, por não possuírem essa dimensão, operam como funcionalmente importantes ou desimportantes. "Se duas regras entram em conflito, uma delas não pode ser válida".[492]

De maneira próxima, mas com seus traços distintivos, Robert Alexy clarifica que o ponto decisivo na distinção entre regras e princípios, ambos normas jurídicas, é de ordem qualitativa. Os princípios ordenam que algo seja realizado na maior medida possível dentro das possibilidade fáticas e jurídicas existentes, sendo verdadeiros mandamentos[493] de otimização. Por conseguinte, são eles caracterizados por poderem ser satisfeitos em graus variados e dependem das possibilidades tanto fáticas como jurídicas. D'outro giro, regras são "normas que

---

[490] Calha sublinhar que, apesar dessa diferenciação, Ronald Dworkin não enxerga um embate ou oposição entre regras e princípios. Em realidade, busca uma unidade que se mostre íntegra. Segundo expõe, "na verdade, uma das minhas razões para estabelecer a distinção entre regras e princípios foi exatamente mostrar quão costumeiramente as regras representam uma espécie de compromisso – que toma essa forma – entre princípios concorrentes" (DWORKIN, Ronald. *Levando os direitos a sério*. Tradução de Nelson Boeira. São Paulo: Martins Fontes, 2002, p. 43).

[491] DWORKIN, Ronald. *Levando os direitos a sério*. Tradução de Nelson Boeira. São Paulo: Martins Fontes, 2002, p. 34-40.

[492] DWORKIN, Ronald. *Levando os direitos a sério*. Tradução de Nelson Boeira. São Paulo: Martins Fontes, 2002, p. 42-43.

[493] Luís Virgílio Afonso da Silva apresenta como sinônimos os termos "dever de otimização" ou "mandado de otimização" (O proporcional e o razoável. *Revista dos Tribunais*, São Paulo, a. 91, v. 798, abr. 2002, p. 25).

são sempre satisfeitas ou não satisfeitas". Elas contêm determinações no âmbito do que é fático e juridicamente possível.[494] Deve-se atentar, como faz Ricardo Marcondes Martins, que, à medida que a primeira fase da Ciência do Direito acerca da concepção de princípio se encontra superada,[495] a terceira não representa uma sobreposição da segunda fase, mas sim um somatório àquelas considerações.[496] Por outro lado, não significa dizer que a terceira fase trata princípios da mesma forma que a segunda. Tem-se a mesma nomenclatura (princípio) para se referir a realidades distintas. Na segunda, princípio é mandamento nuclear; na terceira, princípio é mandado de otimização.[497] Ambas as significações são aptas a conviverem, sem que haja exclusão de uma por outra.

Além dessas ponderações, dentro da terceira fase apura-se também a distinção feita por Humberto Ávila, partindo-se especialmente do trabalho de Robert Alexy. Para ele, ao lado de regras e princípios, pode-se falar também em postulados normativos (que compartilha com aquelas figuras a natureza de norma jurídica), que seriam metanormas, que podem ser de duas espécies.

Há os postulados normativos aplicativos, que são "normas imediatamente metódicas que instituem os critérios de aplicação de outras normas situadas no plano objetivo da aplicação" e os postulados normativos hermenêuticos, aqueles destinados à compreensão em geral do Direito.[498]

Os postulados diferem-se das regras e princípios, segundo Humberto Ávila, por não se situarem no mesmo planos: regras e

---

[494] ALEXY, Robert. *Teoria dos direitos fundamentais*. 2. ed. Tradução de Virgílio Afonso da Silva. São Paulo: Malheiros, 2015, p. 90-91.

[495] Diz-se "superada" no sentido de que o termo "princípio" não mais tem se prestado a indicar somente os assuntos mais importantes de determinadas disciplinas. Raramente se encontrarão obras jurídicas atuais que se valem daquele vocábulo com a significação atribuída nessa primeira fase. Apura-se que essa superação decorre no plano da práxis jurídica, isto é, a Ciência do Direito passou a abandonar aquele conteúdo significativo utilizado anteriormente.

[496] MARTINS, Ricardo Marcondes. *Abuso de direito e a constitucionalização do Direito Privado*. São Paulo: Malheiros, 2010, p. 27.

[497] MARTINS, Ricardo Marcondes. *Abuso de direito e a constitucionalização do Direito Privado*. São Paulo: Malheiros, 2010, p. 27.

[498] ÁVILA, Humberto. *Teoria dos princípios*: da definição à aplicação dos princípios jurídicos. 14. ed. São Paulo: Malheiros, 2013, p. 143.

princípios são normas objeto de aplicação, enquanto postulados são normas que orientam a aplicação de outras.[499] A despeito disso, as regras e princípios também teriam como destinatários o Poder Público e os contribuintes; já os postulados seriam dirigidos ao intérprete e aplicador do Direito. As regras e princípios, por se situarem no mesmo nível do objeto, implicam-se reciprocamente; os postulados, por sua vez, por estarem em metanível, orientam a aplicação dos princípios e regras sem haver conflito necessário com outras normas.[500]

Em perspectiva diferente, adotando-se a esteira do construtivismo lógico-semântico, Paulo de Barros Carvalho apresenta uma compreensão inicial bem próxima da de Celso Antônio Bandeira de Mello (indicando a proximidade com a ideia de princípio como mandamento nuclear), ao vislumbrar os princípios como "linhas diretivas que iluminam a compreensão de setores normativos, imprimindo-lhes caráter de unidade relativa e servindo de fator de agregação[501] num dado feixe de normas". Afirma ainda que "exercem eles uma reação centrípeta, atraindo em torno de si regras jurídicas que caem sob seu raio de influência e manifestam a força de sua presença".[502]

Nota-se também da constatação de Paulo de Barros Carvalho, seguindo uma lição que já se encontra consagrada na atualidade (apontando agora para uma concepção oriunda da terceira fase), que tanto o que a doutrina mais tradicional chama de regras, como os princípios, são em realidade normas jurídicas, afinal "o Direito positivo é formado, única e exclusivamente, por normas jurídicas (para efeitos dogmáticos), apresentando todas o mesmo esquema sintático (implicação), ainda que saturadas com enunciados semânticos diversos (heterogeneidade semântica)".[503]

---

[499] ÁVILA, Humberto. *Teoria dos princípios*: da definição à aplicação dos princípios jurídicos. 14. ed. São Paulo: Malheiros, 2013, p. 143.
[500] ÁVILA, Humberto. *Teoria dos princípios*: da definição à aplicação dos princípios jurídicos. 14. ed. São Paulo: Malheiros, 2013, p. 143.
[501] Embora utilizando um marco teórico particular, o entendimento dos princípios como fator de agregação normativa também pode ser lido em Clarice Von Oertzen de Araújo, que, quando se vale da construção teórica de Peirce, expõe os princípios gerais do direito como interpretantes lógicos, isto é, "signos aptos a gerar outros interpretantes lógicos igualmente gerais – as normas gerais" (*Semiótica do direito*. São Paulo: Quartier Latin, 2005, p. 102).
[502] CARVALHO, Paulo de Barros. *Direito Tributário, linguagem e método*. 3. ed. São Paulo: Noeses, 2009, p. 262.
[503] CARVALHO, Paulo de Barros. *Direito Tributário, linguagem e método*. 3. ed. São Paulo: Noeses, 2009, p. 258.

Para Paulo de Barros Carvalho, contudo, no estudo dos princípios jurídicos, à luz da semiótica, sob um enfoque sintático, há que se concluir que a estrutura dos princípios seria idêntica a das regras jurídicas, não havendo distinção entre eles (embora se afastem no aspecto semântico).[504] Prosseguindo nesse entendimento, tem-se que Paulo de Barros Carvalho apresenta os princípios no ordenamento jurídico ora como valores, ora como limites-objetivos ou "princípios objetivos".[505] Tomando-se primeiramente os princípios como valores, apura-se que eles seriam os que se colocam hierarquicamente num patamar de superioridade ao organizar o sistema, acabando por gerar forte influência na construção, significação e aplicação das demais significações.

Quando se encaram os princípios como limites-objetivos, embora não sejam eles valores, não se despregam de um conteúdo axiológico. Afirma Paulo de Barros Carvalho que os limites-objetivos "distinguem-se dos valores, pois são concebidos para atingir certas metas, certos fins".[506] Estes, sim, assumem o porte de valores.

Extrai-se, pois, sem almejar esgotar os inúmeros trabalhos que versam sobre uma teoria dos princípios jurídicos, que enquadrar determinada figura sob a modelagem de princípio jurídico ou não depende do que se entende por princípio, o que varia, como as classificações em geral, pelas linhagens, muitas vezes dotadas de subjetividades, de cada pesquisador.

Assim, na perspectiva de Celso Antônio Bandeira de Mello, evidentemente que se pode trabalhar a eficiência administrativa como princípio, sendo ela um mandamento nuclear do sistema jurídico brasileiro (não se podem imaginar outras normas que desconsiderem por completo à eficiência). Em Paulo de Barros Carvalho seria possível enquadrar eficiência como princípio, por ser uma norma jurídica, na categoria dos limites-objetivos, uma vez que ela visa alcançar outros valores. Por outro lado, adotando-se a linhagem de Humberto Ávila, tal figura se enquadraria melhor como um postulado. Seguindo as considerações de Ronald Dworkin e Robert Alexy, por sua vez, eficiência

---

[504] CARVALHO, Paulo de Barros. *Direito Tributário, linguagem e método*. 3. ed. São Paulo: Noeses, 2009, p. 258.
[505] CARVALHO, Paulo de Barros. *Direito Tributário, linguagem e método*. 3. ed. São Paulo: Noeses, 2009, p. 262.
[506] CARVALHO, Paulo de Barros. *Direito Tributário, Linguagem e método*. 3. ed. São Paulo: Noeses, 2009, p. 292.

ficaria mais adequada sendo tratada como regra.⁵⁰⁷ Em que pesem as divergências conceituais e classificatórias, dificilmente se poderia rotular qualquer uma delas como falsas ou verdadeiras.

Nesta tese, sem prejuízo do aproveitamento das considerações feitas por autores que se posicionam de maneira diversa, optar-se-á por identificar a eficiência administrativa como princípio, mas ciente das limitações e ambiguidades impostas quando se utiliza esse termo. Adota-se essa posição primeiramente pelos limites da linguagem. Ao ter o legislador incluído a eficiência administrativa expressamente como princípio no *caput* do artigo 37 da Constituição, bem como em diversos outros dispositivos infraconstitucionais, ao menos em algum dos sentidos possíveis a eficiência administrativa deve ser tratada sob uma perspectiva principiológica.

Além disso, trazendo à tona a ideia de princípio como exposta em sua segunda fase, como mandamento nuclear, por certo que eficiência se trata de princípio, servindo de vetor interpretativo para diversas outras normas.

Deveras, inclusive se apuram diversos enunciados linguísticos no texto constitucional representativos de instrumentos que tanto visam a permitir o alcance da finalidade de maneira ótima, como se mostram impregnados pela ideia nuclear da eficiência administrativa, demonstrando que essa figura permeia todo ordenamento jurídico. Nessa toada, Sílvio Luís Ferreira da Rocha traz alguns exemplos:

> Na Constituição visualizamos alguns institutos influenciados pelo princípio da eficiência, como: a profissionalização dos agentes públicos, pela exigência de realização de concurso público para o provimento de cargos efetivos (art. 37, II); a otimização dos gastos com pessoal, com o estabelecimento de limite remuneratório conhecido como "teto" (art. 37, IX); a participação do usuário na Administração direta e indireta (prevista no art. 37, §3º); a ampliação da autonomia gerencial, orçamentária e financeira de órgãos e entidades da Administração direta e indireta (art. 37, §8º); a gestão associada de serviços públicos (art. 241); a criação de Conselhos de Política de Administração e Remuneração de Pessoal (art.

---

⁵⁰⁷ Tendo em vista que se construiu neste trabalho a norma da eficiência administrativa como uma espécie qualificada da proporcionalidade, na forma como elaborada por Robert Alexy, pertinentes as pontuações de Luís Virgílio Afonso da Silva, o qual anuncia que "o chamado princípio da proporcionalidade não pode ser considerado um princípio, pelo menos não com base na classificação de Alexy, pois não tem como produzir efeitos em variadas medidas, já que é aplicado de forma constante, sem variações". E finaliza, com base na própria conclusão de Alexy, que proporcionalidade seria uma regra (O proporcional e o razoável. *Revista dos Tribunais*, São Paulo, a. 91, v. 798, abr. 2002. p. 25).

39); a existência de escolas de governo (art. 39, §2º); o desenvolvimento de programas de qualidade, produtividade, treinamento, desenvolvimento, modernização, reaparelhamento e racionalização dos serviços públicos (art. 39, §7º); a avaliação especial de desempenho para aquisição de estabilidade (art. 41, §4º); a perda do cargo do servidor estável por reprovação em avaliação periódica de desempenho (art. 41, §1º, III).[508]

Não obstante, não se desconsidera que eficiência administrativa também pode ser rotulada como uma regra no binômio presente na perspectiva da terceira fase evolutiva da definição principiológica, como exposto por Alexy ou Dworkin (jamais como princípio nessa concepção, já que não se estrutura a eficiência como mandado de otimização, por não se permitir a produção de efeitos em variadas medidas), ou mesmo um postulado, para os que vão mais além, como faz Humberto Ávila.[509]

Tais considerações apresentadas não se mostram incompatíveis, pois, em especial abordando-se as ideias de princípios da primeira e da segunda fases apresentadas, a Ciência do Direito exige ambas as compreensões. Sem princípio como mandamento de otimização, não haveria ponderação; sem princípio como mandamento nuclear, não há sistema e, por conseguinte, Ciência.[510]

Sintetizando, ao invocar o termo "princípio da eficiência administrativa" ao longo da tese, assim se faz pela indicação sintática do próprio legislador (artigo 37, *caput*, da CF), bem como para indicar a ideia de princípio como mandamento nuclear. Sem embargo, entende-se que na compreensão de princípio como mandamento de otimização, não se trata a eficiência de um princípio, mas sim de uma regra ou, em um entendimento particular, de um postulado normativo.

3.2.11 Relevância dogmática da constatação

A aferição apresentada nos itens anteriores, qual seja, a de que o conteúdo jurídico da eficiência administrativa, no ordenamento jurídico

---

[508] ROCHA, Sílvio Luís Ferreira da. *Manual de Direito Administrativo*. São Paulo: Malheiros, 2013, p. 81-82.

[509] Trabalhando com a perspectiva de que eficiência pode ser encarada como regra, princípio ou postulado, confira-se: RODRIGUES, Eduardo Azeredo. *O princípio da eficiência à luz da teoria dos princípios*: aspectos dogmáticos de sua interpretação e aplicação. Rio de Janeiro: Lumen Juris, 2012, p. 62-130.

[510] MARTINS, Ricardo Marcondes. *Abuso de direito e a constitucionalização do Direito Privado*. São Paulo: Malheiros, 2010, p. 28-29.

brasileiro, sob a metodologia da semiótica jurídica empregada, indica ser ele uma qualificação da já conhecida máxima da proporcionalidade, sob as vestes apresentadas por Robert Alexy e acolhida pela quase unanimidade dos juristas pátrios, não se trata de mero capricho autoral.

O primeiro ponto, e talvez o mais fundamental, é que, na nossa perspectiva, não se atribuiu conteúdo jurídico à eficiência administrativa que fosse incompatível com seus aspectos sintáticos e semânticos. Com isso se quer dizer que não se partiu de uma conceituação aleatória e impositiva, para depois se buscar enquadrá-la na moldura semiótica do termo "eficiência administrativa". Optou-se, como não poderia deixar de ser, pelo contrário, isto é, fomos trilhando passo a passo os caminhos que nos aparentavam lógicos, pelos aspectos sintáticos e semânticos já mencionados, conjugando todos os planos da construção normativa, cada qual com suas definições e características próprias, até se chegar a uma elaboração com forma e estrutura claras e adequadas, representativas do conteúdo da figura jurídica sob escrutínio.

A conclusão constatada nos tópicos prévios, logo, não foi mais do que um exercício lógico-jurídico, trabalhando-se o texto bruto da legislação brasileira sem ultrapassar as barreiras lógico-semânticas mínimas. Não se enxergou na proposta metodológica de estudo outro caminho que não desembocasse no resultado alcançado.

Contudo, deve-se ter em consideração que o trabalho hermenêutico não pode resultar em sentidos inconsequentes e/ou absurdos. Tais resultados poderiam decorrer seja da ausência de método, desconsiderando-se padrões sintáticos mínimos, seja semanticamente atribuindo conteúdos que esbarrassem em limites jurídicos e lógico-positivos pré-estabelecidos, apresentando significações despropositadas.

Ciente da advertência, temos que a construção hermenêutica realizada não esbarra nesse senão; em oposto, parece resolver antigo imbróglio imputado ao princípio da eficiência por vários doutrinadores.

Grande problema que frequentemente é atribuído ao princípio da eficiência residiria na sua imprecisão ou vagueza, como aponta Humberto Ávila,[511] o que atrapalharia sua efetiva aplicação.

---

[511] ÁVILA, Humberto. Moralidade, razoabilidade e eficiência na atividade administrativa. *Revista Eletrônica de Direito do Estado*, Salvador, Instituto de Direito Público da Bahia, n. 4, out./nov./dez. 2005. Disponível em: http://www.direitodoestado.com.br/artigo/humberto-avila/moralidade-razoabilidade-e-eficiencia-na-atividade-administrativa. Acesso em: 19 fev. 2019, p. 2.

Gabriel Cozendey Pereira Silva dissemina que não haveria a existência de uma obrigação de que os textos doutrinários tratem um mesmo tema de maneira idêntica. Entretanto, pelo fato de se tratar de conceitos que se pretendem caracterizar como normas jurídicas, as diferenças referentes aos termos que denominam os conceitos, aos aspectos da realidade com que esses conceitos se relacionam e com a forma como esses conceitos são relacionados entre si, pode prejudicar a aplicabilidade da norma.[512]

Não obstante a existência de outros trabalhos hermenêuticos versando sobre o princípio da eficiência administrativa que sobejam relevo, cremos que a imprecisão como um problema decorre do conteúdo jurídico atribuído ao princípio, que, no nosso entender, acaba em diversas vezes não se mostrando adequado aos aspectos lógico-semânticos existentes.

O ganho com a construção ora realizada descansa justamente em conferir à eficiência administrativa uma identidade, que possui critérios com um maior grau de objetividade para o jurista (não sendo uma impossível objetividade absoluta), sem que se tenha que desbordar dos limites do sistema jurídico, socorrendo-se inadvertidamente dos planos da Economia ou da Administração.

Ao pontuar três máximas pelas quais o intérprete necessita percorrer para se aferir a eficiência ou não de uma medida administrativa, sendo que a próxima pressupõe a correção da anterior, apresenta-se uma trilha minimamente segura[513] tanto ao administrador ao fazer suas escolhas, quanto aos órgãos controladores no exercício de seus misteres.

Não se pretende com isso eliminar qualquer margem de discricionariedade, o que seria impossível e até indesejável, mas sim estipular molduras bem definidas para que ela exista. Sai de cena um cenário etéreo e fluido indevidamente atribuído à eficiência e começa-se a compreender o princípio com delineamentos mais claros e hábeis a serem trabalhados de sorte mais objetiva. Objetividade esta, contudo, que não se resume a uma representação simbólica desprovida de valoração

---

[512] SILVA, Gabriel Cozendey Pereira. Indefinição conceitual acerca do dever constitucional de eficiência administrativa. *Interesse Público – IP*, Belo Horizonte, a. 18, n. 96, mar./abr. 2016, p. 117.

[513] Versando sobre a proporcionalidade em sentido *lato*, Laura Clérico faz apontamentos elogiosos que também servem para a proporcionalidade administrativamente qualificada (eficiência administrativa): *"Facilita información y argumentación acerca de la historia del peso de un principio bajo determinadas condiciones y frente a principios colisionantes"* (Examen de proporcionalidad y objeción de indeterminación. *AFD*, n. XXXI, p. 94, 2015).

jurídica, porquanto o horizonte cultural do intérprete sempre permanecerá existente, ademais do contexto a ser apurado permitir uma variação de considerações caso a caso, mas que se manterá dentro de limites pré-compreendidos e estabelecidos pelo caminho interpretativo proposto. A existência de uma dose aberta de discricionariedade não remove a racionalidade metodológica da eficiência administrativa. Sobre esse aspecto, Carlos Bernal Pulido traz importantes considerações críticas sobre a exigência de uma "hiper-racionalidade" à ponderação realizada pela proporcionalidade, que se coadunam com perfeição à figura administrativa aqui estudada:

> É meridiano que a ponderação não garanta uma objetividade perfeita. Isto se deve, sobretudo, ao fato de que a objetividade perfeita é um ideal que não pode ser alcançado em qualquer âmbito normativo e muito menos em um âmbito tão controverso como o dos princípios, tão intimamente vinculado às ideologias. Uma objetividade perfeita só poderia ser alcançada em um sistema jurídico ideal, cujas disposições determinassem por completo o conteúdo dos princípios. Em um sistema similar, a Constituição e as demais fontes jurídicas estabeleceriam explicitamente normas individuais que prescreveriam com exatidão o que está permitido, proibido ou ordenado para cada evento concebível e, como conseqüência, atribuiriam a cada decisão judicial uma justificação objetiva. Deve reconhecer-se que a existência de um sistema legal desta natureza não é nem possível nem conveniente.[514]

Possíveis dilemas atribuídos à casuística e de cunho eminentemente prático, como desvendar, diante de uma análise de fatos jurídicos, se X ou Y seria menos custoso ou qual medida seria a melhor nos termos aqui indicados ou ainda quais as informações disponíveis ao exegeta, não têm a robustez necessária para invalidar as premissas

---

[514] Tradução de: "*Es meridiano que la ponderación no garantiza una perfecta objetividad. Ello se debe, sobre todo, al hecho de que la perfecta objetividad es un ideal que no puede alcanzarse en ningún ámbito normativo y mucho menos en un ámbito tan controversial como el de los principios, tan estrechamente vinculado con las ideologías. Una perfecta objetividad sólo podría alcanzarse en un sistema jurídico ideal, cuyas disposiciones determinasen por el completo el contenido de los principios. En un sistema semejante, la Constitución y las demás fuentes jurídicas establecerían explícitamente normas individuales que prescribirían con exactitud qué está permitido, prohibido u ordenado para cada supuesto de hecho concebible y, como consecuencia, atribuirían a cada decisión judicial una justificación objetiva. Debe reconocerse que la existencia de un sistema jurídico de este talante no es posible ni conveniente*" (BERNAL PULIDO, Carlos. La racionalidad de la ponderación. In: CARBONELL, Miguel (Ed.). *El principio de la proporcionalidad y la interpretación constitucional*. Equador: Ministerio de Justicia y Derechos Humanos, 2008, p. 48).

organizadas até aqui. Se interpretar fosse tarefa simplista, subsumível a meros cálculos matemáticos ou esquemas completamente pré-definidos, o trabalho e paixão dos juristas estariam enterrados. A interpretação pressupõe uma série de fatores endo e extralinguísticos, que provocam a agudeza e raciocínio do intérprete. Obstáculos de aplicação normativa – que também o são de interpretação, já que não há um sem o outro – são questões inerentes à atividade, sendo encontrados inclusive em preceitos jurídicos mais bem consolidados na doutrina e com limites mais bem estabelecidos, a exemplo da legalidade, mas nem por isso são merecedores de rechaço quando as construções normativas se mostram adequadas ao sistema jurídico.

A complexidade das situações concretas que podem emergir – e emergirão – não retira a racionalidade conferida pela eficiência administrativa e sua estrutura tripartite. Tal figura representa justamente uma metodologia a ser seguida, sem excluir aspectos de discricionariedade inerentes a inúmeras situações, conformando as escolhas dos agentes públicos, mediante a devida argumentação e motivação, em parâmetros racionais.

Ainda que o trabalho lógico-semântico, no que toca à eficiência administrativa, já tenha sido elaborado satisfatoriamente, como última etapa ainda a ser cumprida, precisa-se averiguar se sua aplicação tem correspondência com o conteúdo que ora se construiu da norma geral e abstrata e se os casos levados à apreciação das Cortes nos fornecem novos elementos de modo a se finalizar a construção normativa em curso. Passa-se ao derradeiro plano pragmático.

CAPÍTULO 4

PLANO PRAGMÁTICO DA EFICIÊNCIA ADMINISTRATIVA

Uma construção normativa somente pode ser tida como minimamente completa se chegarmos à última etapa semiótica estabelecida, quer dizer, devemos nos aventurar nos aspectos pragmáticos da norma. A importância desse aspecto é bem notada por Alaôr Caffé Alves, que assenta que, para a busca do sentido autêntico dos enunciados, dos atos de decisão e das ações humanas, deve-se superar a dimensão puramente semântica e a dimensão puramente lógica, portanto, sintática, dos enunciados. Para ele, esses enunciados de sentido devem ser considerados no interior das respetivas circunstâncias históricas, em suas condições específicas de práxis social.[515]

Conferindo o mesmo grau de relevância à prática, nos brinda Tercio Sampaio Ferraz Júnior[516] com suas ideias, ao assumir que as características pragmáticas da norma jurídica são fundamentais para sua compreensão, sendo que análises puramente sintáticas ou semânticas não realizariam o mister a contento.[517]

---

[515] ALVES, Alaôr Caffé. Fundamentos dos atos de vontade e práxis linguístico-social no direito. Kelsen e Wittgenstein II. In: HARET, Florence; CARNEIRO, Jerson (Coord.). *Vilém Flusser e juristas*: comemoração dos 25 anos do grupo de estudos de Paulo de Barros Carvalho. São Paulo: Noeses, 2009, p. 115-116.

[516] Calha indicar que a significação de pragmática em Tercio Sampaio Ferraz Júnior não é a mesma invocada por Charles Morris, que é a que guia a estrutura desta tese. Segundo ele, a pragmática de Morris se encontra ultrapassada, tendo em vista que a enxergaria somente como elemento adicional à semântica e à sintática. O autor então encara pragmática no sentido de um modelo operacional que se ocupa primordialmente dos aspectos comportamentais da relação discursiva (*Teoria da norma jurídica*: ensaio de pragmática da comunicação normativa. 4. ed. Rio de Janeiro: Forense, 2006, p. 2-4).

[517] FERRAZ JÚNIOR, Tercio Sampaio. *Teoria da norma jurídica*: ensaio de pragmática da comunicação normativa. 4. ed. Rio de Janeiro: Forense, 2006, p. 12.

O aspecto pragmático, no tocante à eficiência administrativa ora investigada, nos conduz à apuração de como certos órgãos de Estado têm invocado e aplicado aludida figura normativa, construindo normas individuais e concretas, bem como se desdobra em outros aspectos relacionados à aplicação e controle, que auxiliam a construção da significação da norma geral e abstrata.

Pela conclusão haurida no campo lógico-semântico no que diz respeito ao conteúdo jurídico da eficiência administrativa, de que esta representa uma proporcionalidade qualificada, o plano pragmático realça sua pertinência. Isto decorre da compreensão, que será debulhada adiante, de que a atividade de ponderação inerente à eficiência administrativa ocorre na formulação da norma de decisão, é dizer, na construção da norma individual e concreta, decorrente de sua aplicação.

4.1 Função pragmática e caráter simbólico da eficiência trazida pela EC nº 19/1998

No instante em que se adentra o plano pragmático da eficiência administrativa, ademais da análise de como tem sido/deve ser a aplicação dessa figura pelos sujeitos com linguagem competente, na perspectiva semiótica de Charles Morris, que será realizada nos itens subsequentes, também é possível escrutinar, agora já sob uma diferente ótica, como faz Tercio Sampaio Ferraz Júnior, qual a influência dessa figura nos comportamentos intersubjetivos.

Há, conforme Tercio Sampaio Ferraz Júnior, algumas funções pragmáticas do discurso. Nas palavras do autor, seriam as seguintes:

> Em se tratando de uma relação do orador para o ouvinte, o discurso tem, inicialmente, uma função sintomática, isto é, ele expressa sentimentos, sensações, como discordância, concordância, amor, ódio, astúcia, ingenuidade etc. Da parte do ouvinte, temos, então, uma função de sinal, ou seja, o discurso produz no ouvinte um certo comportamento, capaz, inclusive, de conduzi-lo a uma mudança de atitudes, de modo de pensar, de sentir, e, pois, uma mudança no próprio comportamento. Esse comportamento, por sua vez, se volta para a própria questão, caracterizando-a (complexidade numérica, grau de reflexividade, qualidade, caráter básico) com a ajuda de predicadores como duvidosa, correta, boa, má, útil, inútil, perigosa, despretensiosa, complexa, simples etc. Falamos, nesse caso, da função estimativa do discurso.[518]

---

[518] FERRAZ JÚNIOR, Tercio Sampaio. *Direito, retórica e comunicação*: subsídios para uma pragmática do discurso jurídico. 2. ed. São Paulo: Saraiva, 1997, p. 13.

Dessas funções pragmáticas, a que desperta maior interesse para o presente momento seria justamente a função de sinal, isto é, a mudança de comportamento – ou ao menos sua pretensão – gerada por textos normativos que ressaltam a obediência ao princípio da eficiência, em especial a alteração trazida pela Emenda Constitucional nº 19/1998.

Se o contexto e ideologias[519] que deram origem à inserção da eficiência de sorte expressa no artigo 37 da Constituição possuem parca relevância nos aspectos sintático-semântico, no viés pragmático, ao menos em uma de suas formas de análise, ditos elementos assumem maior robustez a ponto de merecerem algumas linhas de atenção no presente item.

A EC nº 19/1998,[520] cunhada de emenda da Reforma Administrativa[521] ou mesmo da Reforma do Estado, possui antes de tudo um tom muito mais político que jurídico, como diz Jessé Torres Pereira Júnior, o que já podia ser notado de sua exposição de motivos e fora confirmada

---

[519] A própria ideologia pode ser tida como uma dimensão pragmática da linguagem, por estar presente no discurso natural e justamente por constituir um sistema de evocações contextuais que surgem no uso pragmático do discurso científico (DINIZ, Maria Helena. *Compêndio de introdução à ciência do direito*. 20. ed. São Paulo: Saraiva, 2009, p. 168).

[520] Carlos Alberto Menezes Direito rememora que essa não foi a primeira reforma administrativa ocorrida no Brasil, podendo-se recordar como a primeira, talvez a mais significativa, a ocorrida com o Presidente Getúlio Vargas, "que padronizou a administração de material, introduziu a concepção de orçamento como plano de administração e mudou a administração de pessoal, criando o famoso DASP, com a finalidade de fomentar critérios de recrutamento e aprimoramento do pessoal". Ademais, "no Governo do Presidente Castello Branco, elaborou-se uma nova reforma da Administração Pública, tendo como eixo o Decreto-lei nº 200/67" (Reforma Administrativa: a Emenda nº 19/98. *Revista de Direito Administrativo – RDA*, Rio de Janeiro, v. 213, jul./set. 1998, p. 134). Para maiores considerações sobre ambas as reformas citadas, bem como a formação da administração burocrática brasileira, confira-se: ABRUCIO, Fernando Luiz; PEDROTI, Paula; PÓ, Marcos Vinícius. A formação da burocracia brasileira: a trajetória e os significados das reformas administrativas. *In*: A formação da burocracia brasileira: a trajetória e os significados das reformas administrativas. *In*: LOUREIRO, Maria Rita; ABRUCIO, Fernando Luiz; PACHECO, Regina Silvia (Org.). *Burocracia e política no Brasil*: desafios para o Estado democrático no século XXI. Rio de Janeiro: FGV, 2010, p. 27-72. Até o fechamento dessa segunda edição, estava em debate uma nova reforma administrativa no Brasil, instrumentalizada por meio da Proposta de Emenda à Constituição nº 32/2020, que, infelizmente, tem por premissa a fragilização do regime jurídico dos agentes públicos, retirando certas garantias e criando regimes híbridos de estabilização aos servidores (CABRAL, Flávio Garcia; SARAI, Leandro. *Manual de Direito Administrativo*. 2. ed. Leme: Mizuno, 2022, p. 153).

[521] As reformas administrativas não são um fenômeno exclusivo da realidade brasileira, sendo observáveis em diversos países ao redor do globo. A reforma burocrática teria ocorrido no final do século XIX na Europa e no início do século XX nos Estados Unidos. Pode-se constatar essas reformas igualmente a partir dos anos 80 na Nova Zelândia, Austrália, países escandinavos e Reino Unido (ALCANTARA, Christian Mendez. *O modelo gerencial*: organizações públicas não estatais e o princípio da eficiência uma visão jurídica e administrativa. Belo Horizonte: Fórum, 2009, p. 95).

nos debates havidos na Câmara dos Deputados e Senado ao longo de sua aprovação.[522] Realmente, na exposição dos motivos do projeto da mencionada emenda constitucional, apresentou-se a justificativa de que no contexto do retorno à democracia, que ocorreu simultaneamente com a crise financeira do Estado, "a Constituição de 1988 corporificou uma concepção de administração pública verticalizada, hierárquica, rígida, que favoreceu a proliferação de controles muitas vezes desnecessários".

Diante desse cenário, caberia naquele momento "reavaliar algumas das opções e modelos adotados, assimilando novos conceitos que reorientem a ação estatal em direção a eficiência e à qualidade dos serviços prestados ao cidadão".

Jessé Torres Pereira Júnior informa que elevar ao texto constitucional a eficiência administrativa na qualidade de princípio expresso desperta suspeitas de que se cumpria um propósito ideológico,[523] [524] "ajurídico", e, ainda que isso não desqualifique a sua inserção, deve o intérprete estar alerta a tal escopo.[525]

O viés ideológico que acompanha aludida emenda constitucional já foi notado por diversos estudiosos. Trata-se, para muitos, de incutir o ideal de uma Administração Pública de caráter gerencial em detrimento de uma concepção indesejada de burocracia,[526] tão presente na rotina administrativa brasileira.

---

[522] PEREIRA JÚNIOR, Jessé Torres. *Da reforma administrativa constitucional*. Rio de Janeiro: Renovar, 1999, p. 11.

[523] Cumpre sublinhar que dificilmente poderia-se falar em qualquer projeto de lei ou de emenda constitucional que fosse desprovido de ideologia. O ser humano é um ser ideológico e, nesta qualidade, pauta seus comportamentos, atos e desejos moldados por suas ideologias. Porém, quando se destaca o "propósito ideológico" da Emenda Constitucional nº 19/1998, assim o faz tendo em vista que, neste caso, as questões ideológicas acabaram, de certa forma, suplantando o aspecto jurídico da eficiência administrativa, como explanado neste capítulo.

[524] Mikhail Bakhtin defende que o uso das palavras sempre traz consigo ideologias: "A palavra acompanha e comenta todo ato ideológico. Os processos de compreensão de todos os fenômenos ideológicos (um quadro, uma peça musical, um ritual ou um comportamento humano) não podem operar sem a participação do discurso interior. Todas as manifestações da criação ideológica – todos os signos não verbais – banham-se no discurso e não podem ser nem totalmente isoladas nem totalmente separadas dele" (*Marxismo e filosofia da linguagem*. Tradução de Michel Lahud; Yara Frateschi Vieira. São Paulo: Hucitec, 1981, p. 25).

[525] PEREIRA JÚNIOR, Jessé Torres. *Da reforma administrativa constitucional*. Rio de Janeiro: Renovar, 1999, p. 44.

[526] Cecília Viscovi de Aragão explica que o termo "burocracia" é empregado pela primeira vez por Gournay, economista fisiocrata, em meados do século XVIII, e visava designar o corpo de funcionários e empregados do Estado absolutista francês, sob a dependência do soberano e incumbido de funções especializadas. Acrescenta a autora que o termo já surge com uma

Conforme Uadi Lammêgo Bullos, buscou-se justamente a "implantação do modelo gerencial em substituição ao modelo burocrático de Estado, erigindo-se o que pode ser denominado de Administração Pública de resultados". Esta teria por escopo "aumentar a efetividade dos serviços prestados à população, bem como definir o núcleo estratégico do Estado, através da delimitação de políticas públicas e do equacionamento financeiro da máquina administrativa".[527]

Um dos idealizadores da reforma administrativa, Luiz Carlos Bresser-Pereira, encara que as mudanças pretendidas obtiveram sucesso, já que, segundo sua leitura, uma estratégia gerencial de administração foi adotada e passou a ser consistentemente aplicada na Administração Pública federal e em diversas administrações estaduais e municipais. Com o apoio recebido junto à alta Administração Pública, a reforma teria se revelado uma mudança de uma cultura burocrática para uma cultura gerencial, havendo, segundo o autor, êxito nos três planos da reforma: no institucional, no cultural e no da gestão.[528]

Inobstante o aspecto gerencial seja um dos mais destacados para caracterizar a instrumentalização da perspectiva ideológica que norteou a EC nº 19/1998, responsável por trazer a eficiência administrativa expressamente ao artigo 37 da Lei Maior, há outros pontos que também serviram de combustível para a indigitada reforma administrativa.

Haveria, ao lado do objetivo gerencial, ao menos objetivos políticos, sociais e econômicos. O objetivo econômico buscaria diminuir o "déficit" público, ampliar a poupança pública e a capacidade financeira do Estado para concentrar recursos em áreas em que é indispensável a sua intervenção direta; o social, por seu turno, almejaria aumentar a eficiência dos serviços sociais oferecidos ou financiados pelo Estado,

---

conotação negativa que o acompanha até hoje (em que pesem os posteriores trabalhos de Max Weber que, em sentido oposto, enaltece a burocracia como uma forma superior de organização e dominação, racional-legal), sendo normalmente associado à abundância de papéis, excesso de formalismo e rigorosidade das normas. Segundo ela, chega-se a vincular burocracia com ineficiência (Burocracia, eficiência e modelos de gestão pública: um ensaio. *Revista do Serviço Público*, a. 48, n. 3, set./dez. 1997, p. 107-108). Irene Patrícia Nohara, para evitar confusões, prefere atribuir o termo burocracia ao processo proposto por Max Weber e chamar de burocratização as consequências nefastas decorrentes das deturpações no uso das técnicas burocráticas para fins personalistas ou patrimoniais (NOHARA, Irene Patrícia. Burocracia reflexiva. *In*: MARRARA, Thiago (Org.). *Direito Administrativo*: transformações e tendências. São Paulo: Almedina, 2014, p. 371).

[527] BULOS, Uadi Lammêgo. Reforma administrativa (primeiras impressões). *Revista de Direito Administrativo* – RDA, Rio de Janeiro, v. 214, out./dez. 1998, p. 71.
[528] BRESSER-PEREIRA, Luiz Carlos. A reforma gerencial do Estado de 1995. *RAP*, Rio de Janeiro, a. 34, v. 4, jul./ago. 2000, p. 8.

atendendo melhor o cidadão a um custo menor, zelando pela interiorização na prestação dos serviços e ampliação do seu acesso aos mais carentes; já o objetivo político teria por escopo ampliar a participação da cidadania na gestão da coisa pública, estimular a ação social comunitária e desenvolver esforços para a coordenação efetiva das pessoas políticas na implementação de serviços sociais de forma associada.[529]

Não há como se deixar de fora também as observações críticas[530] de Celso Antônio Bandeira de Mello acerca da reforma trazida pela EC nº 19/1998 – por ele chamada, jocosamente, de "Emendão" –, já que, de acordo com o administrativista paulista, a emenda expressa um movimento impulsionado pela globalização e pelo neoliberalismo,[531] que pretendem a submersão do Estado Social de Direito.[532]

De maneira próxima, Sílvio Luís Ferreira da Rocha informa que o debate em vários países em desenvolvimento na década de 90 girava em torno da chamada reforma do Estado, a qual tinha por premissa o fato de que o Estado Social estava em crise,[533] não sendo capaz de atender de maneira eficiente às demandas populares. Desta feita, os idealizadores da reforma, em especial pessoas ligadas à Economia e à Ciência da Administração, propuseram uma redução da intervenção

---

[529] MODESTO, Paulo. Reforma administrativa e marco legal das organizações sociais no Brasil: as dúvidas dos juristas sobre o modelo das organizações sociais. *Revista de Direito Administrativo – RDA*, Rio de Janeiro, v. 210, out./dez. 1997, p. 196-197.

[530] Para uma perspectiva crítica, pautando-se no exame extrajurídico da eficiência e as ideologias que condicionaram sua inserção, *vide* também: MOREIRA, Egon Bockmann. *Processo administrativo*: princípios constitucionais e a Lei 9.784/1999. 4. ed. São Paulo: Malheiros, 2010, p. 181-185.

[531] Sandra Pires Barbosa reforça a evidência das ideologias motivadoras da reforma: "Realmente, 'neoliberalismo' e 'globalização' são conceitos que resumem bem os motivos que, do ponto de vista extra-estatal, contribuíram para a reforma administrativa do país. Por influência das idéias neoliberais, retomou-se o entendimento de que o Estado intervinha demais, sufocando, na verdade, a espontaneidade da iniciativa privada" (Impacto da globalização sobre o princípio da eficiência. *Revista de Direito Administrativo – RDA*, Rio de Janeiro, v. 224, abr./jun. 2001, p. 203).

[532] BANDEIRA DE MELLO, Celso Antônio. *Curso de Direito Administrativo*. 33. ed. São Paulo: Malheiros, 2017, p. 229.

[533] Segundo Emerson Gabardo, "é preciso lembrar que o ideal de eficiência não aparece somente por conta da crise do Estado, mais especificamente, uma crise do Estado Providência, estando presente desde a fundação do Estado moderno, quando se incorporou à esfera pública a noção iluminista de racionalização. Foi por questões ideológicas, como o sucesso do neoliberalismo, e por fenômenos sociopolíticos, como a globalização, o problema fez-se pauta inexorável de discussão nas sociedades contemporâneas" (*Princípio constitucional da eficiência*. São Paulo: Dialética, 2002, p. 19).

do Estado, por meio da adoção de um amplo plano de privatizações na crença de que isso melhoraria a eficiência.[534] Ambas as percepções acima, uma com viés otimista e outra pessimista, representam, em realidade, duas faces da mesma moeda. A chamada da eficiência administrativa para o cabeçalho do artigo 37 da Constituição, em conjunto com outras medidas trazidas pela EC nº 19/1998, por certo representa posições ideológicas dos autores da reforma. A valoração dada a essa ideologia, depois de positivada, varia a cada intérprete, já demonstrando uma faceta pragmática do discurso.

Ou seja, para muitos o ideal neoliberal encontraria acolhida em nosso texto constitucional e seus instrumentos, edificados por meio das reformas, seriam adequados a solucionar as crises políticas, econômicas e sociais do país. Para outros, em posição diametralmente oposta, tais crenças e visões de mundo não encontrariam respaldo no texto constitucional, sendo as normas que as acompanham rotuladas pela pecha de inconstitucionais, por se oporem a um Estado Social construído pela Constituição Federal de 1988.

De qualquer forma, o ideário neoliberal, que vem acompanhado da compreensão e de instrumentos de uma administração considerada gerencial, embora possa ser encarado ora como solução das mazelas estatais, ora como sua própria ruína, de maneira alguma pode romper internamente com os ditames constitucionais vigentes.

As ideologias do intérprete, como destacado no item 2.2.1, não podem se sobrepor às ideologias do texto normativo. Não se pode, a pretexto de se invocar ideologias neoliberais ou quaisquer outras que as suplantem, abandonar o respeito à legalidade e juridicidade no exercício da função administrativa, por exemplo. Ou desconsiderar que o texto constitucional vigente tem estruturado um modelo de Estado Social Democrático de Direito, por mais que isso venha a se chocar com certas ideologias particulares dos intérpretes.

Deste modo, a função pragmática do discurso que introduziu de maneira evidente e expressa o termo "eficiência" como um dos princípios da Administração Pública não pode incutir aos intérpretes um imaginário de que estariam permitidos a agir da mesma forma que se conduziriam em relações jurídicas norteadas exclusivamente pelo Direito Privado. Caso haja tal mensagem, haverá, sem dúvidas, um

---

[534] ROCHA, Sílvio Luís Ferreira da. *Manual de Direito Administrativo*. São Paulo: Malheiros, 2013, p. 151-152.

ruído comunicacional, que desvirtua a ideologia do texto positivado, indo de encontro ao ordenamento jurídico brasileiro.

Por postimeiro, o papel a ser desempenhado por essa inserção da eficiência administrativa, para ser devidamente efetivado, ao menos sob a perspectiva pragmática desenvolvida nesse item, isto é, influenciar na mudança de comportamentos, não ocorre de maneira automática, não tendo uma simples positivação, ainda que de cunho constitucional, a força, *per si*, de cambiar a realidade social (afinal, como dito e redito, são substratos diversos que não se comunicam de maneira espontânea).

É de se ressaltar que "a eficácia da reforma administrativa está condicionada ainda a uma concomitante reforma na mentalidade dos agentes públicos".[535] Deveras, a eficiência, agora como princípio expresso ao lado dos demais que norteiam a conduta da Administração Pública, embora possa ser um passo inicial para mudanças comportamentais, somente terá efetividade na condução das condutas intersubjetivas caso haja uma compreensão/aceitação na forma de os agentes públicos[536] se conduzirem.

Esse imaginário da alteração inevitável das relações sociais pela mera alteração do Direito positivo é uma das razões pelas quais, não raro, as reformas não logram o sucesso pretendido. Tal circunstância pode ser sumarizada, como faz Uadi Lammêgo Bulos, em três aspectos que se inter-relacionam: a) supervalorização do elemento institucional: as reformas não podem se basear apenas em textos legais ou reorganizações, uma vez que há outras variáveis externas envolvidas, sendo a principal delas a incúria dos Governantes; b) a mentalidade dos destinatários diretos e indiretos dos preceitos constitucionais reformados: destinatários diretos e indiretos dos preceitos constitucionais positivados por vezes

---

[535] MODESTO, Paulo. Reforma administrativa e marco legal das organizações sociais no Brasil: as dúvidas dos juristas sobre o modelo das organizações sociais. *Revista de Direito Administrativo – RDA*, Rio de Janeiro, v. 210, out./dez. 1997, p. 195.

[536] "Ao que tudo indica, embora ainda se tenha, como em todo e qualquer setor, agentes públicos que possuem uma mentalidade atrelada à burocracia fetichista, a eficiência passou a ser um norte incorporado no comportamento dos servidores públicos. Seja fruto de uma renovação existente no setor público por meio de novos concursos públicos, ou ainda um aprimoramento desses agentes decorrente de capacitações, ou mesmo (e talvez com mais relevância) a necessidade de se cumprir com suas funções mesmo havendo inúmeras deficiências estruturais e materiais, certo é que as práticas existentes na Administração Pública que demonstram algum grau de eficiência são desenvolvidas e aplicadas por agentes públicos" (CABRAL, Flávio Garcia. A eficiência administrativa nos anos 90 e hoje: mudou alguma coisa?. *In*: ANDRADE, Giulia De Rossi; SAIKALI, Lucas Bossoni. (Org.). *Eficiência, subsidiariedade, interesse público e novas tecnologias*: uma homenagem dos orientandos do Professor Emerson Gabardo. Curitiba: Íthala, 2021, p. 137)."

olvidam e/ou rechaçam as mudanças operadas no Texto Maior, mantendo uma postura de retaguarda, de crítica exacerbada às mudanças efetuadas (muitas vezes fruto da valoração ideológica realizada pelos intérpretes); c) suposição de que reformas constitucionais constituem o remédio para todos os males da Administração Pública: encarar as reformas constitucionais como solução para os problemas é um equívoco, já que mudanças formais, contínuas e simultâneas, "visando renovar a fisionomia geral do Estado brasileiro, não operam, a princípio, efeitos imediatos, haja vista o fato de dependerem de atos legislativos e administrativos para fazê-las figurar entre as regras vivas".[537]

Com essas considerações não se pretende eliminar o caráter cogente da eficiência administrativa, como norma jurídica que é. Emerson Gabardo já expunha que a interpretação do princípio da eficiência administrativa pode e deve escapar de sua mera função de legitimação simbólica das novas políticas reformadoras, para se tornar, de fato, um instrumento jurídico a favor do regime administrativo constitucional.[538] Não pode, pois, o Direito servir como mero instrumento de comunicação política.

Entretanto, uma eficácia ou efetividade social[539] somente será visível com o acolhimento da norma pela comunidade à qual ela é destinada. Não havendo essa aceitação, acolhimento, compreensão, aplicação, resignação por parte dos agentes públicos e administrados no que tange à eficiência administrativa como norma jurídica,[540] a função pragmática do discurso restará prejudicada, porquanto não teve o efeito de influir nas condutas intersubjetivas.

O embate ideológico que cercou a EC nº 19/1998 parece ter, em certa medida, obstaculizado uma maior eficácia social acerca da norma da eficiência administrativa. Muitos dos defensores da crença neoliberal,

---

[537] BULLOS, Uadi Lammêgo. Reforma administrativa (primeiras impressões). *Revista de Direito Administrativo – RDA*, Rio de Janeiro, v. 214, out./dez. 1998, p. 72-73.

[538] GABARDO, Emerson. *Princípio constitucional da eficiência*. São Paulo: Dialética, 2002, p. 16.

[539] Ricardo Marcondes Martins denomina essa eficácia de fática ou fenomênica, explicando que no mundo real, no meio social, apesar da incidência, da instituição das situações e das relações jurídicas, a norma pode acabar não sendo observada e aplicada (*Efeitos dos vícios do ato administrativo*. São Paulo: Malheiros, 2008, p. 142).

[540] Um dos papéis simbólicos que deveria cumprir a inserção textual expressa da eficiência no artigo 37 da Constituição é, sem dúvida, a sua maior aceitação e compreensão, entre os intérpretes, como norma jurídica. Como sublinha Gustavo Binenbojm, ao tornar explícita a eficiência como princípio pela emenda constitucional, tem-se a relevância de garantir maior efetividade do princípio (*Temas de Direito Administrativo e Constitucional*: artigos e pareceres. Rio de Janeiro: Renovar, 2008a, p. 347).

incluso administradores e juristas, tinham em mente uma mais elevada flexibilização do regime jurídico de Direito Público com a inserção expressa da eficiência (*vide* o trecho da exposição de motivos da emenda constitucional transcrito alhures no qual salta aos olhos a intenção de se livrar de determinados controles institucionais). Ao verificar que a ordem constitucional não permitiria essa interpretação, houve, por certo, um desapontamento, passando a não enxergar mais a eficiência administrativa como "solução" miraculosa para a burocracia estatal.

Por outro lado, os que refutavam as concepções neoliberais[541] mantiveram um ranço[542] em relação aos instrumentos oriundos da emenda, impedindo o esperado acolhimento da eficiência administrativa como norma jurídica dotada de autonomia e conteúdo jurídico próprio, ora negando seu caráter principiológico, ora refutando sua importância, ou mesmo questionando sua aplicabilidade.

A consequência desse atrito ideológico acarretou no tratamento da eficiência administrativa com somenos importância, impedindo sua aplicação plena, formando um quadro pragmático de desprezo e/ou desconfiança. Ainda que parcela significativa da doutrina tenha buscado conferir um tratamento constitucionalmente adequado ao princípio, ainda se mostra diminuto frente aos demais princípios de Direito Administrativo, em um tratamento menor do que se esperaria diante de uma norma principiológica constitucional.

---

[541] Válido trazer à tona o relato de Carlos Ari Sundfeld, o qual alega que, além de uma verdadeira questão ideológica, muitos publicistas acabaram se mostrando avessos à reforma de 1998, seja por uma atitude conservadora, contrária a mudanças, seja porque muitos foram pessoalmente afetados, uma vez que grande parte desses juristas ocupa(va) cargos públicos e viram esse *status* sofrer um declínio graças as mudanças da Emenda nº 19. Havia, pois, ademais de uma verdadeira angústia pelo encolhimento do Estado-Provedor, interesses corporativos específicos (*Direito Administrativo para céticos*. 2. ed. São Paulo: Malheiros, 2014, p. 108-109).

[542] *Vide*, nessa esteira, a opinião, com a qual não se concorda, de Maurício Antônio Ribeiro Lopes, que chega a refutar o caráter de princípio jurídico da eficiência administrativa: "Inicialmente cabe referir que a *eficiência,* ao contrário do que são capazes de supor os procederes do Poder Executivo Federal, jamais será princípio da Administração Pública, mas sempre terá sido – salvo se deixou de ser em recente gestão pública – *finalidade* da mesma Administração. Nada é *eficiente* por princípio, mas por conseqüência, e não será razoável imaginar que a Administração, simplesmente para atender a lei, será doravante eficiente, se persistir a miserável remuneração de grande contingente de seus membros, se as injunções políticas, o nepotismo desavergonhado e a entrega de funções do alto escalão a pessoas inescrupulosas ou de manifesta incompetência não tiver um paradeiro" (*Comentários à Reforma Administrativa*: de acordo com as Emendas Constitucionais 18, de 05.02.1998, e 19, de 04.06.1998. São Paulo: Revista dos Tribunais, 1998, p. 108).

4.2 Controle da eficiência administrativa

A correlação entre controle e eficiência administrativa pode ser vislumbrada sob duas principais perspectivas: a primeira, que será exposta nesse item, concerne sobre até que ponto e de que forma os agentes públicos competentes podem controlar as decisões administrativas tomadas ao argumento de atenderem à eficiência administrativa. Em outras palavras, quais são as circunstância envolvendo o controle dos atos administrativos pela perspectiva da própria eficiência administrativa, em especial por órgãos externos ao que produziu determinado ato; a segunda, cujo espaço está reservado para o item 4.6, é pertinente a como a eficiência administrativa serve como instrumento de controle dos atos administrativos. Neste ponto, resta saber se um ato ineficiente pode ser tido como inválido ou não e como corrigi-lo.

Os questionamentos principais que se elevam nesse primeiro aspecto do controle da eficiência podem ser filtrados da seguinte forma: i) a eficiência administrativa pode ser controlada; ii) quem pode efetuar o controle da eficiência administrativa; iii) qual o limite desse controle.

Quanto à primeira linha de questionamento, qual seja, se seria possível realizar o controle da eficiência administrativa, devem-se rememorar algumas lições já expostas nesta tese.

A eficiência administrativa pressupõe o exercício da função administrativa (circunstância prevista na hipótese normativa). Assim sendo, como a sindicabilidade dos atos praticados pela Administração Pública é ínsito ao conceito de função, em um primeiro momento pode-se concluir que os atos administrativos praticados podem ser controlados quanto ao aspecto da eficiência administrativa.

De fato, como assinala Mariano Bacigalupo Saggese, a submissão da Administração Pública ao controle judicial é um correlato necessário de sua vinculação à lei e ao Direito como um todo. Esse controle é, portanto, um controle de Direito, jurídico.[543]

Soma-se a isso que em Estados considerados republicanos, a exemplo do Brasil, a exigência de prestação de contas pelos agentes

---

[543] SAGGESE, Mariano Bacigalupo. Las potestades administrativas y la vinculación de su ejercicio al ordenamiento jurídico. Potestades regladas y discrecionales. *In:* ALONSO REGUEIRA, Enrique; ROSATTI, Horacio (Org.). *El control de la actividad estatal:* Discrecionalidad, División de Poderes y Control Extrajudicial. Buenos Aires: Asociación de Docentes de la Facultad de Derecho y Ciencias Sociales de la Universidad de Buenos Aires, 2016, p. 83.

públicos e a responsabilização/sanção por algum comportamento violador da ordem jurídica é questão inerente à própria ideia de República.[544] A eficiência administrativa não é dotada de qualquer atributo ou característica que a torne imune, dentro de certos limites, a determinadas espécies de controle, em particular o exercido pelo Poder Judiciário.

Justamente no que concerne ao aspecto subjetivo do controle, é dizer, quem teria atribuição de realizá-lo, é certo que o primeiro personagem a ser invocado sob a perspectiva jurídica do Brasil diz respeito aos órgãos do Poder Judiciário no exercício da função jurisdicional.

O artigo 5º, inciso XXXV, da Constituição Federal é patente ao prescrever que "a lei não excluirá da apreciação do Poder Judiciário lesão ou ameaça a direito". Logo, diante de um ato que de alguma forma contrarie o conteúdo jurídico da eficiência administrativa, ao Judiciário, desde que devidamente provocado, cabe apreciar o possível vício existente naquele ato.

Ao Poder Judiciário é cabível tanto o controle das normas em abstrato, mediante o controle de constitucionalidade a ser realizado pelo Supremo Tribunal Federal ou os Tribunais de Justiça, decorrente do ajuizamento de ações diretas de inconstitucionalidade ou outras ações com objetivos semelhantes (ação direta de constitucionalidade e arguição de descumprimento de preceito fundamental), como o controle incidental, mediante a análise de casos concretos.

A eficiência administrativa, portanto, é capaz de sofrer, dentro dos limites existentes, controle por parte do Poder Judiciário, seja no exclusivo aspecto da norma geral e abstrata, seja na verificação da compatibilidade de norma individual e concreta (atos administrativos, em especial) com a norma geral e abstrata.

O Judiciário pode efetuar o controle de constitucionalidade de atos normativos que venham a ferir o conteúdo jurídico da eficiência administrativa, tanto abstratamente como incidentalmente em um caso concreto, bem como decidir acerca de atos administrativos que carregam vícios incompatíveis com aquele princípio.

Sem prejuízo das considerações realizadas, outras formas de controle,[545] protagonizadas por diferentes atores, também são cabíveis, necessárias e bem vindas para a manutenção da ordem jurídica.

---

[544] CABRAL, Flávio Garcia. Os fundamentos políticos da prestação de contas estatal. *Revista de Direito Administrativo – RDA*, Rio de Janeiro, v. 270, set./dez. 2015, p. 166-167.

[545] Emerson Gabardo se posiciona de igual maneira: "Por outro lado, não devem ser deixados de lado todos os demais controles possíveis em relação ao cumprimento do princípio

Aqui ganha destaque o controle realizado pelo próprio ente administrativo que expediu o ato, em um exercício de autotutela; o controle externo realizado pelo Poder Legislativo com auxílio do Tribunal de Contas, havendo um papel predominante deste em tal mister; o controle social[546] realizado por organizações da sociedade civil, veículos de imprensa e demais grupos sociais, que, embora não tenha força sancionatória do ponto de vista jurídico, tem a aptidão de provocar os agentes legitimados para tanto, além de ser capaz de promover sanções de ordem moral.[547]

É possível falar ainda, em um momento prévio à positivação normativa, do controle exercido pelo Poder Legislativo (com particular destaque às Comissões de Constituição e Justiça – CCJ) na edição dos atos normativos primários, além do papel do chefe do Poder Executivo na ocasião em que tem o dever de vetar ou sancionar os projetos de leis (artigo 84, inciso V, da CF), pois cabem a esses dois órgãos, no processo legislativo, aferir a constitucionalidade dos projetos de lei (ou de outros atos normativos primários, quando for o caso) que estão aprovando.

Tem-se, muito além de um controle exclusivo por determinado órgão, ainda que haja um certo protagonismo do Poder Judiciário e dos Tribunais de Contas (ao menos no que tange às normas individuais e concretas), uma verdadeira rede de controle, composta por todos os órgãos administrativos que atuam nos limites da linguagem jurídica e da área de abrangência permitida pelo Direito positivo.

A limitação desse controle em relação à eficiência, questão afeta ao último questionamento, embora possa parecer como quesito

---

da eficiência, sejam eles internos, como o hierárquico (exercício da autotutela e garantia dos recursos administrativos), o financeiro contábil (relativo à gestão patrimonial) e o organizativo específico (criação e reorganização dos entes e órgãos, métodos de trabalho, procedimento e regime de pessoal); externos, como o Parlamentar e o realizado por instituições independentes, como o Tribunal de Contas; ou os ditos sociais, realizado pelos partidos políticos, pelos sindicatos e pela opinião pública" (O Princípio da eficiência. *In: Enciclopédia jurídica da PUC-SP*. Celso Fernandes Campilongo, Alvaro de Azevedo Gonzaga e André Luiz Freire (Coords.). Tomo: Direito Administrativo e Constitucional. Vidal Serrano Nunes Jr., Maurício Zockun, Carolina Zancaner Zockun, André Luiz Freire (Coord. de tomo). 1. ed. São Paulo: Pontifícia Universidade Católica de São Paulo, 2017. Disponível em: https://enciclopediajuridica.pucsp.br/verbete/82/edicao-1/principio-da-eficiencia,-o). Acesso em: 19 fev. 2019.

[546] Sobre a relação entre o controle social e a eficiência administrativa, confira-se: CABRAL, Flávio Garcia; PIO, Nuno Roberto Coelho. Controle social como mecanismo de efetivação da eficiência administrativa. *Revista de Direito Público*, Porto Alegre, v. 14, n. 77, p. 214-239, set./out. 2017.

[547] CABRAL, Flávio Garcia. *O Tribunal de Contas da União na Constituição Federal de 1988*. São Paulo: Verbatim, 2014, p. 42-44.

diferenciado para alguns, trata-se em realidade de antiga celeuma, ainda que com novos contornos decorrentes de novéis debates ocorridos no século XXI, sobre os limites do controle pelo Poder Judiciário no que tange aos atos discricionários.

Esse assunto sempre circundou a ideia de que, nos atos exercidos dentro das competências discricionárias, estar-se-ia diante do mérito administrativo, que seria impassível de sindicabilidade por sujeitos externos à própria Administração Pública.

A palavra "mérito", por evidente, é polissêmica, atraindo uma plêiade de significações a depender do contexto em que for empregada, bem como as qualificadoras a ela vinculadas.

José Cretella Júnior de longa data já escreveu que o mérito do ato administrativo tem sido trabalhado em um sentido amplo e estrito. Na acepção ampla, mérito compreenderia uma faixa tão extensa que, sob certos matizes, confinar-se-ia com o setor da legalidade. Essa ampliação faria com que o mérito chegasse aos fatos, aos motivos, às provas; por sua vez, a compreensão restrita de mérito administrativo, mais tradicional, seria extremada de qualquer noção processual, para ser entendido como o binômio oportunidade e conveniência do ato administrativo.[548]

Para o autor, que opta pelo conceito restritivo, o mérito administrativo ficaria fora do policiamento do Poder Judiciário, uma vez que diz respeito a questões da competência exclusiva do Poder Executivo, sintetizadas no clássico binômio oportunidade-conveniência.[549]

Sobre o assunto, tem-se também há tempos monografia de mão e sobremão a respeito da temática, de autoria de Celso Antônio Bandeira de Mello, na qual se apresenta que o mérito do ato administrativo "não pode ser mais que o círculo de liberdade indispensável para avaliar, no caso concreto, o que é conveniente e oportuno à luz do escopo da lei". Jamais será uma pretensa liberdade para decidir em dissonância com essa finalidade.[550]

Justamente pelo fato de o mérito não representar uma escolha dotada de arbitrariedade, afastar por completo a possibilidade de

---

[548] CRETELLA JÚNIOR, José. O mérito do ato administrativo. *Revista de Direito Administrativo – RDA*, Rio de Janeiro, v. 79, 1965, p. 28.

[549] CRETELLA JÚNIOR, José. O mérito do ato administrativo. *Revista de Direito Administrativo – RDA*, Rio de Janeiro, v. 79, 1965, p. 29.

[550] BANDEIRA DE MELLO, Celso Antônio. *Discricionariedade e controle jurisdicional*. São Paulo: Malheiros, 1992, p. 82.

controle pelo Poder Judiciário ao argumento de que se trata de ato discricionário é uma premissa desprovida de respaldo jurídico.

Assim se sustenta, em um primeiro instante, porque sempre haverá uma aspecto de vinculação mesmo nos atos discricionários,[551] aspecto no qual a verificação da conformidade legal do ato pelos magistrados será mais ampla.

Esse tipo de escrutínio não invade o aspecto do mérito do ato administrativo, porquanto legalidade e mérito são campos distintos de análise. Nem antitéticos, nem sinônimos. Simplesmente distintos. É dentro do terreno da legalidade que a Administração Pública decidirá se o ato (legal) é oportuno e conveniente (mérito).[552]

Além dessa primeira verificação circunscrita à legalidade estrita nos atos discricionários, em momento posterior tem-se uma evolução dessa forma de controle, passando-se a adotar, com base na formulação feita pelo Conselho de Estado Francês durante o século XIX,[553] a teoria do desvio de poder (*détournement de pouvoir*), que acaba sendo acolhida pela doutrina e jurisprudência[554] brasileiras.

O desvio de poder se conforma em duas hipóteses básicas: quando o agente público pratica um ato perseguindo um fim estranho ao interesse público; quando, apesar do fim buscado corresponder ao interesse público, não condiz com o fim preciso que lei assinalou àquele ato.[555]

---

[551] São as já clássicas lições de Miguel Seabra Fagundes: "Mas, como quer que seja, subsistem, mesmo na hipótese de competência discricionária, limitações às atividades administrativas, como as referentes à forma, à competência, à finalidade etc., vinculando-a à legalidade" (*O controle dos atos administrativos pelo Poder Judiciário*. 4. ed. Rio de Janeiro: Forense, 1967, p. 105; 107).

[552] CRETELLA JÚNIOR, José. O mérito do ato administrativo. *Revista de Direito Administrativo – RDA*, Rio de Janeiro, v. 79, 1965, p. 32.

[553] Narra Celso Antônio Bandeira de Mello que "foi em fevereiro de 1864, no *arrêt Lesbats*, que o Conselho de Estado da França, pela primeira vez admitiu o 'desvio de poder' como uma das hipóteses em que cabia atacar o ato administrativo, no quadro dos recursos por 'excesso de poder', designação genérica esta que abrange os vícios (a) de incompetência; (b) de forma; (c) de violação da lei e (d) de desvio de poder" (*Discricionariedade e controle jurisdicional*. São Paulo: Malheiros, 1992, p. 56).

[554] Themístocles Brandão Cavalcanti critica a maneira como a teoria do desvio de poder foi incorporada no Brasil, uma vez que, por não haver aqui o sistema do contencioso administrativo, a forma de controle a ser realizado pelo Poder Judiciário deveria ser mais cautelosa, para não invadir terreno afeto à atuação da Administração Pública. Nesses moldes, acrescenta ele que "a invocação das decisões do Conselho de Estado da França ou da jurisprudência do Conselho de Estado Italiano é feita sem levar-se em consideração a diferença dos sistemas e das técnicas de contrôle" (Do poder discricionário. *Revista de Direito Administrativo – RDA*, Rio de Janeiro, v. 101, jul./set. 1970, p. 17).

[555] BANDEIRA DE MELLO, Celso Antônio. O desvio de poder. *Revista de Direito Administrativo – RDA*, Rio de Janeiro, v. 172, abr./jun. 1988, p. 7.

Não obstante se conformar em uma outra maneira de se encarar o controle dos atos administrativos, tendo por foco justamente o elemento da finalidade, o desvio de poder continua sendo um vício de legalidade, não afetando o aspecto realmente discricionário, isto é, o mérito.[556] Acerca dos vícios passíveis de controle, impende mencionar também a construção que vem granjeando destaque na Alemanha, referente aos chamados "vícios de discricionariedade" (*Ermessensfehler*), que acabam por sintetizar de certa forma parte das considerações já feitas, sendo os mais comuns: a) transgressão dos limites do poder discricionário (*Ermessensüberschreitung*), na qual a autoridade opta por uma consequência jurídica não prevista ou pressupõe erroneamente a existência de fatos, os quais abririam o exercício da discricionariedade; b) não exercício do poder discricionário (*Ermessensnichtgebrauch*), presente quando o órgão se considera "vinculado" pela lei, a qual, em realidade, confere liberdade de decisão; c) desvio do poder discricionário (*Ermessensfehlgebrauch*), que incide nos casos em que o agente público não se deixa dirigir pela finalidade prescrita, violando princípios constitucionais/administrativos ou direitos fundamentais. Ocorre também essa espécie de vício quando o órgão administrativo, no processo de tomada de sua decisão, não considera suficientemente os critérios que a lei declara determinantes para o exercício concreto da discricionariedade, sendo um erro procedimental, não de resultado.[557]

Gustavo Binenbojm acrescenta ainda a esse caminho evolutivo das técnicas de controle dos atos administrativos, em particular os tidos como discricionários, a estruturação francesa da teoria dos motivos determinantes (a Administração Pública deve responder pelos motivos que elege como pressuposto para a realização de um ato administrativo), a apuração do excesso de poder (desbordamento dos lindes de competência fixados na lei) e a necessidade de motivação de todos os atos administrativos (sobre motivação, *vide* item 4.4.1).[558]

O estágio vivenciado nos tempos atuais em relação ao controle dos atos administrativos, ademais de incorporar todas as formas expostas

---

[556] BANDEIRA DE MELLO, Celso Antônio. O desvio de poder. *Revista de Direito Administrativo – RDA*, Rio de Janeiro, v. 172, abr./jun. 1988, p. 18.

[557] KRELL, Andreas J. *Discricionariedade administrativa e conceitos legais indeterminados*: limites do controle judicial no âmbito dos interesse difusos. 2. ed. Por Alegre: Livraria do Advogado, 2013, p. 115-116.

[558] BINENBOJM, Gustavo. *Uma teoria do Direito Administrativo*: direitos fundamentais, democracia e constitucionalização. 2. ed. Rio de Janeiro: Renovar, 2008b, p. 206.

alhures, ganha um novo elemento, oriundo dos textos constitucionais contemporâneos, referente ao controle tendo como paradigma os princípios constitucionais.

O controle não mais reside exclusivamente no aspecto da legalidade, passando a se referir a todo o Direito positivo, em um conceito mais amplo de juridicidade,[559] com especial destaque aos princípios constitucionais.

Nesse último aspecto do controle dos atos exercidos pelo dever de discricionariedade que repousa justamente a verificação da compatibilidade dos atos e o princípio da eficiência administrativa, passando este a servir como um paradigma autônomo de controle, sem prejuízo do cotejo com os demais princípios constitucionais.

Com a fixação de todas essas mínimas premissas básicas para a compreensão do controle dos atos administrativos pelo Poder Judiciário e as técnicas de análise juridicamente permitidas, pode-se apurar que, enquanto a eficiência administrativa não se encontra imune a controles, estes também não se mostram absolutos e sem parâmetros.

Nessa toada, pela maior objetividade (embora não absoluta) conferida à norma jurídica da eficiência administrativa ora exposta nesta tese, cabe ao Poder Judiciário trilhar as três etapas procedimentais para apuração daquele princípio, podendo-se verificar se houve abuso por parte do agente público ou desrespeito a qualquer um dos elementos exigidos pela eficiência.

Atenta-se que, ao percorrer os três momentos necessários a constituir a eficiência administrativa, o Poder Judiciário investigará se o meio era adequado e se era o menos oneroso em relação aos outros meios existentes, bem como em relação à finalidade almejada.

A questão é que a verificação dos aludidos aspectos pelo Poder Judiciário não pode ser tão plena quanto a do administrador, justamente para que não haja a indevida invasão do mérito administrativo. Não será realizada uma reavaliação das escolhas feitas pelo administrador,

---

[559] Encontra-se a mesma intelecção em Andreas Krell: "No Brasil, todo e qualquer ato administrativo, inclusive o discricionário e também aquele decorrente da valoração administrativa dos conceitos indeterminados de prognose, é suscetível de um controle jurisdicional mínimo, baseado nos princípios constitucionais. Na atual fase 'pós-positivista', que foi instaurada com a ampla inserção dos princípios gerais de Direito nos novos textos constitucionais, os atos administrativos discricionários não devem ser controlados somente por sua legalidade, mas também por sua juridicidade" (*Discricionariedade administrativa e conceitos legais indeterminados*: limites do controle judicial no âmbito dos interesse difusos. 2. ed. Por Alegre: Livraria do Advogado, 2013, p. 109).

mas sim uma verificação de sua conformidade aos limites impostos pela ordem jurídica.[560] O escrutínio feito pelos magistrados deve repousar em ao menos dois limites correlacionados: i) o julgamento das etapas da eficiência administrativa deve ocorrer na vertente negativa, é dizer, somente cabe ao julgador apurar se o meio foi inadequado ou mais oneroso (leia-se, ineficiente). Não lhe compete indicar qual seria o meio que repute ser a solução ótima, sob pena de estar substituindo o administrador no exercício da função administrativa; ii) o exercício desse controle negativo deve ser realizado de maneira moderada, levando-se em consideração os campos justamente nos quais o administrador possui a discricionariedade na escolha. Deve-se rememorar que, em particular no aspecto da comparação dos meios, pode haver a concessão de uma discricionariedade epistêmica ao agente público. Em casos tais, fora uma patente ilegalidade, deve o Poder Judiciário restringir o seu controle sob esse aspecto, já que aqui se está verdadeiramente diante do mérito administrativo. Além disso, diante das zonas de incerteza[561] dos conceitos jurídicos indeterminados utilizados constantemente na escolha das finalidades públicas, novamente deverão ser privilegiados,[562] fora os casos de abuso ou das zonas de certeza positiva e negativa, os juízos realizados pelo administrador público.

Nota-se que ao julgador caberá constatar, diante da lide que lhe é submetida, se a medida foi ou não eficiente, segundo o procedimento normativo atinente ao princípio. Não obstante – e é nesse ponto que não

---

[560] MOREIRA NETO, Diogo de Figueiredo. *Legitimidade e discricionariedade*: novas reflexões sobre os limites e controle da discricionariedade. 3. ed. Rio de Janeiro: Forense, 1998b, p. 85-86.

[561] Acerca da utilização dos conceitos vagos ou imprecisos, Celso Antônio Bandeira de Mello elucida que "mesmo estes conceitos chamados 'fluidos' possuem um núcleo significativo certo e um halo circundante, uma auréola marginal, vaga ou imprecisa". Acrescenta ainda que "daí resulta que haverá sempre uma zona de certeza positiva, na qual ninguém duvidará do cabimento da aplicação do conceito, uma zona circundante, onde justamente proliferarão incertezas que não podem ser eliminadas objetivamente, e, finalmente, uma zona de certeza negativa, onde será indisputavelmente seguro que descabe a aplicação do conceito" (*Curso de Direito Administrativo*. 33. ed. Paulo: Malheiros, 2017, p. 448).

[562] Andreas Krell esclarece que a concessão dessa presunção em favor do juízo feito pelo administrador, nos casos que envolvam zonas de incerteza dos conceitos indeterminados, fundamenta-se no que se denomina "teoria da sustentabilidade" (*Vertretbarkeitslehre*), pela qual o controle judicial, nesses casos, limita-se à verificação se a interpretação do conceito jurídico indeterminado pelo órgão administrativo pode ser sustentada e defendida com argumentos racionais (*Discricionariedade administrativa e conceitos legais indeterminados*: limites do controle judicial no âmbito dos interesse difusos. 2. ed. Por Alegre: Livraria do Advogado, 2013, p. 84).

há diferenciação entre a apreciação realizada pelo Judiciário no que concerne à eficiência administrativa ou a qualquer outro ato administrativo exercido no dever discricionário da Administração –, não caberá aos magistrados decidirem sobre qual seria a melhor conduta a ser tomada pelos agentes públicos.[563] Seu papel aqui é, reitera-se, negativo: indicam se o princípio foi ou não respeitado; porém, não decidem sobre como a Administração deverá agir dentro do leque de escolhas que possui (fora a medida reputada ineficiente).

Com visão semelhante, Dalton Santos Morais expõe que somente a verificação da existência ou não da eficiência na atividade administrativa é sindicável pelo Poder Judiciário, já que tal critério qualitativo no exercício da atividade administrativa é norma constitucional imposta à Administração Pública. Conclui ele que não se mostra possível ao Estado-juiz substituir-se[564] à Administração Pública na "aferição de qual conduta administrativa é mais eficiente, em vista das condicionantes factuais e técnicas que moldam a execução da tarefa administrativa em cada caso concreto e dos próprios limites de recursos orçamentários-financeiros a que está sujeito o administrador público".[565]

Em tom de desfecho, impende resumir que, com as pequenas ressalvas já feitas, somadas ao fato de a procedimentalização da eficiência administrativa vir acompanhada com mais frequência de margens de apreciação ou de discricionariedade, os atos administrativos realizados, no que tange a apuração do respeito àquele princípio, submetem-se a todas as técnicas de controle mencionadas (análise da legalidade estrita, do desvio e abuso de poder, da teoria dos motivos determinantes, da incidência de princípios[566]), que devem ser utilizadas

---

[563] "Não pode o controlador substituir a escolha do administrador pela sua a respeito de qual opção seria mais eficiente. Cabe-lhe somente verificar se a escolha tomada é objetivamente eficiente" (CABRAL, Flávio Garcia; PIO, Nuno Roberto Coelho. Controle social como mecanismo de efetivação da eficiência administrativa. *Revista de Direito Público*, Porto Alegre, v. 14, n. 77, set./out. 2017, p. 228).

[564] É a mesma posição apresentada por Alexandre de Moraes: "Repita-se, porém, que não caberão ao Poder Judiciário o planejamento e a execução das políticas públicas, nem tampouco a edição dos consequentes atos administrativos discricionários de implantação dessas medidas, mas, sim, o controle jurisdicional de eventuais abusos praticados pelo administrador público que ignore o princípio constitucional da eficiência" (Princípio da eficiência e controle jurisdicional dos atos administrativos discricionários. *Revista de Direito Administrativo – RDA*, Rio de Janeiro, v. 243, 2006, p. 26).

[565] MORAIS, Dalton Santos. Os custos da atividade administrativa e o princípio da eficiência. *Revista de Direito Administrativo – RDA*, Rio de Janeiro, v. 237, jul./set. 2004, p. 190-191.

[566] Sobre o assunto, confira-se Maria Sylvia Zanella Di Pietro: "Com o passar todos tempos, inúmeras teorias foram sendo elaboradas para justificar a extensão do controle judicial sobre

com as limitações necessárias para que não haja a indevida violação ao mérito administrativo (mas sem que este seja visto de forma mais ampla do que realmente é). O mérito administrativo, pois, continua sendo matéria insindicável. Controlar o ato administrativo pelo viés da eficiência administrativa não significa controlar diretamente seu mérito; contudo, com as diversas técnicas de controle construídas, sua conformação é bem mais reduzida[567] do que se imaginava outrora, passando certas questões que antes eram tidas como meritórias a se enquadrar como pontos de juridicidade.

4.3 Oportunidade da aferição da eficiência administrativa

A norma representativa da eficiência administrativa padece de uma circunstância que lhe é muito peculiar. Por ser uma norma que possui como núcleo a concepção inter-relacional entre meio e finalidade, os resultados materiais obtidos pelo agente público no exercício de suas atividades administrativas podem parecer ter um papel relevante para aferir a concretização ou não daquela figura normativa.

Em outras palavras, a questão reside em saber se a efetivação material da finalidade é pressuposto para o atendimento da eficiência administrativa ou se a verificação deve ocorrer em tese. Ou, ainda de outra forma, em qual momento se deveria apurar a eficiência administrativa.

A percepção sobre a eficiência administrativa comporta análises sob diferentes perspectivas. Uma delas, que agora nos interessa,

---

aspectos antes considerados pelo conceito de mérito. A teoria do desvio de poder permitiu o exame da finalidade do ato, inclusive sob o aspecto do atendimento ao interesse público; a teoria dos motivos determinantes permitiu o exame dos fatos ou motivos que levaram à prática do ato; a teoria dos conceitos jurídicos indeterminados e a sua aceitação como conceitos jurídicos permitiu que o Judiciário passasse a examiná-los e a entrar em aspectos que também eram considerados de mérito; a chamada constitucionalização dos princípios da Administração também veio limitar a discricionariedade administrativa e possibilitar a ampliação do controle judicial sobre os atos discricionários" (*Direito Administrativo*. 30. ed. Rio de Janeiro: Forense, 2017, p. 258).

[567] Marcelo Harger, com um pensamento parecido, afirma que a eficiência serve como baliza à discricionariedade, mas sem que ela seja eliminada por completo. Estende-se o controle do Judiciário sobre campos que antes se entendiam impossíveis, ao argumento de constituírem seu mérito (Reflexões iniciais sobre o princípio da eficiência. *Revista de Direito Administrativo – RDA*, Rio de Janeiro, v. 217, jul./set. 1999, p. 160).

permite-nos investigar a eficiência desde uma visão prospectiva ou retrospectiva.

É certo que determinados atos administrativos praticados, em especial se seus efeitos se protraem no tempo, podem passar pelo crivo da eficiência na ocasião de sua prática e perderem tal qualificação (eficiente) em momento posterior, devido à mudança das circunstâncias fático-jurídicas. O que se tem hoje como o melhor meio (ótimo), pode não vir a ser amanhã.

Isso não retira, porém, a obrigatoriedade de o agente público, verificando-se que o ato não mais se mostra adequado,[568] extinguir ou alterar o ato de maneira a que volte a possuir tal atributo ínsito à eficiência administrativa.

Todavia, é justamente por isso, pelas inevitáveis alterações nas circunstâncias que circundam o ato praticado, que a aferição da eficiência, em particular para fins de controle e possível responsabilização, não pode ter como parâmetro momento posterior ao exercício da função administrativa.

Com argumentação alinhada ao nosso texto, Diogo de Figueiredo Moreira Neto também pensa que a avaliação da eficiência "nada tem a ver com a realização material decorrente da ação administrativa. A eficiência deve ser considerada como limite à discricionariedade em tese".[569]

Relacionando-se a aferição da eficiência administrativa e o momento de seu controle, podemos enunciar alguns pressupostos básicos para a compreensão do tema.

Como primeira premissa a ser firmada, então, temos que, para fins de controle *a posteriori*, seja por órgãos de controle administrativo (controladorias, corregedorias, Tribunais de Contas etc.), seja pelo Poder Judiciário, os atos de efeito imediato praticados no exercício da função administrativa devem ser avaliados, no que toca à eficiência administrativa, sob as circunstâncias existentes no momento de sua prática, e não tendo como marco a data do julgamento.

---

[568] "O juízo de adequação acompanha toda vigência da norma administrativa concreta, não se restringindo ao momento de sua edição" (MARTINS, Ricardo Marcondes. Proporcionalidade e boa administração. *Revista da Faculdade de Direito PUC-SP*, v. 3, n. 1, 1º sem. 2015, p. 335).
[569] MOREIRA NETO, Diogo de Figueiredo. *Legitimidade e discricionariedade*: novas reflexões sobre os limites e controle da discricionariedade. 3. ed. Rio de Janeiro: Forense, 1998b, p. 77.

A segunda premissa sintetiza que, nos atos administrativos de efeitos continuados, a avaliação da (in)eficiência administrativa merece o crivo dos órgãos de controle tanto tendo-se em vista o momento da edição do ato, quanto durante todo o período em que ele produziu seus efeitos, pois nesse lapso temporal havia ainda o exercício da função administrativa de fiscalizar e controlar seus próprios atos (típico exercício de autotutela), devendo-se apurar e controlar a ocorrência de ineficiências.

A terceira diz respeito à possibilidade de se realizar uma aplicação da eficiência administrativa *ex ante*. Independente da realização de um controle *a posteriori*, a eficiência administrativa é determinação (obrigatória) constitucional, como método de análise, ao agente público na ocasião da edição do ato. Todas as máximas da eficiência já abordadas previamente devem ser percorridas pelo sujeito administrativo no momento de se realizar a conduta jurídica.

De fato, a atuação prévia e planejada da Administração Pública (que, inclusive, figura como texto principiológico aplicável à Administração Pública Federal, de acordo com o artigo 6º, inciso I, do Decreto-Lei nº 200/1967, e também a todas as licitações e contratos administrativos, nos moldes do artigo 5º da Lei nº 14.133/2021) é ação fundamental para que se possa agir de maneira eficiente. Versando precisamente sobre a elaboração de políticas públicas, Cristiana Fortini e Bernardo Tinôco de Lima Horta atestam que "o planejamento das políticas públicas, inclusive no que toca ao aspecto orçamentário, é essencial para a eficiência da Administração Pública".[570]

Há mais: essa aferição *ex ante* também é permitida aos órgãos de controle[571] nos casos nos quais se autorize esse tipo de atuação. Não se exige que o ato se consuma, gerando muitas vezes efeitos indesejados, para que se possa então falar em controle da Administração Pública.

Nada obstante, ainda dentro dessas três premissas iniciais é possível apurar outros desdobramentos.

O alcance efetivo e real da finalidade visada quando da prática do ato administrativo, embora seja o resultado sempre esperado, pode

---

[570] FORTINI, Cristiana; HORTA, Bernardo Tinôco de. Eberhard Schmidt-Assmann e o ordenamento jurídico brasileiro: breves apontamentos sobre a LINDB e sobre a Nova Lei de Licitações e Contratos Administrativos. *Revista de Direito Econômico e Socioambiental*, Curitiba, v. 13, n. 3, maio/ago. 2022, p. 664.

[571] Admitindo-se um controle prévio da eficiência, confira-se: GABARDO, Emerson. *Princípio constitucional da eficiência*. São Paulo: Dialética, 2002, p. 139-143.

não vir a se realizar. Isto pode se dar essencialmente em duas hipóteses: i) não houve o atendimento material da finalidade em razão do desatendimento da eficiência, possivelmente pela eleição de um meio que não era adequado ao fim pretendido; ou ii) apesar do devido cumprimento do *iter* procedimental atinente à eficiência administrativa, ainda assim, por razões alheias ao ânimo do agente público, a finalidade não se concretiza.

Quanto ao segundo aspecto, a não concretização material da finalidade pode decorrer de eventos extraordinários no substrato social (*e.g.*, a adoção de uma modalidade de licitação para uma obra pública que não é realizada devido a uma tempestade inesperada e inevitável que destrói o local da obra) ou mesmo no plano do Direito positivo (*e.g.*, legislação ulterior que não permite mais a adoção do procedimento, ainda em curso, escolhido).

Em casos tais, justamente tendo como parâmetro a primeira premissa construída, mesmo não havendo a concretização material da finalidade perseguida, nas situações em que se tratar de ato de efeitos imediatos, ainda assim é possível falar que, em tese, a medida foi administrativamente eficiente. Isso se dá tomando como paradigma justamente o momento da prática do ato administrativo.

A norma geral e abstrata da eficiência administrativa não exige necessariamente a concreção material da finalidade legal pretendida, mas sim que se escolha um meio adequado para tanto. Como visto, haverá casos nos quais qualquer meio que fosse selecionado acarretaria a não efetivação material do fim, por circunstâncias do substrato social ou mesmo normativo (alínea "ii"). Aqui, caso se trabalhasse com uma avaliação *a posteriori*, apurar-se-ia que não existiria nenhum meio adequado. Por outro lado, com um olhar sobre o momento e circunstâncias existentes na época da prática do ato, concluir-se-ia que a medida era administrativamente eficiente.

Já em relação à alínea "i", o de mais simples apuração diz com as hipóteses nas quais o agente público, por culpa ou dolo, escolheu um meio inadequado. Aqui, a ineficiência administrativa é patente.

Porém, pode haver casos nos quais a opção do meio que venha a se mostrar inadequado se dê em razão da carência de informações que o agente público detinha ou, ainda, do fato de possuir, independentemente de sua diligência, dados errôneos. Não há aqui o elemento culpa (sentido *lato*). Ou seja, pelas informações disponíveis, o instrumento escolhido era em tese adequado ao atingimento da finalidade, bem como percorria todos os demais passos para a apuração da proporcionalidade qualificada. Então, tal conduta pode ser tida como respeitadora da norma geral e abstrata da eficiência administrativa?

A resposta ao questionamento precisa ser vista sob três óticas distintas: a) concernente à responsabilização (civil, penal ou administrativa) do agente público; b) em relação à responsabilidade do Ente público; e c) no que diz respeito ao atendimento ou não da eficiência administrativa. De plano já se adianta que há uma imbricação lógica entre os três.

A ordem jurídica brasileira, mais precisamente pela norma esculpida por meio da interpretação do artigo 37, §6º, da Constituição,[572] prevê que os agentes públicos só serão responsabilizados, em ação regressiva, nos casos de culpa ou dolo.[573] Não há que se falar em responsabilidade objetiva do agente público, em qualquer uma das diferentes esferas de sancionamento.

Destarte, quanto à perspectiva apontada em "a", verificando-se que o agente se comportou em sintonia com as informações disponíveis, ausente o elemento culpa (*lato sensu*), é certo que não cabe a sua responsabilização pessoal decorrente de um comportamento administrativamente ineficiente.

Relativamente ao ente Estatal ao qual o agente se vincula, a situação adquire ares diferenciados. Conforme interpretação dada ao mesmo artigo constitucional acima mencionado, a responsabilidade estatal, como regra, ocorre na modalidade objetiva, é dizer, não necessita da

---

[572] "§6º As pessoas jurídicas de Direito Público e as de Direito Privado prestadoras de serviços públicos responderão pelos danos que seus agentes, nessa qualidade, causarem a terceiros, assegurado o direito de regresso contra o responsável nos casos de dolo ou culpa".

[573] "Sobre esse requisito em relação ao agente público, com o advento das alterações na LINDB, questiona-se se essa culpa prevista no texto constitucional não seria agora somente a chamada culpa grave ou erro grosseiro. De fato, nos termos do artigo 28 da LINDB, 'o agente público responderá pessoalmente por suas decisões ou opiniões técnicas em caso de dolo ou erro grosseiro'. Tem-se que, por meio da legislação infraconstitucional, houve uma delimitação dos aspectos da responsabilidade dos agentes públicos, sem que isso implique violação ao texto constitucional, já que os balizadores da responsabilidade se mantêm (dolo e culpa). Com a mesma intelecção aqui defendida é o teor do Enunciado nº 20, elaborado pelo Instituto Brasileiro de Direito Administrativo (IBDA) a respeito da LINDB, no qual conclui-se que 'o art. 28 da LINDB, para os casos por ele especificados (decisões e opiniões técnicas) disciplinou o §6º do artigo 37 da Constituição, passando a exigir dolo ou erro grosseiro (culpa grave) também para fins da responsabilidade regressiva do agente público'" (CABRAL, Flávio Garcia; SARAI, Leandro. *Manual de Direito Administrativo*. 2. ed. Leme: Mizuno, 2023, p. 813).

presença de dolo ou culpa, bastante a tríade da conduta estatal, nexo ou relação de causalidade e dano.[574] Sendo dever do Estado se comportar de maneira eficiente no exercício da função administrativa, de acordo com a norma jurídica correlata, caso assim não o faça e de tal conduta haja danos jurídicos[575] e determinados ocorridos em razão da ineficiência, não havendo igualmente nenhuma hipótese excludente de responsabilidade, clarividente fica a configuração da responsabilização estatal extracontratual decorrente de ato ilícito.[576] Grifa-se que se mostra irrelevante para a configuração dessa responsabilidade o ânimo do agente público que levou a efeito o ato tido por ineficiente.

Esse cenário formado se reporta à hipótese de atos estatais comissivos. A conclusão é diferenciada quando se estiver diante de omissões da Administração Pública.

De fato, há um forte posicionamento doutrinário no Brasil, acompanhado de perto pela jurisprudência,[577] que afirma que não caberia adotar a mesma forma de responsabilidade estatal na hipótese

---

[574] Outrossim, deve-se incluir a esse rol a ausência de excludentes de responsabilidade.

[575] No que tange ao dano, cabe destacar que, para fins da responsabilidade estatal, não se está a tratar de dano meramente econômico, mas sim jurídico. Nesse sentido, *vide* Carlos Ari Sundfeld: "Necessária a lesão a direito da vítima. Assim, não é indenizável a desvalorização do imóvel de particular causada pela instalação, em terreno vizinho, outrora desocupado, de prédio de repartição pública; realmente, os proprietários não têm o direito de que o Estado deixe vagos seus imóveis" (*Fundamentos de Direito Público*. 5. ed. São Paulo: Malheiros, 2013, p. 183).

[576] Em que pese à responsabilidade estatal classicamente ser vislumbrada sob a ótica dos atos ilícitos, também é possível, ainda que de maneira excepcional, a responsabilização decorrente de atos lícitos. O fundamento para indigitada responsabilização seria o princípio da igualdade, isto é, a distribuição equânime dos ônus provenientes da atuação estatal, evitando que somente alguns suportem prejuízos decorrentes de atividades desempenhadas no interesse de todos. Para se falar em responsabilidade por ato lícito estatal são necessárias algumas características particularizadas do dano infligido: além da necessidade de ele ser certo e jurídico (não meramente econômico), aspectos esses igualmente necessários aos atos ilícitos, também se faz mister que o dano seja especial (onere determinado ou determinados particulares, não sendo um dano genérico) e anormal (aquele que ultrapassa os meros agravos patrimoniais inerentes ao convívio social) (BANDEIRA DE MELLO, Celso Antônio. *Curso de Direito Administrativo*. 33. ed. Paulo: Malheiros, 2017, p. 1039; 1053-1055). Desta sorte, é possível, em tese, que um ato seja reputado como eficiente e, mesmo assim, a depender da natureza do dano gerado, seja capaz de desencadear a responsabilização estatal.

[577] Analisando-se um caso de naufrágio de uma embarcação municipal, na qual se alegava omissão da fiscalização estatal, decidiu o Superior Tribunal de Justiça: "A responsabilidade do Estado, nos casos de omissão, é subjetiva. Precedentes do STJ e do STF. 3. *In casu*, não se comprovou que a União, notadamente no seu dever fiscalizatório, tenha contribuído de alguma forma para a ocorrência do evento danoso" (STJ – REsp: 1059562 PA 2008/0112566-5, Relator: Ministro Herman Benjamin, data de julgamento: 02.10.2008, T2 – Segunda Turma, data de publicação: *DJe* 09.03.2009).

de condutas omissivas. Na omissão, pois, deve o Estado responder de sorte subjetiva (mediante comprovação de dolo ou culpa), já que se ele (Estado) não agiu, não cabe a ele ser imputada a responsabilidade, a não ser que estivesse obrigado a impedir o dano.[578]

Cabe ressaltar, contudo, que no âmbito do Supremo Tribunal Federal tem sido construída uma distinção entre omissões ditas gerais ou genéricas e específicas. A omissão genérica ocasionaria a responsabilidade subjetiva, ao passo que a específica, que ocorreria quando o Estado descumprisse um dever jurídico específico, acarretaria a responsabilidade objetiva (RE nº 841.526).[579]

Apuram-se, então, situações nas quais a ausência da prática de determinado ato, que, por ser no exercício da função administrativa, poderia demandar a aplicação dos elementos da eficiência administrativa, pode ocasionar um dano indenizável.

No entanto, aqui o dano passível de indenização não pode ser atribuído à ineficiência. Pela construção normativa consolidada até então, tem-se que a eficiência administrativa não configura um fim em si próprio, é dizer, a eficiência administrativa serve como análise metodológica para a seleção do melhor meio para o alcance da finalidade legal (por isso rotulada de proporcionalidade qualificada), não sendo ela propriamente a finalidade almejada. Nesse ponto, portanto, um dano gerado por uma omissão do Estado é indenizável pela ausência da prática estatal, mas não necessariamente pela ineficiência.

Voltando os olhos para a situação do agente que praticou o ato, ainda que ele não seja merecedor de reprimendas pela legislação brasileira vigente, isso não implica uma causalidade direta para a asserção de que o ato foi então administrativamente eficiente. Não se deve, para essa análise, contar com o senso comum ou percepções estritamente subjetivas. Retornemos aos planos de construção normativa e ao conteúdo jurídico atribuído previamente à eficiência administrativa para buscar a resposta devida em relação à perspectiva contida em "c".

Viu-se no item 3.2.8 uma das regras matrizes da eficiência administrativa. Lá, pela maneira com que se ergueu a norma, os elementos subjetivos culpa e dolo não a compõem. Para o conteúdo da eficiência administrativa, aqueles elementos constituem indiferentes jurídicos.

---

[578] BANDEIRA DE MELLO, Celso Antônio. *Curso de Direito Administrativo.* 33. ed. Paulo: Malheiros, 2017, p. 1045.

[579] CABRAL, Flávio Garcia; SARAI, Leandro. *Manual de Direito Administrativo.* 2. ed. Leme: Mizuno, 2023, p. 824.

Logo, a apuração, no escrutínio da primeira fase – em realidade, de todas as fases –, de que o meio selecionado era inadequado ao alcance da finalidade almejada, independe da verificação do dolo ou culpa para se afirmar que falada norma constitucional foi desrespeitada. Já as consequências jurídicas de tal constatação são caminhos diferentes a serem trilhados, podendo ou não depender da existência de culpa *lato sensu*.

Em resumo, a culpa ou dolo não influem no (des)cumprimento da norma da eficiência administrativa, já que não são elementos normativos presentes nem na hipótese nem no consequente, muito embora ditos elementos possam adquirir alguma influência nas consequências jurídicas advindas da ineficiência (que já constituem outras normas jurídicas, como as de cunho sancionatório, por exemplo).

4.4 Questão probatória

Um dos pontos-chave da eficiência administrativa, seja em relação ao agente que exerce a função administrativa, seja em relação aos órgãos controladores da Administração Pública, repousa sem sombra de dúvidas na questão probatória.

Conforme desvelado no capítulo antecedente, a eficiência administrativa representa um trâmite instrumental para o exercício da função administrativa que envolva gastos administrativos diretos. Viu-se também que o agente público necessita realizar sopesamentos e comparações para se chegar à conduta ótima exigida pelo ordenamento jurídico.

Tal exercício de análise, comparações e ponderações efetuadas pelo agente público, para que possam ser apuradas pelos sujeitos responsáveis pelo controle dos atos administrativos, dependerão da questão probatória que cerca o comportamento do agente.

Sobre as provas, pertinente o exame feito por Fabiana Del Padre Tomé, por se alinhar precisamente à linha do construtivismo lógico-semântico. Para a autora, como os acontecimentos físicos exaurem-se no tempo e no espaço, sendo impossível seu acesso, faz-se necessário ao homem utilizar enunciados linguísticos para constituir os fatos com que pretenda entrar em contato. Afinal, um evento não prova nada. É o homem, valendo-se de relatos e de sua interpretação, que faz a prova. Por essa razão, os eventos não integram o universo jurídico ou os autos processuais. "O que integra o processo são sempre fatos: enunciados que declaram ter ocorrido uma alteração no plano físico-social, constituindo a facticidade jurídica".[580]

As reflexões pessoais do agente, bem como os acontecimentos do mundo fenomênico, não servem como prova, devendo ser instrumentalizados pelos enunciados linguísticos autorizados (seja quanto ao conteúdo, seja quanto à forma de se constituírem) pelo Direito (documentos, testemunhos, perícias etc.), para servirem como mecanismo probatório adequado.

Qualquer órgão de controle que se proponha a fiscalizar o cumprimento ou não da eficiência administrativa somente poderá fazê-lo por intermédio da avaliação probatória de cada caso concreto. A declaração de que determinado ato foi administrativamente ineficiente não depende dos eventos físicos que o permeiam, mas sim dos relatos desses acontecimentos, que, somente depois de relatados, configuram-se fatos. Sem os relatos (fatos), ainda que os acontecimentos físicos pudessem direcionar a um sentido oposto, não há como invalidar um ato, justamente pela deficiência de provas.

Outro ponto conexo a se considerar diz respeito ao ônus probatório.

É comum se afirmar que, em decorrência do atributo da presunção de legitimidade[581] dos atos administrativos, haveria a inversão do ônus da prova. Isto é, caberia a quem alegar não ser o ato legítimo a comprovação de sua ilegalidade.[582]

Essa assertiva, que costuma ser repetida sem maior reflexão, deve ser mais bem esclarecida para que não haja confusão quanto a sua compreensão. Portanto, o dito ônus probatório em relação aos atos administrativos deve ser investigado sob dois pontos de vista diversos: um normativo-comunicacional e o outro processual.

---

[580] TOMÉ, Fabiana Del Padre. Prova. In: *Enciclopédia jurídica da PUC-SP*. Celso Fernandes Campilongo, Alvaro de Azevedo Gonzaga e André Luiz Freire (Coords.). Tomo: Teoria Geral e Filosofia do Direito. Celso Fernandes Campilongo, Alvaro de Azevedo Gonzaga, André Luiz Freire (Coord. de tomo). 1. ed. São Paulo: Pontifícia Universidade Católica de São Paulo, 2017. Disponível em: https://enciclopediajuridica.pucsp.br/verbete/91/edicao-1/prova. Acesso em: 21 fev. 2019.

[581] Há quem distinga entre presunção de legitimidade e de veracidade. A primeira diz respeito à conformidade do ato com a lei, ao passo que a segunda (veracidade) diz respeito aos fatos (DI PIETRO, Maria Sylvia Zanella. *Direito Administrativo*. 30. ed. Rio de Janeiro: Forense, 2017, p. 238).

[582] CARVALHO FILHO, José dos Santos. *Manual de Direito Administrativo*. 23. ed. Rio de Janeiro: Lumen Juris, 2010, p. 134.

No primeiro sentido, deve-se insistir no que já foi dito previamente, de que a "emissão de uma norma consiste num ato linguístico em que há o emissor ou o agente normativo e o receptor ou o destinatário normativo, ambos numa situação comunicativa".[583] O receptor de uma norma que ordena algo possui três possíveis comportamentos: cumprir a ordem; descumprir a ordem; ou desconfirmar a ordem. A negativa da ordem emitida por um terceiro, em que pese negar a determinação, reconhece no seu emissor uma posição de autoridade. Contrariamente, na desconfirmação da ordem não há uma negação porque nem sequer se reconhece a autoridade do emissor.[584]

Tendo-se como premissa que o discurso normativo é uma relação de poder, para que este seja mantido, pode haver negações, mas jamais desconfirmações. De modo a não haver o desmantelamento do poder por meio de desconfirmações, ao agente normativo cabe desconfirmar a desconfirmação e assim o faz por intermédio da presunção de legitimidade de seus atos.[585]

Destarte, essa relação comunicacional, diz Tercio Sampaio Ferraz Júnior, indica que o "comunicador normativo entra fortalecido na situação, justamente porque ainda que a sua posição ao discursar seja a de orador, ele fica isento do dever de prova pelo que asserta, discutindo-se como se aquela prova já tivesse sido produzida". Há, pois, uma inversão na qual o *onus probandi* que, "num discurso-contra, heterológico, de estrutura dialógica, cabe a quem emite, se transfere

---

[583] MARTINS, Ricardo Marcondes. Atributos do ato administrativo. In: *Enciclopédia jurídica da PUC-SP*. Celso Fernandes Campilongo, Alvaro de Azevedo Gonzaga e André Luiz Freire (Coords.). Tomo: Direito Administrativo e Constitucional. Vidal Serrano Nunes Jr., Maurício Zockun, Carolina Zancaner Zockun, André Luiz Freire (Coord. de tomo). 1. ed. São Paulo: Pontifícia Universidade Católica de São Paulo, 2017. Disponível em: https://enciclopediajuridica.pucsp.br/verbete/19/edicao-1/atributos-do-ato-administrativo. Acesso em: 21 fev. 2019.

[584] MARTINS, Ricardo Marcondes. Atributos do ato administrativo. In: *Enciclopédia jurídica da PUC-SP*. Celso Fernandes Campilongo, Alvaro de Azevedo Gonzaga e André Luiz Freire (Coords.). Tomo: Direito Administrativo e Constitucional. Vidal Serrano Nunes Jr., Maurício Zockun, Carolina Zancaner Zockun, André Luiz Freire (Coord. de tomo). 1. ed. São Paulo: Pontifícia Universidade Católica de São Paulo, 2017. Disponível em: https://enciclopediajuridica.pucsp.br/verbete/19/edicao-1/atributos-do-ato-administrativo. Acesso em: 21 fev. 2019.

[585] MARTINS, Ricardo Marcondes. Atributos do ato administrativo. In: *Enciclopédia jurídica da PUC-SP*. Celso Fernandes Campilongo, Alvaro de Azevedo Gonzaga e André Luiz Freire (Coords.). Tomo: Direito Administrativo e Constitucional. Vidal Serrano Nunes Jr., Maurício Zockun, Carolina Zancaner Zockun, André Luiz Freire (Coord. de tomo). 1. ed. São Paulo: Pontifícia Universidade Católica de São Paulo, 2017. Disponível em: https://enciclopediajuridica.pucsp.br/verbete/19/edicao-1/atributos-do-ato-administrativo. Acesso em: 21 fev. 2019.

para o destinatário, que passa a responder pela sua recusa em receber a informação transmitida ou recusar a exigida".[586]

No sentido discursivo-normativo ou normativo-comunicacional, pois, fala-se em inversão do ônus da prova no que tange aos atos administrativos, haja vista que o emissor (agente público-normativo), que, em regra, é quem tem o ônus da prova, transfere-o ao receptor (administrado) por meio da presunção de legitimidade dos atos.

Por outro lado, no que tange ao aspecto processual, a assertiva da inversão do ônus da prova não se mostra adequada.

O artigo 373 do atual Código de Processo Civil brasileiro, que reproduz o artigo 333 do anterior Código de Processo de 1973, determina que, como regra, o ônus da prova incumbe ao autor quanto ao fato constitutivo de seu direito e ao réu quanto à existência de fato impeditivo, modificativo ou extintivo do direito do autor.

Havendo uma impugnação de determinado ato administrativo pelo administrado, por ser ele o autor da demanda, caberá a ele apresentar as provas necessárias para desconstituir a presunção de validade do ato proferido. Observa-se que é seu o ônus, mas não há qualquer inversão, já que, sob o ponto de vista do processo judicial, esse ônus já lhe incumbe naturalmente.

Contudo, o vigente Código de Processo Civil, em seu artigo 373, §1º, positivou o princípio da aptidão da prova, prevendo que, nas hipóteses previstas legalmente ou diante de peculiaridades do caso concreto relacionadas à impossibilidade ou à excessiva dificuldade de cumprir a regra geral do *onus probandi* ou à maior facilidade de obtenção da prova do fato contrário, "poderá o juiz atribuir o ônus da prova de modo diverso, desde que o faça por decisão fundamentada, caso em que deverá dar à parte a oportunidade de se desincumbir do ônus que lhe foi atribuído".

Deste modo, por mandamento legal ou diante das circunstâncias da causa, pode, por determinação judicial, haver uma inversão processual do ônus da prova, cabendo ao administrado impugnar o ato administrativo, mas à Administração provar a sua validade.[587]

---

[586] FERRAZ JÚNIOR, Tercio Sampaio. *Teoria da norma jurídica*: ensaio de pragmática da comunicação normativa. 4. ed. Rio de Janeiro: Forense, 2006, p. 43-44.

[587] Perfeita síntese do assunto é feita por Ricardo Marcondes Martins: "Em suma, por força do atributo da presunção de legitimidade do ato administrativo, a invalidade do ato, se não reconhecida de ofício pela Administração, deve ser impugnada pelo administrado. Esse dever gera, em juízo, a inversão do ônus da prova: regra geral, tem o administrado,

Há que se ressaltar que a impugnação ao ato não se dá só pela via judicial, sendo plenamente cabível que ocorra igualmente na própria esfera administrativa, no bojo de determinado processo administrativo. Em situações quejandas, tomando-se como parâmetro principalmente a Lei federal nº 9.784/1999 (cujos delineamentos acabam sendo reproduzidos, ainda que parcialmente, por diversas leis de processo administrativo estaduais e municipais), que versa sobre o processo administrativo federal, tem-se que não há uma regra pré-estabelecida de distribuição do ônus probatório.

A despeito de, como regra, a Administração Pública participar do processo administrativo com a convicção da correção de seu ato, buscando o administrado trazer as provas que comprovem sua impugnação e, caso não consiga, a presunção de legitimidade mantenha o ato válido, tem-se que nessa espécie de processo, caso algum elemento aventado pelo administrado possa, de maneira verossimilhante, indicar a invalidade do ato (afinal, a presunção de legitimidade é sempre relativa), caberá à própria Administração coligir provas que esclareçam a questão,[588] até mesmo as que atestam a antijuridicidade do ato administrativo impugnado.

Toda essa consideração acerca dos aspectos probatórios que permeiam os atos administrativos adequam-se perfeitamente à eficiência administrativa. Logo, havendo a impugnação judicial de um ato administrativo sob o fundamento de sua ineficiência, caberá ao administrado,

---

quando impugnada a questão no Judiciário, o ônus de provar a invalidade. Se ao final da ação, houver dúvida sobre ela, o magistrado julgará a ação improcedente. Quando, porém, a prova for impossível para o administrado ou, apesar de ser possível para ele, for muito mais fácil para a Administração, deve o magistrado inverter o ônus da prova, imputando à Administração o ônus de provar a validade do ato. Nesse caso, se, ao final da ação, houver dúvida sobre a validade, a ação será julgada procedente. Em nenhuma hipótese, porém, a presunção imuniza contra o exame jurisdicional, impedindo o magistrado de examinar as alegações e provas trazidas pelas partes sobre a invalidade do ato administrativo" (Atributos do ato administrativo. In: Enciclopédia jurídica da PUC-SP. Celso Fernandes Campilongo, Alvaro de Azevedo Gonzaga e André Luiz Freire (Coords.). Tomo: Direito Administrativo e Constitucional. Vidal Serrano Nunes Jr., Maurício Zockun, Carolina Zancaner Zockun, André Luiz Freire (Coord. de tomo). 1. ed. São Paulo: Pontifícia Universidade Católica de São Paulo, 2017. Disponível em: https://enciclopediajuridica.pucsp.br/verbete/19/edicao-1/atributos-do-ato-administrativo). Acesso em: 21 fev. 2019.

[588] Lei nº 9.784/1999: "Art. 36. Cabe ao interessado a prova dos fatos que tenha alegado, sem prejuízo do dever atribuído ao órgão competente para a instrução e do disposto no art. 37 desta Lei; Art. 37. Quando o interessado declarar que fatos e dados estão registrados em documentos existentes na própria Administração responsável pelo processo ou em outro órgão administrativo, o órgão competente para a instrução proverá, de ofício, à obtenção dos documentos ou das respectivas cópias".

como regra, provar que a Administração Pública não observou a eficiência administrativa, sob pena de ter seu pedido julgado improcedente, ante a presunção da legitimidade dos atos administrativos.

4.4.1 Motivação da eficiência administrativa

Se por um lado há uma inversão do ônus da prova nos atos administrativos no aspecto do discurso normativo, conforme visto no subitem acima, por outro, não há, devido a esse atributo, uma liberdade irrestrita ao agente público em relação a como[589] tal ato será praticado.

A atividade administrativa, seja em razão da inafastabilidade do controle judicial (art. 5º, XXXV, da CF), seja devido ao fundamento da cidadania (artigo 1º, inciso II, da CF), demonstrando que todo poder emana do povo[590] ou, na mesma linha, pela estruturação de um Estado Democrático de Direito,[591] deve ser exercida com a obrigatoriedade de que todo ato administrativo seja motivado.

Se a eficiência administrativa demanda do agente imbuído do exercício da função administrativa, que envolva custos administrativos diretos, um roteiro procedimental de apuração fático-jurídica, o qual exige uma série de escolhas, não é possível que esse trâmite procedimental repouse exclusivamente no campo mental do agente, sem que seja exteriorizado.

A bem da verdade, o mister na exteriorização dos motivos que levaram à prática de um ato é circunstância obrigatória em relação a praticamente qualquer ato administrativo, ainda que não envolva necessariamente a aplicação da eficiência administrativa – embora, em relação à eficiência, devido a sua estrutura, essa exigência adquira uma destacada fundamentalidade.

Exteriorizar as razões (tanto as rotuladas como de direito como as de fato) que justificam um ato administrativo configura a chamada

---

[589] Embora possa haver uma discricionariedade quanto à forma que o ato administrativo será praticado, jamais existirá uma forma livre para sua prática, ao menos em se tratando de um regime de Direito Público. Sobre o assunto, confira-se: MARTINS, Ricardo Marcondes. Princípio da liberdade das formas no Direito Administrativo. *In:* BANDEIRA DE MELLO, Celso Antônio *et al.* (Coord.). *Direito Administrativo e Liberdade*: estudos em homenagem a Lúcia Valle Figueiredo. São Paulo: Malheiros, 2014, p. 641-687.

[590] BANDEIRA DE MELLO, Celso Antônio. *Curso de Direito Administrativo*. 33. ed. São Paulo: Malheiros, 2017, p. 115-116.

[591] FURTADO, Lucas Rocha. *Princípios gerais de Direito Administrativo*. Belo Horizonte: Fórum, 2016, p. 118.

motivação do ato administrativo.⁵⁹² Deve-se destacar que a motivação não se resume à apresentação dos motivos do ato, sendo mais abrangente, de modo a englobar os argumentos e justificativas (sendo inclusive preferível por alguns a inovação do termo "fundamentação" ao invés de "motivação").⁵⁹³

Como regra, essa justificação⁵⁹⁴ deve ocorrer previamente ou contemporaneamente à emissão do ato, de modo a permitir a verificação da compatibilidade das razões apresentadas com o ato praticado, o que, em inúmeras situações, não seria possível com uma motivação posterior.⁵⁹⁵

A motivação, ademais de se posicionar como aspecto pertinente à formalização do ato administrativo,⁵⁹⁶ sendo seu revestimento exterior (dimensão formal), também serve⁵⁹⁷ como meio que torna possível a recondução do ato administrativo a um parâmetro jurídico que o torne compatível com as normas jurídicas vigentes (dimensão substancial), traçando, pois, o laço de validade entre o ato e o sistema de Direito positivo.⁵⁹⁸

---

[592] BANDEIRA DE MELLO, Celso Antônio. *Discricionariedade e controle jurisdicional*. São Paulo: Malheiros, 1992, p. 98.

[593] MARTINS, Ricardo Marcondes. *Efeitos dos vícios do ato administrativo*. São Paulo: Malheiros, 2008, p. 239-241.

[594] Sobre a forma da motivação, Maria Sylvia Zanella Di Pietro explica que ela pode ser feita por órgão diverso daquele que produziu o ato, ademais de poder estar contida em pareceres, laudos, informações, relatórios etc. (*Direito Administrativo*. 30. ed. Rio de Janeiro: Forense, 2017, p. 114).

[595] BANDEIRA DE MELLO, Celso Antônio. *Curso de Direito Administrativo*. 33. ed. São Paulo: Malheiros, 2017, p. 83.

[596] Celso Antônio Bandeira de Mello, ao estruturar a formação dos atos administrativos, coloca como pressuposto de validade formalístico daqueles atos a formalização, como sendo a específica maneira pela qual o ato deve ser externado. A motivação, nessa linha, seria um importante requisito da formalização (*Curso de Direito Administrativo*. 33. ed. São Paulo: Malheiros, 2017, p. 423-424).

[597] A motivação possui uma multifacetada importância na atividade administrativa, podendo-se elencar, sem a pretensão de esgotamento, a demonstração de legalidade e mérito do ato; a redução do risco de arbitrariedade; a facilitação do controle interno e externo; o direcionamento da interpretação do ato; a obtenção da adesão dos administrados mediante persuasão.

[598] FRANÇA, Vladimir da Rocha. Princípio da motivação no Direito Administrativo. *In: Enciclopédia jurídica da PUC-SP*. Celso Fernandes Campilongo, Alvaro de Azevedo Gonzaga e André Luiz Freire (Coords.). Tomo: Direito Administrativo e Constitucional. Vidal Serrano Nunes Jr., Maurício Zockun, Carolina Zancaner Zockun, André Luiz Freire (Coord. de tomo). 1. ed. São Paulo: Pontifícia Universidade Católica de São Paulo, 2017. Disponível em: https://enciclopediajuridica.pucsp.br/verbete/124/edicao-1/principio-da-motivacao-no-direito-administrativo. Acesso em: 21 fev. 2019.

Atualmente pode-se dizer que o dever de motivação se espalha por todo o Direito Administrativo moderno, inclusive em ordenamentos alienígenas, pois, conforme salienta Agustín Gordillo, o que no passado era somente exigência jurídica, de que o ato administrativo contivesse motivação ou explicação de seus fundamentos, "é hoje também uma exigência política; agora há um dever jurídico e político, social e cultural de explicar ao cidadão ou habitante porque se impõe a ele uma norma e há de convencê-lo com a explicação".[599]

No sistema jurídico brasileiro, a ausência de motivação configura-se como exceção, limitada a casos pontuais, como por exemplo a nomeação e exoneração *ad nutum* para cargos em comissão[600] na Administração Pública.

Acerca do dever de motivação, ressalta-se que a legislação federal brasileira, representada pela Lei nº 9.784/1999, em seu artigo 50, indica um rol de hipóteses nas quais se faz necessária a exteriorização das razões, dando a entender que, a *contrario sensu*, não haveria a sua necessidade nos demais casos.

Não obstante, o aludido rol abraça um universo tão vasto de hipóteses que acaba por incluir a maioria esmagadora dos comportamentos administrativos possíveis, ademais de se referir exclusivamente à Administração Pública Federal.[601] Além disso, como acentua Maria Sylvia Zanella Di Pietro, trata-se de uma enumeração mínima a ser observada, o que não exclui a exigência de motivação em outros

---

[599] Tradução de: "[...] es hoy también una exigencia política; ahora hay un deber jurídico y político, social y cultural, de explicar al ciudadano o habitante por qué se le impone una norma y hay que convencerlo con la explicación" (GORDILLO, Agustín. Tratado de derecho administrativo. Buenos Aires: F.D.A, 2005, t. II, p. 57).

[600] Essas têm sido as hipóteses sempre lembradas pela doutrina administrativista (até por ser uma das únicas que se pode encontrar) há tempos, como se visualiza, já na década de 70, das palavras de Themístocles Brandão Cavalcanti: "Assim, a demissão de um funcionário ou a sua exoneração, deverá ser motivada quando vinculado o ato pela lei, mas não quando essa própria lei o deixa ao arbítrio da administração, como, por exemplo, nas funções de confiança" (Do poder discricionário. *Revista de Direito Administrativo – RDA*, Rio de Janeiro, v. 101, jul./set. 1970, p. 4).

[601] FRANÇA, Vladimir da Rocha. Princípio da motivação no Direito Administrativo. *In*: *Enciclopédia jurídica da PUC-SP*. Celso Fernandes Campilongo, Alvaro de Azevedo Gonzaga e André Luiz Freire (Coords.). Tomo: Direito Administrativo e Constitucional. Vidal Serrano Nunes Jr., Maurício Zockun, Carolina Zancaner Zockun, André Luiz Freire (Coord. de tomo). 1. ed. São Paulo: Pontifícia Universidade Católica de São Paulo, 2017. Disponível em: https://enciclopediajuridica.pucsp.br/verbete/124/edicao-1/principio-da-motivacao-no-direito-administrativo. Acesso em: 21 fev. 2019.

casos em que se mostre fundamental a realização do controle dos atos administrativos.⁶⁰² O exercício do controle da eficiência administrativa só se mostra viável havendo a devida explanação dos motivos (motivação)⁶⁰³ que levaram à prática do ato, bem como das demais circunstâncias que o permeiam. O dever de motivação, pois, é pressuposto do regular exercício da função administrativa (função na qual se materializa a eficiência administrativa), o qual, por definição, sujeita o Estado ao controle.

O controle pelos devidos legitimados ocorre tanto em relação à inexistência de um motivo (fato determinante falso), quanto no que tange à extração de consequências jurídicas incompatíveis com o direito aplicado (fato determinante errôneo), havendo, em qualquer uma das hipóteses, um vício que pode acarretar sua invalidação.⁶⁰⁴

Outrossim, é pela dimensão substancial da motivação que será possível traçar a conexão entre o ato levado a efeito e sua compatibilidade com o princípio da eficiência administrativa. Ainda que se tenha a impossibilidade material de reproduzir todas as reflexões subjetivas do agente quando do exercício da função administrativa, os motivos exteriorizados, ou seja, apresentados por meio de enunciados linguísticos, bastarão para efetuar a vinculação do ato com o ordenamento, mais precisamente com a eficiência administrativa.

Sobre a mencionada impossibilidade material de se reproduzir por completo linguisticamente as subjetividades do agente, deve-se lembrar, em atenção à adotada teoria francesa dos motivos determinantes,⁶⁰⁵ que

---

⁶⁰² DI PIETRO, Maria Sylvia Zanella. *Direito Administrativo*. 30. ed. Rio de Janeiro: Forense, 2017, p. 113-114.
⁶⁰³ Não é diferente o arranjo feito por Luis Manuel Fonseca Pires, quando afirma que, sobretudo na atual pós-modernidade, a motivação torna-se essencial a servir de critério que diferencia entre o discricionário e o arbitrário. Em última análise, é ela que propicia o controle judicial, quando o Poder Judiciário é instigado a tanto, permitindo-o avaliar se houve atuação dentro ou fora dos limites legais (A discricionariedade administrativa e o interesse público líquido. In: BANDEIRA DE MELLO, Celso Antônio et al. (Coord.). *Direito Administrativo e Liberdade*: estudos em homenagem a Lúcia Valle Figueiredo. São Paulo: Malheiros, 2014, p. 495-496).
⁶⁰⁴ OSÓRIO, Fábio Medina. O princípio constitucional da motivação dos atos administrativos: exame de sua aplicabilidade prática aos casos de promoção e remoção de membros do Ministério Público e Magistratura por merecimento nas respectivas carreiras. *Revista de Direito Administrativo – RDA*, Rio de Janeiro, v. 218, out./dez. 1999, p. 41.
⁶⁰⁵ De acordo com as considerações de Marcelo Caetano: "Não interessa, aliás, ao jurista conhecer quaisquer motivos da vontade administrativa, mas tão-somente os *motivos determinantes*, aquelas razões de direito ou considerações de fato objetivamente anotadas sem cuja influência a vontade do órgão administrativo não se teria manifestado no sentido em que se manifestou" (*Princípios fundamentais do Direito Administrativo*. Rio de Janeiro: Forense, 1977, p. 143).

são os motivos objetivamente apresentados que vinculam a validade do ato administrativo. É dizer, não há relevância para aferição da (in) eficiência administrativa o pensamento do agente público, mas sim as razões por ele exteriorizadas e invocadas como fundamento para a prática do ato. Em realidade essa questão se justifica e se explica facilmente pela perspectiva do Direito como linguagem. Somente terão a devida valoração jurídica os fatos relatados na linguagem aceita pelo Direito. Enquanto as vontades do agente permanecerem reclusas no seu interior, sem serem expressas por enunciados linguísticos aceitos pelo sistema jurídico, não terão valor ao ordenamento. Assim, a teoria dos motivos determinantes nada mais é do que uma aplicação tópica de questão basilar do construtivismo lógico-semântico.

É precisamente por isso que a motivação é fundamental para a eficiência administrativa, uma vez que são as razões objetivamente compostas por enunciados linguísticos que serão objeto de aferição da compatibilidade do ato administrativo com o princípio em tela.

De mais a mais, é pela argumentação apresentada pelo agente público que será possível apurar a correção das escolhas feitas no momento das comparações e sopesamentos necessários para a eficiência administrativa. Pense-se na seleção de um meio que seja mais oneroso financeiramente, mas que em razão de uma série de constatações fático-jurídicas fez com que os custos sociais tivessem preponderância no caso concreto. Somente pelos argumentos objetivamente exteriorizados é que o agente público se libertará do ônus argumentativo que lhe incumbia.

4.5 Eficiência administrativa e a legalidade

Como norma jurídica que é, a eficiência administrativa não se mostra insulada no ordenamento jurídico. Ainda que, para fins didáticos e de pesquisa, construa-se seu conteúdo jurídico de maneira individualizada (plano S3), em realidade sua interpretação/aplicação ocorre em conjunto com as demais normas jurídicas, em relações de coordenação e subordinação (plano S4).

Dessa maneira, o atuar administrativo deve obediência não a um único princípio, nem mesmo a cada princípio de maneira estanque e estritamente compartimentalizada, mas sim a todo o conjunto principiológico conformador da função administrativa (o que configura uma das feições do regime jurídico-administrativo).

A eficiência administrativa, portanto, inter-relaciona-se com inúmeras outras normas jurídicas, sobretudo com princípios aplicáveis à Administração Pública. Ainda que fosse possível discorrer sobre as hipóteses nas quais cada princípio administrativo teria pontos de toque com a eficiência administrativa, tal missão fugiria aos propósitos desta tese e não acrescentaria nada de substancial ao que aqui se pretende.

Contudo, em relação ao princípio da legalidade, são exigidas reflexões mais detidas e apuradas.

A legalidade[606] como princípio aplicável à Administração Pública assume seu corpo somente com o surgimento do Estado de Direito.[607][608] Essa tipologia de Estado, que é a verdadeira origem e fonte essencial das normas, como anota Héctor Jorge Escola, encontra-se submetido a esse Direito que ele mesmo criou, como resultado de uma auto-obrigação ou autolimitação que ele mesmo se impôs e aceitou.[609]

---

[606] Caio Tácito narra que a lei, como regra de conduta entre pessoas privadas, tem origem no direito romano. No entanto, no que tange ao Direito Público, a vontade da autoridade real era absoluta, determinando a conduta coletiva. Posteriormente, é possível notar as primeiras sementes dos direitos individuais já durante a Idade Média, por meio dos forais ou cartas de franquias outorgadas em benefício das comunidades locais, manifestando-se com mais vigor na Magna Carta de 1215, na *Petition of Rights* de 1628 e no *Bill of Rights* de 1689, que confirmam o controle do Parlamento sobre a autoridade real. Prossegue o autor apontando que a consagração da divisão dos poderes e suas limitações tem como marco o reconhecimento dos direitos fundamentais e a afirmação das liberdades públicas, que possuem como referência histórica a Revolução Francesa do final do século XVIII, destacando-se os documentos da Declaração do Direitos do Homem e do Cidadão de 1789. A Declaração estabelecia o princípio da legalidade como fundamento de direitos individuais e, por conseguinte natural, de direitos políticos da representação popular na constituição dos poderes, reprimindo o absolutismo do Poder estatal e condicionando a atividade da Administração Pública (O princípio de legalidade: ponto e contraponto. *Revista de Direito Administrativo – RDA*, Rio de Janeiro, v. 242, out./dez. 2005, p. 125-126).

[607] Nessa mesma linha, Victor Nunes Leal acrescenta que o "regime de legalidade é uma conquista jurídica e política da consciência universal, traduzida no chamado Estado de Direito". No entanto, explica que a expressão da legalidade acabou sendo esvaziada de seu sentido original, que significava a limitação do poder estatal em face dos direitos da pessoa humana, passando a assumir um caráter primordialmente técnico, a indicar que a lei obriga tanto o particular quanto o Estado (*Problemas de Direito Público*. Rio de Janeiro: Forense, 1960, p. 61).

[608] Para um panorama da evolução do Estado de Polícia até o Estado Democrático de Direito, com o papel desempenhado pela legalidade nessa transição, confira-se: DI PIETRO, Maria Sylvia Zanella. *Discricionariedade Administrativa na Constituição de 1988*. São Paulo: Atlas, 1991, p. 11-34.

[609] ESCOLA, Héctor Jorge. *Compendio de Derecho Administrativo*. Buenos Aires: Depalma, 1990, v. I, p. 146.

O princípio da legalidade, um dos pilares[610] de todo o regime jurídico de Direito Público, sempre foi entendido classicamente, segundo narra Adolf Merkl, como a exigência de um fundamento legal para cada uma das atuações administrativas, qualquer que seja seu conteúdo.[611]

Perante a ordem jurídica brasileira pretérita, anteriormente ao texto constitucional de 1988, mas cujas lições ainda permanecem, em certa medida, válidas, Hely Lopes Meirelles explicava que o princípio da legalidade assume diferente conteúdo quando se refere ao particular ou à Administração Pública. Ao passo em que ao particular é lícito fazer tudo o que a lei não proíbe,[612] destaca o administrativista, na Administração Pública só é permitido fazer o que a lei autoriza.[613]

As considerações acima, no que tange ao Poder Público, representam o princípio da legalidade sob as vestes da fórmula da primazia

---

[610] Não se ignora uma série de problemáticas envolvendo a legalidade, em especial no último século, ao que parte da doutrina tem denominado de "crise da legalidade". Um dos autores brasileiros que mais bem se aprofundou no assunto, Gustavo Binenbojm, proclama que a crise da lei é um fenômeno universal, que do ponto de vista estrutural confunde-se com a própria crise de representação e legitimidade dos parlamentos e do ponto de vista funcional é a própria crise da ideia de legalidade como parâmetro de conduta aos particulares e ao Estado. Para essa crise, o autor elenca cinco principais razões: 1ª) a inflação legislativa, notadamente em países de tradição romano-germânica; 2ª) a constatação histórica de que a lei pode, muito mais que vincular injustiças, servir de fundamento para barbáries (*vide* os notáveis regimes fasci-nazistas durante a 2ª Guerra Mundial); 3ª) a lei deixa de ser a principal e mais importante forma de manifestação da vontade geral do povo, sendo o constitucionalismo o grande vitorioso dessa derrota legal; 4ª) tem-se atualmente uma série de outros atos normativos infraconstitucionais que são, por si só, capazes de servir de fundamento da atuação administrativa; e 5ª) o Poder Legislativo não possui muito espaço para uma atuação independente, ficando à mercê do Poder Executivo, que nos Estados ocidentais controla parte significativa do processo legislativo (*Uma teoria do Direito Administrativo*: direitos fundamentais, democracia e constitucionalização. 2. ed. Rio de Janeiro: Renovar, 2008b, p. 125-134). Sem embargo, ainda que se reconheçam as razões apresentadas como procedentes, mantendo-se total deferência à função ímpar que o texto constitucional, com seus princípios e direitos fundamentais, assume na ordem jurídica brasileira vigente, enxerga-se que o princípio da legalidade continua a exercer papel fundante do regime de Direito Público. Se é certo que o quadro atual da legalidade encontra-se em crise, não menos correta é a constatação de que, sem o respeito a ele (princípio da legalidade), esse fenômeno se transformará em uma verdadeira crise da própria Administração Pública, que ruirá por não ter uma viga mestra que a mantenha. A limitação do poder estatal, bem como o direcionamento do comportamento dos agentes públicos, ainda hoje depende da lei, mesmo com todas suas deficiências. Retirar tal primazia é abrir um perigoso caminho para um retorno ao autoritarismo ou a um constitucionalismo de fachada.

[611] MERKL, Adolf. *Teoria general del derecho administrativo*. Tradução de José Luis Monereo Peréz. Granada: Comares, 2004, p. 209.

[612] Seria a concepção mínima de legalidade, intitulada da não contrariedade ou da compatibilidade, seguindo-se a nomenclatura de Charles Eisenmann (O Direito Administrativo e o princípio da legalidade. *Revista de Direito Administrativo – RDA*, Rio de Janeiro, v. 56, 1959, p. 54).

[613] MEIRELLES, Hely Lopes. *Direito Administrativo brasileiro*. 7. ed. São Paulo: Revista dos Tribunais, 1979, p. 70.

da lei, ou seja, há uma vinculação pontual do administrador, limitada aos temas e termos que o legislador quiser intervir.[614] Essa primeira concepção do princípio da legalidade é um dos possíveis conteúdos atribuídos à legalidade, como pontua Charles Eisenmann. Para o administrativista francês, seria essa a noção máxima de legalidade, significando que "a Administração não poderia praticar outros atos que não sejam atos conforme a uma tal regulamentação".[615]

Referida noção máxima poderia ser subdivida em duas variantes: a primeira, mais radical, que exige que os atos constituam uma pura e simples reprodução da lei, havendo uma conformidade material ou física; e a segunda, mais sutil e menos literal, que representaria uma conformidade lógica ou racional, que demanda que a Administração emita atos que se fundam em norma legal, a qual predetermina seus conteúdos.[616]

Sem embargo das conceituações de legalidade que ainda trabalham sob o prisma da primazia da lei ou legalidade máxima, tem-se que o texto Constitucional vigente autoriza a construção de uma diferente norma no que tange ao princípio da legalidade, apontando-se para a direção da genérica dependência de lei:[617] há uma vinculação extensa, abrangendo todas as matérias, porém a profundidade de vinculação ao legislador em cada hipótese dependerá da política legislativa, que pode ser mais ou menos restritiva.[618]

Deste modo, o princípio da legalidade, no bojo da Lei Maior de 1988, com embasamento nos artigo 48, inciso II; 5º, inciso II; e 37, *caput*, e diversos incisos dispersos, vincula as condutas da Administração Pública

---

[614] SUNDFELD, Carlos Ari. *Direito Administrativo para céticos*. 2. ed. São Paulo: Malheiros, 2014, p. 225.

[615] EISENMANN, Charles. O Direito Administrativo e o princípio da legalidade. *Revista de Direito Administrativo – RDA*, Rio de Janeiro, v. 56, 1959, p. 55.

[616] EISENMANN, Charles. O Direito Administrativo e o princípio da legalidade. *Revista de Direito Administrativo – RDA*, Rio de Janeiro, v. 56, 1959, p. 55.

[617] Partindo-se da análise de Charles Eisenmann, a legalidade como essa vinculação genérica à lei é bem resumida por Alexandre Santos de Aragão: "A Administração Pública pode fazer o que uma norma superior, legal ou constitucional, a autorize, a habilite a fazer, ainda que não entre nos detalhes do conteúdo dos atos a serem emitidos. Nesta perspectiva, a Administração não possui liberdade na ausência de lei, mas basta que esta lhe atribua competência. Privilegia-se, portanto, a existência de habilitação formal para o exercício de competência para a realização de determinados fins" (A concepção pós-positivista do princípio da legalidade. *Revista de Direito Administrativo – RDA*, Rio de Janeiro, v. 236, abr./jun. 2004a, p. 51-52).

[618] SUNDFELD, Carlos Ari. *Direito Administrativo para céticos*. 2. ed. São Paulo: Malheiros, 2014, p. 255.

à previsão legal, mas o grau de profundidade dessas vinculações, que podem ser brandas ou restritas, a depender da matéria, dependem de escolhas legislativas.[619] Partindo-se dessa percepção de legalidade acima, para iniciar a abordagem da sua relação com a eficiência, cabível colacionar clássica lição de Celso Antônio Bandeira de Mello, que, ao discorrer sobre a eficiência administrativa, sustenta que tal "princípio não pode ser concebido (entre nós nunca é demais fazer ressalvas óbvias) senão na intimidade do princípio da legalidade,[620] pois jamais uma suposta busca de eficiência justificaria postergação daquele que é o dever administrativo por excelência".[621]

Dessa colação emergem quatro combinações passíveis de análise: a) um ato legal e administrativamente eficiente; b) um ato legal e administrativamente ineficiente; c) um ato ilegal e administrativamente eficiente; e d) um ato ilegal e administrativamente ineficiente.

Quanto ao primeiro, maiores problemas não há. É almejado pela Administração Pública, bem como um dever constitucional, que, ao exercer a função administrativa, os atos levados a efeito atendam às determinações legais e sejam administrativamente eficientes, nos moldes trabalhados nesta monografia. Trata-se do cenário ótimo de atuação administrativa.

Da mesma maneira, o item "d" se refere a uma descabida prática, pois ao mesmo tempo em que se contrariam os mandamentos legais, ainda se viola a norma constitucional da eficiência administrativa. Tal ato deve ser rechaçado com máximo rigor imposto pela ordem jurídica.

Em relação ao segundo item, de um ato legal e administrativamente ineficiente, o caso adquire contornos diversos.

---

[619] SUNDFELD, Carlos Ari. *Direito Administrativo para céticos*. 2. ed. São Paulo: Malheiros, 2014, p. 256-258.

[620] Essa constatação precisa ser interpretada no sentido de que, não sendo a legalidade administrativa impositiva de maneira absoluta sobre o modo de agir do gestor público, a eficiência confere diretrizes sobre como atender aos padrões legais. A propósito, Cristiana Fortini pondera que "o princípio da eficiência penetra no princípio da legalidade de maneira não apenas a compreender que a lei, além de garantia do cidadão, é instrumento a favor da boa administração, mas informa o intérprete de que não há pretender sufocar a atividade administrativa, imprimindo ao administrador público a missão de, para cada passo dado em direção ao interesse comum, promover, de forma prévia, a investigação sobre a existência de lei específica que, expressamente, lhe permite (quando não lhe impõe) determinado agir" (FORTINI, Cristiana. O princípio da legalidade e o emprego da franquia pela Administração Pública brasileira. *Direito Izabela Hendrix*, v. 2, n. 2, 2003, p. 33).

[621] BANDEIRA DE MELLO, Celso Antônio. *Curso de Direito Administrativo*. 33. ed. São Paulo: Malheiros, 2017, p. 126.

Pode-se estar aqui diante de duas situações. Um ato administrativo praticado no exercício da chamada competência vinculada, não havendo qualquer margem de escolha ao agente público, pode ser considerado legal, por atender às determinações da lei formal, mas se mostrar evidentemente contrário à eficiência administrativa. Em casos tais, conforme visto no item 3.2.7, não cabe ao agente público contrariar *ex officio* a determinação legal, negando-lhe cumprimento, mas deve se valer das vias adequadas, de modo a provocar a declaração pelo Poder Judiciário da inconstitucionalidade da lei em comento, por violação, primordialmente, ao artigo 37, *caput*, da Constituição Federal.

Diferentemente ocorre quando a lei confere certa margem de escolha ao agente público, estando-se diante de uma margem de discricionariedade. Aqui, dentre as escolhas possíveis, optou o agente por uma que se mostrava ineficiente sob o ponto de vista administrativo. Perceba-se que não há qualquer mácula na lei[622] que autorizou a prática do ato, estando a problemática, em realidade, em sua aplicação, que acabou por contrariar uma norma constitucional.

É possível falar aqui no caso de um ato legal, porém antijurídico.[623]

A juridicidade, também chamada por alguns de legalidade em sentido amplo,[624] já mencionada brevemente no item 3.2.7, representa a vinculação da Administração não só à lei em sentido formal, mas a todo o Direito, mesmo que não plasmado expressamente na lei. Haveria, nas palavras de Gustavo Binenbojm, "uma superação do positivismo legalista", abrindo-se caminho para um modelo jurídico que leve em consideração os princípios, tendo a Constituição o papel de cerne da vinculação administrativa e de elo de unidade.[625]

---

[622] Certamente é cabível também que toda e qualquer uma das possíveis escolhas autorizadas por lei, numa margem de discricionariedade, mostrem-se ineficientes, sendo o caso, igualmente, de uma inconstitucionalidade, já aventada no parágrafo anterior no texto.

[623] É como também pensa Onofre Alves Batista Júnior, como se nota da seguinte passagem: "Daí, é possível que um ato proferido na faixa discricionária, ofensivo ao espírito da Constituição, deva ser considerado inválido, ou seja, dentro dos contornos postos pelo princípio da legalidade, um ato pode ser inválido por antijuridicidade, por ofensa a outro princípio reitor da AP" (*Princípio constitucional da eficiência administrativa*. 2. ed. Belo Horizonte: Fórum, 2012, p. 378).

[624] ARAGÃO, Alexandre Santos de. A concepção pós-positivista do princípio da legalidade. *Revista de Direito Administrativo – RDA*, Rio de Janeiro, v. 236, abr./jun. 2004a, p. 63.

[625] BINENBOJM, Gustavo. O sentido da vinculação administrativa à juridicidade do direito brasileiro. *In*: ARAGÃO, Alexandre Santos de; MARQUES NETO, Floriano de Azevedo (Coord.). *Direito Administrativo e seus novos paradigmas*. Belo Horizonte: Fórum, 2012, p. 159.

Desta feita, ainda que determinado ato administrativo venha a atender aos rigores da lei, ele pode se mostrar antijurídico por ferir normas constitucionais (em especial a que consubstancia a eficiência administrativa), razão pela qual as análises de legalidade e eficiência se encontram em planos distintos.[626]

A terceira hipótese contida no item "c" acima aventado é a qual se refere Celso Antônio Bandeira de Mello na passagem supra transcrita. A advertência por ele feita se mostra oportuna já que não raro se encontram justificativas dos mais diversos agentes públicos que tentam transpor um ideário de eficiência oriunda do setor privado para as atividades públicas, ao argumento que a lei estaria a impedir a prática de um ato verdadeiramente eficiente.

Nessa toada há inclusive quem defenda que seria possível uma "ponderação" entre os princípios (eficiência e legalidade), de modo que, mesmo um ato ilegal poderia não ser tido como inválido por se mostrar eficiente. Gustavo Binenbojm, seguindo essa corrente, destaca a

---

[626] Sabe-se que há autores que escolhem por trabalhar o princípio da juridicidade e da legalidade como sinônimos, alegando que teria havido uma ampliação do segundo para abarcar todo o Direito. É como opta, por exemplo, Maria Sylvia Zanella de Pietro, quando sustenta que "[...] em sentido amplo, o princípio da legalidade adquire um conteúdo axiológico, que exige conformidade da Administração Pública com o Direito, o que inclui, não apenas a lei, em sentido formal, mas todos os princípios que são inerentes ao ordenamento jurídico do Estado de Direito Social e Democrático" (*Discricionariedade Administrativa na Constituição de 1988*. São Paulo: Atlas, 1991, p. 97). Na doutrina estrangeira pode-se mencionar Héctor Jorge Escola (*Compendio de Derecho Administrativo*. Buenos Aires: Depalma, 1990, v. I, p. 155), para quem as delimitações feitas entre legalidade e juridicidade não parecem necessárias, devendo ser interpretadas de forma idêntica. Nesta tese, não se elege esse caminho, tendo em vista que se enxergam as figuras como distintas, sob pena de, não o fazendo, reduzir toda e qualquer violação a princípios a uma violação à legalidade, acarretando a desvalorização das demais normas principiológicas e transformando um único princípio expresso no *caput* do artigo 37 da Constituição (legalidade) em todo o cerne de preocupação da Administração. Prefere-se, então, seguir os posicionamentos firmados por Adolf Merkl (*Teoria general del derecho administrativo*. Tradução de José Luis Monereo Peréz. Granada: Comares, 2004, p. 207), quem primeiro trabalhou de maneira sistematizada com a ideia de juridicidade, quando ele aponta que *"este principio de juridicidad no nos permite, por lo tanto, establecer una diferencia de rango entre las funciones estatales, sino que las coloca en el mismo plano dentro del sistema de las funciones estatales. Otra cosa ocurre con el principio de la legalidad de la administración. Ambos principios no están en oposición, pero se diferencian en diversos puntos. El principio de legalidad es un caso especial de aplicación del principio de juridicidad. La ley no es más que una entre las fuentes jurídicas, la legalidad, por lo tanto, una juridicidad cualificada. Así que el principio de legalidad presupone el otro principio, pero el principio de juridicidad no condiciona de ningún modo el de legalidad. Así como el principio de juridicidad de la administración es una ley jurídico-teórica que se funda en la naturaleza que poseen todas las actividades del Estado de ser funciones jurídicas, el principio de legalidad es un postulado jurídico-político, que requiere ser consagrado legalmente para que tenga existencia jurídico-positiva. La existencia de juridicidad de la administración precede a toda y a todas las administraciones, mientras que la exigencia de legalidad se apoya en cada ordenamiento jurídico y no tiene valor más que para este ordenamiento".*

possibilidade de se encontrar "hipóteses de juridicidade *contra legem*[627] por ponderações entre os princípios da legalidade e da eficiência".[628] Enxerga-se como desacertada a assertiva acima pela razão que não se mostra possível, na perspectiva aqui construída, que a eficiência administrativa seja um princípio a ser ponderado em face de outro. Não há como ponderar legalidade com eficiência, porquanto a eficiência não constitui uma finalidade a ser perseguida, mas sim um instrumento para lograr o alcance ótimo de outras finalidades postas pelo ordenamento jurídico. Desta sorte, não é possível sopesar o grau de importância das finalidades no caso concreto, já que a eficiência administrativa não é uma.

Embora em um sentido vulgar possa se dizer que o Estado tem por finalidade ser eficiente, em realidade sempre se será eficiente para algum propósito[629] e nunca simplesmente eficiente, como se fosse uma finalidade *per si*.

Aqui, em que pese qualquer divergência terminológica e de opção metodológica adotada, as observações de Humberto Ávila são salutares quando sustenta que, ao passo que um princípio é uma norma que estabelece um fim a ser atingido, os postulados "não são normas imediatamente finalísticas, mas metódicas; não são normas realizáveis em vários graus, mas estruturam a aplicação de outras normas com rígida racionalidade, e não são normas com elevado grau de abstração e generalidade, mas normas que fornecem critérios bastantes precisos

---

[627] Não admitindo atos emanados pelo Estado que sejam *contra legem*, Fritz Fleiner já se manifestava aduzindo que não podem ser editadas normas de maneira livre, mas somente as que sejam de acordo com a lei (*secundum legem*), com autorização da lei ou com sua tolerância; jamais (fora as exceções previstas no texto Constitucional alemão à época) contrárias à lei (*Instituiciones de Derecho Administrativo*. Tradução de Sabino A. Gendin. Barcelona: Labor, 1933, p. 56).

[628] BINENBOJM, Gustavo. O sentido da vinculação administrativa à juridicidade do direito brasileiro. *In*: ARAGÃO, Alexandre Santos de; MARQUES NETO, Floriano de Azevedo (Coord.). *Direito Administrativo e seus novos paradigmas*. Belo Horizonte: Fórum, 2012, p. 201.

[629] Nessa toada, o Manual de Auditoria Operacional do TCU ensina que "a eficiência é um conceito relativo. Isso significa que em uma auditoria sobre eficiência é preciso algum tipo de comparação" (TRIBUNAL DE CONTAS DA UNIÃO. *Manual de auditoria operacional*. 4.ed. Brasília : TCU, Secretaria-Geral de Controle Externo (Segecex), 2020, p.17). As colocações de Irene Patrícia Nohara trilham o mesmo caminho: "Ademais, não se pode deixar de considerar que se trata também de um conceito operacional, o que implica no fato de que a 'grandeza' eficiência é relativa, ou seja, não é um 'fim em si'" (NOHARA, Irene Patrícia. *Reforma Administrativa e Burocracia*: impacto da eficiência na configuração do Direito Administrativo brasileiro. São Paulo: Atlas, 2012, p. 216-217).

para a aplicação do Direito".⁶³⁰ Independente da nomenclatura utilizada, a colocação se mostra adequada dentro dos limites de sua construção, já que para ele eficiência seria um postulado e não princípio.

Tratando especificamente sobre a eficiência, em diferente obra, o referido jurista gaúcho, após refutar a natureza de princípio à eficiência (ao menos na construção de Robert Alexy), declara que o dever de eficiência prescreve como serão realizados outros estados autônomos das coisas. Para ele, a eficiência não é uma norma que funciona como objeto direto de aplicação, mas sim como norma que funciona como critério de aplicação de outras (metanorma).⁶³¹

Conforme visto no item 3.2.10, pode-se falar da eficiência como princípio jurídico em uma perspectiva de mandamento nuclear do sistema (ou mesmo na ideia de limite-objetivo de Paulo de Barros Carvalho), mas não como mandado de otimização, decorrente da obra de Robert Alexy. Somente nesse viés de mandado de otimização é que seria possível se falar em uma ponderação da própria eficiência, o que, pelos seus termos e conteúdo, não se permite.

Não se pondera o instrumento que prima justamente por fazer a ponderação. Da mesma maneira que o princípio da proporcionalidade *lato sensu*⁶³² não é passível de ser "ponderado" em face de outros princípios, igualmente não cabe dita conduta em relação à eficiência administrativa, em particular por se considerar esta como uma forma de proporcionalidade qualificada.

Quando se cogita entre fazer um sopesamento entre eficiência e legalidade, em realidade o que se está a fazer, ainda que de maneira despercebida, é um cotejo entre legalidade⁶³³ e algum outro princípio/direito que a eficiência visa a alcançar, mas não ela própria.

Em síntese, observa-se que legalidade e eficiência são figuras com significações diversas, o que permite, em tese, que se fale de um ato que seja eficiente administrativamente, mas ilegal, ou vice-versa. Todavia, isso em hipótese alguma significa atestar a validade desse ato ou mesmo

---

⁶³⁰ ÁVILA, Humberto. *Teoria dos princípios*: da definição à aplicação dos princípios jurídicos. 14. ed. São Paulo: Malheiros, 2013, p. 85; 144.

⁶³¹ ÁVILA, Humberto. *Teoria da igualdade tributária*. São Paulo: Malheiros, 2008, p. 92.

⁶³² Conforme pontua Javier Barnes (El principio de proporcionalidad. Estudio preliminar. *Cuadernos de derecho público*, v. 5, sep./dic. 1998, p. 17), o princípio da proporcionalidade não teria caráter absoluto, sendo um princípio relacional, no sentido de que compara duas magnitudes: os meios à luz do fim.

⁶³³ Em realidade, a própria legalidade, se lida sob a perspectiva do binômio regras e princípio de Alexy, seria uma regra e não um mandado de otimização (princípio).

que seja um comportamento desejado[634] pela Administração. Um vício existente em qualquer um dos dois princípios, autônomos, pode gerar a invalidade do ato praticado, como se verá no subitem subsequente.

4.6 Correção dos vícios por violação à eficiência administrativa

Indo direto ao ponto capital deste subcapítulo, a questão reside em compreender se a violação à norma jurídica da eficiência administrativa acarreta a invalidade ou não do ato.

Ab initio, faz-se mister lembrar que a invalidação dos atos administrativos pode ser realizada por dois distintos atores: o próprio agente que emitiu o ato ou outrem em posição de superioridade hierárquica (exercício de autotutela) e o Poder Judiciário.[635]

A ideia de invalidação dos atos administrativos representa uma forma de extinção desses atos ou das relações jurídicas deles formadas, com eficácia *ex tunc*, defende Weida Zancaner, devido a sua produção ter ocorrido em "dissonância da ordem jurídica".[636]

Visualiza-se como feliz a expressão utilizada por Weida Zancaner, pois vinculou a invalidação não a um vício exclusivamente de legalidade, mas também de juridicidade (ordem jurídica), trazendo um apanhado mais amplo de hipóteses para essa forma de extinção.

Pela própria definição de invalidação dos atos administrativos, conjugada com a ideia não só do princípio da legalidade, mas também da juridicidade, um ato que possui um vício que desafia uma norma de índole constitucional, *in casu*, a eficiência administrativa, não pode, como regra, resistir na ordem jurídica.

É justamente por essa razão que se finalizou o subcapítulo antecedente indicando que legalidade e eficiência possuem sua devida autonomia, já que um ato administrativo legal pode se mostrar

---

[634] Mesmo que por razões diversas, Alvacir Correa dos Santos descarta a possibilidade da eficiência sobrepujar outros princípios, em especial a legalidade, sob pena de haver "sérios riscos à segurança jurídica e ao próprio Estado democrático de direito" (*Princípio da eficiência da Administração Pública*. São Paulo: LTr, 2003, p. 210).

[635] A propósito, *vide* Súmula 437 do Supremo Tribunal Federal: "A administração pode anular seus próprios atos, quando eivados de vícios que os tornam ilegais, porque dêles não se originam direitos; ou revogá-los, por motivo de conveniência ou oportunidade, respeitados os direitos adquiridos, e ressalvada, em todos os casos, a apreciação judicial".

[636] ZANCANER, Weida. *Da convalidação e da invalidação dos atos administrativos*. 2. ed. São Paulo: Malheiros, 1998, p. 45.

administrativamente ineficiente, permitindo que o Poder Judiciário declare sua invalidação.

Há que se ter somente a cautela de analisar duas hipóteses que, embora próximas, mostram-se distintas. Uma delas é quando a ineficiência opera no plano da interpretação/aplicação indevida da norma individual e concreta. Ou seja, em realidade a lei que fundamentou o ato administrativo praticado não possui a pecha da ineficiência, mas a maneira como o agente indevidamente a aplicou concretamente, construindo a norma individual e concreta, acarretou aludido problema de juridicidade. Em casos tais, o problema se resolve facilmente pela ilegalidade do ato, que pode ser declarada tanto pelo próprio órgão que realizou o ato como pelo Poder Judiciário.

Situação diferente, já aventada ao longo deste trabalho, é da lei que, seja conferindo um campo de discricionariedade, seja vinculando todo o comportamento do agente público, invariavelmente acarretará uma norma individual e concreta que seja administrativamente ineficiente. Aqui, a própria lei figura como inconstitucional por contrariar precisamente o princípio da eficiência administrativa.

O trâmite e os atores legitimados nesse segundo caso, contudo, são ligeiramente díspares. Quando o ato administrativo é submetido à apreciação do Poder Judiciário, caso interpretem os julgadores que o ato atendeu devidamente à lei, mas esta viola o princípio da eficiência (norma geral e abstrata), caberá àqueles declararem incidentalmente a inconstitucionalidade[637] da lei para invalidar o ato administrativo.

Por outro lado, ao próprio órgão que praticou o ato, que atendeu a todos os termos legais, não caberá invalidá-lo *ex officio*, pois, ainda que ele viole o princípio da eficiência, por estar em consonância com a lei formal, nosso ordenamento jurídico não permite[638] sintática e

---

[637] Deve-se lembrar de que se a decisão for proferida por um Tribunal, o acórdão deverá ser confeccionado pelo órgão especial ou pelo plenário, de acordo com a cláusula de reserva de plenário estampada no artigo 97 da Constituição. Ademais, *vide* o conteúdo da Súmula Vinculante nº 10, editada pelo Supremo Tribunal Federal: "Viola a cláusula de reserva de plenário (CF, artigo 97) a decisão de órgão fracionário de tribunal que, embora não declare expressamente a inconstitucionalidade de lei ou ato normativo do Poder Público, afasta sua incidência, no todo ou em parte".

[638] Tem ganhado força em alguns setores da doutrina administrativista uma posição contrária à defendida aqui. Alega-se que não seria exigido do agente público executar uma lei que fosse inconstitucional, não sendo necessária a manifestação prévia do Poder Judiciário a esse respeito. Acerca dessas observações, sustentando a possibilidade de uma atuação *contra legem* dos agentes públicos, confira-se: BINENBOJM, Gustavo. *Uma teoria do Direito Administrativo*: direitos fundamentais, democracia e constitucionalização. 2. ed. Rio de Janeiro: Renovar, 2008b, p. 174-194. Sem embargo, como afirmado no corpo do texto, não

semanticamente o descumprimento da lei por agentes no exercício da função administrativa.[639] Impende aos agentes públicos, nesses casos, representar a quem de direito para que provoque o controle abstrato e concentrado de constitucionalidade perante o Poder Judiciário, de modo a expurgar a norma oriunda da lei em comento do sistema jurídico.

Outro ponto digno de nota se refere à preocupação que muitos[640] trazem das consequências advindas de uma possível invalidação no

---

localizamos dispositivo constitucional que permita essa legitimação; pelo contrário, tem-se um rol de medidas hábeis a realizar o controle de constitucionalidade, havendo um "silêncio eloquente" no que tange ao controle de constitucionalidade repressivo exercido pelo Poder Executivo no exercício da função administrativa. Além disso, por-se-ia em risco a segurança jurídica caso se permitisse uma espécie de controle difuso a ser exercido por quase todos os agentes públicos (cujas formações, experiências, áreas de atuação são variadas). Alegam os defensores daquela tese que caberia somente aos Chefes do Poder Executivo ordenar o não cumprimento de uma lei reputada inconstitucional e não a qualquer agente. Contudo, qual norma constitucional traz essa autorização voltada exclusivamente para as chefias? Se um dos principais argumentos para a permissão desse controle pelo Executivo seria a vinculação imediata e primária da Administração Pública direta e indireta à Constituição, essa mesma vinculação seria somente aos Chefes do Executivo e não aos demais agentes? A estes só caberia o cumprimento dos regulamentos? Mesmo assim, ainda nos casos nos quais somente os Chefes do Poder Executivo pudessem realizar esse controle, haveria uma insegurança e disparidade na mudança de entendimento entre esferas federativas distintas e governantes sucessivos. Em síntese, ainda que se entenda o anseio dos que sustentam essa autorização, salvo situações excepcionalíssimas, que pelo próprio grau de excepcionalidade não podem servir de diretriz a ser seguida, não se enxerga como autorizado pelo sistema jurídico vigente no Brasil a negativa ao cumprimento da lei no exercício da função administrativa pela interpretação de que ela seria inconstitucional, sem que haja uma prévia decisão por parte do Poder Judiciário. A propósito deste debate, sustentando a impossibilidade do controle de constitucionalidade repressivo no exercício da função administrativa, da mesma forma que aqui se faz, confira-se LAURENTIIS, Lucas Catib de. Entre lei e constituição: a Administração Pública e o controle de constitucionalidade no direito brasileiro. *Revista de Direito Administrativo – RDA*, Rio de Janeiro, v. 260, maio/ago. 2012, p. 133-166.

[639] É justamente por isso que se encara com desconfiança a Súmula nº 347 do Supremo Tribunal Federal, editada em 1963, que permite o controle de constitucionalidade incidental pelo Tribunal de Contas. De acordo com o que foi falado no item 3.1.1, a função de controle ou fiscalização não figura como uma quarta função estatal, sendo enquadrada como uma espécie de função administrativa. Logo, se não é possível o controle de constitucionalidade repressivo no exercício da função administrativa, não compete ao TCU exercê-la ao executar sua missão constitucional. Tem-se ciência, contudo, que recentemente a Suprema Corte se posicionou de maneira a validar o verbete sumulado, ainda que de maneira restritiva. No julgamento do MS nº 25.888 AgR, o STF decidiu que a súmula "confere aos Tribunais de Contas – caso imprescindível para o exercício do controle externo – a possibilidade de afastar (*incidenter tantum*) normas cuja aplicação no caso expressaria um resultado inconstitucional (seja por violação patente a dispositivo da Constituição ou por contrariedade à jurisprudência do Supremo Tribunal Federal sobre a matéria)".

[640] Vladmir França, preocupado com o tumulto que as decisões judiciais que invalidassem atos tendo como parâmetro a eficiência administrativa pudessem causar nos "padrões ideológicos particulares", entende que só seria cabível, após a prolação do ato e da ocorrência de seus efeitos materiais, responsabilizar o Estado pelos possíveis danos causados pelo ato ineficiente

que tange a seus efeitos retroativos, em especial quando o ato, tido por ineficiente, já foi parcialmente efetivado e gerou benefícios a terceiros. A situação aqui reclama uma complementação daquele conceito de invalidação apresentado acima por Weida Zancaner.

A regra, de fato, é que haja a retroação quando houver a invalidação de um ato, justamente devido a sua incongruência com o sistema jurídico. Não obstante, realizando-se uma leitura constitucionalmente adequada, há autores que perfazem uma distinção quanto a esses efeitos a depender da natureza do ato a ser invalidado.

Celso Antônio Bandeira de Mello esclarece que, se o ato a ser invalidado constitui-se em ato administrativo unilateral restritivo da esfera jurídica dos administrados, os efeitos devem ser *ex tunc*, exonerando quem seria indevidamente agravado pelo Poder Público. Por outro, diante de atos ampliativos, se o administrado não concorreu para o vício, estando ele de boa-fé, sua fulminação só pode produzir efeitos *ex nunc*.[641]

Mantendo-se na mesma toada, Ricardo Marcondes Martins apresenta que são justamente as circunstâncias fáticas e jurídicas existentes na ocasião do exame da invalidade que determinam o termo *a quo* da invalidação, podendo ter efeitos *ex tunc* e *ab initio*, *ex tunc* e não *ab initio* ou *ex nunc* e *pro futuro*.[642]

Logo, a invalidação de um ato violador da eficiência administrativa não necessariamente trará a retroação como efeito, devendo ser apuradas as circunstâncias (fáticas e jurídicas) da situação concreta. É, pois, infundado o receio de que haveria uma insegurança jurídica na invalidação dos atos ineficientes, uma vez que se aplica a esse vício o regramento no Direito brasileiro da invalidação dos atos administrativos em geral.

Sobre o controle feito pelo Poder Judiciário, interessante apontar, justamente para aclarar a construção feita, que, em posição contrária à sustentada até então, Vladmir França prega que "o que o juiz não pode

---

(Eficiência administrativa na Constituição Federal. *Revista de Direito Administrativo – RDA*, Rio de Janeiro, v. 220, abr./jun. 2000, p. 175-176).

[641] BANDEIRA DE MELLO, Celso Antônio. *Curso de Direito Administrativo*. 33. ed. São Paulo: Malheiros, 2017, p. 496.

[642] MARTINS, Marcondes Ricardo. *Efeitos dos vícios do ato administrativo*. São Paulo: Malheiros, 2008, p. 488.

fazer é, empregando exclusivamente o princípio da eficiência, invalidar o ato administrativo".[643] Acrescenta ele que o Poder Judiciário não pode indicar se o ato é eficiente ou não, uma vez que isso representaria uma posição ideológica do magistrado e que o ordenamento jurídico não tolera outra ideologia senão aquela compatível com os valores e fins constitucionalmente assentados.[644] Verificam-se alguns equívocos sobre as premissas lançadas acima.

Invalidar um ato administrativo por estar violando a eficiência administrativa não implica adentrar o mérito daquele ato, o que seria, em certa medida, insindicável (vide item 4.2). Não permitir a invalidação do ato pelo Poder Judiciário, pautada por um vício de violação de uma norma constitucional (eficiência administrativa), é negar a juridicidade a esse princípio, colocando-o em um pretenso patamar de inferioridade em relação às demais normas constitucionais, sem que haja razão para tanto.

A questão da ideologia dos magistrados não pode em hipótese alguma servir como óbice ao cumprimento de normas jurídicas. Se é verdadeira a constatação de que todos possuem ideologias, o que beira o truísmo, não menos correta é a verificação que todas as decisões judiciais – em realidade as decisões de quaisquer agentes públicos – devem ser por princípio, guiadas pelo Direito positivo, a própria ideologia do ordenamento jurídico.

Da maneira pela qual se construiu a norma geral e abstrata da eficiência administrativa, esse princípio possui um conteúdo jurídico que não repousa nas idiossincrasias dos agentes, ainda que haja margem de apreciação em certas hipóteses de sua aplicação, o que não descaracteriza a sua juridicidade.

Sem embargo da argumentação feita até aqui, nas hipóteses de verificação de um vício de ineficiência de um ato administrativo, a invalidação não configura necessariamente a única conduta a ser adotada pela Administração. Há, por evidente, que se averiguar o cabimento da convalidação daquele ato.

No ordenamento jurídico brasileiro, a hipótese de convalidação dos atos administrativos, que já era admitida no campo doutrinário e

---

[643] FRANÇA, Vladmir. Eficiência administrativa na Constituição Federal. *Revista de Direito Administrativo* – RDA, Rio de Janeiro, v. 220, abr./jun. 2000, p. 175.

[644] FRANÇA, Vladmir. Eficiência administrativa na Constituição Federal. *Revista de Direito Administrativo* – RDA, Rio de Janeiro, v. 220, abr./jun. 2000, p. 175.

jurisprudencial, atualmente encontra-se esculpida no artigo 55 da Lei nº 9.784/1999, significando tal instituto, nos dizeres de Weida Zancaner, "um ato, exarado pela Administração Pública, que se refere expressamente ao ato a convalidar para suprir seus defeitos e resguardar os efeitos por ele produzidos".[645] Quando a convalidação é efetuada pelo mesmo agente que proferiu o ato, denomina-se ratificação; caso seja por distinta autoridade, fala-se em confirmação.[646]

Em outras palavras, a convalidação seria então um outro ato administrativo que corrigiria os vícios do anterior ato ilegal, porém sanável (só é possível a convalidação se for possível repetir o ato sem o vício), com efeitos retroativos (o que seria diferente de um novo ato revogador com conteúdo diverso, que somente teria efeitos *ex nunc*).

É possível, então, que um ato, o qual de alguma maneira tenha se oposto à norma geral e abstrata da eficiência administrativa, desde que se trate de um vício sanável, seja corrigido por um novo ato que lhe assegure os efeitos pretéritos.

Apesar da ordem de ideias apresentadas neste item, a convalidação se apresenta como uma diretriz com prevalência sobre a invalidação, sendo obrigatória quando cabível.

Este ponto pode se mostrar nebuloso, uma vez que a própria lei que trata do assunto (Lei nº 9.784/1999)[647] usa a conjugação verbal "poderão" quando se refere à convalidação, dando a entender que se trata de uma faculdade, ou seja, haveria uma discricionariedade na escolha da medida (convalidar ou invalidar).

Em que pese a dicção da lei em questão, Weida Zancaner, em trabalho clássico sobre a matéria, argumenta que a convalidação se propõe como obrigatória[648] quando o ato comportá-la, já que o princípio

---

[645] ZANCANER, Weida. *Da convalidação e da invalidação dos atos administrativos*. 2. ed. São Paulo: Malheiros, 1998, p. 100.

[646] MARTINS, Marcondes Ricardo. *Efeitos dos vícios do ato administrativo*. São Paulo: Malheiros, 2008, p. 279. Deve-se ter cautela com a terminologia "confirmação", já que há autores, como Maria Sylvia Zanella Di Pietro, que invocam o termo para indicar a decisão da Administração Pública que implica renúncia ao poder de anular o ato, mantendo-o como está (*Direito Administrativo*. 30. ed. Rio de Janeiro: Forense, 2017, p. 291-292).

[647] Como pondera Juarez Freitas, "melhor teria sido se o legislador ordinário houvesse considerado que situações há em que o dever de convalidar apresenta-se superior ao de anular" (*O controle dos atos administrativos e os princípios fundamentais*. 3. ed. São Paulo: Malheiros, 2004b, p. 264).

[648] Há uma hipótese na qual, mesmo diante da possibilidade de convalidação, ela seria discricionária. Trata-se da situação em que um ato discricionário é praticado por autoridade incompetente. Nesse caso, será a autoridade competente, por meio de seu critério pessoal, quem irá optar se deve convalidar ou invalidar o ato viciado, porquanto não está obrigada a

da legalidade, entendido finalisticamente, impõe respeito à segurança jurídica, o que seria realizável pela convalidação muito mais do que pela invalidação.[649] Desta maneira, como a Administração Pública não pode conviver com atos ilegais, tanto a convalidação como a invalidação viriam a corrigir esses vícios. No entanto, com a convalidação, ademais da restauração da legalidade, haveria o privilégio também da segurança jurídica e da boa-fé (caso existente), o que faz com que haja precedência da convalidação sobre a invalidação.[650]

Válido anotar que esse entendimento restou incorporado, em essência, pela nova Lei de Licitações. Conforme se apura em diversas passagens, a regra no bojo das contratações públicas deve ser o saneamento dos vícios, quando possível, sendo a invalidação a última opção. Nesse sentido, vide artigo 147, *caput*; artigo 169, §3º, inciso I; artigo 71, inciso I, todos da Lei nº 14.133/2021.[651]

Curiosamente, quando se está diante de um ato viciado pela ineficiência, no qual há a possibilidade de convalidá-lo ou invalidá-lo para restaurar a juridicidade, em uma perspectiva generalista, sem descer às circunstâncias concretas que poderiam mudar o desfecho, o ato invalidador se mostraria como uma conduta novamente ineficiente por ser um meio mais oneroso[652] que a convalidação, pois ademais de haver custos sociais pela instabilização de certos direitos e princípios, em especial o da segurança jurídica, há ainda custos administrativos na recomposição da situação anterior ou possíveis indenizações a serem pagas. Em busca da redenção do ato previamente ineficiente, escolhe-se

---

concordar com o juízo que o outro agente (incompetente) tenha indevidamente feito, tomando-lhe o lugar (ZANCANER, Weida. *Da convalidação e da invalidação dos atos administrativos*. 2. ed. São Paulo: Malheiros, 1998, p. 100).

[649] ZANCANER, Weida. *Da convalidação e da invalidação dos atos administrativos*. 2. ed. São Paulo: Malheiros, 1998, p. 100.

[650] BANDEIRA DE MELLO, Celso Antônio. *Curso de Direito Administrativo*. 33. ed. São Paulo: Malheiros, 2017, p. 493.

[651] ZOCKUN, Carolina Zancaner; SARAI, Leandro. Comentários ao art. 147. *In*: SARAI, Leandro (Org.). *Tratado da Nova Lei de Licitações e Contratos Administrativos*: Lei 14.133/21 comentada por advogados públicos. Salvador: JusPodivm, 2021, p. 1325-1345.

[652] "Além disso, a retirada de uma norma do sistema implica gastos materiais; impõe, por exemplo, a reparação de eventuais danos causados a terceiros de boa-fé. A desconstituição dos feitos produzidos é custosa. Se não causou danos, se não produziu efeitos, ainda assim a edição de nova norma e a eliminação da anterior, por si só, geram um gasto. É intuitivo que a invalidação tem sempre custo econômico" (MARTINS, Marcondes Ricardo. *Efeitos dos vícios do ato administrativo*. São Paulo: Malheiros, 2008, p. 292).

um novo ato ineficiente (o ato invalidador), sem que haja, portanto, a correção plena da antijuridicidade.

A conclusão é que, em tese (pode ser que as circunstâncias concretas alterem o resultado da escolha), invalidar um ato se mostra como uma conduta ineficiente, caso seja possível convalidá-lo. As ponderações realizadas por Weida Zancaner e Celso Antônio Bandeira de Mello, priorizando a convalidação, em realidade representam simplesmente uma maneira simplificada de expor conclusões oriundas do conteúdo jurídico da eficiência administrativa.

Apesar do que foi dito, evidentemente que a convalidação, para fins de análise da eficiência administrativa, só será cabível quando o vício a ser sanado foi o que acarretou a ineficiência.

Explicando de outra forma, é possível que o ato administrativo seja inválido por diferentes vícios, que podem ser sanados, mas que não necessariamente sejam os causadores da ineficiência.[653] Nesses casos, uma possível convalidação seria cabível para restaurar a legalidade do ato, mas não a eficiência administrativa. Por evidente que nessa situação, quando cotejada com a convalidação, a invalidação deve ser a medida adotada, uma vez que, mesmo se restaurada a legalidade do ato convalidador, ele permaneceria inválido pela violação à eficiência administrativa. A convalidação, ainda que figure como uma opção preferível à invalidação, não aparece como solução para todos os vícios, especialmente sob uma perspectiva que vai além da mera legalidade.

Não se mostra excessivo relembrar que, ainda que se fale com mais evidência sobre a invalidação e convalidação quando se esteja diante de atos viciados pela ineficiência administrativa, há outros tratamentos a serem conferidos aos atos que padeçam dessa patologia, ainda que de menos ocorrência ou que simplesmente são decorrentes dos outros dois. Deve-se lembrar que sempre o objetivo Estatal é, dentro dos limites do sistema jurídico, corrigir o vício por intermédio da prática de outro ato jurídico.

Pode-se elencar, pois, como instrumentos de saneamento dos vícios administrativos, além da invalidação e convalidação, a redução ou reforma, que configura a correção do ato viciado por meio da

---

[653] Pensa-se na hipótese de um ato que é ineficiente devido ao não cumprimento dos trâmites procedimentais decorrentes do princípio e que foi praticado por um sujeito incompetente. Ainda que se pudesse vislumbrar uma possível convalidação no que tange ao elemento da competência, o ato permaneceria viciado, uma vez que não haveria o saneamento da ineficiência.

edição de um novo que tem por efeito a exclusão da parte inválida do ato viciado, mantendo a parte válida salvaguardada. Trata-se de uma invalidação parcial com efeitos retroativos; a invalidação e concomitante edição de outro ato, que seria o mesmo que uma convalidação irretroativa. Invalida-se o ato viciado e se emite, concomitantemente, um outro ato com o mesmo conteúdo, mas sem o vício em questão, com efeitos futuros; a conversão, consistente na edição de um ato visando à transformação de um ato viciado em outro, saneando-o.[654]

Por último, cabível lidar também com atos que inicialmente seriam inválidos, mas que se estabilizam pelo decurso temporal, passando a ser meramente irregulares. Esse fenômeno da estabilização do vício diz respeito à mutação sofrida pelo ato viciado no caso em que o Estado não adota nenhuma providência, transformando-o em simplesmente ato irregular. Há, nessa situação, a incidência do princípio de conservação da norma, que será cada vez maior quanto mais relações jurídicas o ato inválido instituir.[655]

Imagine-se um ato administrativo viciado devido a sua ineficiência, por ter sido praticado de forma excessivamente mais custosa, mas que fundamentou inúmeras relações jurídicas ao longo de muitos anos, cujos efeitos foram concretizados. A construção de várias casas populares por um Município, por exemplo, com preços claramente mais onerosos do que seria caso se escolhessem outros meios para a consecução desse mesmo fim. A apuração posterior do vício do ato, embora possa permitir a responsabilização do agente público que o praticou, não demandará sua correção, uma vez que estará estabilizado[656] na ordem jurídica.

---

[654] MARTINS, Marcondes Ricardo. *Efeitos dos vícios do ato administrativo*. São Paulo: Malheiros, 2008, p. 275-283.

[655] MARTINS, Marcondes Ricardo. *Efeitos dos vícios do ato administrativo*. São Paulo: Malheiros, 2008, p. 296.

[656] Jacintho Arruda Câmara faz uma distinção de suas espécies. Pode haver a preservação dos efeitos do ato viciado por meio da "estabilização dos efeitos dos atos administrativos viciados", que ocorre por força de outras normas, como a que estabelece a prescrição ou a boa-fé e a segurança jurídica; ou há a manutenção dos efeitos do ato viciado por não serem eles, por sua própria natureza, suscetíveis de sofrer desconstituição. Não haveria aqui uma preservação, mas simplesmente sua permanência (A preservação dos efeitos dos atos administrativos viciados. *Revista Diálogo Jurídico*, Salvador, n. 14, jul./ago. 2002, Disponível em: http://www.direitopublico.com.br/pdf_14/DIALOGO-JURIDICO-14-JUNHO-AGOSTO-2002-JACINTHO-ARRUDA-CAMARA.pdf. Acesso em: 10 jul. 2017, p. 23).

4.7 Análise do conteúdo da eficiência pelos Tribunais

Por se estar permeando os aspectos do plano semiótico da pragmática, inevitável realizar uma abordagem, ainda que sucinta,[657] de como a eficiência administrativa tem sido interpretada por determinados órgãos julgadores.

Devido a uma completa impossibilidade fática, diante do imensurável volume de informações com que se teria que lidar, consciente dos limites epistemológicos desta tese, não serão investigadas decisões de juízes de primeiro grau, Tribunais de Justiça e Tribunais Regionais.

O apanhado de decisões a serem visitadas ficará restrito ao Supremo Tribunal Federal, por ser a Corte constitucional brasileira e o ápice da organização do Poder Judiciário; ao Superior Tribunal de Justiça, órgão jurisdicional superior que não se encontra afeto a uma única matéria especializada (como os órgãos da Justiça do Trabalho ou Eleitoral, por exemplo), sendo responsável pela uniformização da interpretação da legislação federal; ao Tribunal de Contas da União, órgão de caráter não jurisdicional, porém que exerce o rotineiro controle externo sobre a função típica da Administração Pública.

O critério de seleção das decisões dos indigitados tribunais para investigação não é completamente aleatório. Filtram-se, em primeiro lugar, somente as decisões tomadas durante a Constituição de 1988 até a presente data. Ademais, a busca teve como parâmetro os termos "eficiência", "eficiência administrativa" e "princípio da eficiência".[658] Nestes termos, com as pesquisas realizadas aos sítios eletrônicos do TCU, STJ e STF, analisa-se o conteúdo das decisões, eliminando-se

---

[657] Para um exame mais detido sobre a jurisprudência pátria no que tange ao princípio da eficiência, confira-se: LOSS, Marianna Martini Motta. *O sentido do princípio da eficiência administrativa*. 178 f. Dissertação (Mestrado em Direito) – Faculdade de Direito, Faculdade Meridional, Passo Fundo, 2015; TIMM, Luciano Benetti; TONIOLO, Giuliano. A aplicação do princípio da eficiência à Administração Pública: levantamento bibliográfico e estudo da jurisprudência do TJRS. *Prismas – Dir., Pol. Publ. e Mundial*, Brasília, v. 4, n. 2, p. 43-54, jul./dez. 2007; REZENDE, Karina Munari. O princípio constitucional da eficiência administrativa (art. 37, caput, CF) e sua aplicação na jurisprudência do STF, do STJ e do TRF da 4ª Região após a emenda constitucional nº 19/98. *Revista Virtual da AGU*, Brasília, a. V, n. 44, set. 2005. Disponível em: http://www.agu.gov.br/page/content/detail/id_conteudo/85644. Acesso em: 12 jul. 2017; LANIUS, Danielle Cristina; GICO JUNIOR, Ivo Teixeira; STRAIOTTO, Raquel Maia. O princípio da eficiência na jurisprudência do STF. *Revista de Direito Administrativo*, v. 277, n. 2, p. 107-148, 2018.

[658] Evidentemente que é possível que os Tribunais se valham da eficiência administrativa em suas decisões sem utilizar a terminologia, o que, por impossibilidade material e lógica, não será analisado neste trabalho.

aquelas em que o termo se encontra no argumento da impugnação ou simplesmente no relatório (no caso do TCU), selecionando-se somente, por amostragem, de modo a representar as variadas hipóteses decididas pelas Cortes, os acórdãos nos quais a eficiência administrativa é invocada de alguma forma na decisão em si. Além disso, procuram-se decisões em que não tenham simplesmente invocado a palavra "eficiência", mas que haja, seja por uma explicação clara e expressa, seja pelo contexto, uma indicação do conteúdo da norma jurídica da eficiência administrativa segundo aqueles Tribunais.

4.7.1 Análise da jurisprudência do Tribunal de Contas da União

Um importante protagonista na interpretação/aplicação do princípio da eficiência administrativa, talvez até com maior relevância que os demais, justamente por ter como objetivo precípuo a fiscalização e controle da atividade administrativa, trata-se do Tribunal de Contas da União.

A Corte de Contas federal figura como instituição centenária no Brasil, recebendo destaque constitucional a partir da primeira Constituição republicana de 1891 – ainda que tenha sido prevista infraconstitucionalmente no ano anterior, por meio de Decreto do então Ministro da Fazenda Rui Barbosa –, tendo sido mantida em todos os textos constitucionais subsequentes (com menores ou maiores atribuições).

Foi a ordem constitucional vigente a que mais alargou as competências do TCU, conferindo, dentre outros aspectos, uma ampliação ao poder de fiscalização da Corte, dada a elevação do número de responsáveis sobre os quais esse poder se exerce, ademais da diversidade maior de seus parâmetros de controle, notadamente os critérios de avaliação sob os prismas da legalidade, da legitimidade e da economicidade.[659]

As competências da Corte de Contas possuem assento constitucional, estando elencadas essencialmente no artigo 71. De modo a sistematizá-las, é comum encontrar na doutrina divisões dessas competências didaticamente dispostas. As atribuições do TCU, para fins didáticos, tendem a ser agrupadas. Hamilton Fernandes Castardo, por exemplo, elenca oito funções, citando-se a de fiscalização, consulta,

---

[659] CABRAL, Flávio Garcia. *O Tribunal de Contas da União na Constituição Federal de 1988*. São Paulo: Verbatim, 2014, p. 117.

informação, julgamento,[660] sanção, correção, normatização e função de ouvir denúncias.[661] De maneira mais restrita, Bruno Wilhelm Speck sintetiza quatro funções: a) atividades quase administrativas, como o registro de aposentadorias e pensões; b) atividades de assessoria, como a elaboração do parecer prévio sobre as contas do governo; c) atividades judiciárias, como o julgamento das contas do governo; d) atividades de fiscalização, exercitadas por meio de investigações e auditorias.[662]

Uma breve leitura dos enunciados constitucionais pertinentes às atribuições do TCU, com os sucintos apontamentos feitos, já incute no intérprete a percepção de que ao Tribunal compete, no exercício do seu vasto rol de competências, fiscalizar e decidir sobre atos levados a efeito pela Administração Pública ou quem lhe faça as vezes ou atue em colaboração (desde que receba alguma espécie de contraprestação do erário). Lido de outra forma, cabe ao TCU, de certa maneira, fiscalizar e decidir, dentro dos limites constitucionais e legais existentes, sobre o exercício da função administrativa.

Oportuno, então, para um entendimento juridicamente adequado da eficiência administrativa, que compreendamos como o Tribunal, no exercício de suas funções, por intermédio da análise de seus julgamentos, tem construído a norma concreta e individual representativa da eficiência administrativa diante das situações que lhe são submetidas para decisão.

Primeiramente, cabível indicar que o TCU por vezes padece de patologia também aferível no âmbito dos Tribunais integrantes do Poder Judiciário, qual seja, a invocação do princípio da eficiência de maneira genérica, sem uma possível apreciação clara de seu conteúdo, normalmente vinculado a outros princípios constitucionais, em especial os do artigo 37, *caput*, servindo muito mais como um reforço argumentativo do que propriamente irradiador de seus efeitos normativos próprios.

É o que se pode notar da decisão constante no Acórdão nº 4.306/2014 – Primeira Câmara, por meio da qual o TCU reconhece aos "entes do sistema 'S' a faculdade de adotar formas de seleção de

---

[660] Por entender que as funções exercidas pelos Tribunais de Contas são de natureza administrativa, a sua atividade de julgamento não representa o exercício da função jurisdicional, por não ter a aptidão de fazer coisa julgada.

[661] CASTARDO, Hamilton Fernando. *O tribunal de contas no ordenamento jurídico brasileiro*. Campinas: Millennium, 2007, p. 84-85.

[662] SPECK, Bruno Wilhelm. *Inovação e rotina no Tribunal de Contas da União*: o papel da instituição superior de controle financeiro no sistema político-administrativo do Brasil. São Paulo: Fundação Konrad Adenauer, 2000, p. 82-83.

pessoal com menor rigor do que aquelas determinadas para os concursos públicos, desde que assegurada a observância aos princípios da legalidade, impessoalidade, moralidade, isonomia, eficiência e publicidade, entre outros".

Embora não se possa rotular sobredita decisão com a pecha de inadequada ou mesmo incorreta, o que nos desagrada é não sermos capazes de vislumbrar o que a Corte de Contas compreende por eficiência, sendo passível, nos moldes da decisão, atribuir, em tese, qualquer significação.

D'outro giro, em outras ocasiões, seja de forma explícita, seja pelo contexto no qual se insere sua utilização, a eficiência administrativa adquire contornos normativos mais bem delimitados na jurisprudência do TCU – ainda que não necessariamente uniformes.

Uma primeira construção da norma jurídica (individual e concreta) representativa do princípio da eficiência normalmente realizada pelo TCU remete à necessidade de aferição dos custos (administrativos) existentes no exercício da função administrativa. Nessa toada, respeitar a eficiência seria evitar custos desnecessários ou excessivos ou buscar o menor custo possível.

Essa inicial intelecção pode ser apreendida na Decisão nº 010.262/2011-3 – Plenário, na qual a Corte consignou que

[...] é inarredável a obrigatoriedade de a Administração repactuar os contratos que se revelam excessivamente onerosos aos cofres públicos federais, uma vez que se originam de orçamento base com graves inconsistências, não estando a repactuação vinculada às hipóteses do artigo 65 da Lei 8.666/1993, mas à exigência primeira dos princípios da legalidade, quanto à correta parametrização dos custos pelo contratante, da eficiência e da economicidade.

Nessa mesma decisão chegou o Tribunal a indicar a irregularidade em um projeto aprovado pelo DNIT, porquanto a previsão de dois serviços tidos como, em princípio, distintos, "enseja uma duplicidade de custos, o que afronta o princípio da eficiência administrativa, indicado no art. 37 da CF".

Com essa compreensão trazida pelo TCU na aplicação do princípio da eficiência administrativa, tem-se a utilização de ponto essencial do conteúdo jurídico construído para a eficiência nesta tese. O elemento custo, como verificado no capítulo antecedente, é inerente à pré-compreensão do termo "eficiência". O que nos preocupa nessa linhagem jurisprudencial da Corte de Contas é somente o caráter restritivo que ela possa porventura indicar.

De maneira próxima, mas com sutilezas de fundamental importância, a Corte de Contas Federal, ao se debruçar sobre a Tomada de Contas nº 020.494/2005-7 – Segunda Câmara, proclamou, de maneira explícita, que "a eficiência consiste na obtenção da melhor relação entre custos e benefícios, categorias estas que, como mencionado acima, não foram avaliadas com maior profundidade no presente feito".

Do mesmo modo foi uma das determinações dirigidas à sociedade de economia mista Petrobrás, no bojo do Acórdão nº 447/2008 – Plenário, em que se lê: "realize análise prévia da relação entre o custo e o benefício dos patrocínios a serem concedidos, tendo em vista a eficiência e a racionalidade na aplicação dos recursos".

Como visto, muito embora o elemento dos custos continue presente no escrutínio da eficiência administrativa pelo TCU, acrescenta-se agora, nas decisões visitadas, o aspecto do benefício alcançado ou pretendido. Nesse par de julgados da Corte de Contas identifica-se a eficiência administrativa como sendo a relação de custo e benefício no exercício da função administrativa.

Inegável a relação umbilical entre a eficiência administrativa e a economicidade tratada alhures, sendo que, na forma como tem lidado o TCU em algumas ocasiões, é pela aferição da eficiência administrativa que se atende a verificação do aspecto da economicidade previsto no *caput* do artigo 70 da Lei Maior.

É essa também a posição firmada por José Roberto Pimenta Oliveira, para quem "seja no âmbito estrutural, seja no âmbito da atividade, a eficiência, ora explicitada no Texto Constitucional como princípio geral, na amplitude de sua significação jurídica, comporta e impõe o dever de economicidade à Administração".[663]

Por outro lado, no julgamento do processo nº 003.827/2000-1, determinou o TCU à pessoa jurídica fiscalizada que adotasse as medidas administrativas e judiciais "imprescindíveis para acelerar o processo de imissão de posse dos terrenos e concluir no menor prazo possível as obras da Rodovia Fernão Dias BR-381, trecho do contorno rodoviário de Betim, em cumprimento ao princípio constitucional da eficiência administrativa".

---

[663] OLIVEIRA, José Roberto Pimenta. *Os princípios da razoabilidade e da proporcionalidade no Direito Administrativo brasileiro*. São Paulo: Malheiros, 2006, p. 273.

Aqui, salta aos olhos a vinculação direta realizada pelo Tribunal entre o princípio da eficiência administrativa e a celeridade, ao justamente vincular os quesitos temporais ao princípio.

Ser eficiente, pois, nessa perspectiva, seria exigência à Administração para agir de maneira célere, evitando comportamentos morosos, injustificadamente demorados e que não atendam às finalidades públicas em tempo hábil.

A advertência a ser realizada aqui já teve espaço no item 3.2, quando se sustentou que a celeridade seria somente um elemento a ser sopesado na aferição da eficiência, mas não se confundindo com esta, tampouco sendo condição *sine qua non* para sua verificação.

De outra sorte, ainda que de maneira mais escassa, vislumbram-se manifestações da Corte de Contas da União que parecem fazer uma diferente construção normativa do princípio sob análise. Em julgados como o 031.336/2015-9 – Plenário, no qual o TCU determinou à entidade fiscalizada o "aprimoramento dos tutoriais do sistema e criação de serviço de '*call center*' de acesso gratuito para usuários", sob o argumento de que "se trata de sistema novo, de uso complexo e com falhas operacionais e instabilidades, é necessário otimizar o fornecimento de informações aos usuários, em consonância com o princípio da eficiência administrativa", nota-se que a eficiência administrativa foi invocada no sentido de alcance da finalidade.

É no mesmo sentido que se decidiu no Acórdão nº 2.133/2005 – Primeira Câmara, ocasião na qual se firmou a tese de que, nas hipóteses de cumulação lícita de cargos públicos, previstas constitucionalmente, deve-se estipular como limite máximo 60 (sessenta) horas semanais, seguindo-se a mesma intelecção já exposta no âmbito da Administração Pública Federal por meio do Parecer AGU GQ – 145,[664] ao argumento, dentre outros, que o seu não atendimento geraria, "em última instância, comprometimento da eficiência do trabalho prestado".

No conjunto argumentativo colacionado pelo TCU, compreende-se que a vedação ao labor acima de um quantitativo de horas pelos servidores públicos teria por escopo impedir o seu desgaste físico e mental, o que prejudicaria a qualidade do serviço por ele desempenhado, afetando, assim, a finalidade de suas funções. Logo, novamente temos a

---

[664] "EMENTA: Ilícita a acumulação de dois cargos ou empregos de que decorra a sujeição do servidor a regimes de trabalho que perfaçam o total de oitenta horas semanais, pois não se considera atendido, em tais casos, o requisito da compatibilidade de horários [...]".

aproximação realizada entre a eficiência administrativa e o atingimento das finalidades públicas.

Tratando a eficiência administrativa nessa visão da busca da finalidade ou, ainda, pelo "melhor resultado", em diferente decisão (Processo nº 926.037/1998-6), ocorrida logo após a promulgação da Emenda Constitucional nº 19/1998, a Corte Federal de Contas trouxe a lume um aspecto interessante a ser considerado, qual seja, o que evidencia que o princípio da eficiência demanda do administrador a obtenção do melhor resultado em aspectos qualitativos e quantitativos, de maneira que se busque "otimizar os aspectos administrativo, econômico e técnico".

4.7.2 Análise da jurisprudência do Superior Tribunal de Justiça

A jurisprudência do Superior Tribunal de Justiça em relação à eficiência administrativa não se encontra tão vasta quanto à encontrada em relação ao Tribunal de Contas da União. A constatação não surpreende, uma vez que, ademais da função precípua do TCU ser o próprio controle dos atos da Administração Pública, o STJ é responsável pela uniformização da legislação federal (artigo 105, III, "a", "b" e "c", da CF), não realizando muitas das vezes a verificação da aplicação específica, quando a questão se trata somente desse ponto, do texto constitucional do artigo 37.

De igual sorte, a singela pesquisa realizada em relação ao STJ representa uma amostragem das principais posições exaradas pela Corte no que tange à apuração jurisprudencial efetivada em seu sítio eletrônico (foram encontrados até o fechamento da primeira edição deste livro 1 (um) acórdão julgado na sistemática dos recursos repetitivos e 138 (cento e trinta e oito) outros acórdãos nos quais foram mencionados o termo "eficiência administrativa").

Em vários julgados a invocação da eficiência administrativa é usada de maneira genérica, ao lado dos demais princípios aplicáveis à Administração Pública, sem qualquer peculiaridade que atraísse sua aplicação específica (*vide* REsp nº 1.505.360 / SE).

Em tantos outros não há análise de mérito por parte do STJ, por enxergar nas lides que lhe são submetidas em grau de recurso a necessidade de reapreciação probatória, havendo, pois, a vedação construída pela própria Corte e expressa pela sua Súmula nº 7 (é o caso, exemplificativamente, do AgInt no AREsp nº 9.49.377 / MG).

Há ainda casos (a maioria) nos quais a questão em debate não diz respeito à eficiência administrativa, mas a alguma outra forma de eficiência ou servindo para tratar de assunto referente a outro ramo do Direito (confira-se AgRg no REsp nº 1.401.878 / PR que versa sobre o crime de descaminho, relacionando-se ao Direito Penal).

Das decisões de mérito que de fato tratam da eficiência administrativa, a que primeira se destaca é o julgamento do Recurso Especial nº 1.138.206-RS, sob relatoria do Ministro Luiz Fux, decidido em sede de julgamento de recurso repetitivo, no qual a Corte entendeu que a conclusão de um processo administrativo em um prazo razoável atenderia à moralidade, razoabilidade e eficiência. Desta forma, decidiu que os processos administrativos pertinentes ao contido na Lei nº 11.457/2007 devem respeito ao prazo máximo de decisão administrativa ali fixado, qual seja, 360 dias.

Essa primeira decisão do STJ demonstra de forma patente a compreensão da eficiência como atrelada umbilicalmente à celeridade dos processos administrativos.

De maneira parecida, a Primeira Turma, julgando o Recurso Especial nº 690.819-RS, tendo por relator o Ministro José Delgado, em 2005, posicionou-se no sentido de que em razão da delonga (cinco anos) ao apreciar o pedido de autorização para funcionamento de rádio comunitária, a omissão ou demora administrativa, contrariando a eficiência e razoabilidade, quando com abuso, está sujeita ao controle do Judiciário (Lei nº 9.784/1999, art. 49). Já no acórdão proferido no bojo do MS nº 19.32 / DF, proferido pela Primeira Seção em 22.03.2017, que versava sobre pedido administrativo para declaração da condição de anistiado, formulado pela parte impetrante em novembro de 1997, mas ainda pendente de decisão final pela Administração Pública, o Tribunal decidiu que a demora excessiva e injustificada da Administração para cumprir obrigação que a própria Constituição lhe impõe é omissão violadora do princípio da eficiência, à medida que denuncia a incapacidade do Poder Público em desempenhar, num prazo razoável, as atribuições que lhe foram conferidas pelo ordenamento (nesse sentido, o comando do art. 5º, LXXVIII, da CF).

Novamente, em diferentes casos concretos, o STJ traz um atrelamento entre o respeito a prazos e celeridade com a eficiência administrativa.

Em outra oportunidade, a Quinta Turma da Corte em tela, no julgamento do RMS nº 27.428-GO, Rel. Min. Jorge Mussi, julgado em 03.03.2011, fez diferente abordagem. Tratava-se de recurso em mandado de segurança em que a questão cingia-se em definir se o servidor público tem o direito de receber seus vencimentos/proventos em instituição bancária diversa da que mantém convênio com a Administração. Nessa ocasião, o STJ negou o referido recurso ao argumento de que, em que pesem as dificuldades narradas pelo recorrente em razão de deficiência na prestação de serviços por parte do banco conveniado, não há norma que lhe assegure o pleno direito de escolha da instituição bancária de sua preferência para o recebimento de seus vencimentos. Consignou-se que possibilitar a cada servidor fazer a opção bancária que melhor atenda seus interesses, inclusive escolhendo praça e agência, inviabilizaria a Administração Pública em sua tarefa de emitir, em tempo hábil, as devidas ordens de pagamento. Além disso, essa hipótese também não se coaduna com o princípio da eficiência, que exige do administrador soluções que alcancem os resultados almejados do modo menos oneroso ao aparelho estatal. Assim, insere-se no âmbito da autonomia administrativa de cada órgão público a opção pela instituição financeira que receberá os créditos salariais dos servidores a ele vinculados, desde que observadas as disposições normativas sobre a matéria.

Aludida decisão do STJ se destaca de outras por ter, primeiramente, apresentado um conceito de eficiência administrativa e, além disso, ser uma definição que, na linha seguida por esta tese, ainda que não entrando em detalhes e maiores considerações, mostra-se adequado ao conteúdo jurídico da norma abstrata e geral. Como visto, para a quinta turma do STJ, eficiência representa a exigência ao administrador de alcançar o resultado almejado do modo menos oneroso ao aparelho estatal. Tem-se aqui a ideia da busca por uma finalidade e a seleção de um meio que seja o menos oneroso.

4.7.3 Análise da jurisprudência do Supremo Tribunal Federal

Diferentemente do quadro formado no STJ, tem-se um rol maior de julgados (do ponto de vista qualitativo) pelo Supremo Tribunal Federal no que tange à eficiência administrativa. Afinal, por se tratar do guardião da Constituição (art. 102, *caput*, da CF), sendo responsável pela verificação da compatibilidade normativa com a Lei Maior, natural que lhe sejam submetidas mais demandas envolvendo aquele princípio.

Uma primeira decisão a se mencionar é o cumprimento de sentença da Reclamação nº 1.728, do Distrito Federal, de relatoria do Ministro Luiz Fux, julgado em 24.11.2015. Nela, discutia-se o cumprimento de anterior decisão judicial que determinara a nomeação de aprovados em concurso e entendera como indevida uma segunda etapa do concurso de Auditor-Fiscal do Trabalho. Dentre diversos argumentos para o cumprimento das decisões exaradas previamente, no que se refere à eficiência administrativa, determinou que não deveria haver a realização de um curso de formação, já que, para o Tribunal, em virtude de experiências do passado, o mais provável é que a grande maioria dos candidatos, senão todos, fossem aprovados nesse curso de formação e que tivessem que, em seguida, ser nomeados. "Sob essa ótica, o curso de formação, apenas, implicaria duas consequências: a de gerar uma despesa com a contratação de uma empresa para organizar o curso e atrasar a nomeação dos candidatos por mais tempo além de mais de uma década do que já esperaram".

O STF menciona, inclusive, qual seria o custo administrativo para a realização desse curso de formação, o que, pela sua análise, não cumpriria com a finalidade pretendida.

Vê-se, portanto, que a concepção de eficiência nesse primeiro julgado remete tanto à compreensão de evitar custos desnecessários, como também de alcançar determinadas finalidades públicas.

Em outra ocasião, no julgamento da ADI nº 3.059/RS, apurava-se a constitucionalidade da Lei nº 11.871/2002, do Rio Grande do Sul, que instituiu a preferência abstrata na aquisição de *software* livre ou sem restrição proprietária. O plenário do STF entendeu que não haveria inconstitucionalidade da legislação estadual, em especial pelo fato de que essa previsão abstrata poderia ser afastada no caso concreto se houvesse razões tecnicamente fundamentadas.

Dois pontos em relação à eficiência destacam-se desse julgamento: a) utiliza-se na ementa a terminologia de "postulado da eficiência", o que poderia indicar estar o Tribunal se guiando pela distinção feita por Humberto Ávila, muito embora ao longo da decisão se invoque o termo "princípio"; b) trabalha o STF a ideia de eficiência administrativa não só como afeta aos custos administrativos. Essa constatação se encontra clara na passagem do voto do Ministro-relator quando proclama que "a eficiência se mede, não somente pelo custo do produto ou serviço, como também pela segurança dos dados públicos inseridos nos sistemas informatizados e ainda pela aquisição imaterial do conhecimento tecnológico [...]".

Em 14.04.2011, a Corte Constitucional julgou a ADI nº 3.386/DF, que questionava a Lei nº 8.745/1993, mais precisamente seu artigo 2º, inciso III, que permitia a contratação temporária de pessoal nos quadros da Fundação Instituto Brasileiro de Geografia e Estatística – IBGE. As alegações para a inconstitucionalidade seriam que as atividades do IBGE são permanentes, o que violaria o artigo 37, IX, da Constituição. Ao decidir que a lei em comento seria constitucional, fundamentou seu acórdão no sentido de que o artigo impugnado preservava a eficiência, já que seria ineficiente tornar permanente uma despesa que poderia ser temporária. Ao longo da fundamentação, trabalharam os Ministros com a concepção de eficiência construída por Ubirajara Custódio, para quem o princípio tem a significação de presteza, economicidade e prestabilidade.

No Mandado de Segurança nº 27.339/DF, discutiu-se se os Procuradores de Justiça poderiam atuar junto ao Ministério Público de Contas. Ao decidir de maneira contrária à referida possibilidade, fundamentou o STF no sentido de que a estruturação institucional dos Ministérios Públicos e dos Tribunais de Contas não permitiria essa atuação, sendo que a invocação do princípio da eficiência, além de não se chocar ao modelo institucional definido pela Constituição, tampouco justificaria uma atuação administrativa irregular.

Na decisão acima, o destaque conferido pela Corte foi de ressaltar que não cabe à eficiência sobrepujar a legalidade, muito menos violar a própria Constituição, não servindo como um princípio dotado de supremacia sobre os demais.

Além dos julgados mencionados, calha aproveitar a importante pesquisa já realizada por Marianna Martini Motta Loss, que se deteve com bastante acuidade sobre a jurisprudência do Supremo Tribunal e sua compreensão e aplicação do princípio da eficiência.

Conforme a apuração feita pela pesquisadora, que analisou 21 (vinte e um) acórdãos do STF de 2013 a 2015, alguns inclusive que foram abordados especificamente no início desse subcapítulo, extrai-se que:

[...] 6 (seis) abordaram a eficiência apenas sob o aspecto quantitativo, ou seja, a necessidade de se diminuir tanto o tempo necessário para a prestação estatal do serviço quanto o custo do serviço prestado, evidenciando a primazia do caráter econômico ao se referir à eficiência; 5 (cinco) trabalharam o dever de eficiência como a obtenção de resultados econômicos, seja em termos de celeridade seja em relação à redução dos custos dos serviços públicos prestados à sociedade, bem como à qualidade do serviço prestado; 3 (três) entenderam a eficiência e o direito fundamental à boa administração pública como sinônimos; 2 (dois) abordaram a eficiência sob o viés da qualidade do serviço público prestado; 2 (dois) trabalharam a dimensão econômica e ética da eficiência simultaneamente; 1 (um) dos acórdãos se limitou a trabalhar a dimensão da ética da eficiência; 1 (um) abordou os aspectos qualitativos e éticos da prestação do serviço público; 1 (um) reconheceu expressamente a eficiência como parâmetro de aferição da sindicabilidade dos atos administrativos e a consequente possibilidade de ser exercido o controle de constitucionalidade sobre ela, porém dele não se conseguiu depreender o contexto no qual a eficiência foi empregada.[665]

Apura-se que a maneira de trabalhar a eficiência administrativa no STF, ainda que atrelada com mais frequência a certas premissas, como os custos financeiros, mostra-se plural e variada.

4.7.4 Conclusões parciais

Após a breve escolha e apresentação das decisões proferidas pelos órgãos pré-selecionados, é possível extrair algumas lições[666] sobre como esses Tribunais têm invocado a eficiência administrativa em seus julgamentos.

O labor hermenêutico conferido pelo TCU, na modesta pesquisa jurisprudencial realizada, demonstra, primeiramente, que a Corte tem se mostrado afinada com o trabalho doutrinário pátrio já existente, encontrando pleno respaldo interpretativo dos juristas de escol que se dedicaram ao estudo da eficiência administrativa, ainda que não os invoque expressamente. Não se localizam nos acórdãos do Tribunal decisões que não reflitam as posições doutrinárias já consolidadas

---

[665] LOSS, Marianna Martini Motta. *O sentido do princípio da eficiência administrativa*. 178 f. Dissertação (Mestrado em Direito) – Faculdade de Direito, Faculdade Meridional, Passo Fundo, 2015, p. 90-91.

[666] Evidente que, pela singela maneira com que foram apresentados e selecionados os julgamentos, não é possível nem recomendável construir uma conclusão generalista sobre como determinada Corte interpreta o princípio. Por isso, muito mais do que conclusões, é possível simplesmente moldar lições sobre como os Tribunais têm se valido da eficiência administrativa.

acerca do princípio ou mesmo que trabalhem sob uma ótica totalmente inovadora ou singular.

Outrossim, ainda que o conteúdo do princípio da eficiência trazido à tona nas decisões do TCU, algumas ajoujadas nesta monografia, possa se mostrar variado caso a caso, nota-se a presença de certos pontos coerentes com a norma jurídica abstrata e geral construída capítulos atrás.

Essa relação diferenciada do TCU com a eficiência se justifica, em grande medida, em razão da incorporação de conceitos de eficiência oriundos de normas internacionais de auditorias, conforme já visto ao longo do texto, fazendo que a aplicação/interpretação normativa da eficiência administrativa seja algo já inserto nas rotinas de fiscalização e tomada de decisão da Corte.

Assim, constata-se que, por vezes, o TCU atribui à eficiência administrativa a necessidade de aferição dos menores custos; outras vezes, o atendimento de uma finalidade; ou ainda a comparação entre os custos e a finalidade/benefício a ser alcançado. Não podemos dizer que ditas significações são incompatíveis com a eficiência administrativa. Entretanto, enxergamos que tem havido por parte do Tribunal uma mutilação da norma geral e abstrata da eficiência quando se busca construir a norma individual e concreta, sendo esta formada por fragmentos da norma geral, mas em nenhum caso se encontrando sua aplicação plena.

Nessa toada, não se pode olvidar que as normas individuais e concretas se subordinam às gerais e abstratas. Portanto, tendo como parâmetro a norma jurídica da eficiência administrativa por nós erguida, a Corte de Contas tem tomado decisões que não a respeita por completo, embora constantemente flerte com seus elementos de maneira individualizada.

Em relação ao STJ, o universo de decisões oferecido não permite uma verificação mais ampla sobre como a Corte tem interpretado/aplicado o princípio da eficiência administrativa. Entretanto, vê-se que a maior vinculação realizada diz respeito à celeridade dos processos administrativos ou quaisquer outros atos administrativos que devam ser tomados pela Administração Pública. Há, sem dúvida, uma tendência reducionista do Tribunal em restringir a concepção de eficiência à celeridade.

A maneira trabalhada pelo Supremo Tribunal Federal no que concerne à eficiência administrativa aborda uma gama de situações e aspectos desse princípio. Em sua maioria, como ponto positivo, tratam a eficiência como a necessidade de redução de custos, das mais variadas espécies. Há, contudo, como era de se esperar, uma ausência de uniformização na forma de aplicação. Além disso, lidam os Ministros com o princípio de uma forma um tanto quanto vaga, pois embora incluam, em grande parte, o custo como elemento, o que é consentâneo com a norma geral e abstrata da eficiência administrativa, não constroem uma norma jurídica individual e concreta completa, que seja capaz de permitir um mínimo de objetividade quanto a sua aplicação.

Não há surpresa ao verificar que, dentre os três Tribunais selecionados, sejam as decisões do TCU as que mais bem se aproximam da norma jurídica da eficiência administrativa, na forma como interpretada nesta monografia. Afinal, enquanto o exercício da função administrativa é só mais um assunto a ser analisado pelo STJ e STF dentro da miríade de temas e processos que lhes são submetidos diariamente, ao Tribunal de Contas tal assunto é justamente o que move sua atuação. Logo, nada mais natural que decida um maior número de casos envolvendo a eficiência administrativa, bem como tenha maior expertise sobre a matéria.

Sem embargo, ainda assim a maneira com que o princípio tem sido aplicado por todos os três Tribunais se mostra rasa, não sendo possível constatar com firmeza que haja um critério certo ou minimamente coerente de sua interpretação. As variadas maneiras com que as decisões aludem à eficiência bem demonstra isso.

Ainda que a eficiência sempre esteja sendo invocada com um conteúdo que cuida de questões próprias da interpretação constitucionalmente adequada do princípio, como custos, busca pelas finalidades, relação de custos e benefícios, nota-se que raramente se encontram todos os elementos fundamentais da norma invocados conjuntamente e sistematicamente.

O problema nessas formas de julgar reside na imprevisibilidade das decisões, porquanto, ao que tudo indica, nem mesmo as Cortes possuem uma ideia bem demarcada do que significa a eficiência administrativa e de como aplicá-la.

CONCLUSÃO

Após a realização da pesquisa a que se propôs, trabalhosa e meticulosa, porém satisfatória quando se percebe o que se pretendia inicialmente, é possível se extrair algumas conclusões e observações úteis e necessárias à compreensão do conteúdo jurídico do princípio da eficiência administrativa.

Primeiramente, de forma sintética, é possível recapitular o que foi visto até então, apresentando-se, de modo sistemático e didático, as seguintes conclusões e análises:

1. O movimento do giro linguístico proporcionou uma mudança de paradigma na teoria do conhecimento, que não mais representa uma relação entre sujeito e objeto, mas sim entre linguagens.

2. A linguagem na concepção do giro linguístico constitui a própria realidade.

3. O Direito positivo, por ser constituído de linguagem, pode ser encarado como um conjunto de símbolos artificiais que exprimem mensagens prescritivas a seus receptores.

4. Uma maneira de estudar o Direito, levando-se em consideração sua formação pela linguagem, é pelo instrumento linguístico da semiótica, que divide o plano comunicacional em três campos: o sintático ou lógico; o semântico; e o pragmático.

5. A sintática representa o estudo das relações formais dos signos uns com os outros. Para o Direito, permite a análise das relações estruturais do sistema e da norma jurídica.

6. A semântica trata da significação dos signos, referindo-se à compreensão do conteúdo destes e suas situações de aplicabilidade. Seu estudo no plano jurídico possibilita a investigação dos conteúdos

significativos atribuídos aos símbolos positivados, lidando com problemas de vaguidade, ambiguidade e carga valorativa das palavras.

7. A compreensão do conteúdo sempre pressupõe o contexto, que concerne à pesquisa externa ao texto, buscando-se fatores que podem influenciar as relações de significações.

8. A pragmática diz respeito à relação dos signos com os intérpretes, bem como à demonstração das funções que o discurso comunicativo possui em relação aos comportamentos dos emissores/interlocutores. Para o Direito, a pragmática pesquisa o manuseio dos textos jurídicos pelos agentes competentes, bem como questões acerca de aplicação e criação das normas jurídicas.

9. Dentro da perspectiva da filosofia da linguagem aplicada ao Direito, surge no Brasil a escola do Construtivismo Lógico-Semântico, capitaneada por Paulo de Barros Carvalho e Lourival Vilanova. Da mesma maneira, no plano espanhol, emerge semelhante construção do pensamento com a Teoria Comunicacional do Direito, que tem Gregorio Robles como grande expoente.

10. Não há que se confundir texto normativo com norma, uma vez que a segunda é o produto da interpretação do primeiro.

11. A construção normativa passa por quatro planos que podem ser analisados, para fins didáticos, de maneira isolada. O primeiro deles diz respeito ao plano da literalidade textual (S1), ou plano dos significantes, referindo-se ao texto jurídico prescritivo; no segundo plano de expressão, tem-se o conjunto dos conteúdos de significação dos enunciados prescritivos (S2); no terceiro plano, apura-se o conjunto articulado das significações normativas (S3), quando o intérprete agrupa as significações no esquema de juízos implicacionais (normas jurídicas); no último plano (S4), organizam-se as normas numa estrutura escalonada, com laços de coordenação e subordinação com as estruturas formadas, de modo que aquelas não permaneçam soltas no sistema jurídico.

12. A interpretação jurídica é atividade que pressupõe o texto dado pelo Direito positivo, o qual constitui o material bruto de trabalho do hermeneuta.

13. Para o estudo da eficiência administrativa, no campo sintático, são visitados os elementos textuais de caráter constitucional e infraconstitucional que permitem a interpretação e construção da norma jurídica.

14. Apura-se que a eficiência administrativa só passa a existir e fazer parte do sistema jurídico a partir do momento em que há sua inserção, por meio de linguagem competente, na ordem jurídica

correspondente. Para a Ciência do Direito, a eficiência administrativa passou a ser seu objeto de estudo a partir do momento em que se tornou positivada no ordenamento jurídico.

15. É possível localizar conceitos de eficiência em campos científicos distintos do jurídico, em particular nas Ciências Econômicas e da Administração.

16. A significação atribuída à eficiência naqueles outros substratos de linguagem não necessariamente determina o conteúdo que ela terá quando inserida no substrato jurídico. O Direito não precisa pegar emprestado seus conceitos de outros campos do conhecimento.

17. A partir do momento em que se jurisdiciza a eficiência, ela passa a ter o conteúdo que a ordem jurídica lhe atribui, que pode ou não ser sinônimo ou semelhante à compreensão dada ao termo em outras áreas do conhecimento.

18. A eficiência para o Direito não é, portanto, a mesma eficiência da Economia ou da Administração.

19. Da mesma forma, a eficiência administrativa no sistema jurídico brasileiro não é a mesma que em outros ordenamentos estrangeiros que adotam o mesmo termo ou algum semelhante, pois se tratam de sistemas distintos.

20. A Constituição de 1988, desde sua promulgação, já tinha a previsão textual expressa da eficiência administrativa nos artigos 74, inciso II e 144, §7º.

21. A Emenda Constitucional nº 19/1998, embora não tenha sido a responsável por jurisdicizar o princípio da eficiência administrativa, possuiu o condão de sistematizá-lo, incluindo no rol de princípios aplicáveis à Administração Pública no artigo 37, *caput*, da CF, conferindo-lhe maior destaque.

22. Além disso, como toda interpretação jurídica pressupõe um texto, a adição da eficiência como princípio expresso ao artigo 37 trouxe ao intérprete material de trabalho que elimina possíveis interpretações desconexas da ordem jurídica vigente.

23. Há, afora do texto constitucional, inúmeros dispositivos legais e infralegais que fazem expressa menção à eficiência, vários inclusive anteriores à EC nº 19/1998 ou mesmo ao texto constitucional de 1988.

24. Não obstante a atividade interpretativa seja de natureza criativa, não só cognitiva, essa criação normativa não se encontra desprovida de limites.

25. A interpretação encontra barreiras nas pré-compreensões do intérprete, decorrentes das tradições históricas, que não permitem que qualquer significação seja atribuída ao signo. Ademais, as palavras, justamente por essas pré-compreensões, possuem conteúdos semânticos mínimos, que não podem ser afastados por qualquer interpretação. Há ideologias ou pré-compreensões dos textos que não podem ser sobrepostas pelas pré-compreensões dos intérpretes.

26. A averiguação da vontade do legislador para a edição de determinado texto normativo tem pouquíssima relevância para o estudo jurídico, porquanto se refere a uma fase pré-legislativa não registrada. Considerações sobre os debates legislativos conferem pouca importância para o campo sintático e semântico, adquirindo mais relevo no aspecto pragmático, no que tange à função influenciadora do destinatário do discurso.

27. No plano sintático, é possível se apurar a compatibilidade das normas com a Constituição vigente. No que tange à eficiência trazida pela EC nº 19/1998, verifica-se a existência de uma inconstitucionalidade formal, por violação ao artigo 60, §2º, da Constituição brasileira.

28. Ao ter cambiado a expressão "qualidade do serviço prestado", aprovada na votação na Câmara dos Deputados, por "eficiência", no Senado, houve uma evidente alteração de conteúdo, o que demandaria o retorno à casa iniciadora, o que não ocorreu, incidindo na aludida violação constitucional.

29. Não obstante, no julgamento da Medida Cautelar da ADI nº 2.135-4, o STF entendeu que não houve alteração substancial do conteúdo, mantendo-se válido o texto do artigo 37, *caput*, dado pela EC nº 19/1998.

30. Toda norma jurídica, por se referir a estruturas deontológicas, possui uma estrutura mínima, constituída de uma hipótese ou antecedente e de uma tese ou consequente. A proposição constante no tópico antecedente da norma jurídica funciona como descritora de um evento que possivelmente pode ocorrer no campo da experiência social, assentado no modo ontológico da possibilidade, mas que não figura como cognoscente do real (embora seja descritiva), sendo simplesmente tipificador de um conjunto de eventos. Já o consequente ou tese serve como prescritor de condutas intersubjetivas, operando no pressuposto deontológico da possibilidade.

31. Essas duas estruturas normativas são conectadas por um modal deôntico interproposicional do "dever-ser". Logo, deve-ser que a hipótese implique no consequente (D(H-C)).

32. A eficiência administrativa adquire a natureza de uma norma jurídica e, como tal, possui a mesma estrutura normativa comum a todas as da espécie.

33. O conteúdo jurídico da eficiência, ou seja, sua significação, repousa mais bem compreendido no plano semântico.

34. A norma da eficiência administrativa possui o exercício da função administrativa como elemento nuclear para a identificação dos sujeitos que são obrigados a cumprir sua determinação.

35. Ao se referir como princípio expresso da Administração Pública no *caput* do artigo 37 da Constituição, a sua vinculação se dá em relação aos entes da Administração direta e indireta que exercem a função administrativa.

36. Além disso, com base na legislação infraconstitucional, conclui-se que não só os integrantes formais da Administração Pública são vinculados à norma da eficiência administrativa, mas sim todos aqueles que exercem, mesmo particulares, a função administrativa.

37. A função administrativa é aquela na qual o Estado, atuando como parte, em um regime essencialmente de Direito Público, pratica atos, de ofício ou mediante provocação, de modo a dar concretude às leis e também à Constituição, estando constantemente sujeita a diversas formas de controle, sempre visando ao alcance primeiro e último do interesse público.

38. Os Poderes republicanos Executivo, Legislativo, Judiciário, bem como os Tribunais de Contas e o Ministério Público, estão vinculados diretamente pela norma da eficiência administrativa quando exercem a função administrativa (de maneira típica ou atípica). Essa mesma vinculação não ocorre se estes exercem as funções legislativa ou jurisdicional, uma vez que a norma da eficiência administrativa não se volta diretamente a essas atividades.

39. No entanto, o Poder Legislativo e o Judiciário se encontram vinculados indiretamente pela norma da eficiência administrativa quando do exercício das suas funções típicas, por se tratar de uma norma constitucional. Destarte, não pode o Legislativo editar atos normativos primários que violem a eficiência administrativa; ao Judiciário compete invalidar atos administrativos que desatendam à eficiência administrativa ou mesmo declarar inconstitucionais leis que não a respeitem.

40. A eficiência administrativa é voltada tanto para os que exercem a atividade administrativa em uma concepção organizacional, visando às pessoas jurídicas, como aos agentes públicos, pessoas físicas, que desempenham esse mister.

41. Se por um lado se encontram a Administração Pública e seus agentes, no exercício da função administrativa, obrigados a se comportarem de maneira eficiente, a norma em comento assegura aos administrados o direito de receberem atos praticados de maneira eficiente.

42. A figura dos administrados é, sem dúvida, essencial para a eficiência administrativa. Seus direitos, garantias e patrimônio jurídico merecem total atenção dos agentes públicos ao exercerem a função administrativa, em total sintonia com o que dispõe a norma da eficiência administrativa.

43. Não obstante os receptores centrais da atividade estatal administrativamente eficiente sejam, mediata ou imediatamente, os administrados, em plena correspondência com o interesse público, também é verdadeira a verificação de que a própria Administração Pública se torna, ainda que reflexa e indiretamente (não chegando a compor a norma jurídica), receptora/beneficiada dos seus próprios comportamentos eficientes.

44. O princípio da eficiência administrativa é tratado por parte da doutrina como sendo sinônimo do princípio de origem italiana denominado de boa administração. Sem embargo, pela construção conferida à boa administração por diversos autores, sobretudo o seu conteúdo diante do sistema jurídico brasileiro, apura-se que esse princípio é mais amplo, sendo um princípio-síntese que abarca a eficiência, mas que com ela não se confunde.

45. A celeridade também é um aspecto atribuído comumente à eficiência administrativa pela doutrina, tratada como elemento indissociável de seu conteúdo. Novamente, posiciona-se de maneira contrária, já que a celeridade é só mais um elemento a ser levado em consideração para a aferição da norma da eficiência, podendo ou não estar presente a depender das circunstâncias do caso concreto. Trata-se de elemento acidental (não essencial) da eficiência.

46. Outro equívoco por vezes encontrado no trato da eficiência administrativa é limitá-la exclusivamente à atividade referente aos serviços públicos. Como visto, a eficiência administrativa aparece no exercício da função administrativa, sendo a prestação de serviços só uma de suas espécies, não preenchendo a função por completo. Logo,

em todas as demais atividades exercidas dentro da função administrativa, como o poder de polícia, por exemplo, há incidência da norma da eficiência administrativa.

47. Há diferentes abordagens semânticas no que tange à significação da eficiência administrativa. Embora alguns foquem no aspecto dos meios e outros priorizem as finalidades, o traço mais comum encontrado na doutrina repousa justamente na inter-relação entre meios e fins, ou seja, a escolha de meios hábeis a atingir determinadas finalidades. Contudo, salvo algumas exceções, essa abordagem acaba sendo frenada nesse ponto, sendo uma questão muito vaga e dotada de pouca objetividade no campo doutrinário.

48. Cabível considerar que o Estado serve para alcançar finalidades públicas, devendo estar sempre imbuído do dever de atingir, por meio de seus agentes, o interesse público.

49. Dessarte, o primeiro elemento formador da eficiência administrativa é o dever de seleção dos meios que sejam hábeis a atingir as finalidades públicas.

50. Dentro desse primeiro aspecto, impende apontar que, para o conteúdo da eficiência administrativa, não consta inicialmente a determinação da escolha da finalidade. Esta é pressuposta ao primeiro elemento da eficiência administrativa; não sua parte constitutiva.

51. Sem embargo, o papel da finalidade é essencial para a eficiência administrativa, porquanto busca-se ser eficiente para determinado fim. Além disso, é pela finalidade escolhida que será possível mensurar a adequação ou não do meio escolhido.

52. A busca por um meio que seja adequado à finalidade legal, que representa o primeiro elemento da eficiência administrativa, demanda uma dupla revisão. Diante de casos em que a finalidade a ser perseguida apresenta diversificados níveis de generalidade, cabe ao agente público analisar não somente a adequação quanto ao fim mais concreto, mas também no que se refere ao mais amplo e geral e vice-versa. A medida só será tomada por adequada quando preencher esse requisito nas duas considerações finalísticas: a i) concreta e específica e a ii) geral e abstrata.

53. Esse primeiro elemento da eficiência administrativa constitui a chamada eficácia administrativa, sendo esta um *prius* em relação àquela. Eficácia, no sentido da seleção de um meio capaz de atingir a uma finalidade, é parte integrante da eficiência administrativa.

54. Ademais da escolha de um meio administrativo capaz de alcançar uma finalidade pública, a eficiência também demanda que se escolha o meio menos oneroso dentre os demais possíveis.

55. As tradições históricas e culturais do termo "eficiência" trazem um conteúdo semântico mínimo que implica a redução de custos ou comportamentos menos onerosos ou custosos.

56. A menor onerosidade para fins de eficiência implica tanto a aferição dos custos administrativos (financeiros), como dos custos sociais (de direitos e interesses).

57. Esse segundo elemento da eficiência administrativa, que exige a seleção do meio menos oneroso, trata-se de uma atividade evidentemente comparativa.

58. Quando se estiver diante da comparação entre meios que igualmente atinjam a finalidade e a) possuam o mesmo custo administrativo ou, ainda, b) gerem lesões aos mesmos interesses/direitos/finalidades, com a mesma intensidade, esse segundo aspecto da eficiência não traz maiores problemas, cabendo escolher no primeiro caso (a) aquele menos lesivo a direitos e, no segundo (b), o menos custoso financeiramente.

59. A problemática emerge quando há diferentes elementos a serem cotejados, em especial uma comparação entre custos sociais e administrativos.

60. A pré-compreensão do termo "eficiência" não permite afastar por completo qualquer análise dos custos administrativos. Essa mesma tradição linguístico-cultural condiciona a interpretação a que os custos sejam um fator de relevante importância no labor hermenêutico no que se refere à eficiência administrativa. O vernáculo "eficiência" necessariamente se reporta, em maior ou menor medida, ao aspecto de aferição dos custos administrativos envolvidos.

61. Desta maneira, os custos administrativos possuem, *prima facie*, maior robustez sobre os sociais, merecendo maior valorização na pré-compreensão principiológica, quando se investiga a eficiência administrativa.

62. Esse maior peso conferido aos custos administrativos ocorre aprioristicamente, no plano abstrato, sendo certo que, como qualquer interpretação/aplicação do direito pressupõe, as circunstâncias concretas indicarão se tal presunção prévia merece persistir ou não.

63. Ao assinalar os custos administrativos com um maior peso abstrato, não estão sendo feitas escolhas subjetivas ou mesmo arbitrárias. Não se podem desconsiderar conteúdos semânticos mínimos que

as palavras e/ou termos indicam, bem como as pré-compreensões e cargas culturais e históricas dos intérpretes. Dessa feita, analisando-se a sintaxe da eficiência, demanda-se que seu viés semântico traga a significação da importância, ainda que não exclusiva, dos menores custos administrativos.

64. A ideia de se conferir um maior peso abstrato ao elemento dos custos administrativos não resolve por completo a questão, mas simplesmente confere uma margem de vantagem na comparação. Haverá na aplicação normativa, em contrapartida, um maior ônus argumentativo para que aquele elemento (no caso, o custo administrativo) não tenha prevalência no caso concreto.

65. A conferência de um maior peso abstrato aos custos administrativos não contradiz o núcleo dos direitos fundamentais que conformam o texto constitucional vigente no Brasil, já que a) nem todos os custos sociais dizem respeito a direitos fundamentais, já que há direitos que não são dotados dessa fundamentalidade; b) o peso dos custos administrativos ocorre *prima facie,* não implicando sua invariável prevalência diante do caso concreto; c) esse maior peso abstrato tem por condão destacar que os custos administrativos são um elemento imprescindível ao exercício da função administrativa, não podendo ser tratado com somenos importância; d) esse maior peso aos custos administrativos tem a potencialidade de preservar, ainda que indiretamente, direitos fundamentais, haja vista que ao reduzir custos administrativos em determinada medida administrativa, está-se permitindo que haja mais recursos para a concretização de inúmeros outros direitos fundamentais, em especial os considerados de segunda e terceira gerações. Em realidade, mesmo os direitos fundamentais de primeira geração se mostram financeiramente custosos (*e.g.*, a liberdade de manifestação pressupõe que haja aparatos de segurança e policiamento mínimos para que seja exercida nos seus devidos termos).

66. A complexidade da comparação demanda que se utilizem ainda várias outras técnicas para que se possa efetuar um cotejo adequado: (i) deve-se sempre trazer para a atividade comparativa meios disponíveis e concretamente possíveis; (ii) faz-se mister o respeito à hierarquia normativa dos bens jurídicos afetados pelos meios postos em contraposição; (iii) deve-se ter em conta também aspectos concretos específicos, como a quantidade de pessoas afetadas pela medida e a extensão e gravidade dos possíveis danos gerados; (IV) é preciso apurar se as medidas, além de adequadas à finalidade proposta, também são

simultaneamente aptas a atingir outra ou outras finalidades estatais; V) não se deve buscar por mensurações matematicamente perfeitas, exprimíveis necessariamente em numerações claras, devendo-se adotar valores de comparação mais suaves.

66. Se mesmo após a adoção das técnicas acima ainda restarem elementos impassíveis de comparação, outra não é a opção senão a de conformar a escolha à discricionariedade administrativa permitida legalmente. Feitas as comparações permitidas e possíveis, se ainda não houver um resultado evidente, a complexidade permitirá, no que toca à eficiência, uma escolha subjetivamente válida do agente público entre os meios restantes. Trata-se da discricionariedade ou margem de conformação ou apreciação epistêmica.

67. Nesse aspecto dos custos, cabível rememorar que a eficiência administrativa busca os melhores meios para lograr os melhores resultados, em favor sempre do interesse público, ainda que não haja retorno financeiro algum dos recursos empregados. O Estado não busca lucro, como ocorre nas atividades do setor privado.

68. Esse segundo elemento da eficiência administrativa representa o princípio da economicidade, sendo requisito essencial, mas não exclusivo, da eficiência administrativa.

69. Como último elemento da eficiência administrativa, deve-se verificar o aspecto da onerosidade do meio adotado em relação à finalidade visada. Esse último cotejo demanda, para fins da verificação do comportamento administrativamente eficiente, um sopesamento entre a intensidade da onerosidade existente no meio escolhido (entendida nos termos anteriormente delimitados, que inclui tanto aspectos de recursos públicos como também de direitos afetados, apurando-se a conjugação entre custos administrativos e custos sociais) e a importância da finalidade a ser alcançada.

70. Não pode ser considerada eficiente a escolha de meios que gerem gastos excessivos à Administração Pública (ou ainda ocasionem lesões substanciais a outros direitos/interesses dos administrados) com o escopo de atingir finalidades subalternas ou de reduzida importância. Ser eficiente em hipótese alguma pode ser lido como uma permissão para atuação com excessos ou deficiências.

71. O aspecto custos e benefícios é o mote desse terceiro aspecto da eficiência administrativa. A busca da melhor solução impõe aos agentes públicos que, de modo a atender à determinação da eficiência, afiram i) o grau de onerosidade gerado pelo meio elegido (custos); ii) a

relevância e vantagens obtidas pelo alcance da finalidade pretendida (benefícios); iii) a verificação se a relevância do fim corresponde ou supera a onerosidade dos meios (relação custo/benefício).

72. A construção dos planos normativos realizada permite concluir que a norma representante do princípio da eficiência administrativa é aquela que determina à Administração Pública, bem como àqueles que exerçam função administrativa, no desempenho de suas atividades, a escolherem meios que sejam capazes de atingir a finalidade legal pretendida, sendo que tais meios devem ser os melhores, ou seja, os menos onerosos à Administração Pública (direta e indiretamente), tanto em relação aos demais meios existentes, como em relação à própria finalidade almejada.

73. Essa estruturação da eficiência administrativa, que é composta de três máximas, possui plena similitude com a estruturação conferida à máxima da proporcionalidade (composta pelas submáximas da adequação, necessidade e proporcionalidade em sentido estrito), na forma como construída na doutrina e jurisprudência alemã, em especial com Robert Alexy, e adotada pela doutrina majoritária brasileira.

74. A seleção dos meios que sejam hábeis a alcançar a finalidade (eficácia) é equivalente à máxima da adequação; a escolha do meio menos oneroso, quando em cotejo com os demais meios existentes (economicidade), equivale à necessidade; e o sopesamento entre os efeitos do meio elegido e a finalidade visada se refere à proporcionalidade em sentido estrito.

75. Sem embargo, percebe-se, em especial por meio de algumas observações alicerçadas ao longo da tese, que os elementos da eficiência administrativa (equivalente às máximas da proporcionalidade) possuem nuances que os diferem, ainda que em pequeno grau, daqueles afetos à proporcionalidade – mas sem que isso imponha a perda de identidade e dos elementos essenciais atinentes a uma ideia de proporcionalidade *lato sensu*.

76. O primeiro ponto diferenciador se refere aos custos administrativos. Ainda que ambas as figuras investigadas (eficiência administrativa e proporcionalidade) permitam a inserção dos custos administrativos para suas análises comparativas entre os meios ofertados ao alcance da finalidade, esse aspecto se torna, como premissa geral, personagem de monta para a eficiência administrativa, com sobrelevo em relação ao papel que desempenha na proporcionalidade.

77. O segundo ponto de diferenciação repousa no aspecto funcional da atividade desempenhada, ou seja, a eficiência administrativa toma espaço quando nas relações intersubjetivas estiver sendo exercida a função administrativa (seja pela Administração Pública, seja por particulares que lhe faça as vezes). Fora dos contornos dessa função estatal, não haveria que se falar em eficiência administrativa. A proporcionalidade em sentido geral, por sua vez, é aplicada inclusive em relações entre particulares.

78. O terceiro ponto distintivo diz respeito à adequação dos meios à finalidade. A adequação, no que concerne à proporcionalidade, conforme a posição dominante, basta-se pelo mero fomento, não sendo necessário seu alcance substancial. Por sua vez, no que respeita à eficiência administrativa, a busca pela solução ótima, justamente por se estar no exercício da função administrativa, é a diretriz a ser seguida. Ocorre que se pode trabalhar com uma certa ideia de fomento como compatível com a adequação do meio ao fim no que se refere à eficiência, desde que se esteja diante de finalidades expressas por termos amplamente genéricos e abstratos, interpretando a concepção de fomento no sentido de que objetivos amplos dificilmente seriam satisfeitos em todas as suas vertentes. Assim sendo, um meio escolhido para um objetivo abstrato e genérico poderia ser lido tanto no sentido de ser hábil a alcançar o fim (atinge um, mas não único, aspecto substancial do alvo visado), como de ser capaz de fomentá-lo (incentiva, com mais um passo, a busca da completude substancial daquela finalidade). Não obstante, a significação dada ao fomento da finalidade para fins de proporcionalidade não segue a mesma trilha acima resumida, não havendo nesse caso diferenciação quanto à forma de expressão da finalidade (se com conceitos indeterminados ou não). Em qualquer hipótese o mero incentivo do fim seria o suficiente. Além do que, mesmo na leitura acima feita, o fomento no que concerne à eficiência atingiria substancialmente, de certa maneira, o fim.

79. O conteúdo da eficiência administrativa possui os mesmos elementos ou máximas parciais da consagrada construção da proporcionalidade. Na construção normativa que se realiza, então, a eficiência administrativa possui todas as notas comuns da proporcionalidade, com alguns traços diferenciadores. Logo, outra não pode ser a conclusão senão a de que a eficiência constitui uma espécie de proporcionalidade, chamada nesta tese de proporcionalidade qualificada.

80. A estrutura da norma da eficiência administrativa, preenchida com seu conteúdo semântico, possui a seguinte forma: a) hipótese: se se verificar o exercício de uma função administrativa ou a ocorrência de fato que demande, por determinação normativa, que a essa função seja ali movimentada, desde que envolva a apuração de custos administrativos diretos; b) tese: será obrigatório que o agente público ou quem faça as vezes do Estado escolha os melhores meios (os menos onerosos à Administração Pública, tanto em relação aos demais meios existentes, como em relação à própria finalidade almejada) que sejam capazes de atingir a finalidade legal pretendida em benefício dos administrados (seja eficiente ou, com outra denominação, proporcional em sentido qualificado).

81. Construindo a regra matriz de incidência da norma da eficiência administrativa condizente à relação jurídico-administrativa dos agentes públicos para com o Estado, tem-se a seguinte estruturação: I. a) hipótese – a1) critério material: exercer (verbo) a função administrativa que demande custos administrativos diretos (complemento); a2) critério espacial: em todo o território nacional; a3) critério temporal: no momento do exercício da função; b) consequente – b1) critério pessoal: Estado (sujeito ativo) e agente público no exercício da função administrativa (sujeito passivo); b2) critério prestacional: exigir (verbo) comportamento eficiente ou proporcionalmente qualificado (complemento).

82. Já a regra matriz no que versa ao direito subjetivo existente em prol dos administrados para que o Estado, por meio de seus agentes ou quem lhe faça as vezes, atue de modo eficiente, forma-se com os seguintes elementos: II. a) hipótese – a1) critério material: exercer (verbo) a função administrativa que demande custos administrativos diretos (complemento); a2) critério espacial: em todo o território nacional; a3) critério temporal: no momento do exercício da função; b) consequente – b1) critério pessoal: administrado (sujeito ativo) e agente público no exercício da função administrativa (sujeito passivo); b2) critério prestacional: exigir (verbo) comportamento eficiente ou proporcionalmente qualificado (complemento).

83. Conhecendo o conteúdo da norma geral e abstrata da eficiência administrativa, pode-se afirmar que a função administrativa, ao mesmo tempo que atua como condição para a verificação da eficiência tratada, também serve como fonte para a construção dos aspectos nucleares desta.

84. Desta maneira, a norma representativa da eficiência administrativa também pode ser erigida se socorrendo, ademais dos enunciados

normativos constitucionais e infraconstitucionais já indicados quando do estudo do plano sintático, também (ainda que não exaustivamente) dos artigos 2º, 21, 23, 25, 30, 37 a 41, todos da Constituição Federal, já que se reportam, em maior ou menor medida, ao exercício da função administrativa pelo Estado.

85. Estipular a natureza jurídica da eficiência administrativa como princípio jurídico ou não depende do que se entende por princípio, o que varia, como as classificações em geral, pelas linhagens, muitas vezes dotadas de subjetividades, de cada pesquisador.

86. Na perspectiva de Celso Antônio Bandeira de Mello, evidentemente que se pode trabalhar a eficiência administrativa como princípio, sendo ela um mandamento nuclear do sistema jurídico brasileiro (não se podem imaginar outras normas que desconsiderem por completo a eficiência). Em Paulo de Barros Carvalho, seria possível enquadrar eficiência como princípio, por ser uma norma jurídica, na categoria dos limites-objetivos, uma vez que visa ela a alcançar outros valores. Por outro lado, adotando-se a linhagem de Humberto Ávila, tal figura se enquadraria melhor como um postulado, por se tratar não de norma imediatamente finalística, mas metódica. Seguindo as considerações de Ronald Dworkin e Robert Alexy, por sua vez, eficiência ficaria mais adequada sendo tratada como regra.

87. Nesta tese, ao invocar o termo "princípio da eficiência administrativa", assim se faz pela indicação sintática do próprio legislador (artigo 37, *caput*, da CF), bem como para indicar a ideia de princípio como mandamento nuclear. Sem embargo, entende-se que, nessa compreensão de princípio como mandamento de otimização, não se trata a eficiência de um princípio, mas sim de uma regra ou, em um entendimento particular, de um postulado normativo.

88. No plano da pragmática, uma das funções do discurso a ser analisada é a função de sinal, referente à mudança de comportamento gerada pelo discurso. No que tange à eficiência administrativa e à inserção expressa de seu texto pela EC nº 19/1998, apura-se que ela veio permeada pela ideologia neoliberal, que pregava uma transição de uma administração considerada burocrática para uma administração gerencial.

89. Essa impregnação ideológica provocou uma cisão entre os intérpretes, havendo os que compartilham de suas premissas, buscando maior flexibilização da atividade administrativa, e aqueles que a

rechaçam, pois enxergam uma tentativa de desestruturação do Estado Democrático Social.

90. A consequência desse atrito ideológico acarretou o tratamento da eficiência administrativa com reduzida importância, impedindo sua aplicação plena, formando um quadro pragmático de desprezo e/ou desconfiança em relação à norma, pois, de um lado, tinham-se os defensores da crença neoliberal, que verificaram, desapontados, que o texto constitucional não permitiria a máxima flexibilização do regime jurídico de Direito Público; do outro lado, os que refutavam ditas concepções, que, justamente por possuírem esse ranço ideológico, não aceitavam de maneira plena a importância e relevância do princípio em comento.

91. A eficiência administrativa é passível de ser controlada pelos atores legitimados para tanto, uma vez que incide no exercício da função administrativa, a qual, por definição, pressupõe uma atividade controlável.

92. O principal personagem nessa atividade de controle é o Poder Judiciário, sem prejuízo do controle a ser realizado, autônoma ou complementarmente, pelo próprio ente administrativo que expediu o ato, em um exercício de autotutela; pelo Poder Legislativo, com auxílio do Tribunal de Contas, havendo um papel predominante deste em tal mister; pelas organizações da sociedade civil, veículos de imprensa e demais grupos sociais.

93. O controle dos atos tendo como paradigma a eficiência administrativa, no entanto, encontra limites, não cabendo ao Poder Judiciário se substituir à Administração Pública na seleção dos meios ótimos para o alcance das finalidades.

94. Os atos administrativos realizados, em particular os chamados de discricionários, no que tange à apuração do respeito à eficiência administrativa, submetem-se a todas as técnicas de controle permitidas (análise da legalidade estrita, do desvio e abuso de poder, da teoria dos motivos determinantes, da incidência de princípios), que devem ser utilizadas com as limitações necessárias para que não haja a indevida violação ao mérito administrativo (mas sem que este seja visto de forma mais ampla do que realmente é). Dentre essas limitações, destacam-se a) o fato que o julgamento das etapas da eficiência administrativa deve ocorrer na vertente negativa, é dizer, somente cabe ao julgador apurar se o meio foi inadequado ou mais oneroso (leia-se, ineficiente) e b) o exercício desse controle negativo deve ser realizado de maneira

moderada, levando-se em consideração os campos justamente em que o administrador possui a discricionariedade na escolha.

95. O mérito administrativo continua sendo matéria insindicável. Controlar o ato administrativo pelo viés da eficiência administrativa não significa controlar diretamente seu mérito; contudo, com as diversas técnicas de controle construídas, sua conformação é bem mais reduzida do que se imaginava outrora, passando certas questões que antes eram tidas como meritórias a se enquadrar como pontos de juridicidade.

96. Para fins de controle *a posteriori*, seja por órgãos de controle administrativo (controladorias, corregedorias, Tribunais de Contas etc.), seja pelo Poder Judiciário, os atos de efeito imediato praticados no exercício da função administrativa devem ser avaliados, no que toca à eficiência administrativa, sob as circunstâncias existentes no momento de sua prática, e não tendo como marco a data do julgamento.

97. Nos atos administrativos de efeitos continuados, a avaliação da (in)eficiência administrativa merece o crivo dos órgãos de controle tanto se tendo em vista o momento da edição do ato, quanto durante todo o período em que ele produziu seus efeitos, pois nesse lapso temporal havia ainda o exercício da função administrativa de fiscalizar e controlar seus próprios atos (típico exercício de autotutela), devendo-se apurar e controlar a ocorrência de ineficiências.

98. É possível que se realize uma aplicação da eficiência administrativa *ex ante*, inclusive no que concerne às atividades dos órgãos de controle, não se exigindo que o ato se consuma, gerando muitas vezes efeitos indesejados, para que se possa, então, falar em controle da Administração Pública.

99. No caso da não concretização material da finalidade almejada em decorrência de eventos extraordinários no substrato social ou mesmo no plano do Direito positivo, nas situações em que se tratar de ato de efeitos imediatos, ainda assim é possível falar que, em tese, a medida foi administrativamente eficiente. Isso se dá tomando como paradigma justamente o momento da prática do ato administrativo. A norma geral e abstrata da eficiência administrativa não exige necessariamente a concreção material da finalidade legal pretendida, mas sim que se escolha um meio adequado para tanto.

100. No caso da seleção de um meio que se verifique ser inadequado para atingir a finalidade desde a sua prática, verificando-se que o agente se comportou em sintonia com as informações disponíveis, ausente o elemento culpa (*lato sensu*), é certo que não cabe a sua

responsabilização pessoal decorrente de um comportamento administrativamente ineficiente.

101. No entanto, em relação ao ente Estatal, sendo seu dever se comportar de maneira eficiente no exercício da função administrativa, de acordo com a norma jurídica correlata, caso assim não o faça e de tal conduta haja danos jurídicos e determinados ocorridos em razão da ineficiência, não havendo igualmente qualquer hipótese excludente de responsabilidade, clarividente fica a configuração da responsabilização estatal extracontratual decorrente de ato ilícito, por se tratar de responsabilidade na modalidade objetiva, conforme interpretação do artigo 37, §6º, da CF.

102. Quando se estiver diante de uma omissão estatal, cuja responsabilidade ocorre na modalidade subjetiva, vislumbra-se que o dano passível de indenização não pode ser atribuído à ineficiência. Pela construção normativa consolidada até então, tem-se que a eficiência administrativa não configura um fim em si próprio, é dizer, ela serve como análise metodológica para a seleção do melhor meio para o alcance da finalidade legal, não sendo propriamente a finalidade almejada. Nesse ponto, portanto, um dano gerado por uma omissão do Estado é indenizável pela ausência da prática estatal, mas não necessariamente pela ineficiência.

103. A culpa ou dolo não influem no (des)cumprimento da norma da eficiência administrativa, já que não são elementos normativos presentes nem na hipótese nem no consequente, muito embora ditos elementos possam adquirir alguma influência nas consequências jurídicas advindas da ineficiência (que já constituem outras normas jurídicas, como as de cunho sancionatório, por exemplo).

104. A apuração da eficiência administrativa pelos órgãos de controle pressupõe o exame probatório, uma vez que acontecimentos físicos se exaurem no tempo e espaço, sendo impossível seu acesso, fazendo-se mister ao homem utilizar enunciados linguísticos para constituir os fatos com que pretenda entrar em contato.

105. Havendo a impugnação judicial de um ato administrativo sob o fundamento de sua ineficiência, caberá ao administrado, como regra, provar que a Administração Pública não observou a eficiência administrativa, sob pena de ter seu pedido julgado improcedente, ante a presunção de legitimidade dos atos administrativos.

106. A motivação é fundamental para a eficiência administrativa, uma vez que são as razões objetivamente compostas por enunciados

linguísticos que serão objeto de aferição da compatibilidade do ato administrativo com o princípio em tela.

107. É pela argumentação apresentada pelo agente público que será possível apurar a correção das escolhas feitas no momento das comparações e sopesamentos necessários para a eficiência administrativa. Somente pelos argumentos objetivamente exteriorizados é que o agente público se livrará do ônus argumentativo que lhe incumbia.

108. É possível notar quatro inter-relacionamentos entre a eficiência administrativa e o princípio da legalidade: a) um ato legal e administrativamente eficiente; b) um ato legal e administrativamente ineficiente; c) um ato ilegal e administrativamente eficiente; e d) um ato ilegal e administrativamente ineficiente.

109. Quanto ao item "a", trata-se da situação desejada pela Administração, configurando o cenário ótimo da atuação administrativa. Em sentido diametralmente oposto, o item "d" representa uma descabida prática, merecendo ser rechaçada com todos os rigores do sistema jurídico.

110. No item "b", pode-se estar aqui diante de duas situações: i) um ato administrativo praticado no exercício da chamada competência vinculada, não havendo qualquer margem de escolha ao agente público, pode ser considerado legal, por atender às determinações da lei formal, mas se mostrar evidentemente contrário à eficiência administrativa. Em casos tais, não cabe ao agente público contrariar *ex officio* a determinação legal, negando-lhe cumprimento, mas se deve valer das vias adequadas, de modo a provocar a declaração pelo Poder Judiciário da inconstitucionalidade da lei em comento, por violação, primordialmente, ao artigo 37, *caput*, da Constituição Federal; ii) diferentemente ocorre quando a lei confere certa dose de escolha ao agente público, estando-se diante de uma margem de discricionariedade. Aqui, dentre as escolhas possíveis, optou o agente por uma que se mostrava ineficiente sob o ponto de vista administrativo. Perceba-se que não há qualquer mácula na lei que autorizou a prática do ato, estando a problemática, em realidade, em sua aplicação, que acabou por contrariar uma norma constitucional. É possível se falar, portanto, no caso de um ato legal, porém antijurídico.

111. Desta feita, ainda que determinado ato administrativo venha a atender aos rigores da lei, ele pode se mostrar antijurídico por ferir normas constitucionais (em especial a que consubstancia a eficiência

administrativa), razão pela qual as análises de legalidade e eficiência se encontram em planos distintos.

112. A hipótese contida em "c", embora seja de possível ocorrência, porquanto a análise da eficiência e da legalidade ocorre em planos distintos, como visto acima, não tem o condão de salvaguardar o vício. É dizer, a eficiência não sana o vício da ilegalidade.

113. Não há como ponderar legalidade com eficiência, porquanto esta não constitui uma finalidade a ser perseguida, mas sim um instrumento para lograr o alcance ótimo de outras finalidades postas pelo ordenamento jurídico. Desta sorte, não é possível sopesar o grau de importância das finalidades no caso concreto, já que a eficiência administrativa não é uma.

114. Faz-se mister lembrar que a invalidação dos atos administrativos pode ser realizada por dois distintos atores: o próprio agente que emitiu o ato ou outrem em posição de superioridade hierárquica (exercício de autotutela) e o Poder Judiciário.

115. Pelo próprio conceito de invalidação dos atos administrativos, conjugado com a ideia não só do princípio da legalidade, mas também da juridicidade, um ato que possui um vício que desafia uma norma de índole constitucional, *in casu*, a eficiência administrativa, não pode, como regra, resistir na ordem jurídica.

116. Invalidar um ato administrativo por estar violando a eficiência administrativa não implica adentrar o mérito daquele ato, que seria, em certa medida, insindicável. Não permitir a invalidação do ato pelo Poder Judiciário, pautada por um vício de violação de uma norma constitucional (eficiência administrativa), é negar juridicidade a esse princípio, colocando-o em um pretenso patamar de inferioridade em relação às demais normas constitucionais, sem que haja razão para tanto.

117. É possível que um ato que de alguma maneira tenha se oposto à norma geral e abstrata da eficiência administrativa, desde que se trate de um vício sanável, seja corrigido por um novo ato que lhe assegure os efeitos pretéritos, por meio do instrumento da convalidação.

118. Em tese (pode ser que as circunstâncias concretas alterem o resultado da escolha), invalidar um ato se mostra como uma conduta ineficiente, caso seja possível convalidá-lo, uma vez que a convalidação se apresenta como uma diretriz com prevalência sobre a invalidação, sendo obrigatória quando cabível. A invalidação, como regra, gera custos sociais pela instabilização de certos direitos e princípios, em especial

o da segurança jurídica, ademais de custos administrativos na recomposição da situação anterior ou possíveis indenizações a serem pagas.

119. Pode-se elencar como formas de correção dos vícios administrativos, além da invalidação e convalidação, a redução ou reforma, que configura o saneamento do ato viciado por meio da edição de um novo, que tem por efeito a exclusão da parte inválida do ato viciado, mantendo a parte válida salvaguardada. Trata-se de uma invalidação parcial com efeitos retroativos; a invalidação e concomitante edição de outro ato, que seria o mesmo que uma convalidação irretroativa. Invalida-se o ato viciado e se emite, concomitantemente, um outro ato com o mesmo conteúdo, mas sem o vício em questão, com efeitos futuros; a conversão, consistente na edição de um novo ato visando à transformação de um ato viciado em outro, saneando-o.

120. Existe a possibilidade também de atos que inicialmente seriam inválidos se estabilizarem pelo decurso temporal, passando a ser meramente irregulares. Esse fenômeno da estabilização do vício diz respeito à mutação sofrida pelo ato viciado no caso em que o Estado não adota nenhuma providência, transformando-o em simplesmente irregular. Há, nessa situação, a incidência do princípio de conservação da norma, que será cada vez maior quanto mais relações jurídicas o ato inválido instituir.

121. Um exame sobre uma amostragem de julgados do TCU, STJ e STF demonstra que, embora as Cortes flertem em algumas ocasiões com a ideia de eficiência administrativa vinculada a critérios constitucionalmente adequados a seu conteúdo jurídico, como a análise de custos, não há uma uniformidade em sua interpretação, tampouco aplicam a norma jurídica de maneira completa, gerando uma imprevisibilidade em suas decisões e se evidenciando que não há nesses Tribunais uma ideia bem demarcada da significação de eficiência administrativa.

Por derradeiro, à guisa de conclusão, um escrutínio dos planos sintático, semântico e pragmático da eficiência administrativa no sistema jurídico brasileiro permitiu a construção da norma jurídica geral e abstrata de caráter metodológico e procedimental, que determina àqueles que exercem a função administrativa que, quando dessa atividade, desde que envolva a apuração de custos administrativos diretos, escolham os melhores meios (os menos onerosos à Administração Pública, tanto em relação aos demais meios existentes, como em relação à própria finalidade almejada) que sejam capazes de atingir a finalidade legal pretendida em benefício dos administrados. Permite-se, então, com as três máximas da eficiência administrativa (eficácia, economicidade e custo benefício), na forma discorrida ao longo do trabalho, que os intérpretes/aplicadores deem efetividade a essa norma jurídica com um mínimo de segurança e objetividade.

REFERÊNCIAS

ABBAGNANO, Nicola. *Dicionário de filosofia*. Tradução de Alfredo Bosi. São Paulo: Martins Fontes, 2007.

ABRUCIO, Fernando Luiz; PEDROTI, Paula; PÓ, Marcos Vinícius. A formação da burocracia brasileira: a trajetória e os significados das reformas administrativas. *In:* LOUREIRO, Maria Rita; ABRUCIO, Fernando Luiz; PACHECO, Regina Silvia (Org.). *Burocracia e política no Brasil*: desafios para o Estado democrático no século XXI. Rio de Janeiro: FGV, 2010. p. 27-72.

AFTALIÓN, Enrique R.; VILANOVA, José; RAFFO, Julio. *Introducción al derecho*. 4. ed. Buenos Aires: Abeledo-Perrot, 2004.

ALCANTARA, Christian Mendez. *O modelo gerencial*: organizações públicas não estatais e o princípio da eficiência uma visão jurídica e administrativa. Belo Horizonte: Fórum, 2009.

ALESSI, Renato. *Diritto amministrativo*. Milano: Dott A. Giuffrè, 1950.

ALEXY, Robert. *Constitucionalismo discursivo*. 2. ed. Tradução de Luís Afonso Heck. Porto Alegre: Livraria do Advogado, 2008.

ALEXY, Robert. Sobre a estrutura dos princípios jurídicos. *Revista Internacional de Direito Tributário*, v. 3, p. 155-167, jan./jun. 2005.

ALEXY, Robert. *Teoria dos direitos fundamentais*. 2. ed. Tradução de Virgílio Afonso da Silva. São Paulo: Malheiros, 2015.

ALVES, Alaôr Caffé. Fundamentos dos atos de vontade e práxis linguístico-social no direito. Kelsen e Wittgenstein II. *In:* HARET, Florence; CARNEIRO, Jerson (Coord.). *Vilém Flusser e juristas*: comemoração dos 25 anos do grupo de estudos de Paulo de Barros Carvalho. São Paulo: Noeses, 2009. p. 79-122.

AMARAL, Antônio Carlos Cintra do. O princípio da eficiência no Direito Administrativo. *Revista Diálogo Jurídico*, Salvador, CAJ – Centro de Atualização Jurídica, n. 14, jun./ago. 2002. Disponível em: http://www.direitopublico.com.br. Acesso em: 10 dez. 2015.

ANDRADE, Thais Savedra. O princípio da eficiência constitucional: uma releitura a partir da interdisciplinaridade. *Argumenta (FUNDINOPI)*, Jacarezinho, v. 18, p. 77-89, 2013.

ARAGÃO, Alexandre Santos de. A concepção pós-positivista do princípio da legalidade. *Revista de Direito Administrativo – RDA*, Rio de Janeiro, v. 236, p. 51-64, abr./jun. 2004a.

ARAGÃO, Alexandre Santos de. O princípio da eficiência. *Revista de Direito Administrativo – RDA*, Rio de Janeiro, v. 237, p. 1-6, jul./set. 2004b.

ARAGÃO, Alexandre Santos de. *Curso de Direito Administrativo*. 3. ed. Rio de Janeiro: Forense, 2013.

ARAGÃO, Cecília Viscovi de. Burocracia, eficiência e modelos de gestão pública: um ensaio. *Revista do Serviço Público*, a. 48, n. 3, p. 104-132, set./dez. 1997.

ARAUJO, Clarice Von Oertzen de. *Semiótica do Direito*. São Paulo: Quartier Latin, 2005.

ARAUJO, Clarice Von Oertzen de. Semiótica e investigação do Direito. *In*: CARVALHO, Aurora Tomazini de (Org.). *Construtivismo Lógico-Semântico*. São Paulo: Noeses, 2014. v. I. p. 121-154.

ATALIBA, Geraldo. *Hipótese de incidência tributária*. 6. ed. São Paulo: Malheiros, 2016.

AUROUX, Sylvain. *A filosofia da linguagem*. Tradução de José Horta Nunes. Campinas: Ed. Unicamp, 1998.

ÁVILA, Humberto. Moralidade, razoabilidade e eficiência na atividade administrativa. *Revista Eletrônica de Direito do Estado*, Salvador, Instituto de Direito Público da Bahia, n. 4, out./nov./dez. 2005. Disponível em: http://www.direitodoestado.com.br/artigo/humberto-avila/moralidade-razoabilidade-e-eficiencia-na-atividade-administrativa. Acesso em: 19 fev. 2019.

ÁVILA, Humberto. *Teoria da igualdade tributária*. São Paulo: Malheiros, 2008.

ÁVILA, Humberto. *Teoria dos princípios*: da definição à aplicação dos princípios jurídicos. 14. ed. São Paulo: Malheiros, 2013.

BACELLAR FILHO, Romeu Felipe. Profissionalização da função pública: a experiência brasileira. *Revista de Direito Administrativo – RDA*, Rio de Janeiro, v. 232, p. 1-9, abr./jun. 2003.

BAKHTIN, Mikhail. *Marxismo e filosofia da linguagem*. Tradução de Michel Lahud; Yara Frateschi Vieira. São Paulo: Hucitec, 1981.

BANDEIRA DE MELLO, Celso Antônio. *Curso de Direito Administrativo*. 14. ed. São Paulo: Malheiros, 2002.

BANDEIRA DE MELLO, Celso Antônio. *Curso de Direito Administrativo*. 33. ed. São Paulo: Malheiros, 2017.

BANDEIRA DE MELLO, Celso Antônio. *Discricionariedade e controle jurisdicional*. São Paulo: Malheiros, 1992.

BANDEIRA DE MELLO, Celso Antônio. *Eficácia das normas constitucionais e direitos sociais*. São Paulo: Malheiros, 2015.

BANDEIRA DE MELLO, Celso Antônio. O controle judicial dos atos administrativos. *Revista de Direito Administrativo – RDA*, Rio de Janeiro, v. 152, p. 1-15, abr./jun. 1983.

BANDEIRA DE MELLO, Celso Antônio. O desvio de poder. *Revista de Direito Administrativo – RDA*, Rio de Janeiro, v. 172, p. 1-19, abr./jun. 1988.

BANDEIRA DE MELLO, Celso Antônio. "Relatividade" da competência discricionária. *Revista de Direito Administrativo – RDA*, Rio de Janeiro, v. 212, p. 49-56, abr./jun. 1998.

BANDEIRA DE MELLO, Oswaldo Aranha. *Princípios gerais de Direito Administrativo*. 3. ed. São Paulo: Malheiros, 2010. v. I.

BARBOSA, Sandra Pires. Impacto da globalização sobre o princípio da eficiência. *Revista de Direito Administrativo – RDA*, Rio de Janeiro, v. 224, p. 197-210, abr./jun. 2001.

BARNES, Javier. El principio de proporcionalidad. Estudio preliminar. *Cuadernos de derecho público*, v. 5, p. 15-49, sep./dic. 1998.

BASSI, Franco. *Lezioni di Diritto Amministrativo*. 8. ed. Milano: Dott. A. Giuffrè, 2008.

BATISTA JÚNIOR, Onofre Alves. *Princípio constitucional da eficiência administrativa*. 2. ed. Belo Horizonte: Fórum, 2012.

BECKER, Alfredo Augusto. *Teoria geral do Direito Tributário*. 2. ed. São Paulo: Saraiva, 1972.

BERNAL PULIDO, Carlos. La racionalidad de la ponderación. In: CARBONELL, Miguel (Ed.). *El principio de la proporcionalidad y la interpretación constitucional*. Equador: Ministerio de Justicia y Derechos Humanos, 2008. p. 43-68.

BERTONCINI, Mateus Eduardo Siqueira Nunes; KNOERR, Viviane Coêlho de Séllos. Cidadania, dignidade humana e princípio da eficiência. *Revista Jurídica Cesumar – Mestrado*, v. 12, n. 1, p. 237-257, jan./jun. 2011.

BEZNOS, Clovis. *Ação popular e ação civil pública*. São Paulo: Revista dos Tribunais, 1989.

BEZNOS, Clovis. *Poder de polícia*. São Paulo: Revista dos Tribunais, 1979.

BINENBOJM, Gustavo. O sentido da vinculação administrativa à juridicidade do direito brasileiro. In: ARAGÃO, Alexandre Santos de; MARQUES NETO, Floriano de Azevedo (Coord.). *Direito Administrativo e seus novos paradigmas*. Belo Horizonte: Fórum, 2012. p. 145-204.

BINENBOJM, Gustavo. *Temas de Direito Administrativo e Constitucional*: artigos e pareceres. Rio de Janeiro: Renovar, 2008a.

BINENBOJM, Gustavo. *Uma teoria do Direito Administrativo*: direitos fundamentais, democracia e constitucionalização. 2. ed. Rio de Janeiro: Renovar, 2008b.

BLIACHERIENE, Ana Carla; RIBEIRO, Renato Jorge Brown; FUNARI, Marcos Hime. Governança pública, eficiência e transparência na administração pública. *Fórum de Contratação e Gestão Pública – FCGP*, Belo Horizonte, a. 12, n. 133, p. 9-15, jan. 2013.

BOBBIO, Norberto. *Teoria da norma jurídica*. Tradução de Fernando Pavan Batista; Ariani Bueno Sudatti. Bauru: Edipro, 2001.

BORBA, Francisco S. et al. *Dicionário UNESP de português contemporâneo*. São Paulo: UNESP, 2004.

BORGES, Alice Gonzales. Princípio da eficiência e avaliação de desempenho de servidores. *JAM – Jurídica Administração Municipal*, Salvador, a. VI, n. 7, p. 19-27, jul. 2001.

BORGES, Alice Gonzales. Supremacia do interesse público: desconstrução ou reconstrução? *Revista Eletrônica de Direito Administrativo Econômico (REDAE)*, Salvador, Instituto Brasileiro de Direito Público, n. 26, maio/jun./jul. 2011. Disponível em: http://www.direitodoestado.com/revista/REDAE-26- MAIO-2011-ALICE-BORGES.pdf. Acesso em: 02 jan. 2015.

BRESSER-PEREIRA, Luiz Carlos. A reforma gerencial do Estado de 1995. *RAP*, Rio de Janeiro, a. 34, v. 4, p. 7-26, jul./ago. 2000.

BRESSER-PEREIRA, Luiz Carlos. *Construindo o Estado Republicano*: democracia e reforma da gestão pública. Rio de Janeiro: FGV, 2009.

BRITTO, Lucas Galvão de. Dividir, definir e classificar: conhecer é recortar o mundo. *In*: CARVALHO, Aurora Tomazini de (Org.). *Construtivismo Lógico-Semântico*. São Paulo: Noeses, 2014. v. I. p. 201-248.

BUCCI, Maria Paula Dallari. *Direito Administrativo e políticas públicas*. São Paulo: Saraiva, 2002.

BUGARIN, Paulo Soares. O princípio constitucional da eficiência: um enfoque multidisciplinar. *Revista do TCU*, Brasília, v. 32, n. 87, p. 39-50, jan./mar. 2001.

BULOS, Uadi Lammêgo. Reforma administrativa (primeiras impressões). *Revista de Direito Administrativo – RDA*, Rio de Janeiro, v. 214, p. 69-98, out./dez. 1998.

CABRAL, Dafne Reichel. *Os Tribunais de Contas e o direito à boa administração pública*. Rio de Janeiro: Lumen Juris, 2022.

CABRAL, Flávio Garcia. A eficiência administrativa nos anos 90 e hoje: mudou alguma coisa?. *In*: ANDRADE, Giulia De Rossi; SAIKALI, Lucas Bossoni. (Org.). *Eficiência, subsidiariedade, interesse público e novas tecnologias*: uma homenagem dos orientandos do Professor Emerson Gabardo. Curitiba: Íthala, 2021. p. 127-144.

CABRAL, Flávio Garcia. Natureza jurídica das medidas cautelares administrativas patrimoniais. *Revista de Direito Administrativo e Infraestrutura*, v. 8, p. 173-201, 2019.

CABRAL, Flávio Garcia. *O Tribunal de Contas da União na Constituição Federal de 1988*. São Paulo: Verbatim, 2014.

CABRAL, Flávio Garcia. Os fundamentos políticos da prestação de contas estatal. *Revista de Direito Administrativo – RDA*, Rio de Janeiro, v. 270, p. 147-169, set./dez. 2015.

CABRAL, Flávio Garcia; PIO, Nuno Roberto Coelho. Controle social como mecanismo de efetivação da eficiência administrativa. *Revista de Direito Público*, Porto Alegre, v. 14, n. 77, p. 214-239, set./out. 2017.

CABRAL, Flávio Garcia; REICHEL, Dafne. Breves considerações sobre a Fórmula de Hand e sua aplicação à responsabilidade dos agentes públicos. *Revista da PGBC*, Brasília, v. 11, n. 1, p. 37-56, jun. 2017.

CABRAL, Flávio Garcia; SARAI, Leandro. *Manual de Direito Administrativo*. 2. ed. Leme: Mizuno, 2023.

CAETANO, Marcelo. *Princípios fundamentais do Direito Administrativo*. Rio de Janeiro: Forense, 1977.

CALVÃO, Filipa Urbano. Princípio da eficiência. *Revista da Faculdade de Direito da Universidade do Porto*, Porto, a. 7, p. 329-341, 2010.

CÂMARA, Jacintho Arruda. A preservação dos efeitos dos atos administrativos viciados. *Revista Diálogo Jurídico*, Salvador, n. 14, jul./ago. 2002, Disponível em: http://www.direitopublico.com.br/pdf_14/DIALOGO-JURIDICO-14-JUNHO-AGOSTO-2002-JACINTHO-ARRUDA-CAMARA.pdf. Acesso em: 10 jul. 2017.

CARVALHO, Aurora Tomazini de. A ideia de texto e sua potencialidade analítica para a teoria comunicacional do direito. *In*: ROBLES, Gregorio; CARVALHO, Paulo de Barros (Coord.). *Teoria comunicacional do direito*: diálogo entre Brasil e Espanha. São Paulo: Noeses, 2011. p. 193-220.

CARVALHO, Aurora Tomazini de. Construtivismo lógico-semântico como método de trabalho na elaboração jurídica. *In*: CARVALHO, Aurora Tomazini de (Org.). *Construtivismo Lógico-Semântico*. São Paulo: Noeses, 2014. v. I. p. 13-40.

CARVALHO, Aurora Tomazini de. *Curso de teoria geral do Direito*: o construtivismo lógico-semântico. 3. ed. São Paulo: Noeses, 2013.

CARVALHO, Luciani Coimbra de. *A configuração jurídica das compras governamentais por padronização como concretização do princípio da eficiência*. 249 f. Tese (Doutorado em Direito) – Faculdade de Direito, Pontifícia Universidade Católica de São Paulo, São Paulo, 2012.

CARVALHO, Paulo de Barros. Algo sobre o construtivismo lógico-semântico. *In*: CARVALHO, Aurora Tomazini de (Org.). *Construtivismo Lógico-Semântico*. São Paulo: Noeses, 2014. v. I. p. 3-12.

CARVALHO, Paulo de Barros. *Curso de Direito Tributário*. 21. ed. São Paulo: Saraiva, 2009.

CARVALHO, Paulo de Barros. *Direito Tributário, Linguagem e Método*. São Paulo: Noeses, 2013.

CARVALHO, Paulo de Barros. *Direito Tributário*: fundamentos jurídicos de incidência. 9. ed. São Paulo: Saraiva, 2012.

CARVALHO, Raquel Melo Urbano de. *Curso de Direito Administrativo*: parte geral, intervenção do estado e estrutura da administração. Salvador: JusPodivm, 2008.

CARVALHO FILHO, José dos Santos. *Manual de Direito Administrativo*. 23. ed. Rio de Janeiro: Lumen Juris, 2010.

CASSAGNE, Juan Carlos. *Derecho administrativo*. 6. ed. Buenos Aires: Abeledo-Perrot, 1998.

CASSESSE, Sabino. *Corso di diritto amministrativo*: Istituzioni di diritto amministrativo. Millan: Dott. A. Giuffrè, 2009. v. I.

CASTARDO, Hamilton Fernando. *O tribunal de contas no ordenamento jurídico brasileiro*. Campinas: Millennium, 2007.

CAVALCANTI, Themístocles Brandão. Do poder discricionário. *Revista de Direito Administrativo – RDA*, Rio de Janeiro, v. 101, p. 1-23, jul./set. 1970.

CEREIJIDO, Juliano Henrique da Cruz. O princípio constitucional da eficiência na administração pública. *Revista de Direito Administrativo – RDA*, Rio de Janeiro, v. 226, p. 231-241, out./dez. 2001.

CHIASSONI, Pierluigi. L'ineluttabile scetticismo della "scuola genovese". *In:* COMANDUCCI, Paolo; GUASTINI, Riccardo (Org.). *Analisi e diritto 1998*. Ricerche di giurisprudenza analitica. Torino: Giappichelli, 1999. p. 21-76.

CHIAVENATO, Idalberto. *Introdução à teoria geral da administração*. 7. ed. Rio de Janeiro: Elsevier, 2003.

CLÉRICO, Laura. Examen de proporcionalidad y objeción de indeterminación. *AFD*, n. XXXI, 2015, p. 73-99, 2015.

COPETTI NETO, Alfredo; MORAIS, José Luis Bolzan. O segundo movimento Law and Economics, a eficiência e o consenso do modelo neoclássico ordenalista subjetivista a partir de Richard Posner: ruptura ou (re)aproximação ao (Estado de) Direito contemporâneo. *Constituição, Economia e Desenvolvimento – Revista da Academia Brasileira de Direito Constitucional*, Curitiba, n. 4, p. 56-76, jan./jun. 2011.

COSTA, Claúdio. *Filosofia da linguagem*. 3. ed. Rio de Janeiro: Zahar, 2007.

CRETELLA JÚNIOR, José. *Comentários à Constituição brasileira de 1988*. Rio de Janeiro: Forense Universitária, 1992.

CRETELLA JÚNIOR, José. *Curso de Direito Administrativo*. 13. ed. Rio de Janeiro: Forense, 1995.

CRETELLA JÚNIOR, José. O mérito do ato administrativo. *Revista de Direito Administrativo – RDA*, Rio de Janeiro, v. 79, p. 23-37, 1965.

CUNHA, Sérgio Sérvulo da. *Dicionário compacto de direito*. 3. ed. São Paulo: Saraiva, 2003.

CUSTÓDIO FILHO, Ubirajara. A Emenda Constitucional 19/98 e o princípio da eficiência na Administração Pública. *Cadernos de Direito Constitucional e Ciência Política – Revista dos Tribunais*, São Paulo, n. 27, p. 210- 217, abr./jul. 1999.

DERANI, Cristiane. *Privatização e serviços públicos*: as ações do Estado na produção econômica. São Paulo: Max Limonad, 2002.

DESCALZO GONZÁLEZ, Antonio. Eficacia administrativa. *Eunomia – Revista en Cultura de la legalidad*, n. 2, p. 145-151, ago. 2012.

DI PIETRO, Maria Sylvia Zanella. *Direito Administrativo*. 30. ed. Rio de Janeiro: Forense, 2017.

DI PIETRO, Maria Sylvia Zanella. *Discricionariedade Administrativa na Constituição de 1988*. São Paulo: Atlas, 1991.

DI PIETRO, Maria Sylvia Zanella. Discricionariedade técnica e discricionariedade administrativa. *Revista Eletrônica de Direito Administrativo Econômico (REDAE)*, Salvador, Instituto Brasileiro de Direito Público, n. 9, fev./mar./abr. 2007. Disponível em: http://www.direitodoestado.com.br/redae.asp. Acesso em: 20 out. 2016.

DI PIETRO, Maria Sylvia Zanella. *Parcerias na Administração Pública*: concessão, permissão, franquia, terceirização, parceria público-privada e outras formas. 10. ed. São Paulo: Atlas, 2015.

DIDIER JR., Fredie. *Curso de Processo Civil*: introdução ao Direito Processual Civil, parte geral e processo de conhecimento. 20. ed. Salvador: JusPodivm, 2018.

DINIZ, Geila Lídia Barreto Barbosa. Parecer PGFN/CDA/Nº 2025/2011. *Revista da PGFN*, Brasília, a. II, n. 1, p. 305-364, 2012.

DINIZ, Maria Helena. *Compêndio de introdução à ciência do direito*. 20. ed. São Paulo: Saraiva, 2009.

DIREITO, Carlos Alberto Menezes. Reforma Administrativa: a Emenda nº 19/98. *Revista de Direito Administrativo – RDA*, Rio de Janeiro, v. 213, p. 133-139, jul./set. 1998.

DWORKIN, Ronald. *Levando os direitos a sério*. Tradução de Nelson Boeira. São Paulo: Martins Fontes, 2002.

DUGUIT, Leon. *Les transformations du droit public*. Paris: Armand Colin, 1913.

ECO, Umberto. *Semiótica e filosofia da linguagem*. Tradução de Maria Rosaria Fabris; José Luíz Fiorin. São Paulo: Ática, 1991.

ECO, Umberto. *A theory of semiotics*. Bloomington: Indiana University Press, 1979.

EISENMANN, Charles. O Direito Administrativo e o princípio da legalidade. *Revista de Direito Administrativo – RDA*, Rio de Janeiro, v. 56, p. 47-70, 1959.

ESCOLA, Héctor Jorge. *Compendio de Derecho Administrativo*. Buenos Aires: Depalma, 1990. v. I.

FAGUNDES, M. Seabra. Conceito de mérito no Direito Administrativo. *Revista de Direito Administrativo – RDA*, Rio de Janeiro, v. 23, p. 1-16, jan. 1951.

FAGUNDES, M. Seabra. *O controle dos atos administrativos pelo Poder Judiciário*. 4. ed. Rio de Janeiro: Forense, 1967.

FALCÃO, Amílcar de Araújo. *Introdução ao Direito Administrativo*. Brasília: D.A.S.P., 1960.

FALZONE, Guido. *Il dovere di buona amministrazione*. Milano: Dott. A. Giuffré, 1953.

FERNANDES, Jorge Ulisses Jacoby. *Tribunal de Contas do Brasil*: jurisdição e competência. 2. ed. Belo Horizonte: Fórum, 2008.

FERRAZ, Sérgio; DALLARI, Adilson Abreu. *Processo administrativo*. 3. ed. São Paulo: Malheiros, 2012.

FERRAZ JÚNIOR, Tercio Sampaio. *Direito, retórica e comunicação*: subsídios para uma pragmática do discurso jurídico. 2. ed. São Paulo: Saraiva, 1997.

FERRAZ JÚNIOR, Tercio Sampaio. *Teoria da norma jurídica*: ensaio de pragmática da comunicação normativa. 4. ed. Rio de Janeiro: Forense, 2006.

FERRAZ JÚNIOR, Tercio Sampaio; MARANHÃO, Juliano S. de Albuquerque. O princípio da eficiência e a gestão empresarial na prestação de serviços públicos: a exploração econômica das margens das rodovias. *Revista de Direito Público da Economia – RDPE*, Belo Horizonte, a. 5, n. 17, p. 191-209, jan./mar. 2007.

FERREIRA, Aurélio Buarque de Holanda. *Novo dicionário Aurélio de língua portuguesa*. 3. ed. Curitiba; Positivo, 2004.

FIGUEIREDO, Candido de. *Novo Diccionário da Língua Portuguesa*. Portugal: T. Cardoso & irmão, 1913.

FIGUEIREDO, Leonardo Vizeu. *Lições de Direito Econômico*. 5. ed. Rio de Janeiro: Forense, 2012.

FIGUEIREDO, Lúcia Valle. *Curso de Direito Administrativo*. 9. ed. São Paulo: Malheiros, 2008.

FLEINER, Fritz. *Instituiciones de Derecho Administrativo*. Tradução de Sabino A. Gendin. Barcelona: Labor, 1933.

FLUSSER, Vilém. *Língua e realidade*. São Paulo: Annablume, 2004.

FORTINI, Cristiana. O princípio da legalidade e o emprego da franquia pela Administração Pública brasileira. *Direito Izabela Hendrix*, v. 2, n. 2, p.32-37, 2003.

FORTINI, Cristiana; HORTA, Bernardo Tinôco de. Eberhard Schmidt-Assmann e o ordenamento jurídico brasileiro: breves apontamentos sobre a LINDB e sobre a Nova Lei de Licitações e Contratos Administrativos. *Revista de Direito Econômico e Socioambiental*, Curitiba, v. 13, n. 3, p. 653-686, maio/ago. 2022.

FORTINI, Cristiana; MIRANDA, Iúlian. A discricionariedade administrativa em face do princípio da eficiência. *R. Proc.-Geral Mun. Belo Horizonte – RPGMBH*, Belo Horizonte, a. 5, n. 10, p. 55-78, jul./dez. 2012.

FOUCAULT, Michel. *As palavras e as coisas*: uma arqueologia das ciências humanas. 8. ed. Tradução de Salma Tannus Muchail. São Paulo: Martins Fontes, 1999.

FRAGA, Gabino. *Derecho administrativo*. 40. ed. México: Porrúa, 2000.

FRANÇA, Vladimir da Rocha. Eficiência administrativa na Constituição Federal. *Revista de Direito Administrativo – RDA*, Rio de Janeiro, v. 220, p. 165-177, abr./jun. 2000.

FRANÇA, Vladimir da Rocha. Princípio da motivação no Direito Administrativo. *In*: *Enciclopédia jurídica da PUC-SP*. CAMPILONGO, Celso Fernandes; GONZAGA, Alvaro de Azevedo; FREIRE, André Luiz (Coord.). Tomo: Direito Administrativo e Constitucional. Vidal Serrano Nunes Jr., Maurício Zockun, Carolina Zancaner Zockun, André Luiz Freire (Coord. de tomo). 1. ed. São Paulo: Pontifícia Universidade Católica de São Paulo, 2017. Disponível em: https://enciclopediajuridica.pucsp.br/verbete/124/edicao-1/principio-da-motivacao-no-direito-administrativo. Acesso em: 21 fev. 2019.

FREITAS, Juarez. *A interpretação sistemática do Direito*. 4. ed. São Paulo: Malheiros, 2004a.

FREITAS, Juarez. *O controle dos atos administrativos e os princípios fundamentais*. 3. ed. São Paulo: Malheiros, 2004b.

FREITAS, Juarez. *Direito fundamental à boa administração pública*. 3. ed. São Paulo: Malheiros, 2014.

FUMAGALLI, Giuseppe. *Chi l'ha detto?* 8. ed. Milano: Ulrico Hoepli, 1934.

FURTADO, Lucas Rocha. *Curso de Direito Administrativo*. 4. ed. Belo Horizonte: Fórum, 2013.

FURTADO, Lucas Rocha. *Princípios gerais de Direito Administrativo*. Belo Horizonte: Fórum, 2016.

GABARDO, Emerson. A eficiência no desenvolvimento do Estado brasileiro: uma questão política e administrativa. *In*: MARRARA, Thiago (Org.). *Princípios de Direito Administrativo*. São Paulo: Atlas, 2012. p. 327-351.

GABARDO, Emerson. *Princípio constitucional da eficiência*. São Paulo: Dialética, 2002.

GABARDO, Emerson. O princípio da eficiência. *In: Enciclopédia jurídica da PUC-SP*. CAMPILONGO, Celso Fernandes; GONZAGA, Alvaro de Azevedo; FREIRE, André Luiz (Coord.). Tomo: Direito Administrativo e Constitucional. Vidal Serrano Nunes Jr., Maurício Zockun, Carolina Zancaner Zockun, André Luiz Freire (Coord. de tomo). 1. ed. São Paulo: Pontifícia Universidade Católica de São Paulo, 2017. Disponível em: https://enciclopediajuridica.pucsp.br/verbete/82/edicao-1/principio-da-eficiencia,-o. Acesso em: 19 fev. 2019.

GABARDO, Emerson; HACHEM, Daniel W. Responsabilidade civil do Estado, *faute du service* e o princípio constitucional da eficiência administrativa. *In*: GUERRA, Alexandre D. de Mello *et al*. (Org.). *Responsabilidade Civil do Estado*: desafios contemporâneos. São Paulo: Quartier Latin, 2010. p. 240-292.

GADAMER, Hans-Georg. *Verdade e método*: traços fundamentais de uma hermenêutica filosófica. 3. ed. Tradução de Flávio Paulo Meurer. Petrópolis: Vozes, 1999.

GADAMER, Hans-Georg. *Verdad y metodo II*. Tradução de Manuel Olasagasti. Salamanca: Sígueme, 1998.

GALDINO, Flávio. *Introdução à teoria dos custos dos direitos*: direitos não nascem em árvores. Rio de Janeiro: Lumen Juris, 2005.

GAMA, Tácio Lacerda. Sentido, consistência e legitimação. *In*: HARET, Florence; CARNEIRO, Jerson (Coord.). *Vilém Flusser e juristas*: comemoração dos 25 anos do grupo de estudos de Paulo de Barros Carvalho. São Paulo: Noeses, 2009. p. 231-256.

GAMBOA, Silvio Sanchez. *Reações ao Giro Lingüístico*: o resgate da ontologia ou do real, independente da consciência ou da linguagem. Salvador-BA, 2009. Disponível em: http://www.cbce.org.br/upload/file/gttepistemologia/REAÇÕES%20AO%20GIRO%20LINGUÍSTICO%20Silvio%20Sánchez%20Gamboa.pdf. Acesso em: 20 nov. 2016.

GARCÍA DE ENTERRÍA, Eduardo; FERNÁNDEZ, Tomás-Ramón. *Curso de derecho administrativo*. 9. ed. Madrid: Thomson Civitas, 2004. v. II.

GARCÍA DE ENTERRÍA, Eduardo; FERNÁNDEZ, Tomás-Ramón. *Curso de Direito Administrativo*. Tradução de José Alberto Froes Cal. São Paulo: Revista dos Tribunais, 2014. 2 v.

GASPARINI, Diógenes. *Direito Administrativo*. 8. ed. São Paulo: Saraiva, 2003.

GERARDS, Janneke. How to improve the necessity test of the European Court of Human Rights. *Int. J. Const. Law*, v. 11, n. 2, p. 466-490, 2013.

GIANNINI, Massimo Severo. *El poder publico*: Estados y administraciones publicas. Tradução de Luis Ortega. Madrid: Civitas, 1991.

GOMES, José Maria Machado; OLIVEIRA, Marcio Caldas de. Eficiência jurídica e econômica de Estado: uma perspectiva sistêmica social. *Legis Augustus*, Rio de Janeiro, v. 3, n. 1, p. 60-71, jan./jun. 2012.

GORDILLO, Agustín. *Tratado de derecho administrativo*. Buenos Aires: F.D.A., 2005. 2 t.

GORDILLO, Agustín. Un corte transversal al derecho administrativo: la Convención Interamericana Contra la Corrupción. *La Ley*, T.1997-E, p. 1091-1102, 1997.

GRAU, Eros Roberto. *Ensaio e discurso sobre a interpretação/aplicação do Direito*. 5. ed. São Paulo: Malheiros, 2009.

GRAU, Eros Roberto. Os conceitos jurídicos e a doutrina real do Direito. *Revista da Faculdade de Direito*, Universidade de São Paulo, n. 77, p. 221-234, 1982.

GROTTI, Dinorá Adelaide Musetti. Conceitos jurídicos indeterminados e discricionariedade administrativa. *Revista do Instituto de Pesquisas e Estudos*, Bauru, n. 24, p. 61-115, dez./mar. 1999.

GROTTI, Dinorá Adelaide Musetti. Eficiência administrativa: alargamento da discricionariedade acompanhado do aperfeiçoamento dos instrumentos de controle e responsabilização dos agentes públicos – um paradigma possível? *In*: BANDEIRA DE MELLO, Celso Antônio et al. (Coord.). *Direito Administrativo e Liberdade*: estudos em homenagem a Lúcia Valle Figueiredo. São Paulo: Malheiros, 2014. p. 273-309.

GROTTI, Dinorá Adelaide Musetti. *O serviço público e a Constituição brasileira de 1988*. São Paulo: Malheiros, 2003.

GUASTINI, Riccardo. *Das fontes às normas*. Tradução de Edson Bini. São Paulo: Quartier Latin, 2005.

GROTTI, Dinorá Adelaide Musetti. *Distinguiendo*: estudios de teoría y metateoría del derecho. Tradução de Jordi Ferrer i Beltrán. Barcelona: Gedisa, 1999.

GUERRA FILHO, Willis Santiago. O princípio constitucional da proporcionalidade. *Revista do Tribunal Regional do Trabalho da 15ª Região*, Campinas, n. 20, 2002. Disponível em: https://juslaboris.tst.jus.br/handle/20.500.12178/109032. Acesso em: 19 fev. 2019.

HABERMAS, Jürgen. *O discurso filosófico da modernidade*: doze lições. Tradução de Luiz Sérgio Repa; Rodnei Nascimento. São Paulo: Martins Fontes, 2000.

HARGER, Marcelo. *Princípios constitucionais do processo administrativo*. 2. ed. Rio de Janeiro: Forense, 2008.

HARGER, Marcelo. Reflexões iniciais sobre o princípio da eficiência. *Revista de Direito Administrativo – RDA*, Rio de Janeiro, v. 217, p. 151-161, jul./set. 1999.

HAYAKAWA, S. I. *A linguagem no pensamento e na ação*. 3. ed. Tradução de Jane A. Perricari. São Paulo: Pioneira, 1977.

HELLER, Gabriel; SOUSA, Guilherme Carvalho e. Função de controle externo e função administrativa: separação e colaboração na Constituição de 1988. *Revista de Direito Administrativo*, v. 278, n. 2, 2019.

HESSE, Konrad. *Elementos de Direito Constitucional da República Federal Alemã*. Tradução de Luís Afonso Heck. Porto Alegre: Sergio Antonio Fabris, 1998.

HOLMES, Stephen; SUSTEIN, Cass R. *El costo de los derechos*: por qué la libertad depende de los impuestos. Tradução de Stella Mastrangelo. Buenos Aires: Siglo Veintiuno, 2015.

IVO, Gabriel. *Norma jurídica*: produção e controle. São Paulo: Noeses, 2006.

JUSTEN FILHO, Marçal. *Comentários à Lei De Licitações e Contratos Administrativos*. 15. ed. São Paulo: Dialética, 2012a.

JUSTEN FILHO, Marçal. *Curso de Direito Administrativo*. 8. ed. Belo Horizonte: Fórum, 2012b.

KELSEN, Hans. *Teoria pura do Direito*. 8. ed. Tradução de João Batista Machado. São Paulo: WMF Martins Fontes, 2009.

KIM, Richard Paulro Pae. Serviços públicos e relação de consumo – responsabilidades. *Revista Direito e Legislação – RDL*, v. 6, p. 7-48, 2005.

KOSSMANN, Edson Luís. *A constitucionalização do princípio da eficiência na administração pública*. Porto Alegre: Sergio Antonio Fabris, 2015.

KRELL, Andreas J. *Discricionariedade administrativa e conceitos legais indeterminados*: limites do controle judicial no âmbito dos interesse difusos. 2. ed. Porto Alegre: Livraria do Advogado, 2013.

LANIUS, Danielle Cristina; GICO JUNIOR, Ivo Teixeira; STRAIOTTO, Raquel Maia. O princípio da eficiência na jurisprudência do STF. *Revista de Direito Administrativo*, v. 277, n. 2, p. 107-148, 2018.

LAURENTIIS, Lucas Catib de. Entre lei e constituição: a administração pública e o controle de constitucionalidade no direito brasileiro. *Revista de Direito Administrativo – RDA*, Rio de Janeiro, v. 260, p. 133-166, maio-ago. 2012.

LEAL, Fernando. Propostas para uma abordagem teórico-metodológica do dever constitucional de eficiência. *Revista Eletrônica de Direito Administrativo Econômico (REDAE)*, Salvador, Instituto Brasileiro de Direito Público, n. 15, ago./set./out. 2008. Disponível em: http://www.direitodoestado.com.br/redae.asp. Acesso em: 19 jan. 2016.

LEAL, Victor Nunes. Poder discricionário da administração – abuso desse poder – mandado de segurança – direito líquido e certo. *Revista de Direito Administrativo – RDA*, Rio de Janeiro, v. 14, p. 52-82, jan. 1948.

LEAL, Victor Nunes. *Problemas de Direito Público*. Rio de Janeiro: Forense, 1960.

LINS, Robson Maia. Considerações sobre o conceito de norma jurídica e pragmática da comunicação na decisão judicial na jurisprudência do Supremo Tribunal Federal. *In:* CARVALHO, Aurora Tomazini de (Org.). *Construtivismo Lógico-Semântico*. São Paulo: Noeses, 2014. v. I. p. 169-200.

LLANO, Fernando H. Experiencialismo jurídico y teoría comunicacional del derecho: dos concepciones globales del derecho. *In:* ROBLES, Gregorio; CARVALHO, Paulo de Barros (Coord.). *Teoria comunicacional do direito*: Diálogo entre Brasil e Espanha. São Paulo: Noeses, 2011. p. 75-102.

LOPES, Maurício Antônio Ribeiro. *Comentários à Reforma Administrativa*: de acordo com as Emendas Constitucionais 18, de 05.02.1998, e 19, de 04.06.1998. São Paulo: Revista dos Tribunais, 1998.

LÓPEZ GONZÁLEZ, Enrique. Una aproximación de la Ciencia de la Administración al análisis conceptual del principio de eficacia como guia de acción de la Administración pública. *Revista Documentación Administrativa*, Madrid, n. 218-219, p. 67-96, abr./set. 1989.

LOSS, Marianna Martini Motta. *O sentido do princípio da eficiência administrativa*. 178 f. Dissertação (Mestrado em Direito) – Faculdade de Direito, Faculdade Meridional, Passo Fundo, 2015.

LOUREIRO, João Carlos Simões Gonçalves. *O procedimento administrativo entre a eficiência e a garantia dos particulares (algumas considerações)*. Coimbra: Coimbra Editora, 1995.

MACIERINHA, Tiago. Avaliar a avaliação custo-benefício: um olhar sobre a concepção francesa do princípio da proporcionalidade. *Revista Duc In Altum – Caderno de Direito*, v. 5, n. 7, p. 9-54, jan./jun. 2013.

MARIENHOFF, Miguel S.; BASAVILBASO, Benjamin Villegas. *Tratado de derecho administrativo*. Buenos Aires: Abeledo-Perrot, 1970. t. I.

MARTINS, Ricardo Marcondes. *Abuso de direito e a constitucionalização do direito privado*. São Paulo: Malheiros, 2010.

MARTINS, Ricardo Marcondes. Atributos do ato administrativo. *In: Enciclopédia jurídica da PUC-SP*. CAMPILONGO, Celso Fernandes; GONZAGA, Alvaro de Azevedo; FREIRE, André Luiz (Coord.). Tomo: Direito Administrativo e Constitucional. Vidal Serrano Nunes Jr., Maurício Zockun, Carolina Zancaner Zockun, André Luiz Freire (Coord. de tomo). 1. ed. São Paulo: Pontifícia Universidade Católica de São Paulo, 2017. Disponível em: https://enciclopediajuridica.pucsp.br/verbete/19/edicao-1/atributos-do-ato-administrativo. Acesso em: 21 fev. 2019.

MARTINS, Ricardo Marcondes. *Efeitos dos vícios do ato administrativo*. São Paulo: Malheiros, 2008.

MARTINS, Ricardo Marcondes. *Estudos de Direito Administrativo neoconstitucional*. São Paulo: Malheiros, 2015.

MARTINS, Ricardo Marcondes. Paradoxo da interpretação literal. *Direito do Estado*, n. 102, 2016. Disponível em: http://www.direitodoestado.com.br/colunistas/ricardo-marcondes-martins/paradoxo-da-interpretacao-literal. Acesso em: 05 jul. 2017.

MARTINS, Ricardo Marcondes. Princípio da liberdade das formas no Direito Administrativo. *In:* BANDEIRA DE MELLO, Celso Antônio *et al.* (Coord.). *Direito Administrativo e Liberdade*: estudos em homenagem a Lúcia Valle Figueiredo. São Paulo: Malheiros, 2014. p. 641-687.

MARTINS, Ricardo Marcondes. Proporcionalidade e boa administração. *Revista da Faculdade de Direito PUC-SP*, v. 3, n. 1, p. 310-338, 1º sem. 2015.

MARTINS, Ricardo Marcondes. *Regulação administrativa à luz da Constituição Federal*. São Paulo: Malheiros, 2011.

MEDAUAR, Odete. *Direito Administrativo moderno*. 8. ed. São Paulo: Revista dos Tribunais, 2004.

MEIRELLES, Hely Lopes. *Direito Administrativo brasileiro*. 7. ed. São Paulo: Revista dos Tribunais, 1979.

MEISTER, Moritz; KLATT, Matthias. A máxima da proporcionalidade: um elemento estrutural do constitucionalismo global. *Observatório da Jurisdição Constitucional*, a. 7, n. 1, p. 23-41, jan./jun. 2014.

MEISTER, Moritz; KLATT, Matthias. Proportionality – a benefit to human rights? Remarks on the I·CON controversy. *Int. J. Const. Law*, v. 10, n. 3, p. 687-708, 2012a.

MEISTER, Moritz; KLATT, Matthias. *The constitutional structure of proportionality*. United Kingdom: Oxford Press, 2012b.

MELLO, Shirlei Silmara de Freitas. *Tutela cautelar no processo administrativo*. Belo Horizonte: Mandamentos, 2003.

MENDES, Sônia. Interpretação jurídica: um diálogo entre diferentes contextos. *In:* HARET, Florence; CARNEIRO, Jerson (Coord.). *Vilém Flusser e juristas*: comemoração dos 25 anos do grupo de estudos de Paulo de Barros Carvalho. São Paulo: Noeses, 2009. p. 167-196.

MERKL, Adolf. *Teoria general del derecho administrativo*. Tradução de José Luis Monereo Peréz. Granada: Comares, 2004.

MODESTO, Paulo. Função Administrativa. *Revista do Serviço Público*, Brasília, v. 46, n. 2-3, p. 95-119, maio/dez. 1995.

MODESTO, Paulo. Notas para um debate sobre o princípio da eficiência. *Revista do Serviço Público*, Brasília, a. 51, n. 2, p. 105-119, abr./jun. 2000.

MODESTO, Paulo. Reforma administrativa e marco legal das organizações sociais no Brasil: as dúvidas dos juristas sobre o modelo das organizações sociais. *Revista de Direito Administrativo – RDA*, Rio de Janeiro, v. 210, p. 195-212, out./dez. 1997.

MOKATE, Karen. *Eficacia, eficiencia, equidad y sostenibilidad*: ¿qué queremos decir? Washington: Indes/BID, 2001.

MONTEIRO, Vera. As leis de procedimento administrativo: uma leitura operacional do princípio constitucional da eficiência. *In:* SUNDFELD, Carlos Ari; MUÑOZ, Guillermo Andrés (Coord.). *As leis de processo administrativo.* São Paulo: Malheiros, 2006. p. 342-363.

MONTESQUIEU, Charles de Secondat, Baron de. *O espírito das leis*. Tradução de Cristina Murachco. São Paulo: Martins Fontes, 2000.

MORAES, Alexandre de. Princípio da eficiência e controle jurisdicional dos atos administrativos discricionários. *Revista de Direito Administrativo – RDA*, Rio de Janeiro, v. 243, p. 13-28, 2006.

MORAIS, Dalton Santos. Os custos da atividade administrativa e o princípio da eficiência. *Revista de Direito Administrativo – RDA*, Rio de Janeiro, v. 237, p. 165-196, jul./set. 2004.

MOREIRA, Egon Bockmann. *Processo administrativo*: princípios constitucionais e a Lei 9.784/1999. 4. ed. São Paulo: Malheiros, 2010.

MOREIRA NETO, Diogo de Figueiredo. Administração pública no Estado contemporâneo – eficiência e controle. *R. Inf. Legisl.*, Brasília, a. 30, n. 117, p. 23-56, jan./mar. 1993.

MOREIRA NETO, Diogo de Figueiredo. Coordenação gerencial na administração pública (Administração pública e autonomia gerencial. Contrato de gestão. Organizações sociais. A gestão associada de serviços públicos: consórcios e convênios de cooperação). *Revista de Direito Administrativo – RDA*, Rio de Janeiro, v. 214, p. 35-53, out./dez. 1998a.

MOREIRA NETO, Diogo de Figueiredo. *Legitimidade e discricionariedade*: novas reflexões sobre os limites e controle da discricionariedade. 3. ed. Rio de Janeiro: Forense, 1998b.

MOREIRA NETO, Diogo de Figueiredo. Moralidade administrativa: do conceito à efetivação. *Revista de Direito Administrativo – RDA*, Rio de Janeiro, v. 190, p.1-44, out.-dez. 1992.

MOREIRA NETO, Diogo de Figueiredo. Novos institutos consensuais da ação administrativa. *Revista de Direito Administrativo – RDA*, Rio de Janeiro, v. 231, p. 129-156, jan./mar. 2003.

MOREIRA NETO, Diogo de Figueiredo. Uma nova administração pública. *Revista de Direito Administrativo – RDA*, Rio de Janeiro, v. 220, p. 179-182, abr./jun. 2000.

MORRIS, Charles W. Foundations of the Theory of Signs. *International Encyclopedia of Unified Sciences*. Chicago, v. 1, n. 2, p. 1-59, 1938.

MOUSSALLEM, Tárek Moysés. A enunciação e os enunciados: a performatividade do direito. *In:* ROBLES, Gregorio; CARVALHO, Paulo de Barros (Coord.). *Teoria comunicacional do direito*: Diálogo entre Brasil e Espanha. São Paulo: Noeses, 2011. p. 243-264.

MOUSSALLEM, Tárek Moysés. A lógica como técnica de análise do direito. *In:* CARVALHO, Aurora Tomazini de (Org.). *Construtivismo Lógico-Semântico*. São Paulo: Noeses, 2014. v. I. p. 155-168.

MÜLLER, Friedrich. *Teoria estruturante do direito*. Tradução de Peter Naumann; Eurides Avance de Souza. São Paulo: Revista dos Tribunais, 2008.

NOHARA, Irene Patrícia. Burocracia reflexiva. *In:* MARRARA, Thiago (Org.). *Direito Administrativo:* transformações e tendências. São Paulo: Almedina, 2014. p. 349-372.

NOHARA, Irene Patrícia. *Reforma administrativa e burocracia:* impacto da eficiência na configuração do Direito Administrativo brasileiro. São Paulo: Atlas, 2012.

NOBRE JÚNIOR, Edilson Pereira. Administração Pública e o princípio constitucional da eficiência. *Revista de Direito Administrativo – RDA,* Rio de Janeiro, v. 241, p. 209-240, jul./set. 2005.

OLIVEIRA, José Roberto Pimenta. *Os princípios da razoabilidade e da proporcionalidade no Direito Administrativo brasileiro*. São Paulo: Malheiros, 2006.

OLIVEIRA, Rafael Carvalho Rezende. *Curso de Direito Administrativo*. São Paulo: Método, 2013.

OSÓRIO, Fábio Medina. O princípio constitucional da motivação dos atos administrativos: exame de sua aplicabilidade prática aos casos de promoção e remoção de membros do Ministério Público e Magistratura por merecimento nas respectivas carreiras. *Revista de Direito Administrativo – RDA,* Rio de Janeiro, v. 218, p. 11-70, out./dez. 1999.

PAREJO ALFONSO, Luciano. *Eficacia y administración:* Tres estudios. Madrid: INAP, 1995.

PAREJO ALFONSO, Luciano. La eficacia como principio jurídico de la actuación de la Administración Pública. *Documentación Administrativa,* n. 218-219, p. 15-65, jun. 1989.

PEREIRA JÚNIOR, Jessé Torres. *Da reforma administrativa constitucional*. Rio de Janeiro: Renovar, 1999.

PETIAN, Angélica. *Regime jurídico dos processos administrativos ampliativos e restritivos de direito*. São Paulo: Malheiros, 2011.

PIERCE, Charles S. *Semiótica.* Tradução de José Teixeira Coelho Neto. São Paulo: Perspectiva, 2005.

PIRES, Luis Manuel Rodrigues. A discricionariedade administrativa e o interesse público líquido. *In:* BANDEIRA DE MELLO, Celso Antônio *et al.* (Coord.). *Direito Administrativo e Liberdade*: estudos em homenagem a Lúcia Valle Figueiredo. São Paulo: Malheiros, 2014. p. 486-500.

PIRES, Luis Manuel Rodrigues. *Controle judicial da discricionariedade administrativa*: dos conceitos jurídicos indeterminados às políticas públicas. Rio de Janeiro: Elsevier, 2009.

POSSAS, Mario Luiz. Eficiência seletiva: uma perspectiva neo-schumpeteriana evolucionária sobre questões econômicas normativas. *Revista de Economia Política,* a. 24, v. 1, n. 93, p. 73-94, 2004.

PRIETO SANCHÍS, Luis. El juicio de ponderación constitucional. *In:* CARBONELL, Miguel (Ed.). *El principio de la proporcionalidad y la interpretación constitucional.* Equador: Ministerio de Justicia y Derechos Humanos, 2008. p. 85-124.

QUEIRÓ, Afonso Rodrigues. A teoria do "desvio de poder" em Direito Administrativo. *Revista de Direito Administrativo – RDA*, Rio de Janeiro, v. 7, p. 52-80, jan. 1947.

RAMOS, Gisela Gondin. *Princípios jurídicos*. Belo Horizonte: Fórum, 2012.

REZENDE, Karina Munari. O princípio constitucional da eficiência administrativa (art. 37, caput, CF) e sua aplicação na jurisprudência do STF, do STJ e do TRF da 4ª Região após a Emenda Constitucional nº 19/98. *Revista Virtual da AGU*, Brasília, a. V, n. 44, set. 2005. Disponível em: http://www.agu.gov.br/page/content/detail/id_conteudo/85644. Acesso em 12 jul. 2017.

ROBLES, Gregorio. *O direito como texto*: quatro estudos de teoria comunicacional do direito. Tradução de Roberto Barbosa Alves. Barueri: Manole, 2005.

ROBLES, Gregorio. Perspectivismo textual y principio de relatividad sistémica en la teoría comunicacional del derecho. In: ROBLES, Gregorio; CARVALHO, Paulo de Barros (Coord.). *Teoria comunicacional do direito*: Diálogo entre Brasil e Espanha. São Paulo: Noeses, 2011. p. 3-32.

ROCHA, Cármen Lúcia Antunes. *Princípios constitucionais da administração pública*. Belo Horizonte: Del Rey, 1994.

ROCHA, Sílvio Luís Ferreira da. *Manual de Direito Administrativo*. São Paulo: Malheiros, 2013.

RODRIGUES, Eduardo Azeredo. *O princípio da eficiência à luz da teoria dos princípios*: aspectos dogmáticos de sua interpretação e aplicação. Rio de Janeiro: Lumen Juris, 2012.

RODRÍGUEZ-ARANA MUÑOZ, Jaime. *Direito fundamental à boa administração pública*. Tradução de Daniel Wunder Hachem. Belo Horizonte: Fórum, 2012.

RODRÍGUEZ-ARANA MUÑOZ, Jaime. La buena administración como principio y como derecho fundamental en Europa. *Misión Jurídica – Revista de Derecho y Ciencias Sociales*, Bogotá, D.C. (Colombia), n. 6, p. 23-56, ene./dic. 2013.

ROLDÁN XOPA, José. Eficiencia y derecho administrativo. In: CABALLERO JUÁREZ, José Antonio et al. (Coord.). *Sociología del derecho. Culturas y sistemas jurídicos comparados*: Regulación, cultura jurídica, multiculturalismo, pluralismo jurídico y derechos humanos. México: UNAM, 2010. 2 v. p. 47-69.

ROTONDO TORNARÍA, Felipe. *Manual de derecho administrativo*. 8. ed. Montevideo: Tradinco, 2014.

SAGGESE, Mariano Bacigalupo. Las potestades administrativas y la vinculación de su ejercicio al ordenamiento jurídico. Potestades regladas y discrecionales. In: ALONSO REGUEIRA, Enrique; ROSATTI, Horacio (Org.). *El control de la actividad estatal*: Discrecionalidad, División de Poderes y Control Extrajudicial. Buenos Aires: Asociación de Docentes de la Facultad de Derecho y Ciencias Sociales de la Universidad de Buenos Aires, 2016. p. 81-105.

SANTOS, Alvacir Correa dos. *Princípio da eficiência da Administração Pública*. São Paulo: LTr, 2003.

SAUSSURE, Ferdinand de. *Escritos sobre linguistica general*. Tradução de Clara Ubaldina Lorda Mur. Barcelona: Gedisa, 2004.

SCAFF, Fernando Facury. Ensaio sobre o conteúdo jurídico do princípio da lucratividade. *Revista de Direito Administrativo – RDA*, Rio de Janeiro, v. 224, p. 323-347, abr./jun. 2001.

SCAVINO, Dardo. *A filosofia atual*: pensar sem certezas. Tradução de Lucas Galvão de Britto. São Paulo: Noeses, 2014.

SCHMIDT-ASSMANN, Eberhard. *La teoría general del derecho administrativo como sistema*: Objeto y fundamentos de la construcción sistemática. Tradução de Mariano Bacigalupo *et al*. Barcelona: Marcial Pons, 2003.

SIDOU, J. M. Othon. *Dicionário jurídico*: Academia Brasileira de Letras Jurídicas. 9. ed. Rio de Janeiro: Forense Universitária, 2006.

SILVA, Gabriel Cozendey Pereira. Indefinição conceitual acerca do dever constitucional de eficiência administrativa. *Interesse Público – IP*, Belo Horizonte, a. 18, n. 96, p. 93-122, mar./abr. 2016.

SILVA, José Afonso da. *Curso de Direito Constitucional positivo*. 33. ed. São Paulo: Malheiros, 2010.

SILVA, Luís Virgílio Afonso da. O proporcional e o razoável. *Revista dos Tribunais*, São Paulo, a. 91, v. 798, p. 23-50, abr. 2002.

SILVA, Magno Antônio. O conceito de eficiência aplicado às licitações públicas: uma análise teórica à luz da economicidade. *Revista do TCU*, n. 113, p. 71-84, set./dez. 2008.

SOAMES, Scott. *Philosophy of language*. New Jersey: Princeton University Press, 2010.

SPECK, Bruno Wilhelm. *Inovação e rotina no Tribunal de Contas da União*: o papel da instituição superior de controle financeiro no sistema político-administrativo do Brasil. São Paulo: Fundação Konrad Adenauer, 2000.

STRECK, Lenio Luiz. *Dicionário de hermenêutica*: quarenta temas fundamentais da teoria do direito à luz da crítica hermenêutica do Direito. Belo Horizonte: Casa do Direito, 2017.

STRECK, Lenio Luiz. *Hermenêutica jurídica e(m) crise*. Porto Alegre: Livraria do Advogado, 1999.

STRECK, Lenio Luiz. *Verdade e consenso*: Constituição, hermenêutica e teorias discursivas. Da possibilidade à necessidade de respostas corretas em direito. 3. ed. Rio de Janeiro: Lumen Juris, 2009.

SUNDFELD, Carlos Ari. Condicionamentos e sacrifícios de direitos – distinções. *Revista Trimestral de Direito Público*, n. 4, p. 79-83, 1993.

SUNDFELD, Carlos Ari. *Direito Administrativo para céticos*. 2. ed. São Paulo: Malheiros, 2014.

SUNDFELD, Carlos Ari. *Fundamentos de direito público*. 5. ed. São Paulo: Malheiros, 2013.

SUNSTEIN, Cass R. O mundo real da análise de custo e benefício: 36 questões (e quase tantas respostas quanto). *Revista de Direito Administrativo – RDA*, Rio de Janeiro, v. 266, p. 13-47, maio/ago. 2014.

SWEET, Alec Stone. Proportionality Balancing and Global Constitutionalism. *Faculty Scholarship Series*, Paper 1296, p. 72-164, 2008.

TÁCITO, Caio. O princípio de legalidade: ponto e contraponto. *Revista de Direito Administrativo – RDA*, Rio de Janeiro, v. 242, p. 125-132, out./dez. 2005.

TAVARES, Ana Lúcia de Lyra. Contribuição do direito comparado às fontes do direito brasileiro. *Prisma Jurídico*, São Paulo, v. 5, p. 59-77, 2006.

TAYLOR, Friederick W. *Princípios de Administração Científica*. 8. ed. Tradução de Arlindo Vieira Ramos. São Paulo: Atlas, 1990.

TIMM, Luciano Benetti; TONIOLO, Giuliano. A aplicação do princípio da eficiência à administração pública: levantamento bibliográfico e estudo da jurisprudência do TJRS. *Prismas – Dir., Pol. Publ. e Mundial*, Brasília, v. 4, n. 2, p. 43-54, jul./dez. 2007.

TOMÉ, Fabiana Del Padre. *A prova no Direito Tributário*. São Paulo: Noeses, 2005.

TOMÉ, Fabiana Del Padre. Prova. In: *Enciclopédia jurídica da PUC-SP*. CAMPILONGO, Celso Fernandes; GONZAGA, Alvaro de Azevedo; FREIRE, André Luiz Freire (Coord.). Tomo: Teoria Geral e Filosofia do Direito. Celso Fernandes Campilongo, Alvaro de Azevedo Gonzaga, André Luiz Freire (Coord. de tomo). 1. ed. São Paulo: Pontifícia Universidade Católica de São Paulo, 2017. Disponível em: https://enciclopediajuridica. pucsp.br/verbete/91/edicao-1/prova. Acesso em: 21 fev. 2019.

TOMÉ, Fabiana Del Padre. Teoria do fato jurídico e a importância das provas. In: CARVALHO, Aurora Tomazini de (Org.). *Construtivismo Lógico-Semântico*. São Paulo: Noeses, 2014. v. I. p. 325-352.

TORRES, Ricardo Lobo. A legitimidade democrática e o Tribunal de Contas. *Revista de Direito Administrativo – RDA*, Rio de Janeiro, v. 194, p. 31-45, out./dez. 1993.

TRAYTER JIMÉNEZ, Joan Manuel. *Derecho administrativo*: parte general. Barcelona: Atelier, 2013.

TRIBUNAL DE CONTAS DA UNIÃO. *Manual de auditoria operacional*. 4. ed. Brasília: TCU, Secretaria-Geral de Controle Externo (Segecex), 2020.

VALLE, Vanice Regina Lírio do. *Direito fundamental à boa administração e governança*. Belo Horizonte: Fórum, 2011.

VAQUER CABALLERÍA, Marcos. El criterio de la eficiencia en el derecho administrativo. *Revista de Administración Pública*, Madrid, n. 186, p. 91-135, sep./dic. 2011.

VARIAN, Hal R. *Microeconomia*: conceitos básicos. Tradução de Maria José Cyhlar Monteiro; Ricardo Doninelli. Rio de Janeiro: Elsevier, 2006.

VIDAL, M. Victoria Escandell. *Introducción a la pragmática*. Madrid: Universidad Nacional de Educación a Distancia, 1993.

VILANOVA, Lourival. *As estruturas lógicas e o sistema de Direito positivo*. 4. ed. São Paulo: Noeses, 2010.

VIANNA, José Ricardo Alvarez. Considerações iniciais sobre semiótica jurídica. *Revista CEJ*, Brasília, a. XIV, n. 51, p. 115-124, out./dez. 2010.

VITTA, Heraldo Garcia. Apontamentos da Reforma Administrativa. *Boletim de Direito Administrativo*, Curitiba, n. 2, p. 106-117, fev. 1999.

WARAT, Luis Alberto. *O direito e sua linguagem*. 2. ed. Porto Alegre: Sergio Antonio Fabris, 1995.

WITTGENSTEIN, Ludwig. *Investigações filosóficas*. Tradução de José Carlos Bruni. São Paulo: Nova Cultural, 1999.

WITTGENSTEIN, Ludwig. *Tractatus logico-philosophicus*. Tradução de José Arthur Giannotti. São Paulo: Edusp, 1968.

ZANCANER, Weida. *Da convalidação e da invalidação dos atos administrativos*. 2. ed. São Paulo: Malheiros, 1998.

ZOCKUN, Carolina Zancaner; SARAI, Leandro. Comentários ao art. 147. In: SARAI, Leandro (Org.). *Tratado da Nova Lei de Licitações e Contratos Administrativos*: Lei 14.133/21 comentada por advogados públicos. Salvador: JusPodivm, 2021. p. 1325-1345.

ZOCKUN, Maurício. A participação popular como forma de atendimento ao princípio da eficiência no Direito Administrativo brasileiro. *Revista Internacional de Direito Público – RIDP*, Belo Horizonte, a. 1, n. 1, p. 129-136, jul./dez. 2015.

Esta obra foi composta em fonte Palatino Linotype, corpo 10
e impressa em papel Avena 75g (miolo) e Supremo 250g (capa)
pela Gráfica, Star7.